Mauerspuren

Impressum
© NIBE Verlag © Enni Wedekind
2018

Deutsche Erstausgabe

Alle Rechte vorbehalten, insbesondere das des öffentlichen Vortrags sowie der Übertragung durch Rundfunk und Fernsehen, auch einzelner Teile. Kein Teil des Werkes darf in irgendeiner Form (durch Fotografie, Mikrofilm oder andere Verfahren) ohne schriftliche Genehmigung des Verlags reproduziert oder unter Verwendung elektronischer Systeme verarbeitet, vervielfältigt oder verbreitet werden.

Bibliografische Information der Deutschen Nationalbibliothek:
Die Deutsche Nationalbibliothek verzeichnet diese Publikation in der Deutschen Nationalbibliografie; detaillierte bibliografische Daten sind im Internet über http://dnb.d-nb.de abrufbar.

Lektorat und Korrektorat sowie Layout: Helge Hoffmann

Created by NIBE Verlag

Printed in Germany

ISBN: 978-3-947002-30-6

NIBE Verlag
Brassertstraße 22
52477 Alsdorf
Telefon: 02404/5969857
www.nibe-verlag.de
Email: info@nibeverlag.eu

Mauerspuren

Ungebeugt geduckt im Osten

Enni Wedekind

für Ingrid und Vanessa

in Erinnerung an die "schreibende" Bodeliese aus Treseburg

07/19
E. Wedekind

Danksagung

Hilfreich mit Wort und Tat und Motivation standen mir folgende Personen zur Seite:

Frank Faber – Singer Songwriter – durch ihn kam ich wieder zum Schreiben. Alles begann mit Songtexten.

Dr. Dieter F. Kindermann – Präsident von International Children Help e. V. – ohne seine Motivation und Statements hätte ich vielleicht nie den Mut gehabt, dieses Buch zu schreiben.

Peter Zentner – Journalist und Autor – immer ein offenes Ohr für mich und ein Mut machendes Feedback.

Meiner Familie und meinen Freunden, die immer hinter mir stehen.

Ein besonderes Dankeschön an das Team des NIBE-Verlages. Kreatives, unkompliziertes Arbeiten und eine tolle menschliche Betreuung zeichnet den Verlagsinhaber Nikolaus Bettinger und alle, die an diesem Buch beteiligt sind, aus.

Ein herzliches Dankeschön

Inhalt

Vorwort 7
Zu guter Letzt: 11
Einleitung 12
Zersprungene Saiten 13
Anfang 17
Rest von Anstand 23
Home 1948 26
Tante Martha 32
Ihr Herz 41
Freies Leben 42
Widerstand auf unsere Art 47
Kegel aufstellen 53
Die Russen 54
Ein Brief und seine Folgen 59
Wir formen einen Planeten 76
Schuld und Sühne? 79
Immatrikulation 86
Mutterliebe 92
Ungerechtigkeit und Willkür 97
Denkmalsymptome 102
Und ich schwör' dir! 106
Jugendklub 107
Erste Reise nach Berlin 110
Zweite Reise nach Berlin (West) 120
Dritte Reise nach Berlin (West) 127
Großraumbüro 136
Mein erster Tag in einem Großraumbüro 138
Mein zweiter Tag im Großraumbüro 147
Mein dritter Tag im Großraumbüro 154
Dienstreise mit Hindernissen 161
Lustige Dienstreise 165
Kriminelle Energie 177
Sozialistische Zählweise 181
Studie 183
Kontrollfahrten in die Kinderferienlager 189
Kindertransport 197
Jugendlager 202

Dann schliefen die Träume ein 203
Beschaffungsnöte 213
Edelkonserven 215
Der Urste 221
Wir bauen ein Haus aus 225
Der Umbau 234
Rund um den Fußball 239
Toller Einstand 241
Torwart mit grüner Turnhose 244
Männer wie „eh und je" 245
Böse Sieben 247
So war's 249
Leere Versprechungen 258
Explosion im Sprengstoffwerk 267
Kindermund 269
Abschied zur NVA (Nationale Volksarmee) 271
An und Verkauf 272
Klinik, dann Erbschaft 280
Die Mauer fällt 307
Fragen über Fragen 311
Ende 1. Teil 313
KLEINE AUSWAHL AN GEDICHTEN 314
Ohne Maske 314
Menetekel 315
DU – MEIN LEBEN 316
Heimkehr 317
Hinter jeder Tür ein anderes Leben 318
Nackte Steine 319

Vorwort

Die „geschlossene Gesellschaft", die Deutsche Demokratische Republik", so mancher kennt sie noch, so auch meine Familienmitglieder der früheren Generation und auch ich (1953 geboren). Besitzt unsere ungefähr ab 1980 geborene Generation (man bedenke, das ist nun fast 40 Jahre her) außer aus Erzählungen überhaupt noch Wissen? 1989 war die Grenzöffnung.

„Looking For Freedom" von David Hasselhoff, das kennen schon noch mehr. Er hat mit seinem Hit über ein paar Jahre eine Verbindung, ja Erinnerung geschaffen. Mit dieser konnte man tanzen, jubilieren und fröhlich sein. Was ist heute geblieben? Für die, die es erlebt haben, sind es Erinnerungen an Unterdrückung, Mangelwirtschaft, Planwirtschaft, Menschenüberwachung, Grenzkontrollen und die „Strategie der Beherrschung eines Volkes". Strategie – ein nahezu freundliches Wort für Manipulation und gnadenlose Gangart.

Aus den rund 17 Millionen Menschen unseres früher einmal gemeinsamen Landes wurde ein „Bruderstaat". 40 Jahre Trennung von „Brüdern und Schwestern" und 40 Jahre Familienmitglieder hinter dem „Eisernen Vorhang". Heute wiederum ist der Eiserne Vorhang ein Begriff für Gefängnis. 1,7 Millionen „IMs" (Informelle Mitarbeiter), also Hörposten (besser gesagt Spione), soll es gegeben haben. Verräter im eigenen Land, teilweise in der eigenen Familie. Meinungsfreiheit – gab es diese? Vollkommen ausgeschlossen.

Wer aus dieser teilweise menschenunwürdigen Situation im Land der „Brüderlichkeit" und des „Fortschritts" (einhergehend mit der vorgeschriebenen Mangelwirtschaft), ausbrechen wollte, hatte schlechte Karten. Versuchter Kontakt zum eigenen abgetrennten Volk, den Familienmitgliedern in der BRD, den Geschwistern, Eltern, Verwandten und Kindern hatte zur Konsequenz, dass man in Verhören landete. Oft folgte daraus eine Inhaftierung, manche wurden gefoltert. Es wird sogar von Menschen gesprochen, die es nicht überlebt haben. Dann gab es die Flüchtenden. Viele wurden beim Versuch, der Flucht über den Todesstreifen gefangen genommen, einige sogar in den Grenzanlagen erschossen, manche verbluteten. Der Schießbefehl galt auch für die eigenen Verwandten. Manch einer wird sich fragen: „Das mitten in Europa?" Ja, so war es tatsächlich.

Ohne unsere Pakete aus dem „imperialistischen" Westen gab es häufig nichts, zumindest keine besonderen Genussmittel. So mancher, der sich ein eigenes Haus leisten konnte, wünschte sich zum Beispiel Fliesen für sein Badezimmer und diese brachte – sofern möglich – ein Verwandter mit, wenn er denn eine Einreisegenehmigung bekam.

Briefe wurden gelesen, Geschenkpakete erreichten manchmal gar nicht bzw. nur „gefilzt" den Empfänger. In den letzten Jahren vor der Grenzöffnung bekamen wenige besonders „sattelfeste" Bürger sogar ein Telefon. Dass diese abgehört wurden, stand außer Zweifel.

Urlaub? Ja ... Ostsee, Ungarn ... Selbst dort waren Spitzel von der Staatssicherheit sozusagen im Zelt nebenan.

Es entwickelte sich eine „Schattenwirtschaft" und einige wagten sich weit hinaus. Manche waren auch Grenzgänger mit ihren Meinungen. Eine Grenzgängerin davon war Enni Wedekind. Es galt damals wie auch heute mancherorts das System: Wer nicht für uns ist, ist gegen uns – ein Klassenfeind. Einher gingen damit Beförderungsstopp, Rationierungen, Degradierungen. Auch Kinder in der Schule hatten zu leiden, nämlich dann, wenn die Eltern nicht 100 % parteitreu waren oder als solche galten.

Wie viele wissen noch von der Mangelwirtschaft? Für einen „Trabbi" (auch genannt „Rennpappe" ... es sollte ein Auto sein ... heute würden manche „überdachte Zündkerze mit Rasenmähermotor" sagen. Es waren Zweitakter, also Luftverpester erster Klasse) hatte man 12–15 Jahre Wartezeit – wenn man Glück hatte und zu den Auserwählten zählte!

Ein großer Vorteil ... Schnaps, Fleisch, Grundnahrungsmittel, ja, all das gab es. Manches wurde exportiert, so zum Beispiel Schalotten und damit im heimischen Obst- und Gemüsemarkt nicht erhältlich. Es gab auch das Recht auf Arbeit für Männer und Frauen.

Und doch gab es Kämpfer*innen, Meister*innen ihres Faches. Zum Beispiel nach dem Krieg im Bereich des Schwarzmarkthandels. Erst in Ost und West gleichermaßen und bald allein im Osten. „Hast du für mich dieses ..., bekommst du jenes". Es entwickelte sich ein Beziehungsmarkt. So weit zum „Osten". Heute ist dies alles unvorstellbar.

Die Grenze war offen, hurra, jetzt begann ein Jubel. Viele „IMs" erkannten ihre Chance. Natürlich waren sie niemals „solche" und viele Stasi-Mitwirkende waren im neu zu ordnenden Chaos, im neuen

System die neuen Wirkenden. Das hat es auch nach Ende des Dritten Reichs gegeben, niemand war es jemals ... Verräter? Ich doch nicht. Von den 17 Millionen DDR-Bürgern verließen rund 1,7 Millionen ihre Heimat und versuchten, (viele mit Glück) ihre neue Zukunft zu gestalten. Es gab und gibt Menschen im Osten wie im Westen, die „bewegungsfrei" sind, verbunden mit dem Gedanken: „Der Wohlstandsstaat wird's schon richten". Dann gab und gibt es Menschen wie unsere Autorin. Schlicht genannt: unsere Enni. Sie ist und war eine der besonderen Ausnahmen. Eine „Aktivistin" in jeder (und damit positiver) Hinsicht. Unterdrückt im alten System, eine Kämpferin und immer souverän. Es sollte kein Zufall sein: Ein Geschäftsfreund aus Hamburg berichtete mir von Enni Wedekind und bald darauf war es so weit, ich lernte sie kennen. Zunächst im „Westen", im Blueberry Hill, in der Tenne Braunlage bei Frank Faber. Bei unserer ersten Begegnung spürte ich, wie sehr ein Mensch sprühen kann. Ein Bündel an Energie, eine Macherin, eine Managerin, eine Pensionsbesitzerin in Thale am Harz (das ich aus meiner Zeit in der DDR kannte, wir wohnten im nahen Quedlinburg und unsere nahen Verwandten in Thale. Natürlich kannte ich das Bodetal. Als Kinder haben wir in der Bode, unweit von Ennis Pension gebadet. Nur wusste damals keiner von uns, dass wir uns jemals begegnen würden. Wir selbst sind 1959 geflüchtet.

Nun aber wieder zu Enni, der Meisterin ihres Schicksals, der Lenkerin ihrer Familie, der Managerin von Frank Faber. Er ist der musikalische König vom Harz. Ennis Hobby ist das Schreiben von Musiktexten und Gedichten. Zur Macherin Enni gehört, dass sie eine Person ist, die „mit einem Messer im Rücken noch nicht nach Hause geht". Eine quirlige Persönlichkeit, mit dem Herzen am rechten Fleck. Eine, der das Schicksal ihrer Mitmenschen nicht egal ist. Ihre eigenen Probleme managt sie, indem sie sich der Sorgen anderer annimmt. Enni ist wirklich ein Herz auf zwei Beinen. Manches Mal habe ich sie in der Tenne getroffen und irgendwann bestellte sie sich aus lauter Lebensfreude einen Whiskey – ich sage bewusst einen – und diesen genoss sie. Enni ist eine Persönlichkeit, die auf Menschen zugeht, und die man einfach mögen muss. In den Jahren unseres Kennenlernens wurden wir Freunde. Enni ist verlässlich, großzügig und liebevoll. In Ihrer kleinen Pension im Bodetal fühlt sich jeder Gast willkommen. Zudem wird sie durch ihren lieben Mann Klaus unterstützt. Ennis

Lebensgeschichte, soweit diese in diesem Werk beschrieben ist, betrifft im Wesentlichen ihre Vergangenheit. Als Zeitzeugin tut sie alles drehbuchgerecht kund. Allen Leser*innen empfehle ich dieses Werk aus Überzeugung. Ich garantiere, dass sie in eine lebendige Geschichte aus jüngster Vergangenheit eintauchen werden. Ich wünsche Ihnen Freude beim Lesen.

Zu guter Letzt:

Liebe Enni, dir und deinem lieben Klaus danke ich für deine/unsere gelebte Freundschaft. Mit euch ist auch mein Leben reicher geworden. Danke, dass du mit deinen Lebenserinnerungen vielen Lesern einen Einblick in das Zeitgeschehen jüngster deutscher Vergangenheit gewährst, das langsam aber sicher stärker in Vergessenheit gerät. Danke, dass du auch dieses Buch zur Förderung von Kindern in Not einsetzen willst. Du hast nie vergessen, was du erlebt hast. Ich wünsche dir und Klaus ein langes Leben und Gesundheit. Möget ihr euren Kindern und Enkelkindern, die so viel für euch bedeuten, und allen anderen, die euch gernhaben, noch über viele Jahre erhalten bleiben, genau wie deine Schaffenskraft, liebe Enni.

Herzlichst

dein Freund

Dieter

Dr. e.h. Dieter F. Kindermann
(Präsident Kinderhilfswerk Inter-NATIONAL CHILDREN Help e.V.)
www.ichev.de

Einleitung

Eigentlich bin ich ein ganz gewöhnlicher Mensch. Wie viele von dieser Gattung habe auch ich Bedürfnisse, Wünsche und Sehnsüchte, eine Vergangenheit, eine Gegenwart und, wenn das Schicksal es will, eine Zukunft. Nicht mehr so sehr lange, darum will ich das tun, was ich schon lange tun möchte. Ein Wunsch, der schon sehr lange in mir schlummert, ist das Schreiben. Nun gehöre ich zu der Generation, die nicht einfach in der Kinderzeit sagte: „Ich will Schriftstellerin werden"! Nein, das ging nicht. Da wäre man belächelt worden. Also blieb mein Wunsch verborgen. Nur ab und zu merkte mein Umfeld, dass ich Freude daran hatte. Aber schnell verschloss ich den Blick auf diese intime Seite wieder, sollte sich jemand ernsthaft dazu äußern. Die Unachtsamkeit im Umgang mit dem geschriebenen Wort, auch dem gesagten, blockierte mich oft. Es war, als ob gerade wieder reparierte Saiten einer Violine, die lange auf dem verstaubten Dachboden lag, zerspringen. Gut, dass man mit Feingefühl auch sie wieder in Ordnung bringen kann.

Zersprungene Saiten

Ich machte mir keine Sorgen,
Sie waren tief in mir verborgen,
Tausend feine Melodien,
Zarte Töne frei für Violinen.
Wer hat die Macht besessen,
Vorsicht zu vergessen,
Denn tief in mir fingen Stimmen an zu singen,
Denn tief in mir fingen Saiten an zu klingen?

Noch nie haben tief in mir,
Diese Saiten geklungen.
Welch Faszination,
Über jeden neuen Ton.
Noch nie sind tief in mir
So viele Saiten zersprungen,
Ohne Komposition,
War verloren jeder feine Ton.

Wer hat mich so tief verletzt,
Die Griffe in mir falsch gesetzt,
Dass leise weinten die Violinen,
Dass verloren gingen alle Melodien?
Wer ließ die Töne schutzlos klingen,
Von Saite zu Saite springen?
Wer hat tief in mir,
Dieses eine Lied gesungen,
Denn tief in mir,
Sind die Saiten daran zersprungen.

Durch politische Ereignisse war es später – ich lebte in der DDR – ganz unmöglich geworden. Da hätte man mich wahrscheinlich mundtot gemacht. Aber jetzt, jetzt kann ich das und ich will es einfach! Der Stoff ist aus zwei unterschiedlich erlebten Systemen. DDR und Deutschland! Der Versuch, viele Erlebnisse authentisch, etwas ironisch und mit einem Augenzwinkern zu erzählen, gelingt nur, wenn man im Vorfeld viel von sich preisgibt. Meine Neigung zu doch eher unkonventionellen Reaktionen auf Situationen, die schnelles Handeln erfordern, muss ja irgendwoher kommen. Das versuche ich, zu ergründen. Im Gespräch mit einer fiktiven Person oder mit dir, wenn du dich angesprochen fühlst, versuche ich, die zwei erlebten Welten aus meinem Blickwinkel zu erzählen. Es ist meine Wahrheit. Ja, sicher ist sie subjektiv – aber eben meine Subjektivität! Es sind meine Meinungen! Manchmal naiv, ja, aber eben auch meine Naivität. Und ich mag meine Meinung! Vielleicht magst du sie ja auch. Da geht es nicht um wahr oder falsch, da geht es um Empfindungen und Gefühle. Es ist ein Erlebnis, ins eigene Leben zurückzuschauen. Wenn man über Dinge aus seinem Leben schreibt, ist es so, als würde man zum zweiten Mal leben. Man findet sich in schönen Zeiten wieder und sieht sie trotzdem aus einer unbestimmten Entfernung. Schwierig wird es, schmerzhafte Situationen zu schildern. Das ist wie eine Zeitreise in eine vergangene Zukunft. Gedächtnisfragmente erinnern an die Folgen der eigenen Fehler. Setzt man sie zusammen, erscheint ein reales Bild und das erschüttert meistens erst recht im Nachhinein. Aber es ist keine Biografie. Es ist ein Blick durch ein Fenster, in sicherer Entfernung, wo ich noch einmal an Situationen teilnehme, die mir bekannt vorkommen, aber auch Fremdheit in sich bergen. Es ist nicht einfach und manchmal muss ich lachen – aber manchmal auch weinen. Die Empfindungen sind so zwiespältig, dass ich manchmal aufhören muss. Das ist dann ein Gefühl, als ob man, nach Atem ringend, aus dem Wasser auftaucht. Es ist real. Wie das Leben auch.

Kennst du ihn, kennst du auch den Schmerz, der sich durch dich durchwühlt bis zu einer bestimmten Stelle? Was machst du dagegen? Eigentlich hilft nichts, er kommt nicht regelmäßig und so kann man sich kaum wappnen. Nachts, wenn du allein bist, allein in Raum und Zeit, allein mit deinen Erinnerungen und deinen Gedanken, dann klopft er an deine Tür. Ich versuche, mich zusammenzukringeln, unbewusst, in die Embryohaltung. Mache mich ganz klein, bin ich von einigen Leuten gewöhnt, aber wenn ich es selbst tue, kommt es einem Verschwinden gleich. Aber es funktioniert nicht, meine Gedanken kringeln sich nicht mit. Ich wälze mich herum, um irgendeine Lage zu finden, die mich beruhigt. Mein Herzschlag wird immer schneller, ich versuche, autogenes Training, der Kopf spielt nicht mit. Die Gedanken schweifen immer wieder ab, setzen sich fest, an der empfindlichsten Stelle, dem Herzen. Ich stehe auf, versuche, die auditive Ruhe um mich zu genießen, stehe am Fenster und sehe hinaus, hinaus in die Nacht. Alles ist so friedlich, warum bin ich es nicht? Die Angst steht neben mir, sie steht mit am Fenster. Ich sehe sie nicht, aber sie hat mich fest im Griff, sie hat mein Herz fest im Griff. Sie ist treu, sie verlässt mich nicht. Wenigstens etwas, was zu mir gehört! Sag mir, ist es die Angst, die dich mutig werden lässt? Oder wirst du mutig, weil du schon die Angst vor der nächsten Angst spürst? Ruhelos laufe ich auf und ab, nehme ein Buch, versuche, mich hineinzuvertiefen. Geht nicht. Schalte den Fernseher ein, sehe mir ein Journal an, ohne die Themen mitzubekommen. Der Raum ist voller Fragen, voller Erinnerungen, voller Schuld. Wie dunkle Schatten wabert alles durch die Nacht. Erst noch leicht wie Nebel, dann schwer und schwarz wie satte Regenwolken. Sie legen sich auf dich, nehmen dir die Luft zum Atmen und hüllen alles ein. Du kannst nicht entfliehen, du bist wie gelähmt. Fühlst dich kalt und starr. Ja, die gefühlte Kälte begleitet dich, sie begleitet dich ein Leben lang. Du fühlst dich wie ein Kaninchen vor der Schlange. Fühlst einen Schmerz und weißt nicht wo. Er ist da, überall. Er ist real. Da musst du durch, irgendwie musst du diesen Kreislauf unterbrechen. Manchmal gelingt es mit schönen Bildern im Kopf und manchmal erst, wenn die Sonne aufgeht und dich dein Tagwerk in Anspruch nimmt. Bist du dann mittendrin, fragst du dich warum, warum diese Nacht, warum diese Angst, warum diese Gedanken? Es ist doch alles nicht so schlimm. Du fragst dich, nach solchen Nächten, was ist dein wahres Gesicht, dieses in der Nacht oder das am Tag? Da bist du doch ganz anders, positiv ausstrahlend, lustig, selbstbewusst und stark. Spielst du nur, ist es eine Maske, die du trägst, oder ist es einfach ein Schutz? Die Welt ist doch so schön, so einzigartig, so bunt und so frei. Und trotzdem hast du schon wieder Angst vor der nächsten Nacht!

    Ich schreibe jetzt – weil ich schreiben will. Ohne jede Erfahrung. Einfach so – als Autodidakt. Warum ich schreiben möchte? Immerhin habe ich inzwischen zwei Systeme kennengelernt, die unterschiedlich nicht sein könnten. Habe in ihnen gelebt, gearbeitet, und versucht, ihnen das Positive abzuringen und auch das Negative erlebt. Mit ein wenig Ironie versuche ich hier, die Ereignisse zu schildern, in denen es mir vielleicht gelang, mich nicht zerbrechen zu lassen oder einer brenzligen Situation die Brisanz zu nehmen. Wenn ich das auch oft konnte, man verliert in jeder Stresssituation, in jedem Verhör durch die Staatsorgane oder in Nächten voller Angst, immer an Substanz. Die Quittung kommt erst dann, wenn alles vorbei ist.

Ein Professor der Medizinischen Hochschule meinte, mein Schicksal ist, immer in irgendeiner Gefangenschaft zu leben. Erst in der DDR, offiziell gefangen in geistiger und mentaler Weise. Später, nach dem Mauerfall, im eigenen Körper. Denn der spielte manchmal nicht mehr mit und verhinderte eine angestrebte Selbstverwirklichung. Vielleicht hat er recht. Trotzdem mache ich alles gern, was ich mache. Das Leben macht mir Spaß, hat es eigentlich immer gemacht. Mal mehr, mal weniger. Aber richtig gut wurde es nach der Wende. Da war sie, die Freiheit! Also voll Power, voll Neugier, begann ein neues Zeitalter. Und das brachte viel, viel Neues, viele Erfahrungen und viele Momente, die ich nie vergessen werde.

Vor einigen Jahren bin ich durch wunderbare Begegnung mit einem Vollblutmusiker, einem Komponisten und Textdichter dazu gekommen, Songtexte zu schreiben. Motiviert auch durch die Bekanntschaft von International Children Help e. V., mit ihrem unwahrscheinlich aktiven Präsidenten Dr. Dieter F. Kindermann und dessen persönlichen Unterstützung, wurde ein Album produziert. Was für mich kaum zu glauben war, war die Schirmherrschaft von Dieter Thomas Heck, neben der Dr. Dieter F. Kindermanns. Wer hätte das gedacht. Es war eine ganz interessante und aufregende Zeit in meinem Leben. Die Idee, jetzt mit den Gedichten und einigen Geschichten aus einem Leben – meinem Leben –, aus zwei Welten, geprägt von vielen Widersprüchen, ein Buch zu schreiben, wurde in einem Gespräch mit Dr. Kindermann manifestiert. Geschrieben habe ich bisher Gedichte, die als Grundlage für Songtexte gedacht waren. Einige sind vertont worden. Zur Unterstützung meiner Gedanken, nur angelehnt an das jeweilige Thema, wenn es denn eines ist, binde ich einige Texte in dieses Manuskript mit ein.

Der erste Teil geht bis zum Fall der Mauer. Versprechen kann ich, dass auch die Geschichten danach interessant sein werden. Hat man einmal das Kämpfen gelernt, setzt man diese Fähigkeit ein. Manchmal unbewusst, aber auch manchmal bewusst.

Anfang

Ich muss anfangen, einfach anfangen mit dem Schreiben. Es sind so viele Worte in meinem Kopf, in meinem Herzen, in meiner Seele. Sie wollen raus, wollen gehört werden, wollen ausgesprochen werden, wollen geschrieben werden. Vielleicht suche ich auch nur einen Weg, um sie einfach loszuwerden. Für wen, fragst du mich? Für mich, für mich und nochmals für mich. Ich brauche das Geschriebene, ich muss schreiben, sonst ersticke ich an den Worten. Ich finde sie, ich werde die Worte finden, denn sie drängen an die Oberfläche, es ist wie bei einem Fass, das im Begriff ist, überzulaufen. Sie sind überall, unter der Haut, in jedem Zweifel, in unsicheren Schritten, in der Wut, in den Träumen, im Atem, in der Zeit, vor allem in den unschuldigen Gesichtern der Kinder. Meiner Kinder. Meine Kinder sehen mich mit meinen Augen an, meine Träume schlafen in ihrer Seele und meine Sehnsucht fliegt in ihrem Haar. Meine Worte sind vielleicht in ihnen irgendwo zwischen Traum und Wirklichkeit verborgen. Wenn ich mit meinen Worten ihren Weg auch nur im Geringsten zum Guten beeinflussen kann, hat sich alles Geschriebene für mich gelohnt. Und ich? Ja, ich muss die Worte schreiben – um sie zu sehen.

Vielleicht weiß jemand, wie das ist, wenn man das Gefühl hat, die Worte schwimmen um einen herum, sie sind mal unsichtbar, mal schlafen sie, mal bringen sie sich lautstark in Erinnerung, mal bringen sie einen fast um und mal lachen sie dich aus. Es ist wie ein schwebendes Buch, das schon geschrieben worden ist, aber verborgen irgendwo liegt. Vielleicht liegt es auf einem Friedhof, da liegt doch alles, was vergangen ist, oder auf einem verstaubten Dachboden zwischen Gerümpel aus Jahrzehnten oder im Universum, da liegt doch alles, was die Zukunft ist. Es ist Vergangenheit und Zukunft zugleich. Diesen Trieb, alles aufzuschreiben, diese ungesagten Worte aufzuschreiben, verspüre ich schon so lange, wie ich denken kann. Bevor ich anfing zu denken, fühlte ich, ja, so muss es gewesen sein, ich fühlte all das Gute, das Schlechte, das Böse und die Schuld, ich fühlte die Worte, ich verstand sie ohne zu lesen. Aber ich fühlte auch das Leben, das Leben in seinen bunten Facetten, in seiner vielfältigen Schönheit. Vielleicht ahnte ich die Wärme, die Wärme, die nicht von der Sonne kommt, die ganz tief in uns drin ist, die Wärme der Liebe, die aus den Augen sprechen kann. Zeitig lernte ich, den Menschen ohne Scheu direkt in die Augen zu sehen. Manchmal sah ich da etwas, was mir Mut machte, was gut war, was mich wärmte und was Vertrauen schaffte. Innerhalb eines Augenblicks fällst du da ein Urteil. Kennst du das nicht? Doch, mit Sicherheit kennst du das. Aber du hast natürlich auch das Böse, das Kalte und die Ablehnung in den Augen gesehen. Dann ist es besser, du gehst auf Distanz und suchst nicht weiter. Liest du in den Augen nur flüchtig, kann das unangenehme Konsequenzen haben. Doch irgendetwas fehlte in meinem Fühlen, ich wusste es immer, ich war immer auf der Suche nach dem, was da fehlte.

Ich war immer auf der Suche nach dem, was MIR fehlte. Was denkst du: kann man etwas vermissen, was man nicht kennt? Ja, man kann. Das glaubst du nicht? Doch, es ist so. Es ist so eine Ahnung oder ein Verlustgefühl, aber du kannst es nicht lokalisieren, du kannst es nicht auf den Punkt bringen, du weißt einfach nicht, WAS es ist, was du vermisst.

Ist deine Ankunft auf der Welt nicht erwartet, im animalischen Rausch gezeugt, wurde dein Wert gewogen und ist er nicht schwer genug, dann bist du Tand. Mene mene tekel ... gezählt, geteilt, gewogen. Ja, so war es. Was denkst du? Kann ein Kleinkind empfinden, was es noch nicht begreifen kann? Ja, es kann. Es kann es nur nicht in Worte fassen, aber die gehörten und unausgesprochenen Worte bleiben im Unterbewusstsein haften. Sie werden es begleiten und beeinflussen, ohne dass sie jemals ausgesprochen wurden, diese Worte. Sie sind wie ein Schatten, ein ständiger Weggefährte. Sie sind der Geist, sie sind das Gewissen, sie verhindern, sie beeinflussen alles, weil sie dir ständig zuflüstern, wer du bist, wie dein Wert ist. Ist er gering wie Tand, bringt er ja nur eine kurze Freude, Tand wirft man schnell achtlos in den Müll. Tand? Ja, er erfüllte einmal einen Zweck, zu einem bestimmten Anlass passend, Schönes zu unterstreichen oder einem Clown den letzten Schliff zu geben. Vielleicht auch um etwas Schreckliches, eine Narbe oder ein Brandmal zu übertünchen. Das Brandmal auf der Seele brennt immer, keiner sieht es, aber es ist da. Das kannst du nicht verdecken, für den Betrachter vielleicht – aber nicht für dich selbst.

Oder bist du erwünscht, ersehnt und bewundert wie ein Diamant, dann hast du deinen Platz am Dekolleté der Gesellschaft, der Familie, wirst beschützt, behütet und geschliffen, bis ein wunderbarer Edelstein aus dir wird. Echt natürlich, echt und angepasst. Eingefasst in eine Fassung aus Gold, Silber oder anderen wertvollen Materialien. Funkelnd und schön geschliffen, ohne Ecken und Kanten. Man sieht, wie groß dein Wert ist, man ahnt, wie sehr du vermisst wirst, wenn du verloren gehen solltest. Tand vermisst man nicht, er ist ersetzbar, Diamanten schon.

Ich war Tand. Tand mit Ecken und Kanten, ungeschliffen, nicht angepasst. Manchmal verletzte ich mich selbst an meinen rauen Kanten und manchmal war der Wunsch da, ich hätte sie nicht. Aber das Leben zeigte auch mir die Kompromisse, die man eingehen muss. Vielleicht habe ich im Moment meiner Zeugung schon geschrien, aber es fehlten mir die Worte. Meine Mutter hat geschrien: „Hör auf, hör auf". Aber mein Erzeuger hörte in seiner Ekstase diese Worte nicht. Und so kam ich mit Gewalt in dieses Leben. Nichts hat gefruchtet, mich loszuwerden, nicht die heißen Bäder, nicht die Sprünge von Tisch und Treppe, nicht mal mich verhungern zu lassen. Nicht mal die Schläge auf den Bauch, in dem ich wuchs, nicht so bittere Tinkturen, dass ich beim Kotzen mich wirklich festklammern musste, um nicht im Eimer zu landen. Es half nichts und es war klar, die Schande wird bald sichtbar und irgendwann kommt sie ans Licht. Komme ICH ans Licht. O, ich spürte alles, nur nicht das sanfte Streicheln über den Bauch, die Freude auf einen kleinen Menschen. Auf MICH. Die liebkosenden Worte, was alles für mich geplant ist und wie sehr man meine Ankunft erwartet. Die waren für mich nicht vorgesehen. Was ich spürte, war Angst, pure Angst, ihre Angst. Die Angst meiner Mutter, Angst vor den Menschen, Angst vor dem Leben mehr als vor dem Sterben, Angst vor mir. Wenn ich schon Worte gehabt hätte, hätte ich bestimmt gesagt, was ich fühlte, dass sie keine Angst vor mir haben muss, und dass ich schon zurechtkomme. Ja, das hätte ich gesagt. Das sage ich heute noch, sollte es jemand wagen, mir das Gefühl zu geben, ich sei ihm etwas wert. Ich habe keine Skala im Bauch, um darauf den Grad des Wertes abzulesen. Also stapele ich lieber tief, als die Hoffnung zu erwecken, es könnte in Richtung wertvoll sein. Diamanten muss man suchen, sehr lange suchen. Ich bin da, einfach da. Nicht versteckt oder verborgen, sondern sichtbar, wenn auch vielleicht manchmal durchschaubar. Oder auch nicht. Du findest mich überall, ich dränge danach, wahrgenommen zu werden. Wie Treibgut, Treibgut des Lebens. Treibgut schwimmt, wird immer wieder angespült, geht nicht unter und wird, wenn man Glück hat, aufgelesen, getrocknet und seinem Sinn zugeführt. Du nimmst mich wahr, wie den Tand in den Schaufenstern, auf den Frisiertoiletten der Frauen, in alten Schubladen und auf dem Friedhof aller Dinge, der Müllhalde. Deine Blicke streichen doch auch über mich hinweg, werden nicht fasziniert vom Strahlen eines Diamanten, seiner Schönheit, an dem sich aller Blicke festsaugen, nicht vom goldenen Schein der Jugend, nein, eher siehst du ein Utensil, einen Gebrauchsgegenstand der Wegwerfgesellschaft. Auch du wirst mich, wenn du gegangen bist, wegwerfen. Was sagst du da, wirst du nicht? Überleg mal ehrlich, wie viele Menschen hast du schon als Freunde betrachtet? Und wie viele Menschen sind es heute noch? Bist du besser im Nehmen oder im Geben oder stellst du überhaupt keine Bedingungen? Du willst also meine Geschichten hören! Weiter nichts. Sorry, aber ich rede dich einfach mit „du" an. Vielleicht ist es dann einfacher für mich, sie zu erzählen. Von mir zu erzählen. Das macht dich nicht zum Freund oder zum Vertrauten. Du bist da und kannst gut zuhören. Es wird Zeit für mich sie zu erzählen. Das ist es, warum du hier bist.

Du, ich spürte, dass sie mich versteckte, sie, meine Mutter. Ich spürte das Zusammenziehen des Bauches, in dem ich lebte, wenn Menschen meine Mutter anstarrten. Ich spürte die hässlichen Worte. „Die Flüchtlingsweiber, die nichts taugen. Vergewaltigt? Nie im Leben, die wird den Mann, einen von uns, verführt haben. Der konnte doch gar nicht anders. Sie hätte doch das Geld nehmen können, was er ihr geben wollte. Wo wäre der Unterschied, wenn sie gesagt hätte, sie sei von einem Russen vergewaltigt worden? Dann wäre der Bastard weg, aber so ist es eine Schande. Er wollte ja nur helfen. Hat ihr Kohlen und Kohlköpfe gebracht, nach dem Krieg ein Vermögen. Dafür kann man doch etwas nett sein. Herrgott, die hat's gerade nötig, die kann sich Stolz überhaupt nicht leisten!" Du meinst, das kann ich nicht gehört haben? Du irrst! Woher sollten sie sonst in mir wohnen, die Worte, sie haben sich eingenistet. Sie waren immer da! Und irgendwann lernst du, sie zu lesen. Sie wurde mich nicht los und die Natur hat vorgegeben, dass man nicht ewig in der warmen Mutterhöhle bleiben kann. Man wird geboren, auch ich! Ich blinzelte ins Sonnenlicht und wollte gerade nach Worten suchen, da wurde ich geschlagen, schon wieder und nicht gerade sanft. Vor Schreck schrie ich, nach dem kalten Waschlappen schrie ich noch mehr. Prüfende Augen schauten mich an, kalte Hände zerrten an mir rum. Und da waren sie wieder, die ungesagten Worte, aber ich spürte sie, mitleidig waren sie. Was habt ihr denn alle, was ist los, wollte ich fragen, aber bitte, wie denn? Wie kann man etwas erfragen, wenn man nur ein Gefühl und keine Worte hat? Eine Stimme hatte ich ja. Aber in diesem Moment nur zum Schreien. Meine Beine gefielen denen nicht, das hat sich im Wesentlichen bis heute nicht geändert. Kann mich nicht erinnern, dass sie jemals bewundert worden sind. Wem gefielen die schon! Schwach, dünn und ein klein wenig x-beinig. Ein Makel, ja ein Makel. Das ganze Kind ist ein Makel, aber Gott sei Dank, es behielt nicht die blauen Augen des Erzeugers. Meine Mutter mit SEINEN Augen ansehen, was meinst du, hätte das eine Mutter verkraftet? Aber da war so eine Neugier, so ein Wille in mir, wie etwa, so du blöde Welt – du willst mich nicht? Ich bin nun mal hier, ich wollte auch nicht hier sein. Nicht jetzt und nicht an diesem blöden Ort, nicht zu dieser blöden Zeit. Ich lerne dich kennen, Welt! Und du lernst mich kennen. Wir haben keine Chance, wir können uns nicht aus dem Weg gehen und ob mit oder ohne schwachen Beinen, ich werde laufen, laufen, gern laufen, um deine vielen Seiten zu entdecken.

Ha, ich lach mich kaputt, wie steif ihr alle seid, so schlau und erhaben und ausgestattet mit viel Dünkel und Arroganz! Ihr lehnt mich ab und sperrt mich aus? Das wollen wir doch mal sehen, jetzt hab ich es neun Monate in Gefangenschaft ausgehalten und jetzt bin ich frei, frei …! Aber was kann man mit der Freiheit anfangen, wenn man nicht sprechen, nicht laufen kann und noch nicht einmal erwartet wurde? Wohin, bitte schön, kommt man da? Da war sie wieder, die Angst oder das Gefühl, und mit Recht. Sie hatte mich nicht mitgenommen, sie hatte mich einfach in der Klinik gelassen, sie wollte mich nicht, nicht dieses Kind! Nicht mich! Jetzt weiß ich, was das für ein Gefühl war, Ablehnung. Hey, wollte ich schreien, ich kann doch nichts dafür, denkst du, ich wollte in deinen Bauch, denkst du, da hat es mir gefallen, aber ich konnte ja nicht weg, konnte mich noch nicht mal verstecken, wenn deine Fäuste auf meine Höhle eingetrommelt haben?

Schwache Beine habe ich, ja klar, du hast dich ja so geschnürt, dass ich mich nicht bewegen konnte. Aber ich habe es gespürt, das Leben, und ich wollte sehen, was da draußen los ist, was auf mich wartet, wenn mich auch niemand haben wollte, ich wollte raus … und ich kam auf die Welt und es wartete viel auf mich. Nur nicht du! Nur meine Mutter nicht! Nun ja, du siehst, das mit der Ankunft auf Mutter Erde hat ja nun schon mal geklappt, und gerettet hat mich meine Tante. Ich kann nicht beurteilen, was sie dazu brachte. Es wird eine Mischung aus Verantwortung, Mitgefühl, Anstand und Standesdünkel gewesen sein. O ja, der Standesdünkel war meine Rettung und der Rest von Anstand.

Rest von Anstand

Verschwommen die Erinnerungen,
Vergessen der Schmerz.
Habe mein Leben spät gefunden,
Und auch mein Herz.
Bilder die aus dem Nebel steigen,
Fetzen aus gefühlten 100 Jahren,
Die mir von allem etwas zeigen,
Und doch so viel bewahren.

Ein Rest von Anstand war der Grund,
Der die Weichen für mich stellte,
Gefühlte oder dunkle Erinnerung,
Kein Licht, welches mich erhellte.
Wer bin ich und war es meine Schuld,
Dass nur ein Rest für mich blieb?
Ein Rest von Anstand war genug,
Der über meinen Platz entschied.

Verständnis für alles rettete mich,
Mein Umfeld nicht zu hassen,
Instinktiv wurde es zur Pflicht,
Eine zweite Haut zuzulassen.
Wie könnte ich darüber sprechen,
Was ist wahr und was Illusion?
Ich weiß, ich kann daran zerbrechen.
Ein wenig tue ich es doch schon.

Die Haut wird immer dünner,
Das Verstehen kommt zu spät,
Doch es wird noch schlimmer,
Es macht Platz für die Realität.
Vom Erkennen tief erschüttert,
Die Lebenslüge längst erkannt,
Vom Entschuldigen jeder Schuld verbittert,
Hilft nur noch der Rest von Anstand.

Ein Rest von Anstand stellt die Weichen,
Und legt die Richtung fest,
Was ich tun muss, um zu erreichen,
Dass man mich nicht mehr verletzt.
Ein Leben kann nicht verjähren,
Solange es atmet und gegenwärtig ist,
Doch das Eine kann ich schwören,
Dass es auch niemals was vergisst!

Meine Mutter und meine Tante stammten aus gutem Haus, und diese Tante hatte vor dem Krieg in noch ein besseres geheiratet. Ihr ist eine demütigende Flucht aus Schlesien erspart geblieben. Meiner Mutter nicht, und wo läuft man denn hin, wenn man flüchten muss? Na klar, dorthin, wo schon jemand ist. Also sind meine Mutter und eine ihrer Schwestern bei ihr gelandet.

In einer Kleinstadt mit historischem Hintergrund. Ein Ort der Gewalt, zerbombt und hungrig. Hungrig nach Frieden, nach Leben, nach Lachen. Ein Ort, an dem eine der größten Machthaberinnen der jüngeren Vergangenheit ihre Kindheit verbrachte. Katarina die Große. Eine Führernatur, die den Aufstand, auch gegen den eigenen Gatten, wagte. Sie interessierte mich sehr. Sie erzwang Siege, durchlebte Niederlagen, reformierte ein großes Land, leidenschaftlich und gespickt mit vielen Ereignissen. Nach dem Krieg, dem 2. Weltkrieg, wo keiner etwas zu beißen hatte, schlug sich jeder durch, ob fein oder gewöhnlich, waren alle irgendwie gleich. Aber nicht diese Menschen, nein, nicht diese Menschen in diesem Haus, in dem ich mein Leben begann. Die Mitglieder der Familie der Tante waren steif und unnahbar, auch meine Tante war da nur geduldet. Sicher hatten sich die Alten etwas Feudaleres als Schwiegertochter vorgestellt. Obwohl mein Großvater in Schlesien Bürgermeister und Bauunternehmer war. Millionär durch Arbeit. Und dann kam auch noch meine Mutter, hungernd, ohne Hab und Gut, mit einem halb verhungerten Säugling: meinem Bruder – 1944 in Grünberg geboren. Und dann, einige Jahre später, vergewaltigt – schlimm, schwanger – schlimm, ohne Mann – schlimm! Das Kind ins Heim geben? Was hätten da die Leute gesagt? Noch schlimmer! Also holte sie mich nach Hause, sie, meine Tante, auf Anweisung ihrer Familie.

Da war er wieder – der Rest von Anstand, wenigsten nach außen hin. Nicht das Mitleid mit dem kleinen Menschen, der da entstanden war, rief ihn hervor, nein, es war etwas anderes. Die Leute, was werden die Leute sagen, wenn wir uns so verhalten, wie wir eigentlich sind, wäre da nicht der Status, der Status einer anständigen Familie. Meine Mutter ging, ging einfach aus der Klinik heim. Ohne mich! Sie ließ mich zurück. Ungewollt empfangen, ungewollt bekommen und ungewollt war ich da – trotz allem. Ich war da! Trotz allem, was geschehen war. Ich bin noch immer da.

So kam ich notgedrungen in die mehr oder weniger gute Obhut meiner Mutter. Kam in ein kleines Zimmer der prunkvollen Villa. Kam nach Hause, wo mich zwei dunkle Augen neugierig und ablehnend musterten. Unter wirren schwarzen Locken schauten sie mich an, wie man auch neugeborene Katzenbabys ansieht. Mein vier Jahre älterer Bruder! Wolfgang.

Home 1948

Ich fand alles schön, den alten Herd, auf dem die köstlichen Kartoffelpuffer klebten und einen Gestank machten oder auf dem sich die wenigen Brotscheiben vor Hitze krümmten, die drei Stühle, die wackelig uns aufnahmen und sicher bessere Zeiten gesehen hatten.

Das Fenster, aus dem ich einen wunderschönen Kirschbaum sah, in dem die Stare sich trotz einer hässlichen Vogelscheuche gern tummelten oder den Wald, den ich von Anfang an liebte. Die zwei Betten, die sich an die Wände schmiegten, eines für meinen Bruder, eines für meine Mutter und mich. Die Lampe, die, wenn ich schlafen sollte, mit einem Tuch abgedunkelt wurde. Aber am schönsten war ein Möbelstück, das sicher auch nicht wusste, was es in dem ärmlichen Zimmer verloren hatte. Ein Schreibpult, das in der Nische neben dem Wandschrank direkt unter dem Fenster stand und mein Versteck, mein Platz zum Malen und Schreiben war.

Wenn es mir nicht gut ging – damals wusste ich noch nicht warum –, dann kroch ich unter dieses Pult und sang traurige Lieder. Lieder, die es nicht gab. Melodien, die es nicht gab. Aber Worte, die gab es und gesungen flogen sie manchmal weg, aber sie kamen immer wieder zurück. Aber es tat gut, wenn sie mal für eine Zeit fortflogen. Ich mochte es, wenn der Herd eine wohlige Wärme verbreitete, spürte ich doch oft genug eine innere Kälte.

Du fragst, wieso Kälte, wie ich das meine? Das fragst du, kennst du nicht die Kälte, die dir ein Frösteln unter den warmen Strahlen der Sonne bringt? Du hast immer den Herbst im Herzen, nicht den Frühling, nicht den Sommer, auch nicht den Winter. Der Frühling ist unfassbar, ein Erwachen mit einem Getöse, ein plötzliches Erwachen der Sinne. Er riecht nach Bereitschaft, er zaubert eine Sehnsucht in den Herzen der Menschen. Der Sommer, warm und gelb, wie die Sonnenblumen. Ein

Geruch nach reifem Korn legt sich satt auf die Erde, alles strebt der Ernte entgegen, die Menschen, die Tiere, die Pflanzen. Der Winter, weiß, silbrig, da gleiten deine Träume wie auf Sonnenstrahlen in eine fantastische Wunderwelt. Der Herbst ist auch sehr schön, aber er bedeutet Sterben, er bringt dir nahe, dass alles vergänglich ist. Zwar mit schönen Farben – der Abschied soll dir leicht gemacht werden.

Meine Welt war auch ein Wunder, für mich jedenfalls. Neugierig war ich auf alles, was sie mir entgegenbrachte und Nichts und Niemand konnte mir eine gewisse Freude nehmen, da zu sein. Wenn ich auch im Schatten lebte, ich fand ihn schön, den Schatten. Ich finde ihn heute noch schön. Manchmal blinzelte aber auch die Sonne durch, und diese Momente waren so schön und so wertvoll, die musste ich nicht immer haben. Etwas Besonderes waren sie, etwas Wertvolles.

Weißt du, was mir auffällt? Ich meine heute, nicht damals. Die Menschen vergessen, dass ein ganz normaler Alltag schon etwas Besonderes ist. Es müssen immer Highlights sein, es muss immer etwas passieren. Alles muss da sein und wenn möglich gleich. Alles muss perfekt sein. An den Partner, an den Tag, an das Leben und an sich selbst werden Anforderungen erstellt, die nicht zu erfüllen sind. Dann nimmt die Unzufriedenheit zu. Es kämpft selten jemand um seine Wünsche. Es kämpft selten jemand um seine Partnerschaft. Es kämpft zu selten jemand um die Kinder, um ihnen beide Elternteile zu erhalten. Was ist das? Egoismus? Unvermögen? Sucht nach Luxus, nach Zerstreuung? Sucht nach einem anderen Leben, einem auf der Überholspur? Sind wir eine Selbstbedienungs- und Wegwerfgesellschaft gleichermaßen? Irgend so etwas sind wir! Wir werfen gern alles über einen Haufen. Da verschwinden schon einmal Ideale, Vorsätze und die Moral. Wir haben die Fähigkeit alles abzulegen. Wir häuten uns wie die Schlangen, nur, dass die neue Haut meistens abstoßender oder dünnhäutiger ist als die alte.

Was gibt es Schöneres, als nach einem anstrengenden Tag, zufrieden mit sich selbst, bei einem Glas Wein oder einem kühlen Bier den Tag Revue passieren zu lassen und sich freuen, dass nichts passiert ist? Den Tag erkennen als etwas Besonderes, weil nichts passiert ist! Zu sehen, was alles jetzt auf der Welt passiert, lässt mich frieren. Da hast du es, das Dunkle und Kalte in mir. Aber hat das nicht jeder Mensch? Oder hast du einen Schalter im Kopf, der einfach mal so das Licht anknipst, wenn durch dunkle Wolken im Kopf die Klarheit überschattet ist? Hast du nicht? Siehste, ich auch nicht! Manchmal spüre ich diese Dunkelheit, meistens aus Angst. Nein, nicht um mich. Ja klar, die Wärme und das Licht sind auch in mir, aber sie musst du finden. Hast du sie gefunden, dann brauchst du nichts weiter zu tun, als dich zu wärmen. Ich gebe sie gern weiter, die Wärme und das Licht, mit vollen Händen, weil ich weiß, wie es ohne sie ist. Viel zu oft machte mir jemand immer dann das Licht aus, wenn ich mich gerade an die Helligkeit gewöhnt hatte. Ja, und die Wärme, die teile ich ein, um niemals ganz zu erfrieren, um die Worte in mir nicht zu unterkühlen. Meine Dunkelheit? Klar, die kannst du auch haben! Vielleicht unterbindet sie auch ja die grelle Reizüberflutung, und du beginnst mal wieder zu denken. Klappt auch, ich weiß es einfach.

Wo das Zimmer war, in das mich meine Tante mitgenommen hat, willst du wissen? Oh, dieses Zimmer befand sich in einer wunderschönen Villa mit Wintergarten, Aufzug für Speisen, Grude und Herd, Wasserklosett und Badewanne, geräumiger Diele mit Standuhr, einem Garten mit Spalierobst und mit Menschen, die das Lachen verlernt – oder nie gekonnt – hatten. Was eine Grude ist, willst du wissen? Eine Art Herd mit einer Vertiefung, die man mit heißer Asche füllte. Dort konnte man die Töpfe einstellen, die mit vorgegarter Suppe und anderen Gerichten gefüllt waren, um sie in diesen langsam gar werden zu lassen und warm zu halten. Auch strahlte der Grudeherd eine angenehme Wärme aus.

Das Haus, immerhin waren die Besitzer Architekten, war wunderschön, aber kalt, innerlich kalt, ohne Seele. Trutzig stand es direkt am Rande eines Waldes. Es atmete nicht, es war abweisend wie die Bewohner und auch später waren selten erleuchtete Fenster zu sehen. Alle Türen waren immer verschlossen, und alle Zimmer, einschließlich des Bades, das gleich neben unserem Zimmer lag, waren für uns tabu. Nicht, dass man meine Mutter nach der Flucht aus Schlesien mit offenen Armen aufgenommen hätte, nein, beileibe nicht. Man hätte sonst andere Flüchtlinge aufnehmen müssen, da entschloss man sich für das kleinere Übel – meine Mutter mit ihrem Sohn! Und nun war ich noch da, für die spießigen und hoch angesehenen Leute des Hauses, die Schande leibhaftig. Da war er, der alte Herr, groß, mit einer Beinahglatze und strengen Augen. Nie habe ich ein Lächeln in seinem Gesicht gesehen, es war verloren gegangen. Mit Hut, Stock und grauem Mantel ging er oft spazieren. Oder er kontrollierte, ob noch alle

Äpfel an den Spalierbäumen hingen oder an der Erde lagen. Bevor ich richtig sprechen konnte, habe ich begriffen, dass man sie nicht aufheben darf, geschweige denn abpflücken. Hunger hin, Hunger her, der Stock des Alten hinterließ Schmerzen an den kleinen Händen. Wie aus dem Nichts waren sie immer da, der Stock und der Alte.

Dann sein Sohn, mein Onkel. Er war mir von Anfang an nicht geheuer, ich hatte Angst vor ihm. Jeden Tag zur gleichen Zeit kam er mit dem Zug in unsere kleine Stadt, die er früh in Richtung einer größeren verließ. Sein ganzes Gesicht zuckte, seine großen Ohren wackelten. Dabei aber fiel mir nicht ein, dass das lustig sein könnte, nein, seine eng liegenden Augen unter dem brav gescheitelten und kurz geschnittenem grauen Haar ließen das nicht zu. Er roch immer so anders, roch er ganz schlimm und war rot im Gesicht, hatte er getrunken. Dann sah er mich. Aber so wollte ich nicht angesehen werden. War er nüchtern, sah er mich nicht. Schaute durch mich hindurch. Ich mochte beides nicht, und trotzdem sah ich ihn immer an, direkt in die Augen. Was suchte ich wohl, sah ich seine Angst vor dem Alten, dem er nichts recht machen konnte? Dessen Schuhe für ihn viel zu groß waren? Wollte ich nicht wahrhaben, dass er mich nicht registrierte? Verstand ich das nicht? Warum ließ ich nicht locker? Um vielleicht doch einmal einen freundlichen Blick zu bekommen? Den Anforderungen seines Vaters konnte er nie gerecht werden, er wurde eben kein neuer Gropius, er wurde ein Nichts in den Augen anderer. Sah ich die Wut auf dieses Leben, wenn er getrunken hatte, hatte er dann Mitleid mit mir? Nein, Mitleid nicht, es war etwas anderes, Herausforderndes, Neugieriges oder gieriges ETWAS, was dann in seinen Augen stand. Ich las die Frage: „Wird sie so wie ihr Vater? Da kann ja nichts draus werden". Das stand in seinen Augen. Nie habe ich ihn mit seinen Kindern, den schon größeren Jungen und der etwas jüngeren Schwester lachen, spielen oder toben gesehen, nein, nie. Sie mussten am Klavier üben, üben und nochmals üben. Wenn sie falsch spielten, gab es etwas auf die Finger. Meine ersten Erfahrungen mit Musik. Ich war froh, dass ich das nicht lernen musste. Manchmal duldete er mich und ich hörte unter dem Klavier sitzend zu. Bis dann, wenn die kleinen Hände der Kinder nicht so die Tasten berührten, wie sie es sollten, ein Stöckchen auf Rücken und Arme klatschte.

Sie haben nicht geweint, nicht geschrien, aber ich spürte den Schmerz und wie sie innerlich litten. Ihre Mutter stand hinter der Tür und weinte, hilflos, schwach und jeder Macht über die Kinder enthoben. Ich sah ihn immer an, als suchte ich danach eine Erklärung, eine Schuld oder wenigstens ein Bedauern in seinen Augen. Nichts stand da, wenn er nüchtern war, gar nichts, nichts Lebhaftes und nichts Stilles, keine Heimtücke und keine Macht. Wo hatte er das Strahlen verloren? Jeder Mensch hat doch am Anfang ein Strahlen. Ich hatte es! Ich wusste es nur nicht.

Dann gab es noch von meinem Onkel die Schwester, ein Fräulein. Auch sie ging arbeiten, auch sie konnte nicht lachen, auch sie sah mich nicht. Und da sie nie betrunken war wie ihr Bruder, sah sie mich nie. So empfand ich es. Nie durfte ich in ihr Zimmer. Streng und eine undurchsichtige Fassade ohne Fenster, Lücken und Türen. Verschlossen eben.

Die einzige Person, die ich als freundlich in Erinnerung habe, war die Oma. Ihre Augen sahen mich und sie steckte mir manchmal einen Apfel oder eine Scheibe Brot zu. Das Fenster zu ihrer Küche war ebenerdig. Da saß sie oft am Fenster. Eines Tages kam ein Arzt ins Haus, dann noch einer und noch einer. Sie saß danach immer am Fenster. Einmal schaute ich rein und sie zeigte mir ihren Arm. Ein Riesenfurunkel genau in der Armbeuge. Das nächste Mal sah ich sie auf dem Totenbett. Ein Gesicht wie Wachs, aber friedlich. Als ob sie froh war, von der Erde weg zu sein. Und das erste Mal sah ich so etwas wie Gefühlsregungen bei der Familie, beherrscht natürlich. Auch hierbei galt es das Gesicht zu wahren.

Meine Tante hatte danach überhaupt nichts mehr zu lachen, aller Zorn entlud sich bei ihr und bei den Kindern. Ich wurde Zeuge, als der Alte in der mittleren Diele mit einem Rohrstock ihren Sohn, seinen Enkel, schlug. Wir standen oben hinter der Tür. Meine Tante weinte lautlos.

Da sagte meine Mutter: „Willst du nicht deinen Jungen holen, geh und hole ihn."

Nichts geschah, sie wartete, bis die Tortur beendet war. Kreidebleich kam der Junge hoch. Sein Blick sagte seiner Mutter das, was er nie ausgesprochen hätte. „WARUM hilfst du mir nicht?"

Mein Bruder geriet auch mal in die Hände des Alten. Er war nicht auf Zehenspitzen, wie uns befohlen, die Treppe heruntergelaufen. Der Stock sauste schon mehrere Male auf seinen Hintern, da kam meine Mutter dazu und nahm mit den Worten: „Meinen Sohn schlägst du nicht, wag es nicht noch einmal", all ihren Mut zusammen, nahm meinen Bruder, der nicht eine Träne vergoss, bei der Hand und ging erhobenen Hauptes die Treppe noch. Da fiel mir zum ersten Mal dieses blasse versteinerte Gesicht meines Bruders auf. An wenige Momente kann ich mich erinnern, an denen Fröhlichkeit für ein paar Stunden in diesem Haus Einzug hielt. An den Anlass der einen Feier kann ich mich nicht erinnern, aber es war Leben im Haus. Mehrere Leute waren schon vorher angereist und darunter war ein Mädchen.

Barbara. Vielleicht zwei Jahre älter als ich, mit lebhaften dunklen Augen und einem schwarzen Pferdeschwanz. Sie war eine Zauberin. Denn sie schaffte es, dass alle Türen im Haus offen waren. Sie zog mich mit und wir tobten in Betten, sprangen von Stühlen und spielten Verstecken. Ich fühlte mich unwohl und konnte das nicht verstehen. Niemand kam und schimpfte oder schloss die Türen wieder ab. Meine Einwände, das dürfen wir nicht, nahm sie nur ungläubig zur Kenntnis. Barbara schleppte mich auf den Dachboden, o, welch ein Paradies, was da alles lag. Wir stöberten in alten Koffern und mich faszinierten die Bücher und Zeichnungen. Danach ging es schnurstracks in den Garten. Wo ich peinlich darauf achtete, die Wege nicht zu überschreiten, tobte Barbara wild darauf los. Im Erdbeerbeet taten wir uns gütlich. Den Kloß im Hals, um das Wissen, etwas Verbotenes zu tun, spüre ich bei den Gedanken noch heute.

Du, da fällt mir noch ein Erdbeererlebnis ein. Einmal in der Woche stand auf unserem Tisch eine Holzbadewanne. Mit auf dem Herd erwärmtem Wasser wurde sie gefüllt. Dann wurde gebadet, erst mein Bruder, dann ich. Mit Kernseife wurden wir sauber geschrubbt. Mit einem Topf wurde warmes Wasser nachgegossen. Du glaubst gar nicht, wie schön das war, wenn man von einer wohligen Wärme umspült wurde, Gänsehaut hatte ich da jedes Mal. Einmal ging die Tür auf und meine Tante kam, als ich in der Wanne saß, und schenkte mir eine riesengroße dunkelrote Erdbeere. O, mein Gott, war die köstlich. Besser hat mir nie wieder eine Erdbeere geschmeckt. Sie hatte sich nur gewagt, mir etwas Gutes zu tun, wenn alle anderen Leute nicht im Haus waren. Dann saß ich oft bei ihr in der Küche an der Grude, und sie steckte mir irgendwas zum Essen zu.

Eines Tages packte meine Mutter unsere wenigen Habseligkeiten und wir nahmen das Fachwerkhaus für uns ein, das sich hinter einem großen Restaurant mit zwei Sälen, Biergarten, etc. befand. Unsere

Wohnung lag direkt über einer Kegelbahn, die meine Mutter betreute. Mein Bruder stand oben auf der Treppe und fragte: „Darf ich hier die Treppe runterspringen, ganz laut, wie ich will?"

„Ja, aber sicher, mein Junge", antwortete meine Mutter und er sprang die Treppe zigmal hoch und runter. Er hat übrigens nie wieder die Villa betreten, nie.

Du meinst, er war stur? Nein, ganz und gar nicht. Er war stolz, er hat sich etwas bewahrt, so etwas wie Würde und einen ausgeprägten Gerechtigkeitssinn. Er hat Menschen durchschaut, er hat Systeme durchschaut, ohne Beeinflussung, ohne Fanatismus. Er entschied für sich, was gut oder nicht gut war, und die Villa war nicht gut. Warum sollte er irgendwohin gehen, wenn es dort für ihn nicht gut war? Nur, um den Schein zu wahren? Nein, das tat er nicht, das tat er nie.

Tante Martha

Ich habe dir doch von ihr erzählt, klar, immer wieder. Von meiner Tante Martha. Eine weitere Schwester meiner Mutter war durch die Kriegswirren in der kleinen Stadt gelandet. Meine Tante Martha! Eine Seele von Mensch. Sie hat mich geprägt wie kein anderer Mensch. Geprägt im Sinn des Guten, der Warmherzigkeit, der Liebe zur Erde, der Achtung vor der Natur und der Großzügigkeit. Auch im Sinn des Duldens. Sie duldete alles, wurde nie laut, war nie verzweifelt, sie hatte eine seltene Bodenständigkeit, so stark, dass jeder Boden unter ihr gut wurde. Sie war der Fels in der Brandung.

Nach der Flucht mit ihren 5 Kindern, auf der alle die Bombennacht in Dresden überlebten, baute mein Onkel, ihr Mann, auf einem Grundstück am Rande der Stadt ein Behelfsheim in Barackenform. Vorn eine Küche und drei Kammern zum Wohnen und Schafen. Der hintere Teil war ein Schuppen und Ställe für Ziegen, Kaninchen und ab und zu Schafe. Eine weitere Scheune war auf dem Gelände, ein Hühnerstall mit Gehege und ein großer Garten mit einem kleinen Bach und Teich. Meine Oase, mein Zufluchtsort, mein Paradies. Das Einzige, was ich nicht mochte, war der Hühnerhof. Ausgerechnet da musste man durch, um in das Haus mit dem Herzchen zu gelangen. An der Tür standen immer Holzpantinen, die musste man über den Schuhen tragen, um halbwegs sauber über den Hühnerhof zu kommen.

Bist du schon einmal über einen vollgeschissenen Hühnerhof im Dunkeln gegangen, mit voller Blase, weil man den Zeitpunkt ja so lange rausgeschoben hat, um sich das immer wiederkehrende Erlebnis, mit viel zu großen Pantinen sich über einen glitschigen Boden unfallfrei zu bewegen, zu ersparen? Von den Gerüchen ganz zu schweigen. Vor dem schönen bunten Hahn hatte ich Angst, er wartete schon in Angriffslaune, wenn man sein Revier betrat. Dann kam er wie Geier Sturzflug angerannt und hinterließ seine Spuren an meinen Beinen. Also wartete ich, bis die Hühner auf ihren Stangen saßen und mit ihnen mein Freund, der Hahn, um in höchster Not zum Klo zu schlingern.

Nein, meiner Tante ging es absolut nicht gut. Mein Onkel hat sie betrogen, sein Geld in Kneipen mit anderen Weibern verprasst und schließlich hat er sie verlassen. Er war selbstständig und hatte sich eine Firma aufgebaut, die Äcker trockenlegte und beim Straßenbau aktiv war. Melioration hieß das damals. Eine Gleisstrecke für Kipploren hat er angelegt, und von einer einige Kilometer entfernten Lehmkuhle hat er den Lehm für Ziegel und andere Bauelemente geholt. Nach dem 17. Juni, Aufstand 1954, bekam er die Aufforderung zur Verstaatlichung. Es wurden ihm rückwirkend so hohe Steuern aufgebrummt, dass er Pleite gehen musste. Er nahm seine Aktenmappe und fuhr nach Berlin zum Ministerium, um eine Aussetzung der Steuern zu erwirken. Die wurde abgelehnt. So wurden ja gerade nach dem Aufstand viele Gewerbetreibende zur Verstaatlichung gezwungen. Er wusste genau, wenn er zurückfährt, wird er verhaftet. Also fuhr er direkt über die Grenze nach Westdeutschland, ließ seine Frau mit 5 Kindern zurück. Meine Tante hat nie geklagt, auch nie eine Scheidung angestrebt. Mit dem Obst und Gemüse aus dem Garten und dem Fleisch von den Tieren, was alles geputzt, geschlachtet und verkauft wurde, hat sie ihre Kinder und auch uns versorgt. Nie ist sie laut geworden, nie ist sie ausgerastet, wie man heute so schön sagt. Für Depressionen war überhaupt keine Zeit. Früh um 5 Uhr ging es los, immer mit grauer Leinenschürze über eine Kittelschürze gebunden, wo immer im Bereich der Knie trocken gewordene Erdklumpen hafteten, in Gummistiefeln oder Holzpantinen gekleidet, raus in den Garten und zu den Tieren. Nach einem kurzen Mittags-Nickerchen am Tisch wieder raus und am Abend war Schluss, sowie die Sonne verschwand. Dann saß sie zufrieden, mit der Katze auf dem Schoß, auf einer kleinen Bank.

Nein, er hat sie nicht nachgeholt, nicht sie und nicht seine Kinder. Seine Freundin, glaube ich zu wissen, die hat er nachkommen lassen. Was soll ich dir sagen? Für mich war es das Paradies. Wenn ich kam, immerhin drei Kilometer zu Fuß, sagte sie: „Kleine, geh mal erst in den Garten". Da durfte ich so viel vom Obst oder Kohlrabi, Gurken und Tomaten essen, wie ich wollte. Dann gab es Pellkartoffeln aus dem Garten mit Quark. Über einem alten Ausguss hing immer ein weißes Leinensäckchen mit Milch, die Molke tropfte unten raus und im Säckchen blieb der Quark. Leinöl, Kresse und klein gehackte Zwiebeln dazu, ein Festessen. In ihrer Küche roch es immer so, dass man Hunger bekam. Alles wurde selbst erzeugt, sogar Wurst aus Kaninchenfleisch. Aus den Beeren bis hin zum Weizen wurde Saft, Wein, usw. gekeltert. Ich fühlte mich bei ihr wohl, spürte keine Kälte und wenn es ganz schlimm zu Hause wurde, durfte ich auch bei ihr schlafen.

Nie habe ich einen Menschen kennengelernt, der an ihre Herzensgüte herankam. Im Sommer arbeitete sie noch bei einem Bauern auf dem Acker. Kilometerlang auf Knien rutschend, Rüben oder Kartoffeln erntend. Kirschen pflücken, Heu machen und viele andere, für mich interessante Tätigkeiten. Denn ich durfte mit. Vielleicht acht Jahre alt, durfte ich auf dem Kutschbock die Pferde führen. Der Geruch von Erde, von reifem Korn, von frischen Rüben gab mir das Gefühl von Freiheit. Im Dunst der Pferde, den Blick gebannt auf ihre starken, schwitzenden Muskeln gerichtet, da fühlte ich mich frei. Wenn die Sonne rot wurde und den Himmel flutete, wenn ein paar fröhliche Worte hin und her flogen, spürte ich etwas, etwas, was mich reich machte, unwahrscheinlich reich.

Immer auf der Höhe der auf Knien rutschenden Frauen führte ich die Pferde mit dem Hänger. Die Frauen, nein, sie waren nicht missmutig oder unzufrieden, rutschten auf Knien über den Acker und warfen die Rüben, ohne aufzusehen, auf den Pferdewagen. Am schönsten war aber, wenn die Bäuerin mit der Vesper kam, dicke Wurststullen, Kaffee und selbst gebackenen Zuckerkuchen. Für mich machte sie extra Stullen mit weniger Wurst oder Schmalz. Ich konnte das nicht essen, ohne dass es wieder rauskam. Mein Magen war so viel Gutes nicht gewohnt. Ich kann das auch heute noch nicht. Für mich gab es Kakao oder Brause. Alle saßen zufrieden und vielleicht sogar glücklich und aßen. Nicht mit Hast, nein, müde vom Kampf mit dem

Acker streckten sie ihre Beine aus. Die Pantinen lagen im Gras, die Kopftücher unbeachtet daneben. Ob graue, blonde oder braune Haare, sie trockneten und ließen einen Geruch mit dem Wind fliegen, einen Geruch nach Mutter, nach Mutter Erde. Der Geruch der Erde und der schwitzenden Frauen und der Blick über das weite Land gab mir dieses erdige Gefühl. Die Sonnenuntergänge, wenn sich die letzten Strahlen einen Weg durch den Ackerstaub kämpften, erzeugten so eine Zufriedenheit in mir, wie ich sie selten kannte. Die derben Sprüche der Frauen und ihr herzhaftes Lachen nahm ich mit nach Hause, schloss alles in meine kleine Seele ein, um davon zu zehren, wenn die Kälte kam. Und sie kam auch im Sommer!

Was glaubst du, wie weit würde heute hier in Deutschland ein Kind laufen, um eine Milchkanne voll Erbsensuppe zu holen? Die laufen doch noch nicht einmal bis zu Mac Donalds, da werden sie gefahren!

Ich konnte jeden Donnerstag zu dem Bauern kommen, für den meine Tante arbeitete. Das waren gut sechs Kilometer. Rast machte ich bei meiner Tante, da bekam ich ein Glas Milch oder Saft. Dann ging ich fröhlich über Wiesen und Äcker weiter zum Bauernhof. Den ganzen Sommer über trug ich eine kurze abgewetzte Lederhose, keine Schuhe, höchstens Gummistiefel, vorn zusammengeknotete Hemden oder alte Pullis von meinem Bruder, und ich wollte ein Junge sein. Schreiben können und ein Junge sein, ja, das waren meine Träume, die ich weit hinten im Kopf versteckte. Frag dich mal, warum wollte ich wohl ein Junge sein? Hast du eine Antwort? Ich vielleicht, aber auch nicht sicher.

Bei dem Bauern und seiner gutmütigen, aber auch resoluten Frau, durfte ich von den köstlichen Suppen essen, so viel wie ich wollte. Sie hatte immer lachende Augen, die unter einer wirren blass-roten Lockenpracht strahlten. Sie arbeitete schwer, sehr schwer, aber sie hatte den Respekt ihrer Familie, ihrer Arbeiter. Gebieterisch, mit geflickter Schürze, schritt sie über ihren Hof.

Einmal nahm sie mich an der Hand und zeigte mir die Qual einer Mutter, Leben auf die Welt zu bringen, die Qual eines Tieres. Eine Kuh kalbte gerade und alle waren aufgeregt. Alle waren voll Sorge um das neue Leben, ich spürte das und ich wusste genau, bei mir war es nicht so. Ich sah in die aufgerissenen Augen der Kuh, sah ihre Angst und spürte ihren Schmerz. Das Kälbchen lag quer, es wollte nicht auf diese Welt. Oh, wie gut ich es verstand, hätte ich mich man auch quergelegt. Aber es kämpfte, genau wie ich, lebend auf die Welt zu kommen. Der

Bauer resignierte schon, seine Schultern fielen nach vorn, sein Gesicht war aschgrau und die Augen stumpf. Sie, die Bäuerin, hatte Tränen in den Augen. Ja, sie wusste um die Schmerzen einer Geburt, sie hatte drei Kinder. Sie handelte; meistens sind es die Frauen, die handeln, ist dir das schon einmal aufgefallen?

Sie holte ein altes Fahrrad aus dem Schuppen, sah mich ernst an und sagte: „Fahr, fahr so schnell du kannst zu dem Tierarzt, hol ihn her, sonst sterben beide!" Und ich fuhr, so schnell ich konnte, durch die Stadt. Ich spüre noch dieses ohnmächtige Gefühl, als auf mein Klingeln hin an der Haustür des Tierarztes niemand hörte. Ich stieg über den Zaun und suchte den Tierarzt im Garten, nein, er war nicht da. Ich klingelte nebenan, dasselbe, keiner machte auf.

Da spürte ich die Angst, nein, ich will nicht schuld sein, nicht am Tod zweier Leben, nein, das durfte einfach nicht passieren. Ein alter Mann sah wohl meine Verzweiflung, er rief mich zu sich.

„Komm schnell, meinte er, du brauchst den Tierarzt, er ist da hinten auf der Weide und reitet sein Pferd ein." „Schnell, beeil dich und lass dich nicht abweisen, geh gleich durch meinen Garten und nimm dein Rad mit."

Ich fuhr dann über unbefestigte Feldwege so schnell, wie es der alte Drahtesel erlaubte, stürzte auch mal, aber das Gras dämpfte den Sturz. Aufgeschlagene Knie nahm ich nicht wahr. Dann stand ich vor ihm. Ich weiß nicht mehr, was ich alles gesagt habe, aber ich habe geschrien, geweint und war außer Atem. Er muss wohl meine Not in meinen Augen gesehen haben, er strich mir übers Haar und sagte: „Keine Angst, ich helfe dir und reite gleich zu den Bauern, komm du mit dem Rad nach, aber fahr langsam!" Was ich natürlich nicht tat.

Als ich den Stall betrat, hatte sich die Angst von Tier und Mensch bereits wie ein Schleier über alles gelegt. Oder war es die hereinbrechende Dunkelheit, in der die matten Stalllaternen ein milchiges Licht auf alle warfen? Nein, es war die Angst. Sie war greifbar, sie hüllte beherrschend alles ein, bereit, sich auf alles zu stürzen, was Leben in sich hatte. Der Tierarzt hatte eine gelbliche verschmierte Gummischürze mit großen Ösen an. Gummihandschuhe bis unter den Achseln bedeckten seine kräftigen Arme.

„Komm her", sagte er zu mir, „komm her und hilf mir, gib mir die Geräte, wenn ich es dir sage." Und ein Arm verschwand im Bauch der Kuh. Verschleimt kam er wieder zum Vorschein.

„Schnell, die Zange, es liegt quer, ich muss es drehen, es lebt noch", rief der Tierarzt. Hoffnung schimmerte in den Augen der Bauern, Angst und Hoffnung in einem Blick. Kennst du das, hast du diesen Blick schon einmal gesehen? Er ist mir überdeutlich in Erinnerung geblieben. Ja, ich habe diesen Blick noch oft gesehen und sicher haben Menschen, die genauer hingesehen haben, diesen Blick auch bei mir gesehen.

Er schaffte es, er drehte das Kälbchen im Mutterleib, er kämpfte und der Schweiß lief ihm über das Gesicht. Dann lag es da, lag blutig im Stroh, dampfte noch. Die Kuh gab einen dunklen Laut von sich und sie leckte und stupste ihr Baby. Das versuchte, auf seinen langen wackligen Beinen aufzustehen und schaffte es nach mehreren vergeblichen Versuchen endlich. Es fand das Euter seiner Mutter und trank und trank ... Es hatte eine Wunde quer über der Nase, von der Zange. Der Tierarzt schnappte mich und setzte mich auf seine Schulter, und aus angespannten Gesichtern wurden fröhliche und die Augen lachten, wenn sie mich ansahen.

„Das hast du gut gemacht, das hast du richtig gut gemacht", sagte er, „du bist ein mutiger kleiner Junge." Als alles lachte, betrachtete er mich, meine schmutzigen Beine, mein von Tränen und Dreck verschmiertes Gesicht, die alte Lederhose und das verschwitzte Jungenhemd, und er lachte auch. „Du bist es also, du, das Mädchen, das alle kennen und doch wiederum nicht kennen wollen", stellte er fest. „Setz dich durch und gib nie auf. Du bist wie das Kälbchen, du kämpfst und du wirst siegen, das verspreche ich dir. In deinen großen braunen Augen steht etwas, du kannst es nicht lesen, aber ich, ich lese und sehe es, und sehe etwas, was dir angeboren ist, lass dir nichts einreden, es ist etwas Gutes." Immer, wenn ich später den Tierarzt traf, freute ich mich. Immer hatte er ein paar aufmunternde Worte für mich und immer war etwas in seinen Augen, was ich nicht deuten konnte. Ehrlichkeit, Empathie, Aufmerksamkeit? Ich weiß es nicht. Es war so, als ob er meinen Weg im Voraus kannte und es war eine Sympathie für mich da, die er gerade im Beisein von anderen Menschen deutlich zeigte. Vielleicht so: „Sie gehört zu mir, sie steht unter meinem Schutz, sie ist ein Kind unserer Stadt, wagt es nicht, schlecht über diese Familie zu reden. Ihr habt damals alle die Augen zugemacht und die Ohren auf taub gestellt!"

Ich wusste nicht so recht, was er meinte. Nur mein Gefühl ließ mich etwas ahnen, ein Geheimnis, ein dunkles Geheimnis, das sich wie ein Schatten über mich legte. Vielleicht sah ich in ihm auch eine Vaterfigur, ja, ich glaube auch, ihn hätte ich gern als Vater gehabt.

Später wurde auf dem Bauernhof meine Milchkanne mit der Suppe gefüllt und mit einem großen Stück Blechkuchen auf der Hand trat ich den Heimweg an. Bei meiner Tante machte ich Rast. Ich liebte ihre Küche, in dem das Holz im alten Küchenherd knisterte, auf dem immer ein Topf stand, in dem etwas köchelte. Suppe, Gulasch, Lungenhaschee, Nierchen, usw. Ein Kanten Brot und eine Kelle voll Köstlichkeiten fiel immer für mich ab. Oder im Sommer ein Glas Saft mit Quarkstulle, auf der die selbst gemachte Marmelade wunderschön aussah und auch schmeckte.

Es wurde zu einem Ritual, jeden Donnerstag trat ich den Weg zu dem Bauernhof an und durfte immer zu „meinem" Kälbchen. Ich durfte den Namen aussuchen und nannte es – es war ein Mädchen –, Fortuna.

Mein Bruder, meine Mutter und ich hatten dann, dank der gefüllten Milchkanne, noch ein warmes Mittagessen für zwei Tage. Ich freute mich darauf, mit wie viel Appetit mein Bruder und meine Mutter die Suppe löffelten. Niemand hat mich je geschickt oder darum gebeten. Was denkst du, warum ich das tat? Um wenigstens für einen Augenblick das Gefühl zu bekommen, dazu zu gehören, anerkannt zu sein? Freundliche Augen zu sehen? Augen, die wahrnehmen, wo die Ablehnung mal nicht zu sehen war, weil es sie nicht gab? Ja, so oder so ähnlich dürfte es gewesen sein. Dafür läuft man schon mal 12 Kilometer und mehr am Tag.

Das kennst du nicht, oder? Vielleicht bist auch du ein Nachkriegskind, vielleicht sind wir das ja alle. Vielleicht aber ein gewolltes Kind oder wie man so schön sagt, ein in Liebe empfangenes. Du hattest sicher einen Vater, der irgendwo schuftete, damit du dicke Wurststullen als Schulbrot bekamst und heile Hosen. Ich kannte die Sorte Kinder. In meiner Klasse waren sie auch. Das schlimmste an ihnen war ihr gespieltes Mitleid.

„Willste mal von meiner Stulle abbeißen, so was haste doch nicht." Vielleicht war es ehrlich gemeint, ich weiß nicht, ich hab nicht abgebissen.

Warte; eine Geschichte zu Tante Martha muss ich dir noch erzählen. Als meine andere Tante aus der Villa starb, fuhr ich zurück; zurück zur Stätte meiner Kindheit. Natürlich zu Tante Martha.

„Schön, dass du kommst." So empfing sie mich. „Kannst gleich noch die Ziegen füttern und auch die Kaninchen." So war das immer und so liebte ich es auch.

„Was machst du denn da?" Erstaunt sah ich sie an, als ich sie mit alten weißen Schuhen und einer kleinen Flasche schwarzen Fahrradlack in der Hand auf einem alten wackligen Schemel draußen auf dem Hof sitzen sah.

„Na, meine Schuhe schwarz färben, nachher für die Beerdigung." Sie litt an großen Ballen an den großen Zehen beider Füße und hatte kurzerhand dort, wo sie sie am meisten quälten, Löcher in jeden Schuh geschnitten und pinselte die Schuhe nun mit Fahrradlack schwarz. Ich schüttelte nur schmunzelnd den Kopf.

In diesem Moment hielt ein Auto, ein Wartburg, vor dem Haus. Mein Cousin, der Sohn der Verstorbenen, kam auf uns zu. Der Sohn der Tante und des Onkels, bei denen ich die ersten acht Jahre meiner Kindheit verbracht habe.

„Ich hole euch um 14:00 Uhr ab", meinte er.

„Nein, brauchst du nicht", erwiderte meine Tante. „Danke für deine Mühe, aber das ist nicht nötig, wir kommen mit dem Fahrrad."

„Na", meinte er schmunzelnd, „das hab ich erwartet, aber ihr kommt doch noch zur Villa?", erwiderte er, und als meine Tante dem zustimmte, fuhr er wieder los.

„Puh", meinte Tante Martha, „früher waren wir nicht gern gesehen in der Villa, heute wollen sie uns sogar fahren. Nee, das machen wir mal nicht so, wir fahren mit dem Rad."

Und schon schob sie ein altes zweites Fahrrad aus dem Schuppen, ölte mit der ihr angeborenen Ruhe die Kette, pumpte Luft auf die Reifen und betrachtete ihr Werk.

In dem Moment hielt ein zweites Auto. Meine Cousine, ihre Tochter, kam angerauscht. Nein, sie kam nicht – sie erschien! Wehmütig betrachtete meine Tante ihre ausgelatschten Schuhe, die Fahrräder und mich.

„Das war's denn wohl", meinte sie.

„Ja, glaube ich auch", stimmte ich ihr zu.

„Mammel (wie sie von ihren Kindern und Schwiegersöhnen liebevoll genannt wurde) was soll denn das mit den Schuhen?", begrüßte sie ihre Mutter. „Nein, das kommt ja überhaupt so nicht infrage", und verschwand in der Schlafkammer ihrer Mutter.

Es dauerte nicht lange und sie erschien mit schwarz glänzenden neuen Halbschuhen, einem schönen schwarzen Rock, einer passenden Bluse und einem dunkelgrauen Mantel.

„Mammel, das wird angezogen", meinte sie mit einer Bestimmtheit, der meine arme Tante nichts entgegenzusetzen wusste. Wir fuhren dann zum Friedhof. Natürlich per Auto.

Mammel biss die Zähne zusammen – wegen der Schuhe – und ging im Trauerzug zwischen ihrem Sohn und mir.

Ich dachte, ich höre nicht richtig. „Hör zu", flüsterte sie in Richtung ihres Sohnes, „nachher müssen wir noch Heu machen. Das Schloss vom Schuppen ist auch kaputt."

„Ja ja", flüsterte er zurück, „ich komm' nachher."

So war sie eben, Garten und Tiere gingen vor, ob da nun ihre Schwester aufgebahrt lag oder nicht. Als wir dann saßen und die Trauerrede gehalten wurde, kam der nächste Spruch: „Da liegt sie nun, die ale Dumme, hoch hinaus wollt' se und was Besseres sein. Was hat se nu davon? Nichts – rein gar nichts. Tot isse. Ein besseres Dienstmädchen isse gewesen. Nie frei und immer in Angst." Na ja ... und an ihren Sohn gerichtet: „Fritze – denk ans Heu nachher." Raus aus der Kapelle und die Gedanken waren wieder voll auf das Praktische gerichtet.

Leben und Sterben war für sie das Natürlichste auf der Welt.

„Alles hat seinen Sinn", meinte sie oft zu mir, „die Natur bestimmt alles, sie gibt alles, was du brauchst, du musst sie nur in Ruhe lassen."

Ihre fünf Kinder hat sie allein durch harte Arbeit durchgebracht. Sie hatten einen guten Boden, auf dem sie das Laufen lernten. Eine sehr gute und feste Grundlage. Ich habe diese Frau nie schimpfend erlebt, nie schlecht gelaunt. Für jeden, der kam, war noch etwas zu Essen da, und sie hatte einen gesunden Humor und ein großes Herz. Sie war mein Vorbild, so wollte ich sein. Bin ich nicht, nicht so erdig, nicht so duldsam. Aber vielleicht doch ein bisschen.

Ihr Herz

Ihre Liebe ist für dich, ihr Herz musst du teilen.
Da sind die Kinder, da sind die Freunde,
Da sind die Menschen, sie verweilen.
Egal ob klein, egal ob groß,
Sie lassen sie nicht los,
Jeder bekam ein Stückchen Herz,
Jeder hinterließ ein wenig Schmerz.

Ihre Liebe ist für dich, ihr Herz musst du teilen.
Da ist die Jugend, da sind die Schwachen,
Da sind die Toten, sie verweilen.
Egal ob Punk, egal ob gepierct,
Jeder bekam ein Stückchen Herz,
Jeder hinterließ ein wenig Schmerz.

Ihre Liebe ist für dich, ihr Herz musst du teilen,
Da sind die Tiere, da ist die Natur,
Da ist der Planet, alle verweilen.
Egal ob krank, egal ob schön ...,
Sie hat vieles geseh'n.
Jeder bekam ein Stückchen Herz,
Jeder hinterließ ein wenig Schmerz.

Ihre Liebe ist für dich, ihr Herz musst du teilen.
Wo seid ihr alle, wer fragt, wie es geht?
Ein Herz, das ist kein Dauerplatz
Ob für dich, ob für euch alle.
Geht in Euer Leben, sie hat doch alles mitgegeben.
Doch ein Herz – verzeiht keinen Schmerz.

Freies Leben

Hallo, was meinst du damit, wenn du sagst, ich habe auf dem Hinterhof einer Kneipe alles gelernt, was man nicht unbedingt mit zehn Jahren lernen sollte? Ich weiß nicht, ob irgendwo geschrieben steht, welche Erfahrungen gut und welche schlecht sind, welche man machen sollte und welche nicht. Was sollte man lernen und was nicht? Manche Erfahrungen sind hart und manche nimmst du noch nicht einmal wahr. Aber alle dienen dazu, dass du so wirst, wie du bist. Anpassung ist das Zauberwort, Freiheit ein noch viel größeres. Meinst du, mir hat alles gutgetan, all die Freiheit, die ich hatte? Es war mir freigestellt, ob ich etwas lerne oder nicht, ob ich pünktlich schlafe oder nicht, ob ich nach Hause komme oder nicht, ob ich zur Schule gehe oder nicht! Ob ich esse oder nicht, das entschieden andere Geister. Da war eher maßgebend, ob etwas da war oder nicht. Neu geborene Vögel sitzen in einem Nest, werden gefüttert und gewärmt, bis sie das Fliegen lernen. Dann sind sie frei und stark. Ich war frei, aber stark, na, ich weiß nicht. Manchmal schon und manchmal nicht. Aber fliegen? Nein, da war ich wohl eher der Spatz im Staub der Erde, der aus dem Nest gefallen war. Ich war nackt, ja, bekam weder die innere Wärme noch die äußere. Wurde ich trotzdem stark? Vielleicht nach außen, ja, das habe ich gelernt. Gelernt, wenigstens den Anschein zu wahren.

Was denkst du, wie entließ man uns damals in diese gebeutelte Welt? Frei? Nein, mehr stolpernd und fallend statt fliegend. Zu viel Freiheit zur falschen Zeit kann hinderlich sein. Fühlte ich mich frei oder wie fühlte ich mich? Wohl eher wie ein Storch, dem man einen flachen Teller mit Wasser hinstellt und denkt, er kann nun seinen Durst stillen. Das Leben auf dem Kneipenhof war prägend und äußerst interessant. Ein kleines Mädchen, dunkle Haare und dunkle tiefe Augen, auf der Suche nach Liebe will ich es nicht nennen, vielleicht nach Sehnsucht, Aufmerksamkeit und Dazugehörigkeit, inmitten einer rauen Männerlandschaft. Da lernst du tatsächlich eine Menge, was du wissen solltest oder vielleicht auch nicht. Du siehst mehr von den Schwächen der Menschen als von den Stärken. Was habe ich wohl daran gefunden, für eine Mark bis weit nach Mitternacht in der Garderobe der Kneipe zu sitzen und die Mäntel der Gäste zu bewachen? War es die Gier auf die enthemmten Gesichter der Menschen nach Alkohol und engem Tanz? Fühlte ich, dass es etwas gab, was schön und doch teuflisch war, spürte ich den Trieb verzweifelter Menschen nach Liebe, fühlte ich die Hoffnung? Oder fühlte ich das, was ich nie hatte, was bei meiner Zeugung gefehlt hat? Nahm ich die Worte wahr, die, obwohl nie gehört, in mir waren? Ich fühlte sie, die Worte, die ich nicht kannte, ja, ich wurde etwas Geheimnisvolles gewahr, etwas Verbotenes und ich genoss die ungetarnte Aufmerksamkeit. Ich dachte, sie galt MIR, aber sie galt nur dem Mädchen in mir.

Oft war ich traurig, aber ich habe selten geweint und mit mir hätte und hat nie jemand geweint. Mir hat ganz selten jemand den Arm um die Schultern gelegt. Zärtliche, körperliche Nähe, nein, die habe ich selten bekommen. Und wenn, dann war es oft nicht ehrlich. Vielleicht kann ich es darum bis heute nicht immer ertragen, nur manchmal. Die Enttäuschung ist auch heute noch grenzenlos, wenn das nur einem Zweck, egal welchem dient. Sehr schmerzhaft wurde mir das irgendwann klar und mein Unterbewusstsein beschloss, ein Junge zu sein. Denen konnte man nicht wehtun, dachte ich wohl, die sind stark und werden nicht so angesehen. Ich wusste es nicht besser. Also zog ich mich wie ein Junge an, teils zur Freude meiner Mutter – trug ich doch die Sachen meines Bruders auf. Es dauerte auch nicht lange, da war ich mehr Junge als er. Und es dauerte auch nicht lange, da war ich in der Straßenclique und in der Schule bedingungslos bei den Jungs akzeptiert. Einige Mutproben gingen dem allerdings voraus. Im Sturm auf den höchsten Baum klettern, Frösche anfassen, Spinnen auf dem Arm krabbeln lassen, nicht quieken, wenn man eine Maus sieht, eine Zigarette rauchen und ganz wichtig, Ideen zu Spielen und Streichen entwickeln. Und da war ich gut, besonders gut. O ja, ich lernte beizeiten, meine Angst zu unterdrücken, sie nicht zu zeigen. Das wäre als Schwäche ausgelegt worden, und schwach sein, das konnte ich mir nicht erlauben. Das war ich auch nicht. Du fragst, wie ich mit der ganzen Freiheit umgegangen bin, was ich gemacht habe und wie ich es heute beschreiben könnte? Wenn ein Mädchen, das kein Mädchen sein will, ein Kind viel Freiheit hat, ist das vor allem erst einmal schön. Andere mussten heim, wenn es gerade Spaß machte oder durften manchmal nicht raus. Dass das auch aus Sorge um die Kinder geschah, wurde mir erst viel später klar.

Ha, ich genoss die Freiheit. Kennst du das Gefühl, wenn man im Sturm hoch oben in einen Baumwipfel klettert und dann dort sitzt und hin- und hergeschaukelt wird? Unbeschreiblich, sag ich dir. Rings um dich rauscht und knackt es, als ob der Wald dir etwas erzählen will. Die Wipfel neigen sich im Wind, aber sie brechen nicht. Weht er schwächer, richten sie sich wieder auf. Du fühlst eine Stärke und einen Widerstand, der dein Gehirn freischüttelt. Die Bedeutung „hoch hinaus" bekam für mich erst viel später einen anderen Sinn. Wenn der Wunsch nach Selbstverwirklichung und naiv geäußerten Träumen oder Vorstellungen hämisch abgetan wird. Wenn dir der Erfolg, noch bevor er überhaupt in Sichtweite ist, abgesprochen wird. Wenn man sich nicht hintanstellt und den Versuch unternimmt, etwas zu leisten, etwas zu können, dann hat man von dir das „Hoch-hinaus-Bild". Dabei bist du eigentlich froh, dass du bei deiner eigenen Gratwanderung nicht abstürzt. Ich behaupte ja nicht, DASS ich etwas kann, aber ich hatte und habe den Mut, es zu versuchen. Ob mit oder ohne Erfolg, egal; das liegt sowieso in der Betrachtungsweise des Umfeldes. Hoch hinaus hatte für mich etwas mit Freiheit, Leben, Unendlichkeit zu tun.

Du, das ist genau so, als wenn die Freude oder der Stolz über irgendetwas als Angeberei gewertet wird. Der Mensch vom niederen Stand soll nun mal in anderen Augen funktionieren und hofieren, vielleicht die Steigbügel halten, aber wehe, ihm gelingt auch mal etwas. Dann hat er schön im Schatten am Boden zu bleiben, gerade wenn er geboren ist als Schattenkind. Alles richtig, aber das hatte ich nicht vor! Ich wollte Licht wie eine Blume, die nur gedeihen kann, wenn sie sich immer zum Licht drehen kann. Der Mensch, um dessen Licht sich alles dreht, wie bei einer Lampe, um die Motten und Falter schwirren, nein, der wollte ich nicht sein. Aber hinaus aus dem Schatten, ja, das wollte ich. Ich versuchte es jedenfalls. Und alles unbewusst.

Du wirst einfach gewogen oder aufgewogen und eine Unze mehr wirft man für dich nicht in die Waagschale. Einmal für zu leicht befunden, hast du es schwer, an Gewicht zuzulegen. Du wirst abgezählt wie: ene mene muh ... und raus bist du. Auch dabei kann man schummeln – wenn man schnell genug zählt. Und raus biste, ausgezählt, aufgewogen und für die Zeit eingeteilt, die für dich übrig ist. Mal waren es Tage und Monate, zum Schluss sind es nicht einmal Sekunden. Ich gehörte zu den Jungs, ich wollte ja kein Mädchen sein. Mein Gott, was habe ich nicht alles angestellt, um diesem Status gerecht zu werden.

Ja, du fragst, wovon wir gelebt haben? Das frage ich mich heute auch manchmal. Einhundertfünfzig Ostmark Fürsorge gab es für uns drei pro Monat. Reichte natürlich hinten und vorn nicht. Das Ausflugslokal, hinter dem wir wohnten, lag mitten im Wald. Alles was der Wald bot, wurde gesammelt, Beeren, Pilze, ohhh, Steinpilze geschmort über Salzkartoffeln, das war ein Festessen. Da lag kein Steak drunter, die wurden so gegessen; und das würde mir noch heute so schmecken. Den ganzen Sommer über wurde Holz gesammelt. Wenn zu wenig am Boden lag, wurden Knüppel hoch zu den Baumkronen geworfen, um trockene Äste abzuschlagen.

An eine Szene kann ich mich erinnern, als wir mit unserem klapprigen Handkarren in die Stadtfichten, einem Wald am Rande der Stadt gingen. Das aber später.

Und wir waren keine Arbeiterkinder. In irgendwelchen Papieren stand der Vater meines Bruders, der auch bei mir als VATER stand, vor dem Krieg als selbstständig. Das bedeutete keine Unterstützung, kein Stipendium, allenfalls im niedrigsten Bereich. Keine selbst gewählte Berufswahl. Bewähren in der Produktion war angesagt. Umerziehung sollte das sein. Dabei waren wir doch alle gleich, die Arbeiter- und Bauernkinder und WIR, nein, da irre ich mich. Die Bauernkinder hatten immer etwas zu essen, die Arbeiterkinder nicht und wir, der Rest, hatten den Stolz, anders zu sein, anders sein zu müssen. Aber davon wurden wir nicht satt, weder im Bauch noch im Geist. Wir hatten nichts zu beanspruchen. Wir hatten einen Status, ja, einen Status, der uns gleichermaßen erhob und erniedrigte. Ja, du hörst richtig. Wie hatten den Beweis zu erbringen, dass wir einen Stellenwert in der sozialistischen Produktion erreichen können. Wieder ausgesucht, gewogen und für zu leicht befunden. Das sind Demütigungen und von allererster Sahne. Einer der vielen Gründe, dass ich gegen jede Art von Demütigung, auch heute noch, immer ziemlich allergisch reagiere.

Also du siehst, trotz allem nicht frei, trotz allem oder gerade deswegen nicht mit der Realität, dem praktiziertem Sozialismus konform. Vielleicht wären wir anders geworden ohne diese Klassifizierung oder besser gesagt, Ent-Klassifizierung! Der Wille zum Widerstand gegen Ungerechtigkeit wurde dadurch noch gestärkt oder auch erst geboren. Frag mal einen Menschen, wenn er Hunger hat, ob das sich anders anfühlt, ob er nun ein Arbeiter- oder ein anderes Kind ist. Die Freiheit hat ihren Preis, sagt man. Ja, ich zahlte ihn. Heute würde ich sagen, Freiheit bezieht sich auf sehr viele Gebiete im menschlichen Dasein. Sie ist erstrebenswert, aber nicht jede Freiheit ist begehrenswert. Sie kann auch schutzlos machen. Beschützen heißt einengen, meinst du?

Ja, eingeengt wurde ich nicht oder vielleicht doch viel mehr, als ich es empfand. Ich hätte wohl ein bisschen Freiheit geopfert für etwas mehr Schutz, vielleicht meine ich auch ein bisschen mehr Liebe, Geborgenheit, denke ich. Diese Art von Freiheit, in den Wäldern umherstreifen, stundenlang Rehe und Füchse beobachten, an allen Orten sein zu können, die für andere Kinder tabu waren, verkleidet als Indianer oder als Pirat zur Schule zu gehen, polarisieren, und das sehr gern, später grundsätzlich in Lederhosen und Jungenhemden gehen, war ja noch ungefährlich.

Du, da fällt mir eine Szene ein, die geradezu typisch war. In der 10. Klasse anlässlich der Prüfung und des Abschlussballs musste ich mit meiner Mutter zum Einkaufen gehen. Es wurden trotz meines massiven Widerstandes zwei Kleider gekauft. Dazu auch noch Absatzschuhe und Perlonstrümpfe, die man an so einen komischen rosafarbenen Gürtel knöpfen musste. Ein Mieder! Voller Unbehagen presste ich mich in diese Montur. Als ich den Schulhof betrat, sicher mehr wackelnd auf den ungewohnten Absätzen als mit festem Schritt, wurde es mucksmäuschenstill. Alles guckte mich höchst erstaunt an. Und auf einmal gehörte ich nicht mehr zu den Jungs, ihre Blicke waren anders, ja, fast linkisch war ihre Körpersprache. Ich kam mir wie eine Aussätzige vor. Diese zwanglose Dazugehörigkeit war weg, einfach weg. Sie kam in der von mir geliebten Form auch nie wieder. Man hatte begriffen, dass ich ein Mädchen war. Noch bevor ich das mit allen Sinnen begriff. Beim Eintritt in das Prüfungszimmer fast die gleiche Reaktion, allerdings nun von den Lehrern. Wie verloren muss ich dagestanden haben.

Ein Lehrer erlöste mich mit der Frage: „Na, willst du dich lieber hinsetzen?" Was ich auch mit Erleichterung tat.

Später aber, als junges Mädchen, war sie schon gefährlich, diese unkontrollierte Freiheit, und ich glaube, mein Sport, mein Bruder und vielleicht auch meine unbewusste Vorstellung von Anstand und Moral verhinderten, dass ich abrutschte. Schon zeitig entwickelte sich der Hang zum Helfen, zum Zuhören, einfach zu sozialem Handeln. Vielleicht verhinderte ein Rest von Anstand – mein Rest von Anstand –, dass mir nichts Schlimmeres passierte. Andersherum, wenn oder weil du von den Gefahren weißt, erkennst du sie vielleicht eher und weißt, dass sie existent sind. Aus dem Grund fängst du später an, dein Umfeld zu kontrollieren. Eigentlich willst du es schützen, aber das kommt nicht immer so an. Verständlich, denke ich.

Heute sieht das alles so bunt und vielfältig aus, alles ist da und alles ist perfekt. Oder doch nicht? Wenn ich darüber nachdenke und wenn ich beschreiben sollte, was ich fühle, heute fühle? Unsicherheit! Aber wer würde denn schon sagen, dass seine Jugend schlecht war? Nein, die Jugend, das erste Herzklopfen, die ungezähmten Sinne, nein, das bleibt in den Erinnerungen als so schön haften, dass du um nichts in der Welt diese Zeit verleugnen würdest. Politik und all solche Dinge gerieten da in den Hintergrund, und ich glaube, jeder Jugend geht es so. Und so soll es auch sein! Hunger nach dem Leben, ja, das sollte sein. Den sollte man allerdings in kleinen Häppchen stillen können, um alles gut zu verdauen. Geballte Ladungen sind schwerer runter zu schlucken und bleiben im Hals stecken. Gemeint ist wohl eher im Herz und in der Seele.

Widerstand auf unsere Art

Warum wir so waren, fragst du mich, warum wir uns nicht mit der DDR arrangiert haben? Ja, ehrlich gesagt, das weiß ich nicht so genau. Mein Bruder geriet ständig in unzählige kleine und größere Situationen. Das fing bei ihm schon zeitig an, da war er gerade 13 Jahre alt. In der Schule immer einer der besten Schüler, gesegnet mit vielen Talenten, aber auch mit einer Intelligenz, die das System der DDR zeitig durchschaut hat. Ich weiß noch, dass er so mit 13 stundenlang nachsitzen musste. Er sollte schreiben, meine Heimat ist die DDR – hat er nicht. Er schrieb tausend Mal „Meine Heimat ist Deutschland, ich bin in Schlesien geboren". Peng! So und nicht anders reagierte er, und er gab nie klein bei. Da wir auf dem Weg zur Schule, zum Training und überhaupt in die Stadt, immer an der SED-Kreisleitung vorbeimussten, ließ er sich auch da etwas einfallen. Also, wir blieben wie in Ehrfurcht erstarrt vor diesem eigentlich schönen Haus stehen. Er machte einen formvollendeten Diener und ich einen anmutigen Knicks. Das haben wir daheim extra geübt. Er war so 15 Jahre alt und ich 11. Das hat man sich hinter den Gardinen versteckt, natürlich angesehen und auch Fotos davon gemacht. Eines Tages, so etwa nach zwei Wochen unserer Parade, kam auf den Schulhof meiner Schule ein grüner LKW gefahren. Polizisten darauf, so vier glaube ich. Staunend trat auch ich näher, wie die anderen Schüler und Lehrer. Zwei Polizisten sprangen runter, schnappten mich und warfen mich auf den LKW. Ja, sie warfen mich, wie ein Bündel Dreck! Ein Lehrer wollte noch protestieren, er wurde ziemlich derb zurückgestoßen. Ich war vor Angst starr, ich fror. Da war sie wieder, die Kälte, die dich auch bei großer Hitze befallen kann. Dazu hatte ich überhaupt keine Ahnung, was sie von mir wollten. Die Fahrt ging zum Gymnasium, schnell! Dort wiederholte sich das gleiche Spiel und mein Bruder landete unsanft neben mir. Er war kreideweiß und sein Gesicht wie versteinert. So hatte ich es doch schon einmal gesehen? Man brachte uns zur Stasi, man brachte uns zum Verhör. Zum ersten Verhör; es sollten noch etliche folgen, nur das wusste ich damals noch nicht. Ich glaube, ich habe von allen Verhören vieles ausgeblendet. Konnte die psychische Dominanz, die so richtig an den Tag gelegt wurde, nicht real erfassen. Angst hatte ich. Schnell merkte ich, ich soll meinen Bruder belasten. Mir wurden Suggestivfragen gestellt, eine grelle Lampe blendete mich. Ich konnte die anderen Personen im Raum nicht sehen, aber ihre Anwesenheit war so was von gegenwärtig, dass sie den ganzen Raum ausfüllten. Ich sprach kein Wort, muss nur mit großen Augen dagesessen haben. Das Eine weiß ich noch. Zu meinem Bruder sagte jemand: „Das ist Verhöhnung der DDR, was ihr da macht."

„Ja", antwortete er, „ja, so ist es auch gemeint."

Ich sah ihn nur an, vielleicht habe ich da schon seine Unbeugsamkeit gefühlt. Er hielt meine Hand und drückte sie ganz fest. Er ließ mich nicht los. Er ließ mich nie los. Dieses Gefühl habe ich heute noch. Ich bewunderte ihn, ich hätte in dem Moment alles für ihn gemacht. Man nahm uns am Kragen und schmiss uns raus. Nicht ohne Drohungen und vor Verachtung triefender Worte. Da standen wir nun draußen, ich staunte, dass es nicht dunkel war. Gefühlt lange Stunden kam mir das Verhör vor. Dabei war es nur ca. eine Stunde. Es war so hell in der gleißenden Sonne, dass ich sekundenlang nicht wusste, wo ich war. Mir wurde schlecht.

„Komm", sagte er nur und zog mich fort, „komm, das hast du gut gemacht."

Du möchtest wissen, wie er so war, mein Bruder? Er war ein hübscher Junge mit dunklen Locken und braunen Augen. Nicht allzu groß, hatte aber eine sportliche Figur. Aber ernst war er, und seine Nase verschwand immer in irgendeinem Buch. Super Zensuren, bis hin zum DDR-Meister, tolle Erfolge im Sport, musikalisch. Du, der machte die Augen zu, wenn er einen Song hörte, setzte dabei ein paar Punkte auf ein Blatt Papier, nahm die Gitarre und spielte den Song. Eine warme sichere Stimme, heute würde ich, wie Bohlen sagen, mit Wiedererkennungswert. Vor dem Stimmbruch hat er von der Empore einer Kirche zu Weihnachten mal das Ave Maria gesungen. Da bekomme ich heute noch Gänsehaut, wenn ich daran denke. Ich saß mit eiskalten Füßen auf der Kirchenbank. Kalt von den Temperaturen, aber auch kalt vor Angst, einer Angst, die ihm galt. Ich fieberte zitternd vor Kälte mit ihm mit. Aber das war unnötig, er schaffte immer, was er sich vorgenommen hatte.

Kirchen haben für mich etwas Kaltes, nach Weihrauch Duftendes und Großes an sich. Das war jetzt etwas Großes; mein Bruder sang vor allen Leuten und wie er sang. Die Orgel spielte und wie schutzlos stand der kleine Kerl dort oben und trug mit glockenheller Stimme das Ave Maria vor. Ich war so stolz auf ihn. Wie gesagt, er war zu ernst und schon als 14-jähriger mit zu viel Verantwortung belastet. Meine Mutter, selbst sehr unselbstständig und nicht in der Lage, zu reagieren, hat in ihm mehr ihren Partner gesehen als ihren Sohn, der eigentlich ein Recht auf Spiele und dem Ausleben seiner Jugend hatte, als die Sorgen und die Verantwortung eines Erwachsenen zu tragen. Heute würde ich sagen, sie war durch die Geschehnisse um den Zweiten Weltkrieg traumatisiert. Auch depressiv. Sie hat in der Vergangenheit gelebt und oft sehnsuchtsvoll von der Heimat, von Schlesien erzählt. Irgendwie ist es dadurch ein wenig auch meine geworden. Den Begriff Heimat ordne ich vielleicht daher anders ein. Heimat ist Wärme, ist Wohlfühlen, ist Umgebung, ist nicht nur eine Region, sondern es sind die Menschen, denen du vertraust. Und wenn du den falschen Menschen vertraust, bist du schnell heimatlos. Aber woher er seine Einstellung gegen das System der DDR hatte, weiß niemand genau. Er war so, er wurde nicht geprägt, aber er prägte mich.

Wir betrieben unseren Sport ausgerechnet bei einem Polizeisportverein, und ich würde mir eher die Zunge abbeißen, als über meine damaligen Sportfreunde von der Polizei etwas Negatives zu sagen. Sie schützten uns so gut, wie es eben ging. Und das war damals nicht so einfach, ohne selbst in die Schusslinie der Stasi zu geraten. Es war so Ende der 50er Jahre. Laut Gesetzbuch war uns ja jeder Kontaktaufbau zu Menschen aus westlichen Ländern untersagt sowie das Hören oder Sehen von westlichen Sendern. Musik durfte LIVE nur zu etwa 20 % vom Rest der Welt gespielt werden, ansonsten sozialistische Kultur von linientreuen Genossen. Daran hielt sich natürlich niemand und dadurch bekamen viele massive Schwierigkeiten bis hin zu Zuchthausstrafen.

Heimlich hörten wir Radio Luxemburg, RIAS, Freiheitssender und den Soldatensender. Teilweise in sehr schlechter Qualität. Also dachte sich mein Bruder etwas aus. Er schloss am Radio ein Kupferröhrchen an, das mit Quecksilber gefüllt war. Und? Ja, wir haben Luxemburg und RIAS ganz deutlich empfangen. Er wusste schon, dass, wenn er das macht, die umliegenden Nachbarn kaum noch einen Empfang hatten. Es dauerte auch nicht lange und die Stasi durchsuchte alle Wohnungen. Da war nur ich zu Hause und konnte gerade noch das Röhrchen verschwinden lassen. Frag mich nicht wie, ich weiß es nicht mehr. Aber ich weiß noch, dass sie die per Hand aufgeschriebenen Programme von RIAS und Luxemburg fanden. Ärger, Ärger, Ärger. Befragungen und Verhöre. Schusselig wie er war, ließ er etwas später ähnliche Programme unter der Schulbank liegen. Was wieder einen Verweis nach sich zog.

Dann sollten wir Schüler, wie auch alle Erwachsenen, unterschreiben, dass wir keine Westsender mehr hören. Du, wenn man da jede Diskussion aufgezeichnet hätte, wären die Gefängnisse übervölkert gewesen. Gott sei Dank hatte man da noch nicht mal den Ansatz der digitalen Möglichkeiten wie heute. Fast alle unterschrieben, nur wir nicht. Bei mir war es nicht so dramatisch, ich war erst so 12 Jahre alt. Aber mein Bruder ging auf das Gymnasium und – er unterschrieb nicht. O Gott, war das ein Theater, der Schuldirektor kam mit dem Klassenlehrer zu uns.

„Unterschreib doch", flehte ihn meine Mutter an. „Du setzt doch alles aufs Spiel." Und wieder erinnere ich mich an das weiße, versteinerte Gesicht unter den dunklen Locken. Er unterschrieb nicht. Und wieder mussten die Sportfreunde aus den Reihen der Polizei behutsam die Hände über ihn halten. Das passte irgendwie alles nicht zusammen. Als er DDR-Meister im Tischtennis wurde, hat ihn die ganze Stadt gefeiert. Da konnte man ja wohl nicht zulassen, dass er einen Schulverweis bekam. Er, der auf einmal geachtete Sohn der Stadt!

Meine Mutter verhängte immer mit Wolldecken die Fenster, wenn er mit seinen Freunden auf improvisierten Instrumenten Lieder wie z. B. „Brüder zur Sonne, zur Freiheit" so vertonte, dass es Rock 'n' Roll wurde. Manchmal habe ich dazu getrommelt oder gesungen. Ob ich musikalisch war? Ich weiß nicht, aber wenn du so wie ich auf die Welt kommst, da können in den Augen derer, die das wenig gute Erbgut in dir sehen, keine Talente vorhanden sein. Ich hatte allerdings keine solche Demut in mir, dass ich das, was ich spürte, das, was ich konnte, verleugnet hätte. Nein, musikalisch war ich nicht. Einmal habe ich sogar versucht, Violine zu spielen. Das arme Instrument hat sicher schon gezittert, wenn ich es in die Hand genommen habe.

An mir selbst aber fanden viele Leute genug, was mich demütigte und mich lehrte, dass ich nichts bin. „Das kannst du sowieso nicht"', hörte ich oft, ohne mir die Möglichkeit zu geben, es zu lernen, zu verfestigen oder zu beweisen. Und jeder klägliche Versuch war zum Scheitern verurteilt. Das geht so lange, bis man selber glaubt, man kann es nicht. Was bei mir aber auch den Widerstand hervorrief, und so wusste ich, ich muss mehr zeigen als andere Kinder, später auch erwachsene Menschen, um zu beweisen, dass ich auch etwas kann. Dann brauchst du sehr lange, deinen Selbstwert wieder aufzubauen, und hast du es geschafft, gibst du ihn nicht mehr her. Ein Platz in deiner denkenden Umgebung ist grundsätzlich wichtig. Ohne ihn bist du nicht in der Lage, dein Selbstbewusstsein zu messen. Du traust dir selbst nichts zu und verlierst das Selbstwertgefühl. Mark Twain sagte mal, dass Unwissenheit und Selbstvertrauen alles sind, was man zum Leben braucht. Glaube mir, ich hatte und habe von beidem eine ganze Menge.

Durch die Stärke meines Bruders, durch seine feste Hand, die mich sehr oft beschützte, gewann ich natürlich. Aber ich denke auch, dass mein fröhliches unbekümmertes Gemüt mich schützte und viele Sympathien einbrachte. Sie war in mir drin, diese Freude am Leben und die Bereitschaft, auch Schmerz zuzulassen, den ich allerdings nur ganz wenigen Personen zeigte. Aber auch dann habe ich es manchmal hinterher bereut.

Wir hatten, aus heutiger Sicht gesehen, kein normales geschwisterliches Verhältnis. Immerhin war ich der Eindringling in sein Leben, der ungewollte Eindringling. Durch seinen Charakter, sein

Gerechtigkeitsbedürfnis, behandelte er seine kleine Halbschwester aber eben auch fair. Fairer als alle, die mir Sympathie vorspielten, fairer als meine Mutter, auch fairer als spätere Freunde. Er lehrte mich, an das Gute im Menschen zu glauben. Andere Erlebnisse, damals wie heute, lehrten mich, diesen Glauben infrage zu stellen. So bist du ständig innerlich zerrissen und spielst letztendlich nur noch Rollen. Du setzt eine Maske auf, hinter der du verletzlicher als je zuvor bist. Aber ich entwickelte auch unbewusst ein System, trotzdem das Leben zu lieben und konnte mich über Dinge freuen, die andere noch nicht einmal wahrnahmen.

Die Rolle des Widerstands war aber auch ein inneres Bedürfnis. So konnte ich mich gut fühlen, wenn ich z. B. wie selbstverständlich jeden Montag, oder jedenfalls sehr oft, zu spät zur Schule kam, um nicht das Pionierhalstuch umbinden zu müssen und um den Fahnenappell zu versäumen. Das ging so weit, dass ein Schüler meiner Klasse beauftragt wurde, mich montags pünktlich abzuholen. Letztendlich kamen wir beide zu spät. Ohne Halstuch! Ich fand es gut, dass mich insgeheim einige Schüler bewunderten, wenn ich meine Haltung zur Schau stellte und mich in der Rolle sonnte, nicht an der hoch angesiedelten Jugendweihe teilzunehmen, was zur Folge hatte, dass ich auch nicht an der Klassenfahrt teilnehmen konnte. Was ich natürlich bedauerte.

An diesen Tagen musste ich am Unterricht in einer unteren Klasse teilnehmen. Daheimbleiben, nein, das ging ja nun auch nicht. Da fühlte ich mich wirklich stolz und nicht gedemütigt. Mein Mut wurde von einigen Schülern anerkannt. Es war eine Ausnahmesituation. Und ich liebte diese Situationen. Ein Lehrer wollte mich vor dieser Klasse demütigen, da stand ein Schüler auf und verteidigte meine Entscheidung im dem Namen der Demokratie. O, das war viel mutiger als mein Verhalten, und ich werde auch das nie vergessen.

Verstehst du, ich bin nicht offiziell in den Kreis der Erwachsenen geschlittert. Vielleicht ist das der Grund, dass ich einfach nicht erwachsen werden will. Gut so, sagen manche Freunde, die mich wirklich kennen.

Kegel aufstellen

Wir wohnten ja über einer Kegelbahn, und es war so interessant bei den Keglern, interessant und lustig. Jeden Dienstag kamen die Männer, Fleischermeister, Bäckermeister, Schneider, Polizisten und andere. Natürlich kannten sie die Entstehung meiner kleinen Persönlichkeit.

Aber sie waren nett zu mir, und ich freute mich schon immer auf den Dienstag. Denn sie brachten immer so tolle Tüten mit. Tüten mit Kuchenrändern, Brot und Brötchen, Wurstzipfel, an denen auch mal ein wenig mehr als üblich dran war, Würstchen und auch mal Fleisch oder Leber. Schnell lief ich in unsere Wohnung und brachte die Schätze meiner Mutter. Die Kegler alberten mit mir rum und erzählten mir viele Dinge. Ich wünschte oft, einer von ihnen wäre mein Vater. Donnerstag kamen die Ehefrauen und andere. Sie brachten mir auch diese schön gefüllten Tüten mit, aber sie waren nicht so nett zu mir wie die Männer.

Was sahen sie in mir? Einen Beweis der Egomanie der Männer, ihrer Männer? Er war ja eigentlich einer von ihnen, er, mein Erzeuger. Spürten sie ein Unwohlsein, wenn sie mich sahen, und mochten sie nicht, dass ihre Männer mir ganz etwas anderes entgegenbrachten? Nichts Anstößiges, aber etwas Fürsorgliches. Hätte von denen vielleicht jeder irgendwo so ein Kind haben können? Spürten diese Männer irgendeine Verantwortung für mich? Ich weiß es nicht, aber es waren zwei so unterschiedliche Verhaltensweisen. Und ich spürte sie wieder, diese unausgesprochenen Worte, und sie taten weh. Also zog ich mich in mich zurück, machte einfach zu und betrachtete die Frauen, wie mein ganzes Leben lang, mit Argwohn. Schon zeitig, mit acht Jahren, begann ich Kegel aufzustellen. Das brachte für einen Abend fünf Mark ein, ganze fünf Mark. Mein Bruder und ich stellten bald fast jeden Abend und auch am Sonntag bei Turnieren die Kegel auf.

Weißt du, wie schwer das für ein kleines Mädchen war? So schlimm kann das nicht gewesen sein, meinst du? Das ist doch wohl nicht dein Ernst! Du musstest springen, um nicht von den umherfliegenden Kegeln oder der Kugel getroffen zu werden. Manchmal musste ich meine ganze Kraft zusammennehmen, um diese hässlichen, schwarzen und schweren Kugeln hochzuheben und da oben reinzulegen, dass sie bis nach vorn zu den Keglern rollten. Trotzdem tat ich es immer wieder. Wenn wir Durst hatten, brachten uns die Kegler manchmal eine Brause und, wenn sie die vergessen hatten, auch schon mal ein Bier. Je mehr Bier sie getrunken hatten, umso lustiger wurden sie. Derbe Späße und wildes Fluchen waren natürlich auch dabei. Aber nie wurden sie gemein oder anzüglich zu mir. Ich glaube heute noch, dass sie mich wirklich mochten.

Was sagst du da, es soll Taschengeld für Süßigkeiten gewesen sein? Nein, da liegst du völlig falsch. Wir legten das Geld auf den Küchentisch und meine Mutter kaufte dafür ein. Etwas zu Essen! Auch Sachen für die Schule oder Bekleidung. Seit dieser Zeit hatte ich seltener Hunger, es gab seltener die von mir gehassten Brotsuppen oder Milchnudeln. Igittigitt, mir dreht sich heute noch der Magen um. Oder Ölstippen, kennst du Ölstippen? Nein? Dein Glück. Auf einen kleineren Teller wurde Speiseöl gegossen, ein wenig Salz darüber gestreut und das alte, in Würfel geschnittene und mit einer Gabel aufgespießte Brot hineingetunkt und gegessen. Und glaub mir, wenn du Hunger hast, schmeckt auch das.

Aber ja, mit Sicherheit rührt von dieser Ernährung mein Hang zu Gallensteinen, Nierensteinen und sonstiger Steine und Ablagerungen aller Art her. Ja, in dieser Hinsicht bin ich wirklich steinreich.

Die Russen

Es war an einem Spätsommertag. Meine Mutter, mein Bruder und ich gingen in den Wald, um trockenes Holz suchen. Wir zogen einen wackligen Handkarren hinter uns her und sammelten alles, was man gebrauchen konnte. Kienäppel, Beeren, trockenes Holz, Pilze. Ich liebte diesen Wald. Er roch nach Harz, auf dem weichen Boden im Moos ging man wie auf einem Teppich aus Daunen. Die letzten Königskerzen reckten sich in die Höhe, und Eichhörnchen flitzten von Baum zu Baum.

Tief im Wald, wo keine Menschenseele in der Nähe war, standen auf einmal hinter einem Baum zwei russische Soldaten. Soldaten wohlgemerkt, keine Offiziere. Meine Mutter erstarrte förmlich vor Angst. Sie bewegte sich nicht und sah diese jungen Soldaten unverwandt an.

Mein Bruder griff mich am Arm und flüsterte mir zu: „Wenn sie kommen, lauf, lauf, was du kannst und bleib nicht stehen. Bis du hier aus dem Wald raus bist."

Ich hatte in der Tasche ein paar Bonbons und eine kleine Kette, woher auch immer. Die Angst meiner Mutter spürte ich körperlich. Die Soldaten kamen auf uns zu. Weißt du, was ich gemacht habe? Natürlich nicht auf meinen Bruder gehört, nein, ich ließ mich von meinem Gefühl leiten und bin ihnen entgegengegangen, in meiner zerfledderten kurzen Lederhose, mit meinen zerschrammten und verschorften Knien, einem alten Pullover meines Bruders und mit zum Bubikopf geschnittenen Haaren und habe ihnen meine Bonbons in meiner schmutzigen und von Harz verklebten, ausgestreckten offenen Hand, entgegengehalten. Mit der anderen Hand die kleine Kette. Die Russen rochen fürchterlich. Nach einer Mischung aus Zwiebeln, Machorka (Tabak), Kohl und Schnaps. Speckige braun-beigefarbige Uniformen mit Reiterhosen, die sich an den Seiten so sehr aufplusterten, Stiefeln, einem Hemd in gleicher Farbe und schräge Käppis auf den kahl geschorenen Köpfen. Sie passten nicht in meinen Wald, ich empfand Abscheu und Wut, auch weil sie mir ein Stück Sicherheit in meinem Wald nahmen. Meine Mutter und mein Bruder blieben stehen und waren angespannt. Ich lächelte mein schönstes Kinderlächeln und sah sie nur an. Ich sah sie direkt an. Sie sagten etwas, was ich nicht verstand und lachten. Sie nahmen die Bonbons und einer streifte sich die Kette um das Handgelenk. Die klebrigen Bonbons weckten ihr Interesse und sie wickelten sie langsam aus dem Papier und meine Schätze verschwanden in ihren Mündern. Irgendetwas löste das in ihnen aus, die Gesichter wurden entspannter und einer kramte aus seiner Tasche irgendein Abzeichen, das er mir gab. Sie gaben uns mit Handzeichen zu verstehen, ihnen zu folgen. Zögerlich kamen meine Mutter und mein Bruder der Aufforderung nach. Ich lief mit ihnen und einer der Soldaten nahm mich an die Hand. Nach nur wenigen Minuten standen wir vor einem Berg Holz. Lachend und schnell luden sie unseren kleinen Handwagen voll, zauberten ein Seil aus der Tasche, befestigten das Holz und setzten mich obenauf. Im Laufschritt zogen sie mich bis in die Nähe unserer Wohnung, zerzausten mir die Haare und hoben mich wieder runter. Und so plötzlich wie sie da waren, waren sie wieder verschwunden. Meine Mutter bekam wieder Farbe im Gesicht und fortan erzählte sie diese Geschichte, wie ich ohne Worte die Situation rettete – mit ein paar Bonbons. Sie hatte nicht verstanden, dass es Worte waren. Ich hatte unaufhörlich gesprochen. Nicht laut, nicht mit dem Mund. Mein Herz hat gesprochen, von ganz innen heraus. Meine Augen sprachen ihre Sprache. Und die jungen Soldaten haben es gehört und gelesen, haben es verstanden. Sie waren auf einmal keine Soldaten aus Russland, sie waren halbe Kinder, sie nahmen das Angebot an und spielten mit. Spielten mit mir. Nein, ich hatte keine Sekunde Angst vor ihnen. Und sie kamen wieder.

Eines Abends im Herbst, es war schon dunkel, unser altes Radio lief und wir saßen auf unseren Lieblingsplätzen in der kleinen Stube und lasen in unseren Büchern. Meine Mutter auf einem alten durchgesessenen Sofa, mein Bruder auf einem Stuhl vor dem Tisch und ich in einem alten Rohrstuhlsessel, den ich irgendwo gefunden hatte. Meine Mutter wollte gerade die Küche betreten. Die Fenster lagen nach hinten raus zum Wald.

Erschrocken kam sie wieder zurück und meinte zu uns: „Da draußen ist jemand, es werden Steinchen ans Fenster geworfen."

Wir sprangen hoch, wir wussten, wir waren allein. Die Gaststätte war geschlossen und die Wirtsleute waren verreist. Vorsichtig guckten wir durch das matte Küchenfenster.

„Da, da, da ist jemand", rief mein Bruder.

Im gelblichen Schein einer Glühlampe, die als Hoflicht fungierte, sah ich zwei Soldaten, sie winkten mir zu und hielten etwas hoch. Etwas langes Wuscheliges. Bevor meine Mutter reagieren konnte, sprang ich die Treppe runter und lief hinters Haus. Da waren sie, die beiden Russen, und lachten mich an. In der Hand einen erschossenen Hasen. Wodka, Schnaps, sagten sie und zeigten die Form einer Flasche an. Eigentlich gab es den nicht bei uns. Aber für Grog, das Hausmittel meiner Mutter gegen alle Erkrankungen, hatte sie eine kleine Flasche Weinbrand im Küchenschrank. Kostete damals so drei Ostmark. Ich schnappte sie und lief wieder runter.

„Karoscho, gut", sagten sie, gaben mir den Hasen und waren in der Dunkelheit verschwunden. Wir zogen ihn ab, legten ihn in saure Milch und dann wurde er gebraten. Mir kam er vor wie ein Fisch mit Gräten, nur, dass es keine Gräten waren, sondern Schrotkugeln. Aber die Küche duftete und wir hatten für vier Tage etwas zu essen.

Fortan kaufte meine Mutter, wenn sie die Fürsorge bekam, zwei kleine Flaschen Korn, und ab und zu warfen die jungen Soldaten Steinchen ans Fenster. Das Geschäft mit ihnen machte immer ich, wenn sich zufällig ein paar Bonbons in meiner Hosentasche befanden, gab ich jedem eines davon. Sie steckten sie gleich in den Mund und machen hmm, hmmm, indem sie sich über den Bauch strichen und ihre Augen lachten wie meine auch.

    Woher sie kamen, fragst du mich? Hatte ich dir nicht erzählt, dass ich aus einer Kleinstadt mit 22.000 Einwohner komme und zusätzlich 18.000 Russen? Da hatte man im Zweiten Weltkrieg einen großen Flugplatz gebaut. Mit einem großen Hangar und allem, was dazu gehört. Das war ein Ziel der Alliierten, und so ein Wahnsinniger wollte diese Stadt bis zum letzten Mann verteidigen. Das wunderschöne Schloss, in dem Katharina die Große ihre Kindheit verbrachte, wurde zerstört. Prozentual gesehen gehörte die Stadt nach Dresden und Anklam zu den am stärksten zerbombten deutschen Städten. Später war dort einer der größten Flugplätze der Russen. Dort waren in Bunkern zig MIG stationiert. Wir fuhren mal mit dem Auto am Flugplatz vorbei, dort war sogar Halteverbot, da stieg gerade eine MIG auf. Du, ich kann dir sagen, wie eine große Wespe kam sie mir vor. Sie brauchte nur ein kurzes Rollfeld, dann stieg sie sanft, fast senkrecht auf. Ein Gefühl der Angst beschlich mich bei ihrem Anblick, aber es war fantastisch. Später, nach der Wende, war dort mal eine Autoshow. Mein Cousin hatte ein Autohaus und präsentierte dort auch die neuesten Modelle.

    „Komm", sagte er zu mir, „ich zeig dir mal etwas."

    Er fuhr mit mir zu den Bunkern. Stell dir vor, da stand zu DDR-Zeiten eine MIG ständig mit laufenden Motoren in Startbereitschaft. Im hinteren Bereich war eine mehrere Meter dicke Wand aus Stahlbeton. Von dem Rückstoß oder wie das heißt, war der Stahl tief geschmolzen, wie zwei tiefe Röhren sah das aus. Innerhalb von wenigen Sekunden wäre die MIG kampfbereit in der Luft gewesen. Da haben die 40 Jahre lang so viel Benzin verpulvert, damit hätte die halbe DDR versorgt werden können. Ein Pilot saß immer in voller Montur startbereit in der Maschine. Natürlich ist er da drin nicht alt geworden. Die wurden ja ausgetauscht. Die Baracken der Russen waren in einem erbärmlichen Zustand. Donnerbalken im Wald waren die sanitären Einrichtungen. Da spürte ich es wieder, das Mitleid mit den jungen Soldaten. Jungs waren es für mich, nicht mehr.

    Ob ich noch mehr über die Russen erzählen kann? Ja sicher. So wie ich sie erlebt habe. Meine Meinung ist, dass jeder so seine eigene Wahrheit hat. Du weißt, es gibt viele Wahrheiten in uns. Wer will beurteilen, was wahr ist, was subjektiv ist, was falsch ist? Solange es keine Lüge ist, ist die Welt in Ordnung. Empfindungen lügen nun mal nicht, sie sind da, einfach da. Im Kopf, im Bauch, im Herz, auf der Haut. Eigentlich überall.

Die Russen, auch sie waren immer da, immer gegenwärtig und schon ihre Präsenz ließ uns wissen, dass sie hier den längeren Arm hatten. Wir haben ihr Land verwüstet, ihre Mütter oder Kinder getötet. Wir sind schuld, dass sie fern von ihrer Heimat sind. Wir waren die Verlierer, obwohl, wenn man gesehen hat, wie sie leben mussten, bin ich mir da nicht mehr sicher. Auf jeden Fall hatten sie immer recht. Unseren Herren Söhnen predigten wir das, bis sie es nicht mehr hören konnten. Der Russe hat recht, egal, und wenn er dir in der Einbahnstraße entgegenkommt und wenn er das Stoppschild überfährt. Er hat recht. Nicht überholen, warten bis er abbiegt, denn das macht er, ohne zu blinken. Er hat recht. Ihre Fahrzeuge waren so schlecht, dass wir nur noch staunten. Sie waren Kriegsüberbleibsel, mit denen sie wahrscheinlich schon Napoleon besiegt hatten. Die jungen Soldaten konnten nicht mal fahren, sie kamen aus den Weiten Russlands, fuhren sicher nur ein paar Runden auf dem Kasernenhof und wurden dann mit den Fahrzeugen auf die Straßen geschickt. Ja, Unfälle gab es oft, die Polizei hielt sich da zurück, es kamen Offiziere von der Kommandantur und regelten das. Hat sich dagegen niemand gewehrt, fragst du? Nein, und wenn, dann haben wir das nicht erfahren. Manchmal verschwanden Leute und niemand wagte es, darüber zu sprechen. Manchmal waren sie nach Jahren wieder da, und manchmal kamen sie nie wieder. Es war Nachkriegszeit, es war mitten im Kalten Krieg, nachdem Deutschland den Krieg verloren hatte. Dafür mussten viele Menschen büßen, die nur die eine Schuld hatten: Sie hatten überlebt. Dafür sorgten die Russen, aber auch die zur Macht gekommene Volkspolizei. Mit aller Härte gingen sie gegen alle und jeden Menschen vor, der irgendwie und für irgendetwas von irgendjemand denunziert wurde.

Wer die Lager, ja, es waren auch die ehemaligen KZs wie Buchenwald, etc., die zu neuer gequälter Berühmtheit aufstiegen, lebend verlassen konnte, durfte nie darüber sprechen. Hätte man damals nicht schon ahnen können, dass ein miserables System nur von einem, auch miserablen, anderen System abgelöst wurde? Vielleicht wollten ja viele der Genossen auch nicht auf die kleine Macht, die sie gerade in den Händen hielten, verzichten. Sie fühlten sich dadurch im Geiste größer als sie waren. Sie legte sich wie Balsam auf ihre noch nicht verheilten Wunden.

Ein Brief und seine Folgen

Mit knapp 21 Jahren war ich verheiratet, hatte zwei Kinder, zwei Jungs, und war mutterseelenallein. Außer meinem Mann natürlich, einem Fußballer. Meine Mutter konnte als Invalidenrentnerin in den Westen ausreisen. Wieso sie dann circa 20 Jahre in Westberlin gelebt hat?

Gut, die Geschichte will ich dir mal so erzählen, wie sie sich tatsächlich abgespielt hat. So wie ich sie kenne, und so wie ich alles verstanden habe.

Mein Bruder Wolfgang, wie schon beschrieben, mit der DDR immer in Zwietracht, wurde, nachdem er sich am Prager Frühling 1968 beteiligt hatte, zu mehreren Jahren Haft verurteilt, und verbrachte einige Jahre im berüchtigten Stasi-Knast Hohenschönhausen in Berlin. An seinem Geburtstag 1973, durfte ihn meine Mutter besuchen. Ziemlich aufgelöst kam sie zurück und erzählte uns, dass er sich Hoffnungen machte, in den Westen ausreisen zu dürfen. Für immer natürlich. Und sie sollte ihren Pass für einen Besuch nach Westberlin gültig machen lassen und auf eine Nachricht warten. Dir ist doch sicher bekannt, dass Rentner ab 60 Jahren und Invalidenrentner besuchsweise in die BRD und Westberlin reisen durften? Ja? Na gut, ich will's mal glauben. Wir machten uns Sorgen um meinen Bruder und nahmen an, dass er sich das einredete. Du sagst, es war bekannt, dass politische Häftlinge freigekauft wurden? Ja, vielleicht hast du recht. Aber uns war es nur im hoch angesiedelten Austausch von Spionen bekannt. Ich kann mich an keinen Bericht der ARD oder vom ZDF erinnern, in dem mitgeteilt wurde, dass politisch fehlorientierte Studenten aus der DDR freigekauft wurden. Ich konnte mir auch nicht vorstellen, dass mein Bruder solch ein Gewicht für die DDR hatte. Inzwischen weiß ich, dass der erste Freikauf bereits so um 1964 war. Unterstützt von Springer und Egon Bahr und weiteren Politikern. In einem braunen, stinknormalen Briefumschlag wurden damals die 300.000 DM aus einer anfahrenden S-Bahn übergeben. Ein Wagnis, wenn da irgendetwas schiefgelaufen wäre, die politischen und andere Karrieren für die Initiatoren wären vorbei gewesen. Aber es klappte! Springer hat es natürlich in den Medien gebracht. Was, von deren Seite aus, völlig korrekt war. Die Printauflagen schossen in die Höhe und die Medien hatten brisante Themen. Daran kann auch ich mich erinnern. Aber dann hörte man nichts mehr von Freikäufen politischer Gefangener aus der DDR. Keine Medienpräsenz und keine Top-Nachrichten. Gerade das wollte aber die DDR nicht. Für mich aus gutem Grund. Viele Regionen konnten ja das Westfernsehen empfangen. Klar weißt du das, aber was manche Leute dafür bewerkstelligten, das weißt du sicher nicht!

Nur ein kleines Beispiel.

Im Harz wurde auf einem Berg von einem Anwohner hinter den Häusern eine Antenne angebracht. So musste er täglich mehrmals auf den Berg steigen, immerhin ein Höhenunterschied von so etwa 80 Metern, um die Antenne anzuschließen, zu verbergen und auszurichten. Fix und fertig, aber glücklich, konnten er und ein paar Eingeweihte dann Fußball gucken. Die Bundesliga natürlich, dem Lieblingskind unserer Männer. Ich behaupte immer, da kannten sie sich besser aus als im eigenen Kühlschrank! Nachrichten natürlich auch.

Also wenn sich das unter den DDR-Unwilligen herumsprach, dass politische Häftlinge auch mit geringeren Vergehen freigekauft werden, na, da hätten sich einige sofort einsperren lassen. Und vielleicht vorher die Weichen gestellt für einen Freikauf. Also sagte die DDR, Freikauf ja, aber außerhalb der Öffentlichkeit. Sie hatten natürlich Blut geleckt. Einfacher konnte man ja wohl kaum in den Besitz der viel geliebten D-Mark kommen. Du meinst, das war Menschenhandel? Na klar, war es das. Da schlug man doch gleich mehrere Fliegen mit einer Klappe. Man bekam die D-Mark, man entledigte sich unbequemer Kritiker. Und? Da ja kaum etwas an die Öffentlichkeit drang, mussten die Bürger ja annehmen, die Leute sind auf ewig im Knast, die, die verhaftet wurden. Ein gutes und abschreckendes Beispiel. Zähneknirschend hat Springer das wohl hingenommen und nichts mehr veröffentlicht. Aber was ich als menschlich ansehe und hoch anrechne, er hat die Transaktionen weiterhin unterstützt. Dann blühte das Geschäft mit dem Verkauf von politischen Häftlingen richtig auf.

Was meinst du wie es mir geht, wenn ich heute bei Recherchen von der menschenverachtenden Handlungsweise der DDR-Führung erfahre? Hättest du gewusst, dass man zu politischen Häftlingen, die, ohne es zu wissen, freigekauft worden waren, Intriganten in ihre Zellen gelegt hat? Die sagten dann dem Häftling, dass er, wenn er gefragt wird, wo er sich im Fall einer vorzeitigen Haftentlassung aufhalten möchte, auf keinen Fall sagen soll IM WESTEN! Dann wäre die Haftentlassung gestrichen! Also fragte man die bereits freigekauften Leute, wo sie den leben möchten, wenn sie die Haftanstalt verlassen, und sie sagten treu und brav, dass sie in der DDR in ihrem Heimatort leben möchten. So wurde es dann auch gehandhabt. Die armen Menschen wussten nichts von ihrer Chance im Westen. Sollten sie später dahinterkommen, wurde knallhart gesagt, dass sie sich ja für die DDR hätten entscheiden können. Sie hätten ja nur zu sagen brauchen, dass sie in Westdeutschland leben möchten. Andere, ohne große Vergehen begangen zu haben, wurden extra eingesperrt, WEIL die Stasi wusste, dass sie freigekauft werden würden. Wenn das schiefging, saßen die Leute eben ein paar Jahre im Stasi-Knast und wussten eigentlich überhaupt nicht warum!

    Geld, Geld, Geld – WESTGELD! Die Gier danach war unermesslich. Nicht für das Volk, nicht für den viel gepriesenen Arbeiter- und Bauernstaat, o nein, zur persönlichen Bereicherung und zur Beschaffung der verteufelten Luxusgüter vom Klassenfeind für den Klassenfeind. Menschenwürde, Menschenrechte, alles wurde mit Füßen getreten. Ja, ist schon richtig, wenn du sagst, das passiert jeden Tag auf der Welt und Schlimmeres! Aber ich muss doch das eine nicht gut finden, wenn das andere genauso oder schlimmer ist? Das ist doch das Leben unserer Generation. Dass es noch wesentlich gefährlicher werden kann oder inzwischen geworden ist, hat damit nichts zu tun.

    Wenn du in einem Staat aufwächst, der dir ständig ins Hirn säuselt, dass alle anderen, natürlich zuerst der böse Klassenfeind, diese Rechte verletzt und er der Hüter dieser Rechte sei, du dann begreifst, welch ein verlogenes System dir da eine gewisse Hirnwäsche verpasst hat, wiegt das alles doppelt und dreifach schwer.

    Es war kurz vor Weihnachten und meine Mutter meinte, dass sie am nächsten Tag nach Westberlin fahren würde und am Heiligen Abend wieder zurück sein wollte.

    „Warum soll ich die 100 DM verfallen lassen?", begründete sie ihren Entschluss, so konnte sie wenigstens für „meine kleinen Enkel", unsere Jungs, ein wenig einkaufen. Am frühen Morgen brachte ich sie zum Bahnhof. Ich erinnere mich genau, es war bitterkalt, so um die

19° Grad minus. An den Fenstern blühten fleißig die Eisblumen, es lag Schnee, und der knirschte unter den Füßen. Die Luft war geschwängert vom Rauch der Öfen, die mit mehr oder weniger brennbarer Braunkohle geheizt wurden. Mancher hat nur gequiemt, wie wir sagten. Im Bahnhof war es kalt und es stank nach kalter Zigarettenasche. Es gibt für mich wenig ungastlichere Orte als die verdreckten Bahnhöfe. Ja, sicher, gibt es immer Gegenden und Ecken, die noch schlimmer sind, aber da musste ich nicht hin. Zum einzigen Bahnhof in dieser Stadt aber MUSSTE ich.

Wir vertraten uns die Beine, und aus irgendeinem Anlass, sicher hatte ich etwas Unartiges gesagt, meinte sie lachend zu mir: „Du wirst schon sehen, was du davon hast, ich werde einfach drüben bleiben."

„Kannste ruhig", entgegnete ich gelassen, „wenn du jeden Monat ein Westpaket schickst!" Wir verabschiedeten uns, ich winkte noch, solange ich sie sehen konnte, und der Zug dampfte davon in Richtung Berlin. Es war schon ein eigenartiges Gefühl, das mich beschlich.

Mein Verhältnis zu meiner Mutter war nicht berauschend, aber man hat ja nun nur eine davon. Nur, ich konnte meine Mutter nie in den Arm nehmen. Jeden körperlichen Kontakt lehnte ich ab. Und jetzt hatte ich eine unbestimmte Ahnung, als ob es ein Abschied war. Nicht nur für zwei Tage, nein, unwiderruflich, anders eben.

Nachdenklich verließ ich den Bahnhof. Auf dem Rückweg schaute ich noch in die einzige Kaufhalle rein, die es weit und breit gab. Ein Winzling gegenüber den heutigen Supermärkten, in der Hoffnung, noch irgendetwas erhaschen zu können.

Zu Hause angekommen, machte ich Feuer im Kachelofen und wollte aus dem Keller gerade noch ein paar Kohlen holen, da erhielt ich ein Telegramm mit den Worten: „Herzliche Weihnachtsgrüße für alle, fahre sofort nach Tante Irma". Es war von meinem Bruder! Er war im Westen! Er hatte es geschafft! Er war in Gießen im Aufnahmeheim. Das konnte ich erkennen, der Absenderort stand auf dem Telegramm. Noch völlig überwältigt von dieser Nachricht beschlich mich ein ungutes Gefühl. Hat sie es geschafft, ist sie heil über die Grenze gekommen? Diese Fragen peinigten mich. Meine Mutter meine ich natürlich. Als ich noch so in der Kälte des Flures meinen Gedanken nachhing, in der einen Hand den Kohleneimer und in der anderen das Telegramm, öffnete sich die Haustür und drei Männer, in langen Mänteln und Hüten, standen im Hauseingang. Einen davon kannte ich recht gut, er war früher bei den Keglern mit dabei und war immer sehr lustig und freundlich zu mir. Er sah mich an, senkte den Blick und als er wieder aufsah, sah ich ein Bedauern in seinen Augen, aber auch die Hilflosigkeit.

„Wo ist ihre Mutter?", wurde ich gefragt.

„Na, einkaufen, wo denn sonst", konterte ich, „vielleicht gibt es ja noch ein paar Apfelsinen vor Weihnachten."

„Überlegen Sie sich, was Sie da sagen, das kann Sie Kopf und Kragen kosten", beschwor mich mein Bekannter.

Huch, dachte ich, auf einmal waren wir per SIE ... da ist Vorsicht geboten.

„Wieso", fragte ich provozierend zurück, „ihr habt wohl die Teller voll für eure Kinder? Könnt mir ja etwas davon abgeben. Meine Kinder würden sich auch freuen. Für uns bleiben in den Läden ja nur verschrumpelte Äppel übrig." Eine Antwort darauf bekam ich nicht! Sie gingen mit mir in unsere Wohnung. Es gelang mir gerade noch, das Telegramm unter den Kohlen zu verstecken. Mit den Worten, „ich muss nachlegen, sonst frieren meine Kinder", schmiss ich es mit ein paar Briketts in den Ofen und puff, war es nur noch Asche. Und es ging weiter: „Wo ist der Pass Ihrer Mutter? Nun reden Sie schon!"

„Woher soll ich das wissen, sie wohnt schließlich nicht bei mir", antwortete ich.

„Das wissen wir auch; in der Wohnung Ihrer Mutter ist er nicht, also kann er nur hier bei Ihnen sein", bedrängten sie mich.

Aha, sie hatten die Wohnung meiner Mutter schon auf den Kopf gestellt, stellte ich bestürzt fest.

Und sie begannen, auch unsere Wohnung auseinanderzunehmen. Ich stand wie erstarrt dabei und rührte mich nicht. Das war Angst, pure Angst in diesem Moment, sie blockierte meinen Verstand und ich war nicht in der Lage, die Möglichkeiten zu erkennen, die ich vielleicht hatte. Wenn es überhaupt welche gab. Das war einer der Momente, an die man sich ewig erinnert; gegenwärtig ist auch nach all der Zeit noch alles, was diesen Moment begleitete. Die Geräusche, die Gerüche, die Bekleidung, die ungesagten Worte, die in der Luft hingen. Gesprochen von mir und von einem der Männer, von dem, den ich kannte.

Meine Augen sprachen: „Was soll das, was macht ihr mit mir?"

Er antwortete: „Ich kann dir nicht helfen, das ist mein Job, aber es tut mir leid."

Ich darauf: „Ich bin enttäuscht, du warst doch wie ein Freund für mich, zu dir hatte ich immer Vertrauen, war das alles nur gespielt?"

Er: „Du hast es nicht gewusst, dass ich bei der Stasi bin?"

„Nein", schrie ich stumm: „Nein, was ist das denn für eine Scheiße, ich dachte, du bist bei der Polizei? Das wäre noch normal für mich, aber bei der Stasi?"

Unsicher senkte er den Blick, er konnte mir nicht mehr in die Augen sehen.

„Du hast mich nur ausgefragt, du hast ständig nach meinem Bruder gefragt, nicht, um ihm zu helfen, sondern, um ihn fertigzumachen", flüsterte ich wortlos und stumm. „Ich verachte dich, ich hasse dich, du hast uns verraten", mit den ungesagten Worten drehte ich mich um.

Die Tränen in meinen Augen wollte ich ihm nicht zeigen. Mit einem Schlag war alles anders. Es war nichts mehr wie vorher und früher. Was ich bisher kannte und was ich vielleicht glauben wollte, zerplatzte wie eine Seifenblase. Mein Verstand spürte nur noch Chaos, die Vernunft wurde mundtot gemacht, aber mein Gefühl sagte im naiven Glauben, dass man mich nicht klein bekommt, dass ich stolz auf meinen Bruder sein kann und auch auf meine Haltung.

Glaubst du mir, wenn ich dir sage, dass ich mit keiner Faser meines Herzens und mit keinem Gedanken meinem Bruder etwas vorwarf? Immerhin hatte er ja mit der Teilnahme am Prager Frühling auch meine Zukunft in der DDR stark beeinflusst. Du kannst es ruhig glauben, ich bewundere ihn und ich verehre ihn heute noch. Und ich bin stolz auf ihn und auch ein wenig auf mich, trotz aller Widrigkeiten. Die vielen Mauertoten, das ist eine schlimme und traurige Sache, aber haben die Studenten damals nicht viel mehr eingesetzt als (NUR) ihr Leben? Sie wollten etwas ändern und kämpften jahrelang dafür!

Es waren die Achtundsechziger, was wollten sie? Demokratie? Freiheit? Ja, von allem sicher etwas. Ja, sie wollten die Freiheit, anders denken zu können als in der angeblichen Demokratie, hüben wie drüben! Gehört dazu nicht ein wesentlich stärkerer Mut, als abzuhauen?

Was denkst du, wie viel haben das nicht überlebt? Ich weiß es nicht, aber es waren viele junge Menschen. Eigentliche Hoffnungsträger eines Staates, die junge Intelligenz. Leider hat die DDR sie als Feinde betrachtet.

Ich spürte in Anwesenheit der Stasi keine Wand im Rücken, die mir Halt geben konnte, aber ich spürte die Stärke meines Bruders und die gab mir Halt. Ich sah ihn vor mir, kreideweiß und mit klarem, unbeugsamem Blick, das gab mir mein Selbstvertrauen zurück. Er hatte mich geformt! Trotz aller Angst fühlte ich mich auf einmal nicht mehr unwohl in meiner Position. Irgendwann setzte das Denken wieder ein, und ich spürte meinen unbedingten Willen, mich nicht brechen zu lassen. Mich nie brechen zu lassen.

Sie zogen unverrichteter Dinge ab und hinterließen eine durchwühlte Wohnung. Langsam fing ich an aufzuräumen. Dann kam das, was kommen musste, ich flennte wie ein Schlosshund. Ob mir das oft passiert ist? Ja, leider. Zu meinem Ärger. Denn das ist ein absolut unkontrollierbarer Vorgang. Da weißt du, was du sagen willst, aber du bringst nichts raus. Das Wasser steht dir bis in den Augen und statt einer klaren Aussage krächzt du mit piepsiger, zittriger Stimme nur noch so viel, dass du nicht ganz als Verlierer aus der Situation gehst. Je mehr du das verhindern willst, umso mehr verkrampfst du und fühlst dich völlig hilflos in dieser Situation. Weinen ist Mitleid mit sich selber, wird gesagt. Dieses Weinen nicht, da hast du kein Mitleid mit dir, du bist wütend wegen deiner Schwäche. Da legst du dir manchmal haargenau fest, was du sagen willst und in der LIVE-Situation dazu wird alles anders, weil, oder wenn, du emotional so involviert bist. Fürchterlich, sage ich dir, das ist einfach fürchterlich! Aber um das zu verhindern, muss man da nicht völlig frei von Leidenschaft sein, nur kalt und klar reagieren? Das ist mir nicht gegeben.

Nun weiter zu der Geschichte meiner Mutter. Also, sie war weg, und ich wusste nicht, ob sie in Berlin über die Grenze gekommen war oder nicht. Noch am Abend ging ich zum evangelischen Pfarrer, der nicht weit von uns wohnte. Nachdem ich ihm kurz geschildert hatte, was passiert ist, bat ich ihn, ein Gespräch zu meiner Tante nach Westberlin anzumelden. Was er auch tat. Er ließ mich in seinem Büro allein und ich wartete. Um die Zeit zu überbrücken, las ich in seinen Büchern. Ich wartete. Eine Stunde ... zwei, drei Stunden. Bis es draußen hell wurde. Es klingelte nicht, das alte schwarze Telefon, obwohl ich es ständig magisch betrachtete. Die Verbindung war nicht genehmigt worden.

Später, so in den Achtzigerjahren, hatte mir ein Mitarbeiter der Staatssicherheit eine Nummer anvertraut, 849. Wenn man in der Nähe der Mauer in Berlin aus einer Telefonzelle diese Nummer vor einem Hausanschluss in Westberlin wählte und eine bisschen Geduld hatte, so 20 bis 30-mal wählte, war man durch und konnte mit dem Anschlussnehmer sprechen. Wir sind später oft nach Berlin gefahren, um zu telefonieren. Immerhin fast eine Tagesreise. Sicher wurde auch alles abgehört, aber wir sprachen nicht staatsfeindlich, sondern, z. B. über den letzten Schnupfen der Kinder.

Meine Mutter hatte Westberlin unbehelligt erreicht. Das hatte sie nur dem Umstand zu verdanken, dass sie ein paar Stunden, bevor das Telegramm kam, abgefahren war. Die Entscheidung, dass mein Bruder freigekauft wurde, hat die Stasi unserer Kleinstadt mit Verspätung erfahren. Immerhin war es noch nicht das Zeitalter der Computer und anderer schneller Datenübertragungsmöglichkeiten. Undenkbar in der heutigen Zeit, da man die Leute bei allen Beschäftigungen mit einem Handy am Ohr beobachten kann und Nachrichten in Sekundenschnelle um die Welt gejagt werden.

Nein, damals in den Siebzigerjahren wurden auch nicht per Brieftauben die Nachrichten übermittelt, deren Zeit war auch schon vorbei. Hahaha ... schöne Vorstellung – die Kommunikation der Stasi per Brieftauben. Wer hätte die denn bewacht, dass sie nicht in Feindeshand gelangen? Die Drohnen? Nee, die gab's damals nur bei den Bienen ... Und diese Drohnen sind bekanntlich faul!

Wäre meine Mutter an diesem denkwürdigen Tag erst nach Erhalt des Telegramms losgefahren, hätte man ihr den Pass abgenommen. Dem Sohn als Regimekritiker die Staatsbürgerschaft der DDR aberkannt, also vogelfrei, und die Mutter reist so einfach hinterher? Nein, das wollte man mit aller Macht verhindern.

Mein Bruder hat sich, da es kurz vor Weihnachten war, nicht in Gießen aufnehmen lassen. Er wollte auf kürzestem Weg zurück nach Berlin, nur eben halt auf die andere Seite. Man hat ihm eine Taxe zum Flughafen Frankfurt/M kommen lassen und ihm das Ticket für den Flug besorgt. Somit ist er so, wie er von der DDR ausgebürgert, oder besser gesagt, verkauft wurde, nach Westberlin geflogen. Um diese Zeit brachte ein frei gekaufter politischer Häftling circa 50.000 DM ein, nicht mehr im braunen Umschlag heimlich übergeben, nein, ganz offiziell. Die DDR als Seelenverkäufer? Ja, für die gute D-Mark hätten sie auch noch ihren Schatten verkauft. Vielleicht hat man da einen Mengenrabatt ausgehandelt, wie man schon so sagt, die Masse macht's. Wozu das Geld verwendet wurde? Na, wie vorhin beschrieben und vielleicht auch zum Erwerb von begehrten Artikeln, wie feinen Damenstrumpfhosen, Kaffee, etc. Ist schon komisch, wenn man sich den Wert eines Menschen in Strumpfhosen vorstellt.

Bekleidet mit einem Soldatenmantel aus dem 2. Weltkrieg, einer Soldatenhose, Filzlatschen und kaum Unterwäsche. Das bei ungefähr 19° Grad minus! So wurde er aus der DDR ausgewiesen. Warum er in Gießen und nicht im Westberliner Auffanglager gelandet ist und wie er dort hingekommen ist? Das weiß ich auch nicht. Schikane sicher.

Hast du gewusst, dass in den Bussen mit den freigekauften Menschen Häftlinge saßen, die nicht wussten, dass man sie in den Westen bringt? Nachts und die Scheiben zusätzlich verdunkelt, begriffen sie erst nach dem Aussteigen, dass sie ihre Frauen, ihre Männer, ihre Kinder, die Eltern, ihre Heimat, ja, das war sie, die DDR, sie war irgendwie ja doch unsere Heimat, nie wiedersehen sollten?

Er, Wolfgang, mein Bruder, hat nach seiner Ankunft in Westberlin bei seiner Tante geklingelt, nicht ahnend, dass meine Mutter bereits da war. Von ihm war das ja so geplant, dass er vor meiner Mutter da ist. Meine Mutter öffnete ihm auch noch die Tür und – bekam einen Nervenzusammenbruch. Sie dachte, ihr im Zweiten Weltkrieg gefallener Mann ist wieder da. Der herbeigerufene Arzt hat sofort beide, meine Mutter und meinen Bruder, in eine Klinik eingewiesen. Auch war mein Bruder physisch und auch psychisch in einem bedenklichen Zustand. Du, ich habe das Foto gesehen, das für die persönlichen Dokumente sofort angefertigt worden ist. Ich hab ihn darauf kaum wiedererkannt. Blass und ausgemergelt und von seinen schönen Haaren war nicht viel übrig. Furchtbar, sag ich dir.

Ich habe auch vor Jahren zufällig Berichte über die Haftbedingungen in Hohenschönhausen gesehen, unbeabsichtigt, einfach in der Nacht durch die Sender gezappt und gebannt, die Augen sind unfreiwillig am Bildschirm hängen geblieben. Da gab es einen Trakt, der unter der Erde lag, das berüchtigte U-Boot. Wohl in der Form eines U, ein Eingang und ein Ausgang. Die Häftlinge durften nie, wenn sie über die Gänge geführt wurden, aufblicken. Wenn andere Personen kamen, mussten sie zur Wand sehen. Ansonsten in gebückter Haltung gehen. Warum? Ich denke, erst einmal als Demütigung, aber vielleicht hatten die Wärter auch Angst, wiedererkannt zu werden, draußen in der Freiheit, wo sie die netten Nachbarn und freundlichen Väter waren. Ja, ich glaube schon, dass sie Angst hatten. In der Nacht kamen die Wärter im Stechschritt und blieben vor einer Zelle stehen. Dann gab es Berichten zufolge Scheinhinrichtungen. Die das mit anhören mussten, wussten ja nie, ob die Mithäftlinge danach noch leben. Neben vielen anderen Grausamkeiten war das wohl nur die Spitze des Eisbergs. Diese Infos habe ich mir erst in den letzten Jahren im Internet und durch Sendungen wie z. B. History, etc. geholt.

Ein ehemaliger Insasse hatte nach seiner Freilassung in den Westen von dort die Aufmerksamkeit auf die Haftbedingungen der politischen Gefangenen gelenkt. Das, was er in einem Bericht erzählte, war schon unvorstellbar, so, dass die nur angedeuteten authentischen Erfahrungen in der eigenen Vorstellungskraft eine Dimension erlangten, die mich nicht nur frösteln, sondern eiskalt werden ließ. Dieses Gefühl der Kälte werde ich nicht mehr los.

Mein Bruder hatte Einzelhaft, wenn er etwas zum Lesen haben wollte, bekam er den Marxismus. Oh ja, man hat nie aufgegeben, die Querulanten umzupolen. Einmal hat er es geschafft, aus der Einzelhaft rauszukommen, aber da hat man ihn in einer Gemeinschaftszelle mit Mördern und anderen Gewalttätern zusammengelegt. Er war froh, als er wieder in Einzelhaft saß.

Die Formalitäten nach seinem Eintreffen in Westberlin, zwecks Personalausweis und anderer Dokumente, wurden von einem Mitarbeiter der zuständigen Behörde unkompliziert vorgenommen, und man hat im Anschluss beide zur Kur nach Garmisch-Partenkirchen gebracht. Für viele Wochen. Wolfgang musste sich einer OP unterziehen, ich weiß nicht genau warum. Ich weiß nur, dass er sterilisiert worden ist. Ob auf eigenen Wunsch oder infolge körperlicher Übergriffe, ich weiß es nicht.

Dort, in Garmisch, hat mein Bruder einer wildfremden Frau einen Text für eine Ansichtskarte diktiert, den sie mit ihrem Namen unterschrieb. Der Text war natürlich so formuliert, dass ich wusste, dass alles gut ist und sie zusammen in Westdeutschland, in Deutschland, sind. Und diese Karte hat unter den Argusaugen der Stasi ihr Ziel erreicht. Ein Wunder! Das war dann Ende Januar!

So, nun stand ich natürlich in der DDR ziemlich dumm da. Da meine Mutter einen meiner Söhne betreut hatte, den anderen Jungen hatte ich privat in Pflege gegeben, damit ich Gelegenheitsarbeiten annehmen konnte, war das ja nach dieser dramatischen Geschichte auch vorbei. Meinem Mann wurde ein Teil seines Lohns gepfändet, wegen einer Geschichte aus seinem wilden Jugendleben. So hatten wir mit 4 Personen pro Woche 50 Ostmark zur Verfügung. Das war auch in der DDR zum Leben zu wenig und zum Sterben zu viel, wie man so sagt. Frag mich mal, was ich nicht gemacht habe, um Geld zu verdienen, das ist vielleicht einfacher, als wenn ich aufzählen soll, was ich alles unternommen habe. Glasbläser für Fieberthermometer, Kisten genagelt in der Nachtschicht in einer Holzbude, Telefonistin in einem Institut, Kellnerin und Bardame in Tanzlokalen, Rübenhackerin auf dem Acker, usw. Nichts hatte ich seit 1968, seit der Teilnahme meines Bruders am Prager Frühling und seiner Verurteilung bekommen. Rein gar nichts. Keine Arbeit, keine Krippenplätze bzw. Kindergartenplätze, keine vernünftige Wohnung. Wir lebten am Existenzminimum. Hast du schon einmal aus einem Ei und wenigen Kartoffeln ein Essen für 2 Erwachsene und 2 Kinder gemacht? Nein? Du das geht, schmeckt zwar fad, aber es hatte jeder etwas auf dem Teller. Jede Unterstützung wurde abgelehnt und ich wusste nicht weiter.

Also besann ich mich auf den Marxismus. Da wurde ja deutlich gesagt, dass nur die bewährtesten Mitglieder der Gesellschaft in der Partei sind und jeder das Recht hat, diese Partei in Anspruch zu nehmen. Sie war ja nur unsere Vorhut. Ein Sportkollege von mir, vom Tischtennis, war damals, als was auch immer, in der Kreisleitung der Partei beschäftigt. Ja, genau dort, wo wir vor Jahren unseren Diener und den Knicks gemacht haben; und was uns die erste Erfahrung mit der von Empathie befreiten Arbeit der Staatssicherheit eingebracht hatte.

Da gehste mal hin, dachte ich mir, naiv und gutgläubig wie eh und je. Gesagt, getan. Ich sprach bei ihm vor und berichtete von meinen Existenznöten.

„Wie hast du das vorher gemacht?", wurde ich gefragt.

„Na ja", antwortete ich, „das eine Kind wurde von meiner Mutter betreut und das andere habe ich in Privatpflege gegeben. Von 7:00 Uhr bis 16:00 Uhr."

„Und", wollte er wissen, „was hat das gekostet?" „150 Mark", antwortete ich wahrheitsgemäß.

„Und, was würdest du verdienen, wenn du in deinem Beruf arbeiten könntest?", war die nächste Frage.

„320 Mark, so viel wird gezahlt."

„Na", und schon der höhnische Tonfall hätte mich warnen müssen, „ dann gib doch beide Kinder in Privatpflege, dann hast du doch noch 20 Mark übrig. Für Subjekte, die unseren Staat so schädigen wie dein Bruder und auch du, gibt es keine Unterstützung!"

Ich war wie vor den Kopf geschlagen, diese Antwort hatte ich nicht erwartet. Zwar weiß ich nicht, was ich überhaupt erwartet hatte, aber diese Antwort von einem Sportsfreund mit Sicherheit nicht.

Also bewarb ich mich weiter, denn wenn du in der DDR Arbeit nachweisen konntest, hattest du Chancen auf die Kinderbetreuung. Nur dann hattest du überhaupt einen Anspruch darauf. Wenn du nicht gearbeitet hast, hattest du gar keine. Ich dachte wohl, das gilt auch für mich. Arbeiten wollte ich ja.

Wie war deine Frage eben? Du denkst, wir hatten Kinderplätze in Einrichtungen für alle Kinder? Wenn ich das höre, geht mir die Hutschnur hoch. Das stimmt einfach nicht. Es gab lange Wartelisten und bevorzugt wurden die Kinder von den arbeitenden Müttern versorgt, die einen wichtigen Beitrag zur wirtschaftlichen Entwicklung des Landes brachten oder die Kinder von den Genossen und der Sicherheit, die waren ja eh die wichtigsten Bürger in der Republik. Ja, es war eine gewisse Quantität vorhanden. Nicht zum Wohle der Kinder, sondern zum Wohle des Staates! Ich weiß wirklich nicht, ob ich die Ursache für unsere damalige schlechte Situation wirklich nicht gerafft habe, oder ob ich es einfach nicht wahrhaben wollte. Glaube schon, dass ich die Hoffnung in mir trug, man wird mir schon helfen. Nichts hatte ich verbrochen, was mich so ins Abseits schliddern ließ. Vielleicht war ich auch einfach unfähig, dass alles in den Griff zu bekommen. Das Selbstwertgefühl sank auf null. Nachdem, wie sich mir die DDR präsentiert hatte, musste ich doch Gerechtigkeit erwarten können. Wie konnte ich daran zweifeln, dass man mir hilft? Sozial, demokratisch und über alle erhaben, die nicht dem Sozialismus anhingen. So wurde dieser uns vermittelt. Dem Schwächeren sollte man helfen. Ich war schwach!

Der Sozialismus wie Lenin ihn definierte: „Es genügt nicht, Revolutionär und Anhänger des Sozialismus oder Kommunist überhaupt zu sein. Man muss es verstehen, in jedem Augenblick jenes besondere Kettenglied zu finden, das mit aller Kraft angepackt werden muss, um die ganze Kette zu halten und den Übergang zum nächsten Kettenglied mit fester Hand vorzubereiten". Wladimir Iljitsch Lenin! Den Spruch findest Du im Internet! Also, ich war doch auch so ein Kettenglied, allerdings nicht besonders, nein, das war ich nicht. Die feste Hand des Sozialismus ließ mich aus seiner Kette ja auch nicht raus. Na klar, ich war ja auch nicht bereit, dass nächste Kettenglied mit mir zu verbinden, nicht bereit und nicht geeignet. Ich war dafür hochgradig ungeeignet! Vielleicht hatte man auch Angst davor, dass sich neue Ketten aus den entfernten Gliedern bilden, aus normalen und nicht besonderen Kettengliedern, aber stark und einig. Zusammengeschweißt! Das wäre gefährlich für das System geworden. Also hing ich an keiner Kette, wohl aber an der Leine. An der kurzen Leine des Sozialismus!

Man half mir also nicht! Also musste ich wohl schuld an unserem Dilemma sein. Als in der Kreisleitung eine Stelle im Sozialwesen frei wurde, bewarb ich mich. Es war immer das gleiche Spiel. Anhand meiner Zeugnisse wurde mir die jeweilige offene Stelle in Aussicht gestellt. Kam ich zum Termin, um die Formalitäten vorzunehmen, wurde ich mit den Worten, dass der Posten innerbetrieblich besetzt oder gestrichen wurde, abserviert. Da wusste ich noch nicht, dass man in der DDR Arbeitsplätze nicht einfach strich, sondern eher verdoppelte, um keine Arbeitslosen zu haben. Nein, das wusste ich damals nicht. So bekam ich auch die Absage von der Kreisleitung. Meine Bewerbungsunterlagen schickte man mir zu. Und da fiel es mir wie Schuppen von den Augen. Mit Bleistift stand auf dem oberen Rand: „Bruder Regimekritiker und nach Haft im Westen, Mutter illegal das Land verlassen". Das hatte man vergessen auszuradieren! Ha, du, deutlicher konnte es nicht sein und es geschah mir recht, naiv und blöd wie ich war. Knallhart landete ich auf dem Boden der Tatsachen! Sozialismus, was sollte eigentlich sein Wesen sein? Sozial, oder nicht? Die Bedeutung dieses Wortes ist so viel geknechtet worden, gerade in den Ländern, die sich den real existierenden Sozialismus auf die Fahnen geschrieben haben.

Als es mal ganz schlimm war, griff ich zur Feder (Kugelschreiber) und schrieb an den Vorsitzenden des ZK (Zentralkomitee) der SED, Walter Ulbricht. Er muss doch wohl einsehen, dass man so nicht mit seinen Bürgern umgehen kann, das glaubte ich wirklich. Ich erklärte meine Situation, keine Familie im Rücken, keine Kinderbetreuung, keine Arbeit. Ein verhängnisvoller Satz entsprang dabei meiner Feder: „Wenn sich die DDR nicht in der Lage sieht, meinen Kindern eine vernünftige Zukunft zu bieten, dann möchte man mich doch bitte nach Westberlin ausreisen lassen, da hätte ich einen Bruder und auch eine Mutter, die sich um die Kinder kümmern würden, und ich könnte arbeiten gehen, damit ich die Kinder anständig versorgen kann." Mein Mann wusste nichts von diesem Brief. Zwei, drei Wochen geschah gar nichts, absolut nichts.

An einem Vormittag klingelte es an meiner Wohnungstür. Ich öffnete sie und sofort drängten sich Stasileute in unsere Wohnung. Meine Kinder waren da, wo sollten sie auch sein, ich hatte ja keine Betreuungsplätze, und hörten erschrocken mit dem Spielen auf. Man legte mir Handschellen an und führte mich aus der Wohnung. Ohne jede Erklärung. Die Jungs waren so zwei und drei Jahre alt. Kleinkinder!

Ja, du hörst richtig, man ließ sie unbeaufsichtigt in der Wohnung zurück. Auf meinen Protest hörte man nicht und ich bekam auch keine Antwort. Im Treppenflur kam mir ein 12-jähriger Junge entgegen. Ich konnte ihm nur noch schnell zurufen: „Lutz, die Kinder sind allein, kannst du mal ..." Weiter kam ich nicht, man riss mich grob weiter. Hinterher erfuhr ich, dass er den Ernst der Lage gespürt hatte und seinen Vater holte. Der brach die Tür auf und nahm die Jungs dann mit zu sich. Aber das konnte ich ja nicht wissen. Da saß ich im Auto wie ein Schwerverbrecher, auf dem Weg zur Staatssicherheit. Stoisch und ruhig ließen die Stasi-Mitarbeiter meine Tiraden über sich ergehen. Ich bekam keine Antwort! Dann der Verhörraum. Klein und unansehnlich die Wände, schmucklos, eine grelle Lampe, ein paar Stühle und ein Tisch.

Darauf lag mein Brief! Vieles war rot markiert und ein weiteres Schreiben, das ich nicht kannte, lag daneben. Auch ein Stift.

„Sie haben an unseren Staatsratsvorsitzenden geschrieben, was maßen Sie sich überhaupt an? Was denken Sie, wer Sie überhaupt sind? Sie haben hier keine Rechte, wir können Sie einsperren, wir können Sie fertigmachen, wir können alles mit Ihnen machen, was wir wollen." Dabei kam mir ein vierschrötiger, o ich hätte jetzt beinahe geschrieben, Beamter, aber wir hatten ja nur Arbeiter und Bauern, also ein vierschrötiger Bauer sehr, sehr nah und bedrängte mich körperlich.

„Fass mich nicht an", schrie ich, „dann schreibe ich nachher gleich den nächsten Brief an Ulbricht." Er fasste mich an, er tat mir weh!

„Haha", lachte er höhnisch, „der kommt nicht weit, siehst ja, der erste Brief liegt da auf dem Tisch."

„Glaube ich nicht", erwiderte ich zitternd, „die roten Anmerkungen sind nicht von euch hier, seit wann können Schweine denn schreiben?" Unsanft wurde ich auf einen Stuhl gedrückt. Der Vierschrötige sah erwartungsvoll, mit einem bösen Glitzern in den kleinen Schweinsaugen den anderen Stasi-Mann an, der hatte sich zurückgehalten. Der schüttelte unmerklich den Kopf und sofort zog sich der andere zurück. Dann ging die Psychotour los.

Hinterher wusste ich, dass ich Abschaum war, eine Zecke am Herz des Volkes. Wie immer gedemütigt und auseinandergenommen, so versank ich in meinem Stuhl, ich meine, ich machte mich klein. Kopf nach unten, runder Rücken, nur nicht aufschauen müssen, nur nicht in diese Lampe sehen müssen, die blendete mich. Dann wäre es vorbei mit meiner Beherrschung, dann würde ich mich verbal wehren und das unter Volldampf – das wäre nicht so gut gewesen. Ich hatte Angst um meine Kinder! Ich wusste nicht, was mit ihnen passiert war. Ich konnte auch annehmen, dass sie in ein Heim gebracht worden seien.

Ich war völlig irre im Kopf. Mir wurde mein, von mir mit Vergnügen formulierter Satz, den ich vorhin beschrieb, vorgelesen.

„O, schön", meinte ich. „Lange her, dass mir jemand etwas vorgelesen hat, aber sparen Sie sich die Mühe, ich weiß, was ich geschrieben habe."

„Diesen Satz, dass Ihre Kinder hier keine vernünftige Zukunft haben, den nehmen Sie zurück."

„Nein", antwortete ich ziemlich ruhig, „Nein, das werde ich nicht tun. Gebt mir Arbeit und Kinderbetreuungsplätze, dann könnt ihr noch einmal nachfragen. Und eine bessere Wohnung gleich dazu." Nach einigem Hin und Her wurde ich entlassen.

„Was soll das denn jetzt", rief ich ziemlich laut, „soll ich jetzt nach Hause laufen, fast zwei km? Meine Jungs sind alleine, ich verspreche euch, wenn denen etwas passiert ist, mach ich euch fertig. Das erfährt nicht nur Ostdeutschland. Dann mach ich euch berühmt. Das schwöre ich!"

Ein bissel nervös muss ich sie wohl gemacht haben, denn es wurde ein Auto angefordert, um mich nach Hause zu bringen. Dort angekommen bekam ich einen mächtigen Schreck. Die Tür stand weit auf, die Wohnung war leer; weißt du, was dir da alles durch den Kopf geht? Wo sind die Kinder? Sind sie weggelaufen und haben sich irgendwo verkrochen? Hat man sie doch abgeholt und sie sind schon meilenweit entfernt in einem Heim? Eine panische Angst krallte sich um mein Herz. Ich lief die Treppe runter, auf den Hof, der an eine Gärtnerei angrenzte. Laut rief ich ihre Namen. Da ging die Tür einer gegenüberliegenden Wohnung auf, hinter der auch der Lutz wohnte, und die beiden kleinen Bengels kamen fröhlich angerannt. Dahinter erschien der Vater von Lutz, ein wortkarger Mann. Eigentlich.

„Gott sei Dank", meinte er, „man hat Sie wieder heim gelassen, Sie müssen einen Schutzengel haben; wen man so abholt, den sieht man selten wieder."

Ich bedankte mich unter Tränen und wartete auf meinen Mann. Er wurde blass, als er von der Geschichte hörte, und dass man die Kinder allein in der Wohnung gelassen hat. Er wurde nicht informiert und ich hatte keine Gelegenheit, ihn anzurufen. Was gab es noch weiter dazu zu sagen, er kannte mich ja und hätte mir nie einen Vorwurf gemacht, auch nicht, wenn ich zu aggressiv geworden wäre und sie mich dabehalten hätten.

Ein paar Tage später hielt wieder dieses Auto und man holte mich erneut ab. Aber ohne Handschellen, auch konnte ich die Kinder vorher zum Nachbarn bringen. Ohne viel zu fragen, nahm man sie mir ab und die Frau drückte mich wortlos. Was sie sagen wollte, verstand ich auch so.

Wieder in den Verhörraum, aber der vierschrötige Kerl ließ sich nicht sehen.

„Wir haben uns entschlossen, Ihnen noch einmal eine Chance zu geben", begann der, der mich verhört hatte, seinen Vortrag. „Auch wenn Sie sich wenig kooperativ gezeigt haben, werden wir Ihre Situation verbessern." Ich wusste nicht, was da kommt und fühlte mich total unbehaglich.

„Sie fangen am Montag im Bekleidungswerk als Näherin an, in drei Schichten", so ging es weiter.

„Das geht doch nicht", warf ich ein, „wo sollen die Kinder bleiben?"

„Keine Sorge, an die haben wir auch gedacht, die kommen in eine Wochenkrippe. Die befindet sich in einem Dorf zwölf km von hier entfernt."

„Nein", sagte ich mit Bestimmtheit, „Nein, das mache ich nicht. Meine Kinder kommen in keine Wochenkrippe." Da grinste der Mann mich süffisant an und sagte: „Sie haben doch geschrieben, dass Sie nicht für Ihre Kinder sorgen können, dann kommen sie eben ins Heim und Sie in ein Arbeitshaus, Waldheim zum Beispiel! Sie wollen doch arbeiten, nicht wahr, das haben Sie doch auch geschrieben, da können Sie es dann Tag und Nacht." Ich sackte zusammen, mir war sofort klar, da komm ich nicht raus, aus dieser Nummer komme ich nicht raus.

„Ja, gut, ich gehe ins Bekleidungswerk."

„Schön, wir wussten, dass Sie vernünftig werden, also hat sich Ihr Brief nach Berlin doch letztendlich gelohnt." Das war der blanke Hohn.

Die haben mich mit meinen eigenen Worten geschlagen, diese Demütigung war am schlimmsten. Man sparte keine Kosten und Mühen. Montags kam um 5:30 Uhr eine Taxe und holte die Jungs ab und am Freitag um 17:00 Uhr brachte man sie uns mit dem Taxi wieder zurück. Eingewöhnungsphase? Ob sie eine Eingewöhnungsphase bekamen? Was ist das denn?

Nein, sie wurden wie ‚in eiskaltes Wasser' geworfen und auf ihre kleinen verletzlichen Seelen wurde keine Rücksicht genommen. Der Große fing bald darauf an, wieder einzunässen, und der Kleine schaukelte im Bett. Gerade der Kleine hatte ein Riesenproblem mit der Trennung. Wenn er Freitag zurück in die Wohnung kam, schrie er wie am Spieß. Ging rückwärts bis er die Wand oder eine Tür im Rücken spürte und ließ sich daran runterrutschen. So saß er dann auf der Erde und ließ sich weder hochnehmen noch anfassen. Das Gebrüll und die ganze Situation zehrten an den Nerven. Erst am Sonntag, wenn es bald wieder losging, wurde er wieder anders. Und das wiederholte sich Woche für Woche.

Der Große wurde stiller und konnte nicht ertragen, wenn sein Papa zum Fußball ging. Wir mussten immer heimlich seine Tasche und die Schuhe und, wenn nötig, seine Jacke auf den Flur bringen, sonst gab es Zoff. Er warf sich hin und atterte und schrie. Im Unterbewusstsein der Kinder war die Angst, weggegeben oder allein gelassen zu werden, so weit manifestiert, dass Verhaltensstörungen entstanden.

Auch das habe ich in der Situation nicht in aller Deutlichkeit erkannt.

Wir formen einen Planeten

Musik: Wolfgang Faber
Text: Enni Wedekind
Vom Album: Frank Faber Hallo hier bin ich.
Zugunsten International Children Help e. V.

Ohne Träume gebor'n – den Himmel verlor'n,
So leben viele Kinder auf uns'rer Welt.
Hinter'm Regenbogen – vom Leben belogen,
So leiden viele Kinder auf uns'rer Welt.
Doch du bist ein Kind, das zählt,
Schau auf und glaubst fest daran,
Denn Du wirst der König der Welt,
Auf einer Erde von der Liebe gewählt.

Wir formen einen Planeten,
Aus den vielen Gebeten,
Für die Zukunft der Kinder der Welt,
Lassen den Regenbogen,
Die schönsten Farben holen,
Auf die Gesichter der Kinder der Welt.

Sie sind so klein, sie sind verflucht,
Und haben doch nur Liebe gesucht,
Haben gekämpft – und verlor'n,
Wünschen sich, sie wären nie gebor'n.
Doch du bist ein Kind, das zählt,
Schau auf und glaube fest daran,
denn Du wirst der König der Welt-
Auf einer Erde von der Liebe gewählt.

Die Arbeit im Bekleidungswerk war der Horror für mich. Von der Parteisekretärin dienstbeflissen eingewiesen, was ich zu tun und zu lassen habe, wurde ich in meinen Arbeitsbereich eingeführt. Armeeuniformen mussten wir nähen, wie am Fließband. Immer die gleichen Arbeitsgänge. Wenn du mal auf Toilette wolltest, musstest du dich abmelden und dann wurde kontrolliert, ob du auch wirklich dort warst. Ein Wunder, dass man mich nicht bis aufs WC begleitete. Ein paar Mal habe ich es angeboten, wonach immer eine, nein keine Moralpredigt, sondern eine Parteipredigt im sozialistischen Sinne erfolgte. Ich hasse und hasste solche stupiden Arbeitsgänge, bei denen man nicht mehr zu denken braucht. Eintönig, immer rrrrrrrrrrrrritsch die eine Naht, rrrrrrrrritsch die nächste und so weiter. Du, da verblödest du! Ich fing an, mir selbst Matheaufgaben zu stellen, Gedichte vor mich hin zu murmeln, Formeln aufzusagen. Ständig war eine Vorarbeiterin damit beschäftigt, uns zu kontrollieren und zu schnellerem Arbeiten anzuhalten. Manche der Frauen konnten das, sie kamen früh zur Arbeit, setzten sich an die Maschine, Kopf nach unten und Naht für Naht rrrrrrrrrrrrrrritsch. Bei den fest vorgeschriebenen Pausen hoben sie den Kopf wieder und standen wie mechanisch auf. Am Tisch ein paar derbe Witze und pünktlich ging es wieder an die Maschine, Kopf runter bis zur nächsten Pause. Ich bin bald irre geworden, sag ich dir. Über meine Situation und wo meine Kinder waren, durfte ich nicht reden. Stolz sollte ich sein, in einem sozialistischen Betrieb arbeiten zu dürfen. Aha, dachte ich mir, so sehen also die Auszeichnungen in der DDR aus, wie mögen dann wohl die Strafen aussehen? Ich wollte es lieber nicht wissen. Aber einmal konnten wir diesen Bann zerbrechen, und ausgerechnet mein kleiner Sohn tat es. Das musst du dir anhören, das war göttlich.

Im Dezember gab es in den Betrieben die Weihnachtsfeiern. Weihnachten war ja kirchlich und das passte nicht in den Sozialismus. Also wurden sie offiziell als Jahresabschlussfeiern deklariert. Alle Muttis und alle Kinder waren da und warteten gespannt, was es alles so geben würde. Gleich am Anfang begrüßte die Parteisekretärin die Kinder und Muttis, und ihre letzten Worte waren: „Liebe Kinder, und nun zeigen wir euch einen Film, der in unserer schönen sozialistischen Heimat gedreht wurde." Die ersten Bilder erschienen und irgendwie erinnerten sie an einen Wald. Da rutschte mein Sohn von seinem Stühlchen runter, lief ganz aufgeregt den Gang entlang, der zu den

Muttis führte und rief mit klarer Kinderstimme: „Mutti, Mutti... Jetzt pompt (kommt) ein Tarzan."

Na was denkst du, was da los war? Die Parteisekretärin rauschte wütend vom Podest, ihre Blicke hätten den kleinen Kerl töten können, die Frauen lachten lauthals und die ganze schöne sozialistische Stimmung war dahin. Nach dem Film fing eine der Frauen an, ein Weihnachtslied zu singen. „Ihr Kinderlein kommet" war es, glaube ich. Und was meinst du, blieb sie allein? Nein, es sangen alle mit, außer die anwesenden Genossinnen natürlich. Um die erste Sängerin bildete sich ein Kreis. Sodass sie aus dem Blickfeld der Genossen verschwand.

Manch warmer Blick traf mich und auch da konnte ich die ungesagten Worte hören. Wir wissen, wer du bist, wir wissen, wo deine Kinder sind und wir wissen von deinem Bruder. Aber wir dürfen nicht mit dir reden. Nicht darüber. Das verstehst du doch? Sei nicht böse, aber wir haben auch Kinder. Verliere nicht den Mut, wir sind auf deiner Seite – aber nur nicht offen. Ich verstand sie und lächelte zurück. Meine Jungs bekamen viele Süßigkeiten zugesteckt. Am Abend erzählte ich das alles lachend meinem Mann und dann, im Bett, weinte ich lautlos.

Im Sommer fiel auf, dass wir die Kinder oft als krank beschrieben vom Kindergarten abholen mussten. Da kam kein Taxi von der Stasi bestellt, dafür mussten wir selbst sorgen. Wir haben uns darüber nicht geärgert, wir hatten die Kinder dann ja zu Hause. Nur, sie waren nicht krank. Sie waren mopsfidel. Kein Schnupfen, kein Fieber, nichts! Der Kinderarzt schüttelte nach den Untersuchungen den Kopf und sagte zu mir: „Haben Sie den Eindruck, dass Ihre Kinder krank sind? Es sind heute bereits 11 Kinder dieser Einrichtung krankgemeldet und das bei dem schönen Sommerwetter. Da stimmt doch etwas nicht. Keins der Kinder war krank." Das machte auch mich stutzig.

Mit einem Freund, den ich zufällig traf, fuhr ich mit den Kindern zu der Kindereinrichtung. Es war ein Flachbau mit einer Wiese davor. Innen habe ich das Haus nie gesehen, da durfte ich nicht rein. Vor dem Haus liefen zwei, drei Kinder mit vollen Windeln, sehr schmutzig und ohne Aufsicht herum.

„Bleibt im Auto", flüsterte ich den Kindern zu, „ich komme gleich wieder!"

Dann ging ich hinters Haus. Da lagen sie, die Erzieherinnen, mit Bikini auf Liegen in der Sonne. Gut eingeölt und mit geschlossenen Augen unterhielten sie sich.

„Das ist ein Leben", meinte eine der Frauen, „hoffentlich holen die anderen Eltern ihre Blagen bald ab, ich habe keine Lust, bei dem Wetter auch noch deren Scheißwindeln abzunehmen."

„Ja, dann sind alle weg und wir machen uns ein paar herrliche freie Tage; kommst du mit, morgen wollen wir im See baden gehen?"

„Aber selbstverständlich, kein Kindergekreische, kein Rumgeheule und keine Scheißwindeln, o, das werden wir genießen."

Ich war entsetzt. Die Kinder wurden hier drastisch vernachlässigt, das war mir klar.

Schon wollte ich lauthals dazwischenfahren, aber ein sachtes Klopfen auf meiner Schulter hinderte mich daran. Ich drehte mich um und sah hinter mir den Kinderarzt, er war mit Leuten vom Rat des Kreises, Abteilung Volksbildung und Mitarbeitern der Hygiene gekommen. Sie hatten diese Worte auch gehört. Das Entsetzen der Erzieherinnen war köstlich, als sie barsch aufgefordert wurden aufzustehen, sich anzuziehen und mit zur Kreisleitung zu fahren. Die Einrichtung wurde von der Hygiene kontrolliert und sofort geschlossen, für immer. Die Erzieherinnen haben unbewusst ein gutes Werk getan, indem sie die Schließung des Objektes herbeiführten. Das bewusste schlechte Werk war die Vernachlässigung der Kinder. So hatten wir endlich die Kinder wieder zu Hause. Dass noch viel später gestörte Verhaltensweisen auftreten könnten, daran habe ich da noch nicht gedacht. Ich hatte nun zwar keine Arbeit mehr, aber ich war so froh, von diesen Maschinen und den Genossinnen wegzukommen, dass mir das völlig egal war. Irgendwie wird es schon weitergehen, musste es weitergehen und ging es ja auch immer.

Schuld und Sühne?

Meine Herren Söhne waren so 15, 16 Jahre alt. Der Jüngere hatte ein Moped. Eine Simson, eine grüne. Ha, da fällt mir noch etwas ein.

Westgeld! Wenn du es geschickt angefangen hast, konntest du es bis zu 1:12 tauschen. Ein Beispiel: ich ließ mir aus dem Westen 20 Taschenrechner und Uhren mitbringen, die kosteten dort nur wenige Mark. Bei einem befreundeten Paar, die einen An- und Verkauf hatten, gab ich zwei davon mit den nötigen Papieren in den Verkauf, so für 70 Ostmark. Glaube mir, der Staat kassierte so ca. 20 % und der

Händler 15 %. Du sagst, dann blieb ja nicht viel? Falsch! Wir tauschten die verkauften Dinge nur aus und kassierten dann ohne den Staat. Mit Kassettenrekordern und Autoradios machten wir das Gleiche. Aber da ging es pro Jahr nur einmal, die Gerätenummern wurden registriert und das wurde akribisch vom Zoll kontrolliert. Ja, so habe ich aus 150 Westmark 1500 Ostmark gemacht, die der Junge zum Geburtstag bekommen hatte.

Nun musst du dir nicht vorstellen, dass du mit dem Geld so einfach ein Moped kaufen konntest. Es gab ja nichts. Also fuhr er oft mit dem Fahrrad zu dem einzigen Händler der Stadt und fragte nach.

Eines Abends kam er heim und sagte: „Die haben drei Mopeds bekommen, die müssen noch montiert werden. Ich soll in drei Tagen wiederkommen." Nach drei Tagen fuhr er voll Vorfreude hin und kam bitter enttäuscht zurück.

„Sie sind verkauft", sagte er traurig. Das tat mir so leid, dass ich mich auf mein Fahrrad schwang und mit ihm zu dem Laden fuhr. Ich wartete auch nicht, bis ich an der Reihe war.

„So", sagte ich, „ich möchte, dass mein Sohn sofort ein Moped kaufen kann."

„Haben wir nicht", wurde geantwortet.

„Nein?", fragte ich, „habt ihr nicht? Wo sind die drei, die angeblich erst noch montiert werden sollten?"

„Verkauft", sagte der Verkäufer und grinste mich an.

„Du bist ja ein richtiger Spaßvogel", meinte ich, „aber das akzeptiere ich nicht", und sehr laut: „Der Junge war jeden Tag hier, ihr hättet ihm eine Maschine verkaufen und den Abholtag festlegen können, das wäre O. K. gewesen, aber ich verstehe schon, er hatte nicht die richtige Währung oder ihm fehlten 10 Kilo Spargel? Oder bin ich vielleicht nicht in der richtigen Partei? Morgen um 9:00 Uhr kommt der Junge und holt sich sein Moped ab, fix und fertig montiert und ein Grünes bitte!"

„Ha", rief schon ziemlich verunsichert der Verkäufer, „was willst du machen, willst du mir drohen?"

„Ja", antwortete ich. „Sonst bin ich morgen mit der ABI (Arbeiter- und Bauerninspektion) und dann werden wir schnell wissen, wohin die drei Mopeds gegangen sind." Die inzwischen auf bis zu zehn Personen angewachsene Kundschaft klatschte Beifall und rief: „Richtig so, die stecken sich alles in die eigene Tasche. Gut, dass mal jemand den Mund aufmacht", usw. Wutschnaubend und den Tränen nahe, verließ ich das Geschäft. Die ABI, das war eine gefürchtete Abteilung, die Missstände aufdeckte und ahndete. Am nächsten Tag fuhr mein Sohn gleich am Vormittag zu dem Geschäft und kam freudestrahlend mit einer grünen Simson zurück!

Ob ich Ärger bekommen habe, willst du wissen? Nein, habe ich nicht. Daran hatte ich auch in dem Moment nicht gedacht. Mit dem Moped erweiterte sich der Freundeskreis meines Sohnes. Und so komm' ich wieder auf die Russen zurück.

Eines Abends, es war schon dunkel, stürzte unser ältester Sohn, damals 17, atemlos in unser Wohnzimmer.

„Ist er hier, ist er heil nach Hause gekommen?", rief er aufgeregt, „sein Moped ist nicht in der Garage, hat er es hinten im Garten abgestellt?"

„Herrgott, was ist los, meinst du deinen Bruder?"

„Ja, meine ich."

„Nein, er ist nicht hier", antwortete ich.

„Dann muss ich noch mal los", rief er und schon war er weg. Ich war in hellster Aufregung, kann ich dir sagen. So hatte ich ihn noch nicht erlebt. Es dauerte bis in die Nacht, bis ich das Moped knattern hörte. Ein Stein fiel mir vom Herzen. Wie oft habe ich danach auf dieses Geräusch gewartet!

Beide Jungs waren total aufgeregt und überschlugen sich mit den Schilderungen der letzten Stunden. Alles begann an einem Dienstag eine Woche zuvor. Die Jungs fuhren mit ihren Mopeds durch die Stadt, und der Weg führte an der Russengarnison vorbei. Es war eine lange gerade Straße und es war Hauptverkehrszeit. Ja, tatsächlich, die hat es auch mit Trabant und Wartburg gegeben – und vielen Fahrrädern und Mopeds. Berufsverkehr! Alles hechtete noch zu den Geschäften, um irgendetwas zu ergattern. Da wurde nicht gefragt, was essen wir heute Abend, nein, da wurde gefragt, was gibt es noch zu kaufen? Übermütig, wie 17-jährige nun mal sind, knatterten sie die Straßen entlang. Vor einem Kumpel unserer Söhne fuhr ein Russen-LKW. Ohne zu blinken – hinterher stellte man fest, dass der Blinker kaputt war – bog dieser in Höhe der Kasernen urplötzlich nach links ab und ein Junge geriet mit seinem Moped unter den LKW und war sofort tot. Diese Geschichte war mir bekannt und wir haben mit den Eltern gelitten und unsere Söhne zu noch mehr Wachsamkeit aufgerufen.

Pünktlich zur gleichen Uhrzeit, nur halt eine Woche später, trafen sich an der Stelle, wo ihr Freund ums Leben gekommen war, etliche Jugendliche. Sie setzten sich mit Kerzen auf die Straße, vor einer Russenkaserne wohlgemerkt, hatten einen Kassettenrekorder dabei und spielten nonstop das Lieblingslied des toten Freundes, „Rocky". Es dauerte nicht lange, da saßen fast hundert Leute auf der Straße, alte, junge und halbe Kinder. Viele weinten, andere waren sichtlich wütend auf die Russen. Du meinst, es war eine Demo? Ja, das war eine Demo! Das gab es ja eigentlich nicht in der DDR, Demos waren verboten! Wozu auch, wir waren ja alle glücklich und zufrieden im Sozialismus! Es war ein erster öffentlicher Widerstand, emotional und mutig.

„Das gibt es nicht, schlagt mit Knüppeln dazwischen", riefen die linientreuen roten Brüder. Andere völlig fremde Personen versuchten die Genossen nicht auf die Straße zu lassen. Lange dauerte es nicht, da waren die Stasi und die Bereitschaftspolizei da und hieben wirklich mit ihren Gummiknüppeln dazwischen. Über dreißig Jungs nahmen sie mit. Unsere Herren Söhne konnten rechtzeitig abhauen und hatten nun Angst um ihre Freunde.

Wir haben die ganze Nacht nicht geschlafen, bei jedem Geräusch von einem Auto dachten wir: „Jetzt sind sie da, jetzt holen sie unsere Söhne ab!" Aber es ging gut. Am nächsten Tag, die Jungs waren natürlich unterwegs, wurden die Festgenommenen wieder freigelassen. Wie schon bei anderen emotional gestrickten Vorfällen, trafen sich die meisten Mitglieder der Clique bei mir. Prügel hatten sie bekommen; ich habe etliche Blutergüsse auf Rücken, Armen und Beinen gesehen.

Am Freitag darauf sollte die Beisetzung stattfinden.

„Wir gehen mit", das war der einheitliche Wunsch der Jungs.

„Gut", sagte ich, wohlwissend, dass ich das nicht verhindern konnte, und auch nicht würde, „aber ihr zieht euch vernünftig an. Schwarze Cordhosen und dunkle Jacken. Keine Jeans mit Aufnähern drauf, etc."

Als sie losfuhren, war mir schlecht vor Angst. Sie hatten bewiesen, dass sie nicht mehr gewillt waren, sich alles gefallen zu lassen, sie waren voll Trauer und Wut und sie hatten keine Angst. Nach einer Stunde waren sie wieder da! Der ganze Friedhof war von Stasi-Leuten und Polizei abgeriegelt. Sie kamen überhaupt nicht in seine Nähe. Nach und nach kamen etliche Freunde der Jungs zu uns. Sie weinten und waren aggressiv, Pläne wurden geschmiedet und wieder verworfen. Ich konnte sie so gut verstehen, habe aber versucht, die Gemüter zu besänftigen.

„Das bringt euch gar nichts", sagte ich, „ihr werdet festgenommen und landet im Jugendknast. Macht es anders, sprecht darüber und klärt eure Freunde auf, dass der Russe im Straßenverkehr und auch sonst immer das Recht auf seiner Seite hat." Es gelang mir, die Aggressivität abzuschwächen.

Noch Stunden später waren etliche Jugendliche bei uns im Garten und ich spürte etwas. Ich merkte den Widerstand, ich nahm den Mut wahr, die Verzweiflung und den Willen, nicht mehr alles hinzunehmen. Ich spürte, glaube ich, den Beginn einer Veränderung dieser noch so jungen Generation. Ihnen reichte es nicht mehr, die alte Jeans vom Cousin aus dem Westen aufzutragen, viel Geld für einen Farbfernseher zu sparen, das Wissen, erst mit ca. 30 Jahren ein Auto besitzen zu können, drei Jahre zur NVA gehen zu müssen, um den Beruf zu erlernen, von dem sie träumten. Sie wollten nicht mehr in den eigenen Bruderländern wie Ungarn, Bulgarien und Rumänien Menschen zweiter Klasse sein, die zusehen mussten, wie die Westdeutschen, ja eigentlich die Klassenfeinde, bevorzugt wurden. Auf der einen Seite der Speiseräume saßen die Westler bei Säften, Pfirsichen, Bananen und anderen begehrten Speisen und auf der anderen Seite die aus dem Osten, bei Muckefuk, Tee und ohne Südfrüchte!

Am Abend sagte ich zu meinem Mann: „Du, die halten nicht mehr still. Da braut sich etwas zusammen, die haben nicht mehr die Angst in sich wie wir. Die wissen, sie haben nicht mehr, oder noch nicht, viel zu verlieren." Eine weitere Woche später war eine Jugenddisco. Die jungen Leute wollten trauern, sie wollten zusammen sein, zusammen fühlten sie etwas in sich, was sie bisher nicht kannten. Oder doch kennen sollten? Solidarität? Empathie? Widerstand? Mut? Stärke? Es wird wohl von allem etwas gewesen sein. Und sie lebten es! Meine Empfehlung, sammelt für die Eltern etwas Geld, das können sie besser gebrauchen als verwelkte Blumen auf dem Friedhof, wurde aufgegriffen, und so konnten sie noch etwas für ihre Trauerverarbeitung tun, etwas Friedliches.

Zum späten Abend kamen unsere Jungs heim. Völlig überwältigt und emotional am Rande ihrer Belastbarkeit. Was war geschehen? Ich war total angespannt.

„Stell dir vor", sagte mein Sohn, „wir wollten gerade eine Trauerminute einlegen und das Geld einsammeln, da standen auf einmal mehrere junge russische Soldaten mitten in der Diskothek. Über ihre Gesichter liefen die Tränen und in ihren Händen hielten sie ihren Sold von einem Monat, die kärglichen 30 Ostmark, und legten ihn in den Sammelkorb." Totenstill war es geworden und alle sahen auf die besten Freunde des Verunglückten, darunter unsere Söhne, wie sie wohl reagieren. Sie waren von der Situation überwältigt und spürten aber auch ihr Gewaltpotenzial und das ihrer Freunde und machten, eher instinktiv als berechnend, das Richtige. Sie umarmten die jungen Russen und gaben ihnen die Hand. Diese Geste hat sofort die Situation entschärft, und man nahm nun die Russen als ebensolche Jungs wahr, wie sie selbst waren. Sie haben unwahrscheinlich viel Mut bewiesen, zu dieser Disco zu kommen. Auch das wussten die Anwesenden. Die Russen haben damit den Hass kleiner gemacht, indem sie sich als genauso verletzlich und weich dargestellt haben, wie die Betroffenen. Dazu bedurfte es keiner Worte, jeder verstand und jeder war berührt. Ob die Situation gestellt war oder nicht, wer weiß das schon. Sie war gut. Was glaubst du, was passiert wäre, wenn unsere Jungs sich provokant und anders benommen hätten? Es hätte geknallt, die Jungs waren emotional zwischen Trauer, Hass und Verzweiflung angesiedelt, und Alkohol war auch im Spiel. Eine Zeitbombe! Ich könnte wetten, eine Hundertschaft der Polizei war in unmittelbarer Nähe. Und Russen verprügeln war kein Kavaliersdelikt, wie gesagt, sie hatten immer recht!

Du fragst, wie ich die Russen erlebt habe, ja? Im Nachhinein kann ich das folgendermaßen beschreiben: Als Kinder hatten wir Angst, geschürt von den Erwachsenen, berechtigte Angst vor berechtigter Wut von Menschen aus einem geschundenen Land. Später haben wir sie gehasst. Sie waren allgegenwärtig mit ihren Panzern, Hubschraubern und den vielen Soldaten. Wenn man auf dem Güterbahnhof Waggons mit Kohlen, Bananen und anderen begehrten Artikeln sah, wer lud sie aus? Die Russen. Wer war fast unantastbar? Die Russen. Doch später, als meine Söhne so 16 waren, taten mir die Soldaten leid. Junge Russen, junge Menschen, sehr weit von der Heimat weg in einer der härtesten Armee der Welt, da regte sich Mitleid in mir. Nicht mit den protzigen Offizieren und ihren mit Goldzähnen und Pelzmänteln ausgestatteten Frauen, nein, mit den wie wir sagten, „Moschkoten", den einfachen Soldaten. Sie hatten ein Scheißleben, kann ich dir sagen. Ach, da fällt mir noch etwas ein. Das muss ich dir erzählen.

Eine der Kasernen befand sich direkt neben einer Brauerei. Auf dem Hof stand kistenweise verdorbenes Bier in Flaschen. In der Nacht wurde ein Notruf abgesetzt, Polizei und Krankenwagen rasten zur Brauerei. Da waren doch tatsächlich ein paar russische Soldaten über die Mauer geklettert und hatten das Bier ausgetrunken. Nun lagen sie, sich vor Bauchschmerzen windend, auf dem Gelände der Brauerei. Oben und unten kam alles raus, besoffen waren sie auch, eigentlich alles in allem hilflose Bündel Menschen. Die ganze Stadt hat sich darüber amüsiert, das kannst du dir sicher denken.

Eine Nachbarin von uns hatte sich in dieser Zeit mit einem russischen Ehepaar angefreundet. Er war ein Offizier, Sascha, sie arbeitete als Verkäuferin im Russenmagazin. Eine begehrte Verkaufsstelle, wo sich nur wenige Deutsche hinwagten. Aber es gab dort Ölsardinen, Thunfisch in Öl und russisches Konfekt. Auch ab und zu Mandarinen und Orangen. Beide Frauen machten sehr gern Handarbeiten und so besorgte die eine etwas und die andere auch. So häkelten und strickten sie gemeinsam wunderschöne Sachen. Manchmal hielt bei den Nachbarn ein Russen-LKW und Sascha kam mit. Der einfache Soldat, der Fahrer, durfte nicht mit aussteigen. Er wartete geduldig im Auto, bis die Fahrt wieder zur Kaserne ging. Manchmal stundenlang. Sascha brachte immer etwas mit, ein mit Schrotkugeln durchsiebtes Reh, ein Fass voll Benzin – Dinge eben, die es bei uns schlecht gab. Bei einer Familienfeier waren sie auch zugegen, und es war ein amüsanter Abend. Aber was wir bis dahin nicht ahnten, persönliche Freundschaften zu Russen, die hier als Besatzungsmacht waren, mit DDR-Bürgern waren alles, nur nicht erwünscht. Die Begegnungen sollten gesteuert und kontrollierbar sein. Treffen mit Schulklassen, sportliche Wettbewerbe im Fußball und anderen Sportarten. Gemeinsame betriebliche Veranstaltungen. Sie wurden als unsere Freunde, als unsere Befreier betitelt. Besser gesagt, sie wurden uns schmackhaft gemacht, sie wurden uns aufgedrückt. Aber unsere wirklichen Freunde sollten sie nicht sein, nicht etwa so, wie ich das eigentlich unter dem Begriff einordne. Sie sollten unsere Unzufriedenheit nicht sehen, sollten keinen Zugang zum westlichen Fernsehen, den wir in unserem Gebiet ja hatten, bekommen. Sie sollten uns nicht mögen, sie sollten uns beherrschen. Sie waren ja die Sieger!

Eines Tages kam meine Nachbarin weinend zu mir und erzählte mir, dass man Sascha nach Sibirien geschickt hätte. Seine Frau und die Kinder hatte man vor der Kaserne regelrecht ausgesetzt. Ohne Geld, ohne Fahrkarten, ohne jeglichen Schutz. Die private Freundschaft und die enthaltenen Mitbringsel waren wohl zu viel geworden. Wir sammelten bei gleichgesinnten Leuten Geld, sodass die Familie sich Fahrkarten bis nach Brest kaufen konnte. Da sollte der Vater sie dann wohl abholen. Ja, du hörst richtig, man hat sie, vor allem Sascha, sehr hart für diese Kontaktaufnahme mit uns bestraft. Da waren die Russen knallhart und ohne Rücksicht. Wir haben nie wieder etwas von Sascha und seiner Frau gehört.

Immatrikulation

Hurra, es hat geklappt, ich bin angenommen worden an der pädagogischen Hochschule. Wie ich das geschafft habe? Bissel Unterstützung durch eine Person von der Abteilung Volksbildung. Sie kannte mich, und sicher auch meine Entstehungsgeschichte, und sicher auch meinen Kampf ums Dasein, um ein gutes Dasein. Was ich vorher gemacht habe, immerhin musste ich ja 18 Jahre alt sein, um mit Kindern arbeiten zu können, ja das will ich dir erzählen. Eigentlich hatte ich schon einen Lehrvertrag als Förster, ja, du hörst richtig, als Förster. Wald, Natur, Tiere, das war mein Ding. Immer im Freien und in einem Lehrlingsheim, weg von daheim. Aber meine Mutter hat das verhindert, sie hat einfach nicht unterschrieben. Was blieb für mich übrig? Friseurin! Und das mir! Eine „geistige" Ausbildung, Studium, etc., war eh nicht möglich. Kinder wie wir mussten sich eh erst einmal in der sozialistischen Produktion bewähren. Also Friseurin! Anderen Leuten auf dem Kopf rummachen, immer in geschlossenen Räumen, einen penetranten Chef mit wabbligen Händen und einem Gesicht, als hätte man ihm die Butter vom Brot gestohlen. Katzbuckeln sollte ich vor arroganten Kunden – nein, das war nichts für mich, aber ich hatte keine Wahl. Früh um sechs Uhr musste ich da sein, Öfen heizen, die über Nacht getrockneten Handtücher abnehmen und dann die Dauerwellen! Dauerwellen wickeln auf grauhaarigen Köpfen, die man ruhig einem Lehrling aufdrücken konnte. Die Mischung stank entsetzlich und mir wurde regelmäßig übel, und ich kippte ab und zu mal um.

Sauerstoffmangel, würde ich heute sagen. Feierabend war so gegen 19:30 Uhr. Zur Berufsschule bin ich gern gefahren. Lernen mochte ich.

Du, da habe ich mal im vornehmsten Café Lokalverbot bekommen. Nicht nur ich, ein paar Leidensgenossinnen auch. Wir mussten noch das Perückenknüpfen lernen und da hatte ich die geniale Idee, in die weiße Tischdecke vor uns schwarze lange Haare einzuknüpfen. Ich sag dir, die bekommst du nie wieder raus. Geht nicht, die sitzen fest! Gespielt arrogant ließen wir den Kellner kommen und sagten so in etwa: „Das ist aber eine Sauerei, Haare auf dem Tisch igitt igitt, bitte entfernen Sie diese sofort!" Ganz aufgeregt versuchte er mit einer Bürste, die an seinem Gürtel baumelte, die Haare runterzubürsten. Ging aber nicht, und er wurde rot und blass und man sah, wie peinlich ihm das war. Bis er merkte: Wir haben ihn reingelegt. Er holte stolz seinen Chef und wir mussten das Café verlassen, kichernd natürlich. Mit Hausverbot für ein halbes Jahr!

Auch mussten wir das Rasieren lernen. Wer ging schon zum Rasieren in einen Salon? Richtig! Die alten Tattus! (Alte Opis) Eklig war's, richtig eklig. Da musste man immer von rechts und mit der rechten Hand die Gesichter einschäumen und rasieren, indem man die Falten glatt und die Schniefnasen hochzog. Dabei hatte man dann auch noch den typischen Geruch alter eukalyptusbonbonlutschender oder priemender Männer in der Nase. Ein solch alter Mann, ich seifte ihn gerade ein und er hatte seine Hände noch unter dem weiten Umhang, griff mir trotzdem direkt an den Busen, als ich mich über ihn beugte. Ich war so erschrocken, dass ich ihm vor Schreck den voll mit Rasierschaum behafteten Pinsel in den offenen Mund steckte! Ein Bild für die Götter! Sicher wollte der alte Lüstling gerade einen anzüglichen Spruch machen. Da seine Hand ja unter dem schwarzen Umhang gefangen war, konnte er so schnell den Pinsel nicht aus dem Mund nehmen und saß total perplex mit dem Pinsel im Mund da. Alles hat gelacht und die Situation sehr wohl verstanden, nur mein Chef nicht!!! Gott sei Dank bin ich bei dem Versuch, einer Frau Doktor, die in einem weißen Kostüm erschien, Mahagonihaarfarbe aufzutünchen, umgefallen und statt auf den Haaren fand sich die Farbe auf dem weißen Kostüm wieder. Sie fuhr mich in ein Krankenhaus und nach etlichen Untersuchungen und Befragungen wurde beschlossen, dass ich keinen Tag in den Salon zurückmusste. Nein, geärgert habe ich mich darüber nicht. Ich war ausgesprochen froh darüber. Es wird sich schon etwas ergeben, dachte ich mir. Arbeitslose gab es ja nicht, also wurden alle irgendwo untergebracht. Wer nicht arbeiten wollte, ja, der kam in ein Arbeitshaus. Durch den ärztlich verordneten Abbruch der Lehre durfte ich das Praktikum als Erzieherin in einem Kinderheim machen und wurde zum Studium delegiert.

Die Bewährung in der sozialistischen Produktion hatte ich zwar nicht vollständig abgeschlossen, aber das wurde stillschweigend vergessen. Vergessen hat sie diese Frau aus der Volksbildung, die mich kannte und der mit Sicherheit meine Familiensaga geläufig war und die mir helfen wollte. Der ersehnte Brief zur Immatrikulation kam mit der Aufforderung, an einem bestimmten Tag zu einer bestimmten Stunde sich in der Aula der Hochschule einzufinden. Kein Problem, das war normal. Aber was ich als völlig daneben fand, war der letzte Satz. „Erscheinen bitte im Kostüm mit FDJ-Bluse!" (Freie Deutsche Jugend)

„Das kann doch nicht wahr sein", zeterte ich vor meiner Mutter, „die schreiben mir vor, was ich anziehen soll? Mach ich nicht, ich ziehe an, was mir gefällt!"

„Das wirst du nicht tun", entschied meine Mutter, „ich mache dir das rote Kostüm von deiner Cousine aus Hamburg zurecht, das sieht chic aus, eine weiße Bluse darunter und so fährst du los." Und das mir, bis vor Kurzem wollte ich noch der absolute Junge sein, hatte gerade entdeckt, dass dies nicht ging und mich langsam mit meinem mädchenhaften Körper angefreundet. Dann will mir gleich jemand befehlen, dass ich total fraulich auszusehen habe? Das fand ich alles andere als lustig. Ich fuhr auch in einem Kostüm los, brav mit einer weißen Bluse darunter. Innerlich wenigstens etwas beruhigt, denn sie war ja nicht blau. Was ich meine, na, das blaue FDJ-Hemd wurde erwartet, das war mir klar. Da sah ich mit meinen schwarzen halblangen Haaren und meiner knabenhaften und doch wohlproportionierten Figur sicher nicht schlecht aus.

Aber mir hat das nicht gepasst. Also rein ins WC, kurzerhand mit einem Rasiermesser die Haare ratzekurz geschnitten, Kostüm aus und rein in meine geliebte bunte Cordlatzhose, lila bunt auch noch, einen Rolli darunter und knöchelhohe Volleyballschuhe an. So traf ich im Internat der Hochschule ein. Wohlgemerkt in den 60ern, als sich Hosen für das weibliche Geschlecht bitte unterm Rock befinden mussten und schon gar nicht lang, mit einem Hosenschlitz vorn. Allein das war schon ein Vergehen. Und so ging ich auch zu der feierlichen Aufnahmeveranstaltung!

Als ich die Aula betrat, waren die Sitzplätze fast belegt. Ich hatte einen Zettel mit der Reihen- und Platznummer in der Hand, und meine Augen suchten die Reihen ab, wo wohl mein Platz wäre. Mein Erscheinen löste eine märchenhafte Stille aus. Auf der Bühne saß das gesamte Lehrerkollegium. Alle Blicke waren auf mich gerichtet, und ich las förmlich die Fragen auf den Stirnen und in den Augen der Leute: „Was will der Junge denn hier, was hat er vor, wo will der denn hin?" Schnell fand ich den mir zugewiesenen Platz und setzte mich. Nach einem Stimmengemurmel ging man zur Tagesordnung über. Mit Erstaunen verfolgte ich die Zeremonie. Da wurden Namen genannt, dann stand eine Studentin im Kostüm, meistens mit dem blauen FDJ Hemd darunter, und brav gescheiteltem oder gelocktem Haar auf, es wurden ihre bisherigen Lebensstationen und Funktionen in sozialistischer Hinsicht verlesen, und ohne viel zu fragen, wurde ihr eine Funktion wie die der FDJ-Sekretärin, Parteisekretärin, Sicherheit, etc. zugewiesen, was stolz und ehrfurchtsvoll angenommen wurde.

Nein, da hätte niemand gewagt, diese Funktion nicht anzunehmen. Ich glaube sogar, die Betreffenden waren ehrlich stolz. Ich meinte es an der Haltung zu erkennen und an den triumphierenden Blicken. Für mich gut, so wusste ich gleich, vor wem ich mich in Acht nehmen musste. Dann teilte der Schuldirektor mit, dass nun noch die Funktion eines Sportfunktionärs besetzt werden muss. Nicht nur für die neuen Seminargruppen, sondern für die gesamte Hochschule, und er begann, von dem dafür vorgesehenen Studenten die Legende seiner Erfolge im sportlichen Bereich vorzulesen. Oha, dachte ich, noch jemand, der Tischtennis spielt, super, kann ich mich ja gleich für ein Match anmelden. Irgendwie kam mir das, je weiter er las, alles ein bisschen bekannt vor. Als man dann den Namen aufrief, war es meiner!

Ich war baff! Ich habe mich tatsächlich umgedreht, ob es da noch jemanden gab, der so hieß. Alle blieben sitzen, so stand ich zögerlich auf und begab mich langsam zur Bühne. Als ich die wenigen Stufen zu den Lehrern hochschritt, war es wieder totenstill in der Aula. Und wieder konnte ich lesen, was die Menschen vor mir, die Lehrer, dachten: „Ach mein Gott, was soll das denn, wer ist denn das, das passt ja absolut nicht, da haben wir ja total danebengegriffen, ..., usw." Ich musste grinsen ob der Ratlosigkeit der Lehrer, und ich wollte diese Funktion. Da stand ich nun, angezogen wie ein Junge von der Straße. Du musst bedenken, es war in der Zeit vor der Emanzipation, da ging ein Mädchen nicht einfach mit Hosen, schon gar nicht mit bunten Latzhosen, zur Immatrikulation, da war man züchtig in blauem FDJ-Hemd und engem Rock und nicht, wie ich, provokativ. War man allerdings in sportlichen Bereichen tätig, konnte man sich vor vielen unangenehmen, für mich unangenehmen Funktionen und Aktionen politischer Natur drücken. Freundlich lächelte ich die Lehrer an und bevor man mich fragen konnte, ob ich die Funktion annehme, was ja eigentlich reine Formsache war, folgte ich einem Impuls, indem ich dem Direktor das Mikrofon aus der Hand nahm und laut und deutlich sagte: „Ja, ich nehme die Wahl an und werde hier richtig etwas auf die Beine stellen, davon könnt ihr ausgehen!" Lauter Beifall erklang von den Kommilitonen, und so manches versteckte Lächeln wurde mir zugeworfen. Die Lehrer wirkten hilflos. Da hatte man gerade überlegt, wie man galant aus der Nummer rauskommen konnte und musste nun zähneknirschend hinnehmen, dass, ohne das Gesicht zu verlieren, erst einmal nichts zu machen war.

Puhhhh, das war knapp, sage ich dir, ich hatte schon in den Gesichtern gelesen, wie man krampfartig nach einer Begründung gesucht hatte, mir diese Funktion nicht zu geben. Aber nun hatte ich sie, und das war gut.

Das Studieren machte mir Spaß und das Lernen fiel mir leicht. Die beliebtesten Fächer für mich waren Psychologie, Pädagogik und Sport. Gefreut habe ich mich immer auf das Fach Marxismus/Leninismus. Beizeiten habe ich begriffen, dass man, will man mitreden können, Ahnung von dem betreffenden Stoff haben muss. Also, um provozieren zu können, studierte ich im wahrsten Sinne des Wortes den Marxismus. Da konnte man so viel finden, was in der DDR nicht umgesetzt wurde und womit man mit richtig gut formulierten Fragen den Lehrer in Verlegenheit und zum Schwitzen bringen konnte. Und das machte mir, unter der stillschweigenden Zustimmung der Kommilitonen, so richtig Spaß. Da stand ich nun, raspelkurze Haare, verwaschene Jeans – oh welch ein Frevel – klein und zierlich, zeitweise mit einem blauen Auge, weil ich in die ausgestreckte Faust eines Jungen gerannt war, mit dem ich geboxt hatte, was mir an der ganzen Schule den Spitznamen Boxer einbrachte und ließ den Lehrer sich winden und strecken. Ja, ich habe mich intensiv mit der Materie beschäftigt, und er musste mir oft die Note

SEHR GUT geben. Das gefiel ihm ganz und gar nicht. Heute würde ich vielleicht sagen, auch ihm hatte unser ständiger Disput Spaß gemacht.

Eines Tages sollten wir eine Zusammenfassung schreiben und ich hatte mich gerade mit dem armen Kerl bis zum „Gehtnichtmehr" gefetzt. Wütend schrieb ich lediglich zwei Sätze: „Der Marxismus ist für mich Utopie. Gebt mir vier Wochen Zeit, ich schreibe auch ein Märchen, wo es jedem gut geht." Was denkst du, was da los war? Zoff natürlich. Ich sollte das zurücknehmen, was ich natürlich nicht tat. Ich diskutierte so quer und bewusst verdreht, dass nach etlichen Aussprachen, die fast Verhöre waren, die Sache stillschweigend versickerte. Gerettet haben mich meine Funktion für die sportlichen Veranstaltungen, das wusste ich, denn da habe ich wirklich richtig was auf die Beine gestellt, und meine guten Zensuren.

Eine Begebenheit habe ich auch nie vergessen, denn sie hat mich sehr berührt. Wir sollten ein Gedicht schreiben und die besten zehn der geistigen Ergüsse hatten Anspruch auf die Teilnahme in der Endrunde. Schon bei meinem Nachtdienst im Kinderheim habe ich oft geschrieben, und ein Gedicht ist mir in Erinnerung geblieben, das ich einreichte.

Mutterliebe

Blitze durchzuckten die Sommernacht,
Vom Himmel prasselt der Regen,
Ich hielt an den Betten der Kinder Wacht,
Sie lagen in verhaltenem Beben.

Aus einem sonst vorlauten Kindermund
Brach hervor die ängstliche Frage,
Wann ist vorbei die schreckliche Stund
Wann ist es so wie am helllichten Tage?

So manche Mutter hielt ihr Kind jetzt schützend im Arm,
Um zu stillen, die aufsteigenden Tränen,
Ich sah auf jene, die solche Liebe nie erfahr´n
Und sich doch so nach ihr sehnen.

Auch dir widerfährt einmal das Glück,
Ein Kind dein Eigen zu wissen,
Lass es nie so allein zurück,
Dass Fremde es trösten müssen.

Denn zu ersetzen ist vieles bei einem Kind,
Durch Sorge und Güte,
Doch gibt es etwas, was selten gelingt,
Zu ersetzen die Mutterliebe.

In meinem inzwischen – wohl oder übel – akzeptierten Outfit stand ich auf der Bühne und versuchte, mit so viel Gefühl und Körpersprache wie möglich, dieses Gedicht vorzutragen. Die Resonanz war für mich total überraschend. Die Studenten applaudierten, die Lehrer sahen sich unsicher an. Nach einigem Hin und Her sollte ich, hinter einem Gedicht über den Vietnamkrieg, den zweiten Preis erhalten. Damit wäre ich ja zufrieden gewesen. Ich wusste ja, dass ich in ein Wespennest gestochen hatte. Zu dieser Zeit stand die Kollektiverziehung der Kinder im Vordergrund. Nicht die Familienerziehung. Ja, das kennst du nicht? Es schossen damals Einrichtungen für eine wöchentliche Unterbringung der Kleinkinder aus dem Boden. Nicht zum Wohle der Kinder, nein, zum Wohle des Staates. Die Frauen mussten mal wieder, wie in der Geschichte der Menschheit schon so oft, wenn auch nie gern zugegeben, die Karre aus dem Dreck ziehen. Mähdrescher in drei Schichten fahren, Kranführer im Vier-Schichtsystem und so weiter. Sie sollten überall in der Wirtschaft buchstäblich „ihren Mann stehen". Aber wo sollten die Kinder bleiben? Die Männer mussten ja schließlich auch arbeiten und die Omas und Opas auch. Also mussten Einrichtungen her!

Dass die Kinder in ziemlich großen Gruppen vor allem das Eine lernten, dass der Stärkere gewinnt, hatte man nicht bedacht. Bevor sie reden konnten, begriffen sie, dass der beste Platz im Laufgitter nur mit Beißen und Schlagen zu ergattern war. Heute beruft man sich wieder auf solche Einrichtungen, nicht so für das Kleinkindalter, aber mit Ganztagsschulen für die Schulkinder. Um den Lebensstandard zu halten oder besser gesagt, um mit anderen Menschen mithalten zu können, ist es wieder notwendig, dass die Frauen voll arbeiten. Sicher auch wieder im Interesse des Staates. Nicht zuletzt auch für die Wirtschaft eine unersetzbare Größe.

Wie es weiterging mit dem Gedicht? Ach so, ja, ich schweife – wie so oft – mal wieder ab. Als verkündet wurde, dass ich den zweiten Preis für Mutterliebe bekommen sollte, fingen die Studenten an, auf die Tische zu klopfen. Erst ein paar Leute, dann wurde es immer lauter, immer lauter. Sie stampften noch mit den Füßen dazu. Kannst du dir das vorstellen? Mir geht heute noch eine Gänsehaut über den Rücken, wenn ich daran denke. Einsam und verloren stand ich völlig überwältigt auf der Bühne. Damit hatte ich auf keinen Fall gerechnet. Es war, als hätte man eine Lawine losgetreten. Es war einmalig. Hektisch liefen die

Lehrer raus und mit ernsten Gesichtern kamen sie wieder. Es bleibt dabei, verkündeten sie, die Mutterliebe bekommt den zweiten Preis. Da kam der Schulsprecher der Studenten zu mir auf die Bühne und rief alle auf, weiter zu klopfen, bis ich den ersten Preis bekäme. Er begründete es mit der Bedeutung des Begriffs Mutterliebe. Also hatte auch er nicht die Kollektiverziehung auf seiner Agenda. Das war mutig. Es war ein Machtkampf zwischen den Studenten und dem Kollegium, das war mir sofort klar, das war jedem im Saal klar. Und? Ja, klar, wir haben gewonnen. Welches Gefühl, du, das kann ich nicht beschreiben. Da war mir klar, ich hatte mehr Freunde, als mir bewusst war. Sie haben meine Art anerkannt, sie hatten dazu nicht offen den Mut, aber sie waren sich einig. Sie haben es angenommen und respektiert, dass „Anderssein wollen, das Anderssein"! Mensch, sagten sie zu mir, das haben wir dir nicht zugetraut, aber toll, was du da geschrieben hast. Mach weiter, schreib auf, dass wir die Familienerziehung vor die Kollektiverziehung setzen. Wir wollen keine Marionetten als Kinder, wir wollen keine seelisch gestörten Kinder, wir wollen keine gefühlsarmen Kinder! Der Kommunismus will doch nur Menschen manipulieren, dass sie ihm stets treu ergeben sind.

Danach gab es „konspirative" Treffen mit kontroversen Diskussionen. Wir trafen uns in Abstellkammern, hey grinse nicht so, es waren keine Besenkammern! In Räumen, wo die Sportutensilien lagen. Wir hatten Themen, die nicht offen ausdiskutiert werden konnten. Nein, das war nicht möglich. Aber Spaß hat es gemacht. Wir taten etwas Verbotenes. War es der Reiz des Verbotenen oder waren wir schon so weit, das System zu durchschauen? Darüber haben wir uns keine Gedanken gemacht. Es wühlte und brodelte in uns und vielleicht wollten wir etwas ändern.

„Wie leben doch nicht in der Zeit nach der Oktoberrevolution", warf einer als Thema ein. „Da waren es doch komplett andere Voraussetzungen, da konnte man verwahrloste und kriminelle Kinder und Jugendliche von der Straße auflesen, Kommunen mit Selbstversorgung gründen und eine Selbstverwaltung ins Leben rufen", meinten sie. „Diese Kinder konnte man im Kollektiv erziehen, die hatten keine Mutter, keine Familie, keine Nestwärme mehr, oder nie gehabt", kam es aus einer anderen Ecke. „Makarenko, ein großer Pädagoge, hat die Kollektiverziehung salonfähig gemacht, wunderbare Bücher geschrieben. Aber das waren andere Zeiten. Und auch hier ist die

Nachkriegszeit vorbei, es gibt ja kaum noch Waisenkinder." So, und noch schärfer, wurde diskutiert. Zündstoff sage ich dir, brisanter Zündstoff. Da konntest du auch sehen, wer den Mut hatte, den Mund aufzumachen. Verstohlen schlichen sich einige Leute weg, sie wollten mit den Rebellen, mit uns, nicht in einen Zusammenhang gebracht werden. Unsere dienstbeflissenen Funktionäre hatten sich eh nicht beteiligt. Du, die hatten Schiss, so richtig. Denn für ihre ständigen Denunziationen blieb schon manchmal ein Bein stehen, worüber sie dann zufällig fielen oder andere versteckte Sachen. Beliebt waren sie nicht, nein, sie waren ziemlich einsam, aber gefährlich. Da sie oft ausgegrenzt wurden, versuchten sie, oft mit Erfolg, anderen Studenten das Leben richtig schwer zu machen. Doch es war eine tolle Zeit, sag ich dir. Studentenselbstverwaltung – ein Zauberwort. Schlafräume mit sechs Armeebetten, Eisengestelle mit Sprungfedermatratzen, die hatten sicher schon die Weltkriege überdauert. Toll, wie sie bei jeder Drehung quietschten und ächzten. Ein Konzert der Sonderklasse. Dazu ein weiterer Raum mit Spinden und vier gegeneinander geschobenen alten Tischen, zum Lernen! Eine Gemeinschaftsküche, wo unter Gelächter und Getuschel verzweifelt versucht wurde, das eintönige Mensaessen mit vereinten Kochkünsten mehr oder weniger vergessen zu machen. In der Sporthalle spielten wir bis zum Erbrechen Volleyball, und bei einer selbst kreierten Sportart, dem Catchen ähnlich, nur ohne Schlamm, tobten wir auf den Mattenböcken, und natürlich stürzte ich aus beträchtlicher Höhe ab und lag mit einer Gehirnerschütterung in der Klinik.

Einmal am Tag kam ein Lehrer zur Kontrolle, ob wir auch alle brav und sittsam lebten und lernten. Ich lag gerade rücklings mit einer Gitarre auf den zusammengeschobenen Tischen, die Haare voll ins Gesicht gekämmt. Nicht dass du denkst, ich kann Gitarre spielen, nein, es waren die schiefsten Töne zu einem Song von den Beatles, die der Gitarre je entlockt wurden. Aber wir rockten die Hütte. Laute Stimmen, laute Musik, wenn auch der Name für das, was wir den Instrumenten entlockten, missbräuchlich benutzt wurde. Und? Westmusik auch noch, Musik vom Klassenfeind! Das war schlimmer als eine gequälte Gitarre! Ausgerechnet in dem Moment geht die Tür auf und mein „bester Freund" – der Lehrer für Marxismus –, stand in der Tür. Wir verharrten wie erstarrt in den Positionen, mucksmäuschenstill. Er sah uns nach und nach an, und es muss ein bizarres Bild gewesen sein. Ein Still-leben!

Edith, 1,80 m groß, die Arme hoch erhoben, trommelnd an einer blechernen Lüftungsklappe. Lieschen Müller, wirklich – sie hieß so, pummelig und mädchenhaft – eigentlich, mit gerafftem Rock, rockend auf einem der vier zusammengestellten Tischen, auf dem ich akrobatisch verbogen mit der Gitarre lag und überhaupt nicht so schnell hochkommen konnte. Sabine am Boden kniend vor drei Kochtöpfen, die mit Handtüchern ausgepolstert waren und Trommeln ersetzten, und, das war das schlimmste, mit einer FDJ-Fahne abgedeckt, als Schlagzeug dienten. Er stand wortlos da und nahm, glaube ich, dieses groteske Bild in sich auf. Urplötzlich drehte er sich mit den Worten „Ich komme in fünf Minuten wieder", um ... und war verschwunden.

In Sekunden war unser Equipment verstaut, die Schulbücher und Hefte flogen auf den Tisch und mit dem Kugelschreiber in der Hand erwarten wir ihn wieder. Was da so in den einzelnen Köpfen vor sich ging, war sicher eine Mischung aus Angst, Entsetzen, Stolz und, sich der vorherigen Situation bewusst, einem breiten Grinsen. Eine von uns versuchte noch schnell, das rot-blaue FDJ Halstuch umzubinden. Ihr sonst so perfekter Pionierknoten ähnelte aber mehr einem Seemannsknoten und nahm ihr fast die Luft. Die Tür ging auf und der Kopf des Lehrers schob sich rein. Grinsend sagte er: „Na ja, übertreiben braucht ihr auch nicht." Wir saßen noch gefühlte zehn Minuten still da, konnten nicht fassen, dass wir keinen Ärger bekommen sollten. Dann quiekten wir los und sprangen herum. Geschafft!

Ja, das lief ganz gut für mich. Hat mir riesig Spaß gemacht. Außerschulisch natürlich viel Sport. Man hatte mir gerade in einem Gespräch angeboten, an der Hochschule zu bleiben, das Studium zu erweitern und nicht nur auf Unterstufenlehrer mit Heimerziehung zu gehen. Ein Jahr wollten sie mir schenken, mein Durchschnitt der Zensuren gab die Möglichkeit dazu, sagten sie. Dann wäre ich Lehrer geworden. Aber daraus wurde nichts. Warum? Weil mein Bruder exmatrikuliert wurde, einer seiner Freunde verließ die DDR über die ungarische Grenze. Warum er dann von der Hochschule flog? Das war hier so, Kollektivzersetzung wurde ihm vorgeworfen.

„Mein Gott", sagte er später zu mir, „hätte ich das gewusst, ich wäre doch mit abgehauen." Nur wenig später musste auch ich die Hochschule verlassen.

Ja, genau aus diesem Grund. Sippenhaftung wurde bis zum Mauerfall praktiziert, und vielleicht auch aus Gründen, die auch ich verursacht hatte. Mein Abgang von der Hochschule war weniger spektakulär. Mein Umfeld wagte keine Stellung zu beziehen. Die Blicke waren nach unten gerichtet. Konnte ich auch verstehen oder auch nicht, ich weiß nicht.

Es tat weh. Aber ich hörte mal wieder die unausgesprochenen Worte, die in alle Richtungen gingen, die hämischen Worte wie „Pech gehabt etc. Der nützen da die tollsten Zensuren nichts. Haben wir doch gewusst. Gott sei Dank habe ich mich mit der nicht viel abgegeben, dann säße ich jetzt auch in der Tinte." Dann meine Freunde. Die hielten mit ihrer Meinung nicht so hinter dem Berg: „Ist doch totaler Schwachsinn, dass du gehen musst. Das hat doch nichts mit dir zu tun. Mensch, wer macht jetzt so viel Blödsinn, dass wir immer Spaß haben, wer organisiert die Turniere und wer legt sich zu unserer Freude mit den Lehrern an?" Sie versuchten sogar, noch Einspruch einzulegen, aber ich wusste, nichts hilft und ich trat doch ein wenig stolz, denn ich hatte mich nicht gebeugt und nicht gebettelt, die Heimreise an.

Ungerechtigkeit und Willkür

Januar 1989! Wie in jedem Jahr machte ich mich auf den Weg zur Polizei. Meine Mutter in West-Berlin hat im Februar Geburtstag und im sicheren Gefühl, dass die Reise abgelehnt wird, gab ich meinen Besuchsantrag ab. Irgendwo tief vergraben war immer noch ein Fünkchen Hoffnung, reisen zu dürfen. Woher dieser kleine Funke kam, das weiß ich auch nicht. Da er nur aus einer ständig vorhandenen Glut kommen konnte, musste diese ja irgendwo in mir schwelen. Im Kopf, im Bauch oder in der Seele, irgendwo. Vielleicht wollte ich nur nicht aufgeben, denen kein Gefühl vermitteln, dass sie mich eingeschüchtert hatten. Vielleicht wollte ich auch provozieren, ja, irgendetwas in dieser Richtung kann es gewesen sein.

Pünktlich wie in jedem Jahr wurde ich dann zu einem Gespräch vorgeladen. Mit einem dumpfen Gefühl, wie in jedem Jahr, erschien ich zu diesem Termin. Kalte Hände, schneller Puls, trockener Mund, dass alles befiel mich, wenn ich vor dem kalten gelben Haus stand. Mein Gott, dachte ich dieses Mal, so sollte es sein, wenn du dich in jemanden verknallst, ein Date hast, doch aber nicht jetzt. Also keine Schwäche meine Liebe, keine Angst. Augen zu und durch! Das sind auch nur Menschen, die dich gleich befragen, die auf dem Klo nicht anders aussehen als du!! Da ich über diese Gedanken grinsen musste, war die Barriere im Kopf weg und ich betrat das triste Polizeigebäude. Sitzend auf einer Holzbank starrte ich fasziniert auf das beschädigte Linoleum in dem halbdunklen Flur. Versuchte, daraus Ableitungen zu schaffen, in der Gänseblümchenart „Sie liebt mich, sie liebt mich nicht ..." Bis ich von einem Mann in Uniform in sein Büro gebeten wurde.

„Sie möchten also besuchsweise in die BRD ausreisen?" Deutschland dachte ich im Stillen, ich will nach Deutschland!

„Ja, ich mache von meinem Recht der Antragstellung gebrauch", antwortete ich.

„Nun gut, das Recht haben Sie ja. Wen möchten Sie besuchen?" Ich dachte still: Dumme Frage, das weiß er ganz genau, bin ja oft hier

„Ihre Mutter, sie ist erst seit 1972 in West-Berlin?" Da tut er auch noch erstaunt.

„Ja, das wissen Sie doch", schnappte ich zurück, „sie ist bei meinem Bruder. Ich weiß, sie hätte vor 1961 abhauen sollen, mit uns Kindern, dann wäre ich jetzt auch nicht hier!"

„Ach ja, Ihr Bruder! Verräter, Schmarotzer, der unserem sozialistischen Staat sehr geschadet hat", höhnte er.

„Ja, mein Bruder, intelligent, gerecht und sportlich sehr erfolgreich, er hat für mich gesorgt", zischte ich zurück.

„Sportlich?"

„Ja, zufälligerweise bei einem Polizeisportverein. Deutscher Meister im Tischtennis, Deutscher Meister im Volleyball ...", hier wurde ich abrupt unterbrochen: „DDR-Meister ... DDR-Meister, heißt das in unserer Republik", rügte er mich.

„Versteh ich nicht, wo doch auf der Urkunde Deutscher Meister steht", konterte ich selbstbewusst.

„Das kann nicht sein, Sie irren sich, dass bezeichnet Ihr Wunschdenken, Sie möchten, dass es so heißt. Wir sind die Deutsche Demokratische Republik – DDR. Ein Arbeiter- und Bauernstaat, wir haben keine Gemeinsamkeiten mit der Bundesrepublik."

Ich: „Aber, na Gott sei Dank, deutsch sprechen dürfen wir und

Deutsche Bahn heißt es und es WAREN deutsche Meisterschaften!"

In dem Bewusstsein, sowieso kein Recht zu bekommen, flüsterte ich weiter so vor mich hin.

„Sie reden sich um Kopf und Kragen, das alles habe ich nicht gehört", meinte er. „Warum hat denn ihr Bruder den Aufstand 1968 in Prag mit vorbereitet und unterstützt und sogar daran teilgenommen? Er hat unseren Staat verraten, seine Heimat", zischte er in meine Richtung.

„Warum? Weil er die Ideologie der Freiheit vertreten hat? Weil er nicht wie andere nur abhauen wollte, sondern etwas ändern?"

„Ändern? In unserem Staat muss man nichts ändern, alles ist zum Wohl der Menschen!"

„Na klar, und das glauben Sie wirklich oder haben Sie das auswendig gelernt? Es waren die Achtundsechziger, es waren die Studenten und die hatten Visionen, die hatten Träume."

„Wollen Sie behaupten, die Menschen in der DDR haben keine Träume?"

„Doch, allerdings", überlegte ich laut, „von Jeans aus dem Westen, Fliesen für das Bad, Edelstahl-Armaturen, einem eigenen Telefon und Auto und von den weißen Stränden und hohen Gipfeln der Welt! Sie etwa nicht, Ihre Kinder etwa auch nicht?", herausfordernd sah ich ihn direkt an. „Uns fehlt die Freiheit für eigene Entscheidungen!", setzte ich nach.

„Hören Sie auf", meinte er etwas unsicher, „wo unsere Weltanschauung, die kommunistische, dass Edelste für den Menschen ist, behaupten Sie, wir sind nicht frei?"

„Ja genau, das behaupte ich, und Sie wissen das sehr gut. Ich kann nicht reisen, wohin ich will, und eine Weltanschauung kann ich mir ja nicht bilden, ich darf die Welt ja nicht kennenlernen."

„Zu Ihrem Schutz ... nur zu Ihrem Schutz!"

„Ich will lernen, ich bin erwachsen! Wovor wollt ihr mich denn beschützen? Hat Lenin gesagt, das Volk muss beschützt werden, oder alle Macht dem Volk? Hat Marx gesagt, sperrt das Volk ein? Ist ja wie bei der gewaltsamen Überbringung des Glaubens, die Kreuzzüge und die Inquisition", meinte ich. „Das hat auch nur Leid gebracht. Sind Sie Christ? Gibt es bei der Polizei und Stasi ... Christen?"

„Ich stelle hier die Fragen ...!"

„Ja sicher doch, alle Macht dem Volk. Welche Macht hab ICH denn oder gehöre ich nicht zum Volk?"

„So hören Sie doch mit Lenin und so auf."

„Sollte ich? Habt ihr wohl nicht lesen müssen, den Marxismus. Aber praktizieren wollt ihr ihn. Ich könnte wetten, Sie hatten das Buch nie in der Hand. Hab noch ein Exemplar zu Hause, soll ich es Ihnen leihen?"

„Sie bewegen sich auf dünnem Eis, sehr sehr dünnem Eis."

„Ich weiß, aber wer ständig auf dem Eis lebt, lernt das Gleiten!"

„Sie haben Lenin gelesen?" Ungläubig und fragend schaute er mich an.

„Ja natürlich."

„Und wohl nichts daraus gelernt?"

„Selbstverständlich, dass der Marxismus Utopie ist, nicht durchführbar, ein Märchen, liest sich fast gut. Aber nicht praktizierbar mit den Menschen, man sieht doch: Wer die Macht hat, missbraucht sie, missbraucht sie gern für eigene Zwecke. Wer übernimmt schon Verantwortung, wenn er es nicht für sich tut, ich meine in der Wirtschaft. Wer soll denn arbeiten und so weiter, wenn es doch jedem gleich gut, ich behaupte, gleich schlecht gehen soll?"

Und weiter plädierte ich: „Wenn das die Anfänge sind, ich meine das Hier und Jetzt, wie viel Unfreiheit haben wir, wenn der Kommunismus in allen Facetten praktiziert werden würde? Nein, das hat mit dem schönen Wort Demokratie nichts zu tun, das ist Diktatur!"

„Das alles will ich nicht gehört haben." Ängstlich sah er zur Tür. Er hatte wohl Angst, dass jemand das Gespräch belauscht und ihn anschwärzt.

„Nun wieder zu ihrer Mutter. Ging es ihrer Mutter denn hier so schlecht, dass sie zum Kapitalismus überlaufen musste?"

„Ja, so wie es einem Menschen mit 150 Mark Rente und zwei Kindern gehen konnte! Unterstützung kam von der Kirche und nicht vom Staat, aber auch paradoxerweise vom Polizeisportverein. Wir waren zwar arm, aber keine Arbeiterkinder, also gab es auch kein Stipendium, etc. ..., oder nur den Mindestsatz! Außerdem hat meine Mutter ihrem Sohn, meinem Bruder, zur Seite stehen wollen, nach über drei Jahren Haft bei der Stasi!"

Er: „Dann hätte ihre Mutter mal mit dem Verstand entscheiden sollen und nicht mit dem Herz!" Ja, tatsächlich, das sagte der Typ!

Ich darauf: „Ach so ist das, darum sind die Kinderheime in der DDR voll bis zum Rand, weil die Mütter nicht mit dem Herz entscheiden dürfen? Womit wird beim Verkauf von politischen Häftlingen gegen DM gedacht? Ach ja, mit dem Verstand. Herzen können oder sollen ja nicht denken, und seit wann hat eine Diktatur ein Herz? Aber ja, da lacht das Herz, wenn die D-MARK in den Kassen von Mielke und Co klingelt und der Verstand sagt, mehr ... mehr .... mehr. Der Klassenfeind hat ja so viele schöne Dinge, die auch einem Linientreuen gut zu Gesicht stehen ..."

„Das ist unfassbar, nun werden Sie mal nicht frech!", erbost stand er auf.

„Und Sie lassen mich doch in Ruhe! Sie haben doch keine Ahnung, wie es den Menschen wirklich geht und was sie wirklich wollen. Sie unterstellen mir einfach, dass ich MEINE Kinder im Stich lassen würde, nur um im Westen zu leben. Ach ja, kein Wunder, Mütter entscheiden ihrer Ansicht nach ja mit dem Verstand, dann wäre die Gefahr wirklich groß! Aber sie vergessen etwas ganz Wichtiges: Nicht der Verstand liebt, sondern das HERZ, aber das kennen Sie ja nicht. Sie haben ihre Frau mit dem Verstand ausgesucht, nicht wahr? War sie gut bemittelt oder eine Genossin, rot wie das Blut? Haben Sie eigentlich Kinder? Hoffe nicht, die wären ja arm dran."

Er: „Das muss ich mir nicht anhören."

Ich: „Ich auch nicht! Ich habe das Recht, einen Antrag zu stellen und ihr habt das Recht ihn abzulehnen. Aber das Recht, mich zu verhören und meine Familie zu diffamieren, habt ihr nicht. Dass mein Bruder sich angeblich nach seinem Verkauf an den Westen das Leben genommen hat, steht doch sicherlich auch in meiner Akte, und wenn, dann ist daran die Haft schuld. Ihr habt ihn fertiggemacht. Ihr habt SCHULD und da können Sie jetzt reden, was Sie wollen. Diese Schuld an der Jugend, die denkt und leben will in einem freien Staat, die wird euch zum Verhängnis werden."

Natürlich gab er nicht nach. Er war in der stärkeren Position und das kostete er genüsslich aus. Von oben herab erklärte er mir: „Halten Sie sich mit Ihren Anschuldigungen zurück. Ihr Bruder wird die Unmenschlichkeit des Kapitalismus sofort erkannt haben, und das hat er nicht verkraftet. Zum Zurückkommen war er zu feige, oder man hat ihn gegen seinen Willen festgehalten."

„Stopp", warf ich ein, „er war in Deutschland und nicht in der DDR und wenn es da drüben so schlecht ist, wovor habt ihr dann Angst? Dann könnt ihr doch die Grenzen aufmachen, dann würden ja alle wieder zurückkommen. Oder hat die DDR nur Feiglinge hervorgebracht?"

„Das geht nicht", schrie er mich an, „die Bürger werden dort geblendet und manipuliert."

„Geblendet? Womit? Ach ich weiß! Mit der Freiheit, mit hellen Farben! Ist darum hier alles so grau, weil wir nicht geblendet werden sollen? Und jetzt geh ich, Sie können mich ja verhaften."

„Könnte ich, meine Liebe, könnte ich", erwiderte er sichtlich verärgert über meine Worte. „Ihre Reise ist abgelehnt."

„Ich weiß!!"

Mein Gott, ich stand wieder draußen, und mir war schlecht. Wohin? Die einzige Möglichkeit, unbeobachtet das Innere nach außen zu kehren ... war ... ein Mahnmal. Stumme Figuren aus grauem Beton und unempfindlich gegenüber Belästigungen jeder Art.

Die Opfer, derer gemahnt werden sollte, würden es verzeihen. Ich war auch ein Opfer, jedenfalls habe ich mich so gefühlt. Meine Stirn fand Trost am spröden Stein, war er doch so rau wie meine Seele, der leise Schmerz tat gut und meine Tränen fielen auf verwelkte Blumen, zu spät, sie erblühen zu lassen.

Die Zeit lief weiter, nichts geschah, nur die Nachricht meiner Cousine, unglaublich, sie DURFTE zu meiner Mutter fahren, ich als Tochter nicht! Da verstehst du doch die Welt nicht mehr!

Denkmalsymptome

Im November 1984 musste ich mich einer Wirbelsäulenoperation unterziehen und lebte seitdem nur noch mit Schmerzen. Habe fast zwei Jahre gebraucht, um wieder laufen zu können. Alles, was möglich war, unternahm ich, um meine Beweglichkeit wiederherzustellen, aber so richtig Erfolg hatte ich nicht. Eines Tages fiel mir ein Artikel in der Zeitung auf. „Charité in Berlin entwickelt als erste Klinik eine Bandscheibe aus Plastik." Sie wurde von einer bekannten Turnerin, sogar einer Olympiasiegerin im Geräteturnen, in Zusammenarbeit mit einem anderen Orthopäden entwickelt. Ich sah sie vor mir. Bubikopf und ernst, immer ein ernstes Gesicht. Nun, solchen Fortschritten stand ich sehr skeptisch gegenüber. Aber der Gedanke setzte sich in meinem Kopf fest und meldete sich täglich wieder.

Zwischenzeitlich war ich zur Kur in Thüringen. Dort lernte ich zwei Damen aus Nürnberg kennen, die auf Anruf und natürlich gegen D-Mark in der Charité eine Plastikbandscheibe bekommen hatten. Sie waren, wie ich vorher, gehfähig, aber nicht schmerzfrei. Nach der OP ging es ihnen wesentlich besser. So, nun konnte man nicht einfach mal so zur Charité fahren, eine Überweisung musste her, aber wie? Einfach zum Hausarzt oder in der behandelnden Klinik nachfragen, nein, das war nicht so Mode damals. Und ich wurde ja schon in einer der besten orthopädischen Klinik in Magdeburg operiert! So schrieb ich einen privaten Brief an die Turnerin. Mit Befunden konnte ich weniger aufwarten, das Aushändigen derselben war auch nicht üblich. So gut wie ich konnte, beschrieb ich meinen Zustand, und dass ich damit schlecht zurechtkomme, da auch ich mal sehr viel Sport getrieben und einen ausgeprägten Bewegungsdrang habe. Es kam auch bald eine Antwort, sehr freundlich, mit dem Hinweis, mich vertrauensvoll an die Ambulanz zu wenden, da sie nur auf Station arbeite und dort ihre operierten Patienten betreue. Aber sie sähe noch Wege, wie man mir helfen könne.

So, nun wirbelte ich los und nach zufälligem Kontakt mit der Amtsärztin, ich glaube, das hieß damals anders, bekam ich die Überweisung mit den Worten, „nehmen sie keine Unterlagen mit, man hat dort weitaus bessere Voraussetzungen für notwendige Untersuchungen." Auf den Termin musste ich lange warten, das hat sich ja bis heute nicht wesentlich geändert.

Meiner Familie sagte ich, kann sein, dass ich ein paar Tage in Berlin bleiben muss, normalerweise muss eine Myelografie vom Rückenmark gemacht werden und da muss ich mindestens 24 Std. liegen. Das kannte ich ja schon. Also setzte ich mich in den Zug und fuhr voller Hoffnung nach Berlin. Nach gefühlt einer ewig Wartezeit in der Klinik, in der ich staunend Leute in arabischer Kleidung sah, wurde ich aufgerufen. Ich betrat das Arztzimmer, ein Arzt saß hinter dem Schreibtisch. Er hob weder den Kopf, um mich anzusehen noch begrüßte er mich. Er wies mich per Handbewegung an, mich voll angekleidet auf eine Pritsche zu legen. Stand auf, hob meine Beine in die Höhe und ließ sie wieder fallen. Da ich sie nicht richtig steuern konnte, plumpsten sie auf die Unterlage zurück. Er setzte sich wieder hinter den Schreibtisch und hielt mir einen Zettel hin, wohlgemerkt, ohne ein Wort zu sprechen.

Weißt du, wie du dir da vorkommst? Wie der letzte Dreck, unwürdig, dass dich ein „Gott in Weiß" überhaupt anspricht, geschweige denn untersucht. Die schweben auf so einer hohen Wolke, fühlen sich unantastbar und erhaben gegenüber allen Leuten, die nicht mindestens ihr Niveau haben. Ich habe des Öfteren mit solchen Menschen zu tun gehabt, außerhalb ihres Höhenfluges sind sie fast lebensuntüchtig, kommen mit den kleinsten praktischen Übungen nicht klar.

Auf dem Zettel stand nicht, wie ich erwartete, dass etwas geröntgt werden sollte, nein, da stand ein Wort: „Denkmalsymptome!" Entgeistert starrte ich darauf und sagte: „Was ist das? Was sind bitte schön, Denkmalsymptome?"

„Na, kennen Sie denn kein Denkmal?" O, er kann sprechen!

„Klar kenne ich ein Denkmal!"

„Dann wissen Sie auch, das ist etwas Bleibendes und sie haben bleibende Symptome, das ist alles."

„Ach so", antwortete ich, „Sie haben Röntgenaugen, Sie können ohne Untersuchung und Befragung Diagnosen stellen. Alle Achtung, wo haben Sie das denn gelernt? Oder bin ich hier Mensch zweiter oder dritter Klasse? Oder habe ich nicht die richtige Währung im Gepäck? Das kann doch nicht wahr sein, ich will meine Arbeitskraft wiedererlangen und Sie halten es nicht mal nötig, mich zu untersuchen? Wie wäre es denn, wenn Sie mal die Akte auf Ihrem Tisch aufschlagen würden?"

Bevor ich noch wusste, was ich tat und vor Angst, ich fange vor diesem arroganten Heini noch an zu heulen, hatte ich ihn an seinem blütenweißen Kittel gepackt und war dabei, ihn über den Tisch zu ziehen.

„Nun hören Sie doch auf", sagte er leise und ich ließ ihn los.

Die Tränen der Enttäuschung liefen mir trotzdem über das Gesicht. Nun bequemte er sich, die Akte aufzuschlagen.

„Ach, Sie waren das, Sie haben an unsere Doktorin geschrieben. Da muss ich Ihnen sagen, wir setzen nur gehunfähigen Personen die künstliche Bandscheibe ein."

„Ach so, so ist das", erwiderte ich, „und wie ging das mit Frau Sowieso und Frau Sowieso aus Nürnberg? Diese Damen bekamen auf

Anruf die künstliche Bandscheibe und eine Kur in der DDR obendrauf? Dabei konnten sie, nach eigenen Angaben, vorher besser laufen als ich! Oder die Scheichs, die hier rumlaufen, die bezahlen wohl in Dollar oder mit Öl? Die werden bestimmt richtig untersucht?"

„Das ist alles Sache der Klinikleitung", verteidigte er sich.

„Ja", sagte ich, „ja, die gehen dann in den Intershop und kaufen für alle ein? Kollektivdenken vorausgesetzt!"

Jetzt war es ihm sichtlich peinlich.

„Hier", meinte er, „hier haben Sie eine Anweisung. Wenn Sie einen höchst akuten Zustand haben, können Sie zu mir kommen."

„Wenn ich einen akuten Zustand habe? Das wissen Sie genau, dass ich in einem akuten Zustand ohne fachgerechten Transport überhaupt nicht irgendwo hinkomme und schon gar nicht nach Berlin. Da liege ich auf dem Teppich wie ein Maikäfer auf dem Rücken, und nichts geht mehr."

Die Brisanz der ganzen Geschichte war noch, dass der Arzt so aussah wie ein bekannter englischer Schauspieler, ein Komiker, der in vielen Komödien spielte. Er blähte immer die Nasenflügel so auf, und der Arzt tat das auch. Trotz der ganzen Enttäuschung hatte ich immer dieses Bild im Kopf, und vielleicht hielt mich das von weiteren unüberlegten Reaktionen ab, die für mich noch schlimmer ausgegangen wären. Aber kannst du dir das vorstellen, in unserem eigenen Land wurde man so abgespeist? Geld stinkt bekanntlich nicht und so hat man jede Gelegenheit vom faulenden Kapitalismus, so wurde er uns beschrieben, genutzt, um die stinkende D-Mark zu ergattern. Daran siehst du, wohin ein Arbeiter- und Bauernstaat kommt. Ist man kein Arbeiter oder Bauer, ist man nicht förderungsfähig. Ist man einer, darf man die hochgepriesenen Errungenschaften nicht nutzen! Da hatte ich nun alles darangesetzt, in der weltberühmten Charité behandelt zu werden und fuhr voll Bitterkeit nach Hause. Ich weiß noch, wie ich auf der Straße stand und nicht begriff, was da gerade passiert war. Orientierungslos lief ich mit den Gedanken an die Szene los, die wie ein Film in meinem Kopf hin und her lief. Bis ich merkte: Halt, hier geht es nicht zum Bahnhof. Irgendwie hab ich dann doch noch den richtigen Weg, jedenfalls in puncto Bahnhof, gefunden.

Jedes Mal, wenn ich ein Denkmal sehe, muss ich an den Typ mit den aufgeblähten Nasenflügeln denken und ich muss trotzdem schmunzeln.

Und ich schwör' dir!

Die Zeit macht dich klein,
Zwingt dich in die Knie,
Sie holt dich so weit ein,
Zerstört den Stolz wie nie.
Die Zeit bringt die Qual,
Und du verstehst und lernst,
Wie du zum ersten Mal,
Um etwas bitten kannst.

Und ich schwör dir,
Deine Zeit ist nicht ewig,
Bis du stehst vor dieser einen Tür.
Und ich schwör dir,
Hältst du in der Hand zu wenig,
Klopfst du umsonst an diese eine Tür.

Und ich schwör dir,
Stehen die Uhren still,
Bedeckt dich nur noch nackte Haut.
Und ich schwör dir,
Du zahlst zurück, aber nur so viel,
Wie die Zeit es dir erlaubt.

Die Zeit schenkt dir Zeit,
Bringt dir die Sonne nah.
Sei für alles bereit,
Im Licht siehst du vieles klar.
Die Zeit nimmt das Leben,
Ob dagegen oder dafür,
Hast du alles gegeben,
Öffnet sich diese eine Tür.

Jugendklub

In jedem Stadtteil, in jedem Dorf gab es einen Jugendklub. Manchmal bekamen die Kids irgendwelche Räume, die sie dann gestalteten, um die Freizeit miteinander zu verbringen. Eigentlich keine schlechte Idee. Da wurden Fußballspiele mit anderen Klubs organisiert, es wurde zum Zelten gefahren und man hatte einen Raum, wo auch der Alkohol reichlich floss, wo geknutscht wurde und sich die ersten Liebesabenteuer entwickelten. Eben alles, was die Jugend so macht. Gern etwas Verbotenes und absolut nicht gern unter den Augen der Öffentlichkeit. Was weniger bekannt war, war die Tatsache, dass die Klubs dem zuständigen ABV der Polizei (Abschnittsbevollmächtigter) unterstellt waren. Natürlich waren unter den Jugendlichen ehrerbietige FDJler, die treu und brav alles, was da so gesprochen und getan wurde, Ihm, dem ABV mitteilten. Unsere Herren Söhne wussten schon, dass man in diesen Kreisen lieber nichts erzählt, was in den eigenen vier Wänden gelesen, gesprochen und gedacht wurde. So wurde mein ältester Sohn zum Chef des Jugendklubs gewählt und unser anderer Sohn, kräftig gebaut, zum Ordnungschef ernannt.

Am gleichen Tag der Wahl kamen unsere 17 und 18-jährigen Söhne total aufgeregt nach Hause.

„Stellt euch vor", so platzten sie bei uns rein, „der Jugendklub wird aufgelöst, wenn WIR da weiterhin in der Leitung sind", erzählten sie völlig schockiert. Mir schnürte sich der Brustkorb zusammen, ein ohnmächtiges Gefühl beherrschte mich. Du weißt vielleicht wie das ist, solange man dich angreift, ist das deine Sache und du lernst, damit umzugehen. Aber wenn man deine Kinder angreift, das kannst du nicht ertragen. Dann ist ein Punkt erreicht, wo du entweder klein beigibst oder dich wehrst. Ich habe mich oft gewehrt, aber dazu komm ich später. Weißt du, das war ja nicht die erste Situation. Es gab vorher schon etliche, und klein beigegeben, nein das habe ich nie gelernt. Eine markante Geschichte will ich dir nebenher erzählen.

Unsere Jungs waren ca. zwölf, dreizehn Jahre alt und sie bekamen aus dem „Westen" zu Weihnachten, da sie wie ihr Vater Fußballer waren, ADIDAS-Trikots geschenkt. Langärmelig, in einem wunderschönen Grün, mit den drei weißen Streifen und am Halsausschnitt den weißen Rand.

„Zieht sie nicht in der Schule an", ermahnte ich sie, „ihr wisst, das gibt Ärger."

Aber du kennst ja Kinder. Gern zeigen sie den anderen aus der Schule, was man so hat. Also trugen sie die Trikots unter der Jacke, um sie sicher in der Klasse oder beim Sportunterricht stolz vorzuführen. Es war an einem Montag. Immer um 7:30 Uhr war Fahnenappell. Das ganze Lehrerkollegium stand links neben dem Fahnenmast. Im Karree die Klassen 1 bis 10 – mit ihren Halstüchern.

Ein Schüler, der sich besonders bewährt hatte, durfte stolz die Pionierfahne hissen, ein anderer die FDJ-Fahne.

„Seid bereit", rief er und mit der Hand senkrecht über dem Kopf, Daumen nach unten auf die Mitte desselben gerichtet, riefen alle im Chor: „Immer bereit."

Es wurden organisatorische Dinge bekanntgegeben, Auszeichnungen vorgenommen oder auch Schüler getadelt oder gedemütigt. Ein Pranger unter sozialistischen Fahnen allemal.

Ich war noch zu Hause, als meine Jungs heulend angelaufen kamen. Unter Schluchzen bekam ich dann so langsam mit, worum es überhaupt ging. Sie sollten vor versammelten Schülern und Lehrern die Trikots ausziehen, sich förmlich entblößen, sollten sie auf die Erde werfen und drauftreten. Weil sie aus dem Westen waren! Weil sie vom Klassenfeind waren! Was die Kinder natürlich nicht taten und weinend wegliefen. Da war es wieder, das niederschmetternde Gefühl. Da war er wieder, der eiserne Ring um meine Brust. Tausend Blitze und Gedanken schossen durch meinen Kopf. Was sollte das denn, das verletzt doch die Würde eines Kindes, das demütigt, das stempelt ab, das ist einfach Schikane, und die Jungs werden zum Gespött der Stadt. Nein, das lasse ich nicht zu, nein, da ging man jetzt zu weit. Viel zu weit!

Ohne zu denken, nur von einem tiefen Schmerz getrieben, griff ich mein Fahrrad und nahm meinen Schäferhund, einen großen Rüden an die Leine. Ohne auf Schlaglöcher in unserer zerfahrenen Straße zu achten, ohne die normalen Straßenverkehrsregeln wahrzunehmen, raste ich mit dem Hund zur Schule, fuhr mitten in das Karree aus Schülern und Lehrern hinein, ließ das Rad fallen und machte den Hund los. Ich zeigte auf den Direktor und schrie nur: „Fass, Hasso, fass." Der Gute wusste genau, wen er zu beißen hatte. Alles stob auseinander, ich meine die Lehrer. Die Schüler verfolgten gespannt das Schauspiel, sie kannten größtenteils unseren Hund, weil ihn die Jungs oft dabeihatten.

Hasso ließ sich das nicht zweimal sagen und zielgerichtet erwischte er den Direktor. Die Hose ging kaputt und der Herr Direktor hatte Bissspuren am Gesäß. Die Masse der Schüler johlte vor Begeisterung und sie feierten den Hund und mich. Vorbei war die heilige und sozialistische Andacht eines Fahnenappells. Du, das kann ich dir sagen, für die Schüler war ich an dem Tag die Größte. Aber mir war nicht nach Feiern zumute. Ich weiß nicht mehr alles, aber einer von ihnen hob das Fahrrad hoch, einer brachte mir meinen Hund zurück, den die Kinder schon mit ihren Schulbroten gefüttert hatten. Das gibt Ärger, wurde gemurmelt, mein Gott, hoffentlich wird sie nicht abgeholt, usw.

Ja, das Gleiche dachte ich wohl auch. Da waren mir doch total die Sicherungen durchgegangen. Wenn ich das nicht getan hätte, würde ich heute steif und fest behaupten, dass ich dazu überhaupt nicht in der Lage wäre. Aber ich hab es getan, das stand nun mal fest, und das gibt Ärger, das stand auch fest, wie das Amen in der Kirche. Und es gab Ärger. Mein Hund sollte eingeschläfert werden, das war das schlimmste, was ich befürchtete. Die Polizei kam zur Schule und wollte ihn mitnehmen.

„Nein", schrie ich, „Nein, das dürft ihr nicht." „Er kann nichts dafür, ich habe ihn auf die Lehrer gehetzt. Mich müsst ihr mitnehmen und wenn ihr dem Hund etwas tut, dann hole ich den Tierschutz und das schreibe ich ans Ministerium und, und, und ... der Bildzeitung im Westen!"

Ich weiß nicht mehr, was für Drohungen ich noch ausstieß, wohl wissend, wenn sie ihn töten wollen, dann tun sie es. Aber nicht kampflos, ich hatte panische Angst um das Tier. Ein Lehrer kam dazu und sagte zu den Polizisten: „Nun lassen Sie doch den Hund in Frieden, er tut normalerweise niemandem etwas. Ich kenne ihn, er ist oft mit den Kindern auf dem Sportplatz." Zögerlich, aber vielleicht doch froh, gaben sie den Hund wieder in unsere Obhut, bis auf weitere Entscheidung, sagte man betont. Meine Jungs hatten ihn bereits an der Leine und machten große Augen, alles hatten sie ja nicht mitbekommen, sie waren ja zu Fuß zur Schule zurückgelaufen.

Ob danach noch viel Ärger kam, fragst du? Selbstverständlich.

Mehr als genug. Man nahm mich mit auf das Polizeirevier. Mein Herz raste und ich überlegte krampfhaft, was ich alles nicht sagen sollte.

Emotional erzählte ich den Werdegang. Sprach von Demütigung unter der Pionierfahne. Verteidigte die Kleidung meiner Jungs, weil Werbung für andere westliche Dinge zu sehen war. Auf die Frage, was ich mir dabei gedacht habe – antwortete ich wahrheitsgemäß, NICHTS. Ich habe nicht gedacht, ich habe reagiert.

„Dann hätten Sie mal denken sollen", wurde mir gesagt.

„Denken? Denken soll ich jetzt auf einmal? Das ist doch nicht erwünscht. Funktionieren sollen wir, ja, funktionieren und den Mund halten, das ist es doch, was ihr wollt, und zusehen, wenn Kinder in diese Mühle geraten, nein, mit DENKEN hat doch das alles hier nichts mehr zu tun. Habt ihr das Denken eingesetzt", fragte ich in Richtung Lehrer, „als ihr die Kinder demütigen wolltet? Ist es so etwas, was bei euch rauskommt, falls ihr mal denkt?"

Irgendwie kam ich heil aus der Geschichte raus, heil nach außen hin, nach innen hat auch dieser Aufstand seine Spuren hinterlassen. Mehrmals bin ich zu „Gesprächen" eingeladen worden, Verhöre waren das und Gehirnwäsche sollte es sein. Ergebnislos. Auch hierbei kam mir zugute, dass ich mit Fachwissen antworten konnte. Natürlich im Sinne des Verfassers ausgelegt und nicht im Sinn der praktizierten verlogenen und machtbesessenen proletarischen Diktatur! Auf viele Fragen wussten sie keine Antwort und meine verdrehte Philosophie mochten sie überhaupt nicht. Meine Söhne legten ihre Funktionen im Jugendklub nieder, um die Fortbestehung des beliebten Klubs zu gewährleisten. Aber in mir brodelte es, und das war überhaupt nicht gut.

Erste Reise nach Berlin

Was meinst du, wie lange kann man solche Dinge, wie all die zuvor Erwähnten ertragen – und glaub mir, da gibt es noch viel mehr –, ohne sich zu wehren? Richtig, nicht lange! Wir sind zwar so gestrickt, dass wir das Unerträgliche zu ertragen lernen, aber alles hat seine Grenzen. Und wenn man so wie ich ein unnützes, ja sogar ein schädliches Mitglied der Gesellschaft war, steht man immer mit dem Rücken zur Wand. Wenn es ganz schlimm wird, schlägt man eben um sich. An solch einen Punkt bin ich regelmäßig gekommen, wurden die Querelen zu viel. So auch nach den oben geschilderten Ereignissen. Da konnte man nicht ewig überlegen und einen offiziellen Beschwerdeweg einlegen, das war mir schon klar. Schon gar nicht in meinem Heimatkreis. Irgendwoher wusste ich, dass man als Bürger der DDR das Recht hatte, am Dienstag oder am Donnerstag beim Staatsrat in Berlin vorzusprechen. Also führte ich mir die Verfassung der DDR, die UNO-CHARTA, die KSZE-Schlussakte, etc. zu Gemüte, um mit Fakten aufwarten zu können. Die Verfassung? Ja, die hatte ich. Und die anderen Schriftstücke, nein, die hatte man nicht einfach so als Bürger der DDR. Die habe ich mir beschafft, aus dem Westen. Ja, du hörst richtig. Aus dem Westen! Dort kam man viel eher an solche Dokumente heran als wir, die Bürger, die es eigentlich betraf. Du, das ist ungemein wichtig. Wenn man um etwas kämpfen will, muss man um die Materie Bescheid wissen. Sonst geht die ganze Sache in die Hose und man lässt dich gleich abtreten. Die halbe Nacht beschäftigte ich mich mit diesem „Trockenfutter". Ob ich alles richtig verstand und richtig interpretieren würde? Ja, da hast du mit deinen Bedenken recht. Aber daran dachte ich nicht. Meine Meinung war manifestiert, und meine Wut im Bauch kontrollierte die Aktionen. Da war er wieder, dieser Kloß im Hals und dieser Druck im Bauch. Die Worte bildeten sich von ganz allein. Nicht im Kopf, nein, im Bauch. Verlässliche Zeichen, dass ich im Begriff war, etwas zu tun, worüber ich wohl nachdenken sollte. Das ging aber nicht, dafür war kein Raum. Naiv und spontan handeln, das war es wohl, was mich trieb.

    Meine Herren Söhne und mein Mann verließen immer gegen um 5:30 Uhr das Haus. Ich nahm meine vorbereiteten Sachen, schrieb einen Zettel mit dem Inhalt: „Wenn ich nicht wiederkomme, bin ich im Knast." Diesen legte ich auf unsere Hausbar und fuhr mit dem nächsten Zug nach Magdeburg. Von dort startete regelmäßig ein orangefarbener Zug, der Bördeexpress, nach Berlin. Eingesetzt für Dienstreisende (immerhin war das Benzin zu dieser Zeit äußerst knapp bemessen) mit nur einem Stopp in Potsdam, fuhr er früh hin und am Abend zurück. Eine Platzkarte musste man haben und die bekam ich auch. Na prima, der Tag fing ja super an. Ausgerechnet in meinem Abteil saß eine Parteigruppe, alle fein das Bonbon am Revers. Es dauerte nicht lange, und waren wir im Gespräch. Du, da ich zog ich vielleicht vom Leder, das kann ich mit Recht sagen. Mir war, als hätte ich an diesem Tag nichts zu verlieren und schimpfte wie ein Rohrspatz. Nicht auf Gott und die Welt, nein, auf Honeckers und Mielkes Welt! Auf die reale Welt.

„Mensch, Mädchen", sagte einer von den Genossen, „mach dir einen schönen Tag in Berlin, aber führe das nicht durch, was du da vorhast."

„Dich sehen wir dann heute Abend nicht in diesem Zug und auch in keinem Nächsten", warf ein anderer Parteifreund ein.

Nichts konnte mich beirren, und ich meldete mich beim Staatsrat. Ein Pförtner nahm mir meine Papiere ab, alles, und ich musste ihm bereits die Gründe für meinen Besuch nennen. Danach kam ich in einen Warteraum, ähnlich dem einer Mitropa. Es waren viele Menschen da, und man hörte ein Raunen und Flüstern. Die Atmosphäre war bedrückend. Eine Mischung aus Mut, Angst und Unzufriedenheit. Niemand wagte es, laut über den Grund seines Besuches zu sprechen. Man beäugte einander und versuchte, Spitzel auszumachen. Dass da welche waren, war klar. Es dauerte einige Zeit, dann hörte ich meinen Namen und wurde zu einer Tür geführt. Auf mein Klopfen hin wurde ich hineingebeten.

Der Raum war ein Schock. Keine Gardine, keine Blume, kein Blatt Papier oder andere Büroutensilien auf dem Schreibtisch. Nur dieser Schreibtisch mit einem Mann dahinter und einem Stuhl mitten im Raum, der für mich bestimmt war. Hast du schon einmal vor jemandem mitten im Raum gesessen, nichts vor dir, keinen Tisch, also keinen Halt, keinen Schutz, keine Sicherheit? Du kommst dir vor wie auf einem Geröllfeld. Unter dem Geröll, da liegen sie, da liegen deine Sehnsüchte, deine Wünsche, deine Träume, deine Vorstellungen und deine Ängste und deine Wut. Nicht begraben, nein, nur locker bedeckt. Sie kommen nicht zur Ruhe, du kommst nicht zur Ruhe. Wenn der Sturm über dieses Feld weht, werden sie immer wieder wachgerüttelt. Je nachdem, aus welcher Richtung es stürmt. Rollen hin und her und reiben sich aneinander. Und es stürmt häufig in meinem Leben. Kommt noch ein Gewitterguss hinzu und schwemmt das Geröll mit sich fort, liegen sie frei, deine Sehnsüchte, etc. Entblößt. Es würde dauern, bis alles wieder vom nächsten Geröll überdeckt werden würde. Manchmal wusste man zum Zeitpunkt des Verlustes nicht, dass die Träume, Angst, etc ... überhaupt vorhanden waren. Manchmal war einfach alles in dir hohl. Aber in solcher Situation hattest du das Gefühl, alles preiszugeben. Erst viel später werden dir die Existenz und der Verlust der Träume, etc. ... überdimensional deutlich.

Wie auch in dieser Situation. So allein vor dem Tisch und dem Mann dahinter, du, da kommst du dir so hilflos vor. Ich fühlte mich nackt. Ich fror. Du hast das Gefühl, der ganze Schutz, das ganze Geröll ist auf einmal weg und entblößt etwas, das du ziemlich gern versteckst. Deine Verletzlichkeit, deine Hemmungen, deine Angst? Ja, und noch mehr. Du weißt nicht, wohin mit deinen Händen, mit deinen Beinen. Du fühlst dich so, wie du dich in dieser Situation nie fühlen möchtest. Klein! Da möchtest du lieber Stärke zeigen und Selbstbewusstsein. Nackt sein ist eigentlich etwas Freies, etwas für Menschen, vor denen man sich gern zeigt.

Nein, da irrst du, wenn du jetzt an Sex denkst. Da ist ein wenig bedeckt, wohl eher anziehend, das weckt die Fantasie.

Nein, ich meine, ein Urvertrauen zu jemandem, von dem du weißt, oder annimmst, dass er dich versteht, dass er behutsam mit dem umgeht, was du ihm offenbarst. Dass er behutsam mit dir umgeht. Wenn du Glück hast, begegnet dir so ein Mensch. Aber da brauchst du schon sehr viel Glück. Diese Situation war natürlich von dem Mitarbeiter des Staatsrates beabsichtigt, unsicher sollte man werden. Du kannst nicht mehr klar denken, man will dich bewusst verunsichern, bedrängen und einschüchtern, gnadenlos und außerhalb der handelbaren Worte, die man sich, die ich mir, in stundenlangen Grübeleien zurechtgelegt hatte.

In ruhigem Ton und sachlich kurz, ja, du hörst richtig, das kann ich und das habe ich so gemacht, brachte ich die Punkte meiner Unzufriedenheit vor. Dann begann, wie bei den Verhören der Polizei, das Psychospiel. Ich wurde beleidigt, meine Familie wurde beleidigt, ich wurde gedemütigt und beschimpft. Glaub mir, ich kann es nicht so beschreiben, wie es war, es war gekonnt unwürdig. Bis der Satz fiel:

„Sie sind hier mit ihren Beschwerden verkehrt."

„Ja", antwortete ich, „das weiß ich, dann bringen Sie mich dahin, wo ich richtig bin. Zum Ministerium für Staatssicherheit, besser bekannt zur Stasi ..."

„Nein", antwortete der Mann, „das ist Ihnen untersagt."

Dann saß er da, stumm, und seine Augen fixierten mich. Ich blieb auch stumm. Eine Stunde mindestens.

Bis ich sagte: „Sie wollen sicherlich auch mal Feierabend machen. Ach so, einkaufen brauchen Sie sicher nicht, und die Jagd nach etwas Besonderem wie Bananen oder Tomatenketchup ist Ihnen sicher nicht bekannt, aber ewig wollen Sie in diesem tristen Zimmer sicher nicht verharren. Müssen Sie aber, denn ich werde nicht aufstehen und gehen. Ich verlasse den Raum, das Gebäude nur, wenn Sie mich raustragen lassen, und wissen Sie, die Bildzeitung aus Westberlin ist informiert und die Journalisten sind schon lange da. Sie warten nur auf dieses Spektakel."

Peng, das hat gesessen. Natürlich war das geblufft; niemand wartete auf mich. Aber er sprang wie von einer Tarantel gestochen hoch und war verschwunden. Es dauerte ein paar Minuten, dann kam er wieder.

„Mitkommen", meinte er kurz angebunden und barsch. Im Innenhof wurde ich in ein unscheinbares Auto verfrachtet und ab ging es zum Ministerium für Staatssicherheit. In die Normannenstraße! Welch ein Name für den Sitz der Stasi! Erst kürzlich las ich im Spiegel (meine ich mich zu erinnern) den Satz: „Am Ende gewinnen immer die Normannen!" Das hatte sich auch Herr Mielke auf seine Fahne geschrieben. Zwar hat er sich nicht dem Kampf gestellt, aber gewonnen hat er meistens. Leider!

Das Haus entstand in den Jahren 1960/61 als Dienstsitz Erich Mielkes, der von 1957 bis zum Ende der DDR Minister für Staatssicherheit war.

Am 15. Januar 1990 nahmen Demonstranten die Stasi-Zentrale in Besitz. Eine Woche später beschloss der Zentrale Runde Tisch, ein

Gremium aus Vertretern der SED-Diktatur und Bürgerrechtsgruppen, dass in Haus 1 eine "Gedenk- und Forschungsstelle zum DDR-Stalinismus" eingerichtet werden solle. Da es bei dieser Absichtserklärung blieb, ergriffen Mitglieder des Berliner Bürgerkomitees und andere Bürgerrechtler die Initiative und begannen, den historischen Ort zu sichern. Sie gründeten im August die Antistalinistische Aktion (ASTAK) e. V., die am 7. November 1990 die "Forschungs- und Gedenkstätte Normannenstraße" mit der Ausstellung "Wider den Schlaf der Vernunft" eröffnete. Seither ist Haus 1 als Museum, das später in Stasi-Museum umbenannt wurde, der Öffentlichkeit zugänglich. (Internetseite Stasi-Museum)

Eine rothaarige, uniformierte Dame nahm mich dort in Empfang. Warum denke ich jetzt dabei an die rothaarige KZ Aufseherin und Hundeführerin Elfriede Rinkel? Sie soll eine kleine, zarte Frau mit roten Haaren und schönen blauen Augen gewesen sein. Was sie nicht davon abhielt, grausam zu sein! Frauen können anders grausam sein als Männer, vielleicht sogar perfider und skrupelloser. Ja, richtig, den Namen habe ich gegoogelt, aber die Geschichte dieser Frau habe ich vorher mal gelesen. Sehr arrogant wurde ich von der rothaarigen Mitarbeiterin des MFS von oben herab gefragt, was ich überhaupt wollte.

„Was ich will?", fragte ich zurück. „Na, vielleicht will ich wissen, ob Honecker überhaupt lesen kann, was er unterschreibt. Nicht jeder Dachdecker muss ja lesen können. Handeln tut er ja bekanntlich nicht danach. Und wenn hier nicht jemand kommt, der ein paar Pickel auf den Schultern hat und ein paar Tressen über der Brust und mich anhört, nicht verhört, anhört, bitte schön, dann steh ich morgen hier mit meinen Söhnen, die noch nicht einmal einen Dorfjugendklub leiten dürfen und meinem Mann, der euch nichts getan hat, mit einem Schild vor Checkpoint Charlie, auf dem steht: Ich will zu meiner pflegebedürftigen Mutter!" „Und", so setzte ich nach, „die Bildzeitung von Westberlin ist informiert." Das war das Zauberwort und es wirkte auch in diesem Moment, ich konnte die Wirkung auf dem Gesicht der Dame ablesen. Ich las die Worte, die sie dachte. Sie konnte sie nicht verbergen. Kühle Blicke unter den roten Haaren taxierten mich:

Meint die das ernst, nein, das traut sie sich nicht, obwohl – man weiß ja nie. Die hat es ja schon bis hierher geschafft! Schmeiß ich sie jetzt raus oder gebe ich nach? Nein, die Entscheidung sollen andere Leute treffen. Wenn die Presse wirklich da ist, bin ich nachher Schuld an dem Schlamassel."

So oder so ähnlich waren ihre Gedanken, da bin ich mir sicher. Wie so oft wurde ich gewogen, abgewogen. Das glaubst du nicht? Nein, nicht mit einer Waage. Das wäre es ja wohl gewesen! Nein, anders, gewogen in Gefährlichkeit, gemessen nach Wertigkeit vielleicht. Gewichtigkeit kann man nicht erfinden, sie ist da. Allein der innere Drang der Wichtigkeit ist es, der diese, nach machthaberischen Aspekten handelnden Menschen ausmacht. Die Richtung dieser Leute ergibt sich doch wohl aus einem selbsterstellten Wegweiser, und nach dem wirst du eingeteilt. Bist du jemand, der ein Sprungbrett sein kann, für die sehnlich zu erreichende nächste Stufe seines erträumten Weges, dann ist man dir beflissen behilflich. Ist es umgekehrt, wirst du ängstlich an deinem Tun gehindert.

Es dauerte nicht lange und ich wurde tatsächlich von einem

hohen – jetzt hätte ich beinahe wieder Beamten gesagt – Mitarbeiter des Ministeriums für Staatssicherheit abgeholt. Durch etliche Gänge und Türen, bei denen ich das Gefühl hatte, sie wurden automatisch hinter mir verriegelt – es machte immer klack, klack –, betraten wir sein Büro. Es war ein ziemlich reales Gefühl.

Der Mann hatte eine korrekte Uniform an, mit Pickel und Tressen. Das Büro war, im Gegensatz zu dem beim Staatsrat, freundlich eingerichtet. Ob ich Angst hatte, fragst du? Nein, absolut nicht. Es war eine Spannung in mir, eine Erwartungshaltung vielleicht, aber keine Angst. Mut, meinst du, war das? Ich weiß nicht, ob es Mut, Verzweiflung oder einfach Auflehnung gegen Ungerechtigkeit war. Der Mut, der gegen die vermeintlich total überlegenen Kräfte aufflammt, ist durch die ständige Berg- und Talfahrt deiner Emotionen einfach da. Ich hatte in solchen Situationen eher einen inneren Drang, etwas zu tun, etwas, das den Ring aus Erz um meine Brust lockern würde; etwas, das mich befreit, meine Gedanken, mein Leben wieder in normale Regionen fließen lässt. Obwohl ich sicher von der Normalität auch noch sehr weit entfernt war. Vielleicht gut so. Macht nicht die Normalität gleichgültig gegen äußere Einflüsse? Macht sie nicht stumm und blind gegenüber normale und außergewöhnliche Geschehnisse, die das Denken anregen sollten? Es war die Persönlichkeit dieses Mannes, dieses

Offiziers, dessen braune Augen mich ohne Arglist musterten und keine Abwehr ausstrahlten. Da spürte ich ihn wieder, diesen Rest von Anstand! Im normalen Tonfall erzählte ich ihm die Gründe meiner Auflehnung. Auch war ich dabei nicht aggressiv, sondern eher sachlich und bestimmt, denke ich. Er hörte mir zu, ohne mich zu unterbrechen, obwohl ich mich auf die UNO-Charta und die KSZE-Schlussakte berief. Eine Frau aus meinem Heimatkreis hatte das ein paar Jahre vor mir getan und wurde für Jahre in Bautzen eingesperrt, bevor sie dann von Deutschland freigekauft wurde. Das war mir bewusst. Ich spielte mit meiner Freiheit, ich spielte mit Dynamit, auch das war mir bewusst. Aber ich zog mich nicht zurück, ich konnte nicht zurück. Der normale Verstand, der etwas zum Schutz aktivieren sollte, den habe ich ausgeschaltet. Oder er wurde von irgendetwas in mir ausgeschaltet. Es kamen von dem Mitarbeiter der Staatssicherheit keine Anschuldigungen und keine Demütigungen, das irritierte mich völlig. Darauf war ich nicht gefasst. Alles in mir war auf Konfrontation gepolt. Die Sätze und Worte zur Abwehr standen wie in Erz gemeißelt auf meinem inneren Plan, aber ich brauchte sie nicht. Ist das ein Trick, will er Vertrauen aufbauen, um mehr zu erfahren, um mich in Sicherheit zu wiegen? Er will mich nur einlullen, dachte ich und war auf der Hut. Aber nichts kam. Er machte sich Notizen und ließ sich einige Sachverhalte ausführlich erklären. Dann verschwand er für einige Minuten. Das waren die schlimmsten Minuten. Du glaubst gar nicht, was für Gedanken einem da durch den Kopf jagen. Was macht er, holt er die Leute, die mich abführen sollen, hält er Rücksprache, und, wenn ja, mit wem? Gehen die Türen wieder auf? So in der Art schossen die Fragen durchs Gehirn. Vor allem aber, was machen sie mit meinen Jungs, wenn sie mich einsperren? Diese Frage lähmte alles andere und langsam kroch sie, wie eine Spinne aus ihrem Versteck, hervor, die Angst. Sie hatte sich bis in die Tiefen des Seins zurückgezogen, sie war übertüncht von Adrenalin und drängte sich nun mit aller Macht nach vorn in meine Gefühlswelt. Angst ist der schlechteste Ratgeber, den es gibt. Du, die nimmt dir alles, was du so mühselig aufgebaut hast, dein Selbstwertgefühl, deine Beherrschung, deinen Mut und jeden klaren Gedanken.

Im Kinderheim, in dem ich gelernt habe, hatte ich Kinder, die man ihren Eltern weggenommen hatte. Nicht weil sie nicht in der Lage waren, sie zu versorgen, nein, sie waren politisch auffällig geworden und saßen im Knast. Noch nicht einmal die Großeltern durften die Kinder nehmen, nein, unter anderer Identität wurden sie in ein Heim gebracht. Daran musste ich denken und mich plagten schon Schuldgefühle, weil ich mich so weit hinausgelehnt hatte.

Dann ging endlich die Tür auf und er kam allein zurück. Ganz ruhig sprach er mich an und holte mich aus den Grübeleien in die Gegenwart zurück.

Er wies mich freundlich aber bestimmt, an: „Sie werden jetzt das Gebäude hier verlassen und fahren mit dem Zug wieder nach Hause. Ich gebe ihnen mein Wort, ich werde mich persönlich um ihre Angelegenheiten kümmern."

In diesem Moment muss wohl eine verächtliche Mimik oder Geste meine Resignation ob dieser Worte verdeutlicht haben, mehr unbewusst als provokant schnaufte ich wohl und winkte ab.

„Hören Sie mir mal zu", meinte er daraufhin, „ich will Ihnen eines sagen, AUCH IN UNSEREN REIHEN GILT BEI MANCHEN DAS WORT NOCH ETWAS." Total überrascht von dieser Aussage sträubten sich mir die Nackenhaare, und ich bekam eine ausgeprägte Gänsehaut.

„Soll das heißen", so richtete ich mich an ihn, „dass ich hier heil rauskomme, dass ich einfach so das Gebäude verlassen darf, und mir passiert nichts?"

„Ja", meinte er, „so ist es, Sie können gehen und sie werden von mir hören."

Das erschütterte mich dermaßen, ich verlor den Halt und musste mich festhalten. Es war, als ob einem jemand den Boden unter den Füßen wegzieht. Du, wenn dein ganzes Inneres auf Kontra eingestellt ist und dann kommt nichts, dass du es aktivieren musst, überkommt dich so eine Ungläubigkeit und deine Nerven sind bis zum Zerreißen gespannt. Du glaubst es einfach nicht und erwartest jeden Moment niederschmetternde Worte. Sie hängen fast sichtbar für dich in der Luft. Sie sind so gegenwärtig, dass du sie hören kannst. Sie fluten den gesamten Raum, sind so greifbar und wirklich, dass du nicht so schnell umdenken kannst. Dann bist du völlig schockiert, wenn das, was du mit jeder Faser erwartest, ausbleibt. Dann besteht die Gefahr, dass dir halt so die Luft rausgeht, dass du einbrichst und umklappst.

Wie in Trance verließ ich das Büro, ich weiß nicht mehr, wie ich aus dem Gebäude gekommen bin. Die Zeit, die ich darin verbrachte,

kam mir unendlich lange vor. Ich erwartete, dass es draußen dunkel war. Die Sonne und das Tageslicht trafen mich wie ein Keulenschlag. Mir war übel, alles drehte sich, mir war so übel, dass ich mich übergeben musste. Das kannte ich schon aus den Verhören vorher, aber nicht in der Intensität. Meine Fußgelenke waren dick geschwollen und ich hatte das Gefühl, keine Luft zu bekommen. Heute nehme ich an, dass ich eine Herzattacke hatte, wohl mehr oder weniger die Erste, die ziemlich stark war. Mir ist auch nicht bewusst, wie ich zum Bahnhof gekommen bin, aber ich war kurz vor der Abfahrt des orangefarbenen Schnellzuges da. Irgendwo hatte ich eine Flasche Wasser gekauft und einen Kaffee getrunken, daraufhin ging es mir besser.

Auf dem Bahnsteig stand die Parteigruppe, mit denen ich auf der Hinfahrt zusammen in einem Abteil saß. Sie bekamen große Augen, als sie mich sahen und empfingen mich lachend und erleichtert mit ein paar Flaschen Sekt in der Hand.

„Wir haben schon auf dich gewartet", riefen sie! „Hier der Sekt, wir haben ihn besorgt". Und wohl gedacht: Wenn sie da heil rauskommt, können wir feiern, wenn nicht, trinken wir ihn eben allein!

Du, sie bestürmten mich mit Fragen und wollten alles gleichzeitig wissen. Im Zug musste ich die Schuhe ausziehen, die Füße hochlegen und mit einem fein säuberlich gebügelten großkarierten Taschentuch kühlten sie mir mit Sekt die geschwollenen Stellen. Du musst dir das Groteske der Situation vorstellen: Da kommst du von einer Protestaktion gegen die Genossen und bist gerade mal knapp an Bautzen vorbeigeschrammt, da kühlen dir die Parteigenossen mit Sekt die geschwollenen Füße! Was ist das denn für eine absurde Situation? Aber gut war sie, richtig gut. Der Sekt wurde getrunken, und Ruck zuck war ich wieder daheim.

Meine Familie war in hellstem Aufruhr, überall hatten sie mich gesucht.

„Na", meinte mein Mann dann nur, als ich ihm die ganze Geschichte erzählt hatte, „dann wirst du wohl bald Bescheid bekommen."

„Ach wo", meinte ich darauf, „da glaube ich nie und nimmer dran." Am nächsten Tag musste ich mich krankschreiben lassen. Mir ging es überhaupt nicht gut. Den wahren Grund konnte ich dem Arzt nicht sagen. Hab es auf Stress mit der Familie geschoben. Nach circa zwei Wochen bekam ich von der Polizeimeldestelle einen Brief, ich möchte doch bitte meinen Pass abholen. Mit einem beklemmenden Gefühl fuhr ich mit dem Fahrrad zu diesem Termin.

Die grauen Straßen, die eigentümliche Atmosphäre bei der Polizei, die gebohnerten Flure und die Menschen, die dort mit undurchdringlichen Gesichtern saßen, lösten alles andere als Hoffnung in mir aus. Es war bedrückend. Auf alles war ich gefasst, Verhaftung, Verhöre, Vorwürfe wegen meines Aufstands, den ich in Berlin geprobt hatte. Aber nichts von dem geschah, ich bekam einen Pflegepass, der 48 Stunden später gültig wurde. Immer für einen Kurzbesuch bei meiner Mutter zur Unterstützung. 30 Tage im Jahr hätte ich fahren dürfen. Das war außerhalb meiner Vorstellungskraft, das glaubte ich nicht. In der Praxis sah das oft so aus, dass ausgehändigte Pässe, die ab 00:00 Uhr ihre Gültigkeit erlangten, gegen 23:00 Uhr von den Staatsorganen wieder einkassiert wurden. Ich schickte meiner Mutter ein Telegramm, das ich einen Pass bekommen hätte und an dem und dem Tag versuchte zu kommen. Ihr Bekannter, Onkel Fritz, möchte doch bitte an der Friedrichstraße auf mich warten. An Schlaf war nicht zu denken. Jedes Geräusch brachte mich in Angst und Schrecken.

Holen sie den Pass ab ... holen sie mich ab? Aber nichts geschah! Nein!

Sie holten den Pass nicht wieder ab. Sie holten auch mich nicht ab. Es war Februar 1989.

Zweite Reise nach Berlin (West)

Also bereitete ich mich auf eine weitere Reise nach Berlin vor. Meine Mutter hatte einen Bekannten, Onkel Fritz, o, halt, warte, diesen einmaligen Menschen stelle ich dir später noch vor. Ihm schrieb ich auch noch ein Telegramm, dass ich eventuell die Einreise nach Westberlin bekommen könnte – und er mich doch bitte an der Friedrichstraße erwarten solle. Dass es aber nicht sicher sei und er sich doch bitte um meine Mutter kümmern solle, falls es nicht klappt. Wir standen sehr früh auf, mein Mann sollte mich fahren und unsere Söhne sollten mich begleiten. Unterwegs wurde nicht viel gesprochen, die Anspannung war zu groß. Warum, fragst du? Du, das ist etwas ganz anderes, als wenn du mal kurz in den Urlaub fährst. Da hast du keine Vorfreude auf ein paar interessante Tage, da hast du ein Gefühl aus Angst, Neugier und Ungläubigkeit. Du überlegst nicht, was du alles machen könntest, deine Gedanken sind so fokussiert auf die Grenze, und du denkst nur noch ... lassen sie dich durch oder nicht? Verhören sie dich wieder endlos, bist du dem gewachsen, lässt du dich provozieren oder bleibst du gelassen?

Letzteres würde mir nicht gelingen, auch das war mir klar. Dass ich mich dann schnell um Kopf und Kragen reden würde, wusste ich genau. Also fuhren wir mehr oder weniger still nach Berlin. Jeder hing seinen Gedanken nach. Dass meine Familie darüber nachdenken würde, ob ich vielleicht im Westen bleibe, sollte ich die Gelegenheit bekommen, darüber habe ich überhaupt nicht nachgedacht. Diese Frage stellte sich für mich überhaupt nicht. Ja, das kannst du so hinnehmen, daran habe ich nicht einen einzigen Gedanken verschwendet. Um keinen Preis hätte ich meine Jungs verlassen! Ob meinen Mann oder den Söhnen diese Frage beschäftigt hat, das weiß ich nicht. Sie haben nie davon gesprochen. Vielleicht hätte ich mal fragen sollen.

„Macht Euch einen schönen Tag", sagte ich zu meiner Familie, „geht ins Centrum Warenhaus und seht mal, ob es Lederturnschuhe oder Shirts gibt, mich lassen sie mit Sicherheit nicht rüber. Sie lassen mich schmoren, verhören mich mal wieder und dann kann ich, hoffe ich, gehen." Das war meine feste Meinung. „Wir treffen uns um 15 oder 18 Uhr im Café Unter den Linden", dem Lindencorso, so hieß das, glaube ich, meinte ich noch.

„Du kommst durch", meinte mein Mann noch und wir erreichten an einem nasskalten und trüben Tag im März 1989 den Bahnhof Friedrichstraße. Hier waren wir schon oft, wenn wir uns mit meiner Mutter und Onkel Fritz trafen.

Dazu fällt mir doch eine ganz amüsante Geschichte ein. Hör zu, die will ich mal schnell erzählen. Wie immer, wenn wir uns mit den beiden alten Leutchen in tiefster DDR-Zeit treffen wollten, warteten wir an der Friedrichstraße. Wie auch an einem kühlen Novembertag irgendwann in den Achtzigerjahren. Woher ich noch weiß, dass es im November war? Also wir fuhren mal wieder nach Berlin, um uns zu treffen, und ich hatte eine weiße Thermojacke mit dabei. So eine moderne in Blouson-Form. Habe ich mir einmal im Intershop gekauft.

Diese wurde von mir, wie jede Jacke der mitreisenden Personen, im Kofferraum deponiert. Meine zuletzt, also ganz obendrauf. Nachdem wir in Nähe Friedrichstraße endlich einen Parkplatz gefunden hatten, schön in Sichtweite der Grenze, wollte ich diese holen. Es war neblig trüb und ab und zu nieselte es so vor sich hin. Der Parkplatz war total voller Pfützen, der Rest sah aus wie jahrhundertealter Kohlendreck. Also die Pfützen waren schlammig und schwarz. Mein Mann, Kavalier wie immer, zog seine Jacke zuerst hervor und was soll ich sagen, meine landete in genauso einer dreckigen Pfütze. Bevor ich zugreifen konnte, war das Gewebe voll mit dem schmutzigen Wasser, da es aus Baumwolle bestand.

Der Witz an der Geschichte ist die völlig vorwurfsvolle Aussage meines Mannes: „Wer hat denn die Jacke so blöde reingelegt?" Die Stimmung war nicht gerade auf dem Siedepunkt. Die Jungs konnten sich aber das Lachen nicht verkneifen und, nun ja, da war nichts zu ändern, ich hatte eine schmutzig gemusterte Jacke an. Ohne konnte ich nicht gehen, denn es war kalt. Ein typischer Novembertag eben. Vielleicht haben die Grenzer hüben und drüben das mit ihren Feldstechern beobachtet, ja, dann hatten die wenigstens ihren Spaß.

Zuerst kam meine Mutter, wie immer kreideweiß von der nervlichen Anspannung beim Grenzübertritt, durch die Kontrollen. Na ja, dachten wir, nun muss ja der Fritze auch bald kommen. Aber er kam nicht. Wir warteten eine Stunde, zwei Stunden, bis zu drei Stunden. Dann sahen wir ihn. Mit einem verschmitzten Lächeln auf seinem total faltigen und charismatischen Gesicht schob er, mit einer mir allzu gut bekannten Handbewegung seinen Hut etwas aus der Stirn. Da wusste ich, er hat mal wieder etwas verbockt.

„Fritze, was war denn los?", fragte ihn meine Mutter ängstlich.

„Na ja", meinte er, „man hat mich kontrolliert, zuerst musste ich meine Papiere, den Pass und das Tagesvisum vorlegen. Als man das zum zweiten Mal von mir verlangte, habe ich nur gesagt, dass ich die Papiere ja schon einem anderen Beamten vorgelegt hatte. Da wurde ich belehrt, dass es in der DDR keine Beamten gäbe – weil es ja ein Arbeiter und Bauernstaat sei.

„Na ja, entschuldigen Sie bitte", erwiderte ich, „dann hab ich sie halt dem Bauern dahinten vorgelegt. Das fanden sie wohl nicht so gut und ich musste in einem separaten Raum warten", erzählte er weiter.

„Und? Was kam dann, warum hat es so lange gedauert?"

„Ja", meinte er, „dann musste ich alles auspacken, was ich in der Tasche hatte und mich bis auf den Schlüpfer ausziehen. Da stand ich nun in meiner Feinrippbuchse und ließ mich beäugen. Vielleicht dachten sie, ich hab in meinen vielen Falten etwas versteckt, ein Adonis bin ich ja nun wirklich nicht. Nicht mehr, meine Lieben."

„Ja, und nun weiter, was ist passiert?", wollten wir wissen.

„Passt auf, das war so: Ich war noch vorher bei Woolworth und habe da einfach in eine Kiste mit Shirts griffen, um für die Jungs ein Mitbringsel zu haben, und die lagen anklagend auf dem Schreibtisch, als man mich, nun wieder angezogen, in einen weiteren Raum führte."

„Ja, was haben wir denn da?", höhnte ein „Beamter" mir ins Gesicht. „Sie haben doch auf Ihrem Passierschein Zoobesuch als Grund für Ihre Einreise angegeben, wieso führen Sie Textilien ein?"

„Da habe ich geantwortet: Na ja, damit die Affen in der DDR auch etwas anzuziehen haben! Da hat man mich eben noch mal warten lassen."

O Gott, dachte ich, ich hab's geahnt. Ich glaube heute noch, dass man den Fritze nur aufgrund seines biblischen Alters durchgelassen hat. Dabei war er kein bisschen senil, sondern hellwach im Geist. Er war 50 Jahre bei der Polizei in Berlin und mit allen Wassern, vor und nach den Kriegen, gewaschen.

Aber nun zu meinem geplanten ersten Grenzübertritt, nach nunmehr 27 Jahren,. Da war ich nun mit meiner Tasche und bewegte mich auf den schmalen Gang zu, der wirklich so schmal war, dass ich die Tasche hochhalten musste. Immer in der Erwartung, es legt sich eine Hand auf meine Schulter und eine Stimme sagt, dass ich mitkommen muss. Aber nichts von dem geschah. Man ließ mich, nach gründlichem Studium meiner Papiere und Durchsicht meiner Taschen, durch. Ich konnte es nicht fassen. Mir war schlecht und das Herz raste. Den Onkel Fritz, der schon seit geraumer Zeit auf mich wartete, rannte ich fast um.

„Mädchen", meinte er, „wie siehst du denn aus, blass bis unter den Haarwurzeln, komm mal mit."

Er steuerte einen Kiosk an.

Die rundliche Verkäuferin sagte lachend zu mir: „Wat denn Kleene, kommst zum ersten Mal rüber, siehst ja aus wie Braunbier mit Spucke, hier nimm mal einen kräftigen Schluck", und hielt mir eine Taschenflasche Weinbrand hin. Ich trank sie auf ex aus und merkte, wie das Blut wieder pulsierend in den Kopf stieg.

Geschafft! Ich stand auf westlichem Boden und alles war anders. Es roch schon anders, und als wir die U-Bahn verließen, erwartete mich eine andere Welt. Schrill, schnell, bunt und laut kam sie mir vor. Autos, Motorräder, Fahrräder, Menschen! Und was für Menschen! Mit bunten Haaren, Punks eben, auf Rollschuhen, mit Fahrrädern auf den Fußwegen. Tätowierte Leute, Menschen anderer Hautfarbe und völlig durchgeknallte Leute in einem Alter, wo bei uns das Leben eigentlich vorbei ist. Was mir sofort besonders auffiel, war die Gelassenheit im Umgang miteinander. Was mich zutiefst berührte, war hier völlig normal. Alles anders, alles heller. Ganz zu schweigen von den ersten Schaufenstern, die ich sah. Zeitungskioske voll bunter Illustrierten. Ich sog alles auf, diese Bilder speicherte mein Hirn unauslöschlich. Und dann die Düfte! Es roch alles so gut.

Wir fuhren zu meiner Mutter, die aufgeregt das Kalbsgulasch im Topf umrührte und nicht recht wusste, wie sie die Situation einschätzen sollte. Vielleicht hatte sie auch die Befürchtung, dass ich bleiben wolle. Ja, bestimmt!

„Bleib ganz ruhig", sprach ich leise zu ihr, „ich fahre wieder nach Hause. Ich lasse die Jungs nicht im Stich. Ich habe doch jetzt einen Pass und darf mehrmals im Jahr, immer für zwei bis vier Tage rüberkommen, zur Pflege und Unterstützung. Das reicht doch völlig."

Und dann betrat ich das Zimmer meines verstorbenen Bruders. Auch nach so vielen Jahren hing sein Geruch noch zwischen den Wänden, der Geruch von seinem Tabak. Er rauchte gern Pfeife. Die Tür schloss ich hinter mir, ich wollte allein sein. Da war seine Gitarre, seine vielen Bücher, seine Arbeiten, die er an der Freien Universität Berlin geschrieben hatte, seine Hemden hingen im Schrank. Es war alles so, als wäre er nur mal kurz weggegangen. Tränen liefen mir übers Gesicht, ich merkte es nicht. Ich wusste ja, er war weg, für immer weggegangen oder weggeschickt worden. Er war tot.

Nach und nach nahm ich die handgeschriebenen Hefter in die Hand, erkannte seine Schrift wieder und stellte alles behutsam wieder an seinen Platz. Vor meinem geistigen Auge sah ich ihn am Schreibtisch sitzen, Tabakspfeife im Mundwinkel, ein Glas Rotwein neben sich und wie immer versunken in einem Buch oder diskutierend und philosophierend mit Gleichgesinnten. Dann beschlich mich ein ungutes Gefühl. Sie stand hinter mir und wartete, bis ich mich umdrehte.

Meine Mutter. Schnell wischte ich die Tränen weg und setzte, wie schon so oft in meinem Leben, eine Maske auf. Ich wollte den Schmerz nicht teilen, es war mein Schmerz und ich wollte keinen Kommentar von ihr. Ich wollte nicht zeigen, dass auch ich ihn geliebt habe, obwohl er doch IHR EIN und ALLES war. Sie hat nie verstanden, warum er so war, wie er war. Sie war ihm böse, dass er sie zurückgelassen hatte, dass er weg war. Ich war ihm nicht böse! Sie war auch mir böse. Sie gab mir die Schuld. Sie gab sie mir schon, als ich nur die Worte ahnen konnte. Wegen mir konnte sie nicht mit meinem Bruder zu seiner Tante nach Westberlin gehen. Ich war ja der Bastard, wegen mir schämte sie sich. Sie gab auch mir die Schuld, dass er nach Prag gefahren war, da ich mit meinem Mann und einem Kleinkind bei ihr wohnte. Es waren nur lausige 2 Zimmer, die sie hatte, und in einem waren ja wir und sie hat wirklich geglaubt, dass mein Bruder nicht in die Kleinstadt, nicht zu ihr nach Hause kam, weil wir da waren. Er wäre nie zurückgekommen, er hatte gerade diesen Knoten in der Mutter-Sohn-Beziehung aufgelöst, den meine Mutter geknüpft hatte. Er wollte etwas, das sie nicht verstand, er wollte frei sein. In jeder Beziehung! Genug davon. Das ist eine andere Geschichte. Ich war im WESTEN!

Meine Mutter war nicht so krank, dass sie gepflegt werden musste, aber auch nicht so fit, dass sie mit auf Entdeckungstour gehen konnte. Berlin war immer so etwas Schönes und Großes in meiner Erinnerung. Hatte ich doch die Ferien bis zum Mauerbau am Wannsee oder auf dem Ku'damm verbracht. Und nun war ich wieder zurück, nach achtundzwanzig Jahren. Es war eine Heimkehr.

Traurig war ich nicht, dass ich allein losgehen musste, denn so konnte ich mehr nach eigenen Wünschen die Stadt neu kennenlernen. Ich hab nur geguckt, bin mit der U-Bahn kreuz und quer gefahren und habe Hertie, Karstadt und viele Geschäfte besucht. Du musst wissen, wie wir gelebt haben, um das überhaupt nachvollziehen zu können. Das kann man nicht so einfach beschreiben. Die Gefühlswelt ist dermaßen durcheinander. Das große Angebot erschlägt einen fast. Am ersten Tag bin ich ohne irgendetwas zu kaufen wieder zu meiner Mutter gefahren. Völlig überwältigt und völlig durcheinander. Das musste ich erst einmal ein wenig sacken lassen.

Am nächsten Tag fuhr ich gezielt los, um für die Jungs und meinen Mann etwas einzukaufen. Nachdem ich Jogginganzüge, Jeansjacken mit Fellkragen erstanden hatte, waren meine zwei Arme total ausgeleiert und ich wusste nicht, was ich machen sollte. Längst hatte ich noch nicht alles, was ich mitnehmen wollte. Erschöpft sank ich auf einen Stuhl im Kaufhausrestaurant nieder und holte mir erst mal einen Kaffee. Nachdem dieser meine müden Lebensgeister wieder geweckt hatte, kam mir eine geniale Idee. Voll bepackt stolperte ich zur Post, die ich zufällig gesehen hatte, erwarb einen von den gelben Kartons, schmiss alles hinein, adressierte ihn und schwuppdiwupp waren die Sachen auf dem Weg in die DDR. Erleichtert im wahrsten Sinne des Wortes und mit freien Händen stürmte ich wieder die Läden.

Am nächsten Tag war ein Bummel mit meiner Mutter und dem alten Herrn, Onkel Fritze, angesagt. Er ließ es sich nicht nehmen und staffierte mich aus. Einen Lederrock, ja, kannst du glauben, einen Rock, suchte ich, oder war es mehr er, mir aus. Eine Lederjacke dazu und schöne Overknee-Stiefel, die sich eng um meine, du würdest Spatzenbeine sagen, schmiegten. Dazu ein rotes Seidentuch und ... einen roten Hut! Das gefiel ihm, wie ich so aus der Kabine kam und ... mir auch. Ha, dachte ich, ich komme zwar von „drüben" aber hier kennt mich keiner, hier kann ich rumlaufen, wie ich will. Da sieht man wenigstens nicht gleich, dass ich aus dem Osten komme! Nein, da kannst du ruhig lachen, das sah man dann nicht mehr!

Pass auf, eine Geschichte, die das beweisen kann.

Meine Söhne wünschten sich solche Art Collegejacken, mit Schriften aus Neonfarben auf den Ärmeln. Grins nicht so, es waren die Achtzigerjahre und nicht die Zeit der zerrissenen Hosen! Eine Jacke hatte ich schon bekommen, aber mir fehlte die zweite. Also machte ich mich auf den Weg und landete zufällig auf einem Markt. Da sah ich sie hängen, zwischen Leggins, Shirts und Jeans. Genau so wollte ich sie haben. Aber sie war mir viel zu teuer. Ich zeigte mein Interesse und der Verkäufer pries mir die Vorzüge der Jacke wie Sauerbier an. „Nee", meinte ich, „zu teuer, da schau ich woanders" und ging weg. Er kam hinterher und zog mich mit sich. Fünf Mark wollte er runtergehen, das war mir zu wenig, ich bot meine Vorstellung vom Preis an und hatte es wohl übertrieben. Da ging er beleidigt weg. Ich hinterher und bot ein wenig mehr. Er zeigte mir die kalte Schulter und ich ging weg. Du, ich hatte schon eiskalte Füße, aber es reizte mich, das Handeln. So ging es ein paar Mal hin und her. Bis ich die Jacke auf den halben Kaufpreis runter hatte. Das waren Neunzehn Mark. Ganz lässig gab ich ihm Zwanzig mit den Worten: „Da kannste dir nun noch einen Plastikbecher voll Kaffee leisten, den haste verdient." Auf einmal klatschten einige Leute, die ich vor Aufregung nicht einmal wahrgenommen hatte, und die anderen Verkäufer, Käsepaul, Blumenlilly, etc. ... johlten unverhohlen und freuten sich mit mir.

„Mensch", kam Käsepaul auf mich zu, „wie haste das denn geschafft, Kleene, der ist doch so geizig, der ist noch nie mit dem Preis runterjejangen. Willste nicht bei mir anfangen, eene wie dich könnte ich jut jebrauchen." Blumenlilly schrie: „Nee, neee, mach dette nicht, komm zu mir, der will bloß wat von dir. Dem iss die Alte weggelofen ... der braucht vor lauter Käse mal wieder Frischfleisch ..." Umstehende Besucher des Marktes kicherten und schlossen sich dem Gespräch an, lästerten mit und auf einmal hatte ich 'ne Taschenflasche Schnaps in der Hand, die mir einer mit den Worten: „Hier Kleene, nimm nen jroßen Schluck, musst ja janz kalte Beene haben" gab, und mit einem wütenden Blick zu meinem Verkäufer fügte er hinzu, „keen Benehmen haste, du oller Geizkragen, hättste auch kürzer machen können." Und ich hatte Mühe alle zu verstehen.

„Iss ja jut ...", rief ich so in die Meute hinein, „jeht doch sowieso nicht, ick bin aus dem Osten und ich will auch wieder zurück!" Da hättest du mal meinen Händler sehen sollen, er raufte sich die Haare und sprang wie Rumpelstilzchen umher und zeterte.

„Eener aussem Osten bin ick auf'n Leim jejangen, dette kann doch woll nicht wahr sein. Die sieht aber ooch nicht so aus. Leute, seid mal ehrlich, die sieht nicht so aus wie aus der Zone!" Alle lachten und wir plauderten noch ein Weilchen.

Wenn sie geahnt hätten, dass ein paar Monate später die halbe DDR über die Grenzen stürmt, hätten sie wohl nicht mit mir gelacht! Da ich noch etwas für den Fasching suchte, für mich natürlich, fuhr ich am nächsten Tag nochmals hin. Mir gefiel eine gestreifte Leggings, die ich beim Handeln gesichtet hatte. Als Sträfling wollte ich zum Fasching gehen.

Ich grinste den Händler an und sagte zu ihm: „Was sollse denn kosten?"

„Gib mir zwei Mark und hau ab", sagte er zu mir, „du machst mir mein Jeschäfft kaputt." Mit den Worten drückte er mir die Hose in die Hand und schob mich weg. Auch gut, dachte ich mir, der hat genug von mir. Da siehste mal ... Kleider machen Leute!

Dritte Reise nach Berlin (West)

Schon nach dem Frühstück, nachdem ich am 06.10.1989 zum zweiten Mal die Grenze passieren durfte und in Westberlin angekommen war, zog ich los, voll bepackt mit Ermahnungen, wie z. B. iss nichts an den Buden, das ist Mist und bekommt dir nicht. Oder: Lass dich nicht mit anderen Leuten ein, und findest du überhaupt zurück und so weiter. Ja? Natürlich sage ich heute auch noch zu meinen Männern, dass sie langsam fahren sollen. Das ist so, so sind wir Mütter nun mal. Wir tun das, um uns zu beruhigen. Hauptsache, wir haben es gesagt, und somit sind wir die Verantwortung los, oder? Ist es nicht so? Also fuhr ich zum Ku'damm und rein ins KaDeWe. Das Angebot machte mich sprachlos und ich konnte mir stundenlang alles ansehen. Weiß nicht mehr, welche Gefühle da überhandnahmen. Ehrfurcht vielleicht oder die knallharten Erkenntnisse der Funktionalität der Marktwirtschaft? Natürlich waren für uns weltfremde Ostdeutsche überall Fallen aufgebaut. Die

Toilettenspülung stellte sich als ein unüberbrückbares Hindernis dar. Verzweifelt suchte ich die Strippe zum Ziehen oder wenigstens einen Knopf zum Drücken. Aber als dieses Ding ein Eigenleben entwickelte, selbstständig die Brille abputzte, sich drehte und wendete, das kam mir schon ein bisschen suspekt vor. Neugierig probierte ich es gleich nochmals aus. Sieht ja niemand. Nach noch zwei weiteren Versuchen wusste ich, wie das ging. O Technik, wie bist du wunderbar ... und schwer! Bereit zum Staunen war ich allemal und ging weiter auf Entdeckungstour. Rolltreppen, die ich ja eigentlich schon kannte, überall. Also wollte ich diese ganz locker benutzen, als ob ich das jeden Tag tue, was mir aber an diesem Tag nicht gelang. Ich rutschte ab und mein lädierter Rücken blockierte. Du, das tut wahnsinnig weh, egal ob du im Osten oder im Westen bist. Da wo ich gerade stand, ließ ich mich nieder, legte mich gerade ausgestreckt auf den Boden und versuchte, mit Entspannungsübungen, alles wieder an Ort und Stelle zu bugsieren. Das erregte natürlich die Aufmerksamkeit der Angestellten des Kaufhauses.

Ein Sicherheitsmann kam und guckte ganz erstaunt zu mir runter.

„Was machen Sie denn da?", wurde ich gefragt.

„Nicht schlafen und ich bin weder betrunken oder high", antwortete ich. „Mein Rücken ist blockiert und da muss ich mich sofort hinlegen. Egal wo ich bin und wenn ich, beziehungsweise SIE, Glück haben, kann ich nach einigen Minuten wieder aufstehen. Ansonsten haben WIR ein Problem."

„Oh", meinte er, „hier sind gerade ein paar Ärzte im Haus, die stellen ein neues Massagegerät vor, warten sie bitte, die hole ich."

„Keine Angst, ich laufe nicht weg", rief ich ihm noch hinterher und einige der inzwischen stehen gebliebenen Kunden lachten mit mir.

„Passiert Ihnen das öfter?", wurde ich gefragt.

„Ja", antwortete ich im Liegen, „ist die einzige Möglichkeit, die Blockade sofort aufzuheben oder ein kräftiger Schluck Schnaps, der durchblutet die Muskulatur und wenn ich Glück habe, gelangt er auch bis zum Rückenmuskel."

Zwei junge Männer tuschelten und nach ein paar Sekunden kamen sie mit einer großen Flasche Metaxa zurück.

„Hier, trink mal", meinte der eine Mann, was ich auch tat.

„Na los, du auch – mitgefangen, mitgehangen", erwiderte ich. So saßen dann zwei oder drei Männer neben mir auf dem Fußboden und tranken Schnaps aus der Flasche. Und das im KaDeWe. Gott sei Dank erkannte niemand, dass ich aus dem Osten war. Die hätten vielleicht gedacht, ich bettele. Tatsächlich, nur kurze Zeit später kamen zwei Ärzte. Kurz beantwortete ich ihre Fragen, sie holten eine Pritsche und hievten mich mit gekonnten Handgriffen hinauf. Durch die Jacke hindurch wurde ein wenig Chiropraktik angewandt, und der Rücken wurde leicht massiert. Das fühlte sich so richtig gut an. Wacklig rutschte ich mithilfe der Ärzte von der Pritsche runter und konnte laufen. „Laufen Sie jetzt mal nicht so viel rum", meinte einer der Ärzte, „lieber irgendwo vorsichtig hinsetzen und ein wenig warten." Ich bedankte mich und schlich aus dem KaDeWe raus.

Wohin? Also eine Würstchen- oder Dönerbude hätte ich ja gern, entgegen der Ermahnungen meiner Mutter ausprobiert, wollte oder konnte aber nicht stehen.

Auf mich kann man aber den Spruch: „Wat der Bauer nicht kennt, frett er nicht!"... nun nicht gerade anwenden. Einmal im Westen, du, ich war neugierig bis zum GEHT NICHT MEHR.

Vor mir stand ein hohes Haus mit einem Mercedesstern darauf, später wusste ich: „Es war der i-Punkt." Nun ja, ein Schnitzel oder Gulasch kann ich auch im Osten essen, dachte ich mir und betrat neugierig das Gebäude. Mit dem Fahrstuhl fuhr ich bis in die oberste Etage, in der ein Café und Restaurant beheimatet war. Überwältigt stand ich an dem Panoramafenster und ließ meine Blicke über die Stadt schweifen. Es sah alles so einfach aus. Alle Dächer waren rot, grau, etc., ob im Westen der Stadt oder im Osten. Die Mauer konnte ich nicht direkt erkennen, nur erahnen. Die Vogelperspektive ließ mit geballter Wucht die Unsinnigkeit einer geteilten Stadt erkennen. Ich fühlte mich wie nach einem Schlag in die Magengrube. Ob ich schon einmal einen bekommen habe? Ja, klar doch. Mehrfach. Einen Handball und einen Fußball, das waren die Sichtbaren. Die unsichtbaren Schläge tun aber mehr weh. Das sind Worte oder Gefühle wie Schläge! Es erschien so einfach von hier oben, alle Teile der Stadt zu erreichen, und die Probleme erschienen, wie die Autos und Menschen unter mir, auf einmal so verächtlich klein. Ich schaute ein paar Tauben hinterher, wie sie ohne jede Barriere die Stadt überflogen. Da war sie wieder, diese Sehnsucht nach Freiheit, zum Greifen nah und doch so weit entfernt, wie der allerletzte Stern am Himmel.

Nachdenklich und aufgewühlt fuhr ich wieder zurück zur unteren Etage. Es war der Tag vor dem 40. Jahrestag der DDR und Herr Honecker hatte die Grenzen geschlossen. Nicht, dass die Leute, die einen Pass oder ein Visum besaßen, nicht nach Westberlin fahren durften, nein, die Westberliner und ihre Gäste, die mit einem Pass oder Tagesvisum ausgestattet waren, durften nicht in den Osten einreisen! Er wollte auf keinen Fall Störenfriede zu seiner Feier zum 40. Jahrestag aus dem Westen einreisen lassen.

Bei den Feierlichkeiten fiel wohl der bedeutungsvolle Satz: „Und die Mauer steht noch hundert Jahre."

Für mich allerdings ist der Spruch des Jahrhunderts der von Gorbatschow: „Wer zu spät kommt, den bestraft das Leben."

Dann stand ich vor einem japanischen Restaurant. Im Schaukasten war die Speisekarte ausgehängt, die ich mit Interesse studierte. Du musst wissen, für uns war eine Westmark fünf Ostmark wert. Also ein Gericht mit Getränk für 15 DM waren dann schon gleich 75 Ostmark. Die Relation musst du verstehen, zu der Zeit habe ich circa 500 Mark für 8 Stunden an etwa 24 Tagen im Monat verdient. Aber der Rücken schmerzte und Hunger hatte ich auch und nicht zuletzt war ich viel zu neugierig auf die Atmosphäre in einem japanischen Restaurant. Also betrat ich erwartungsvoll eine für mich total fremde Welt. Japanerinnen in farbenprächtigen Kimonos, mit dem Kissen auf dem Rücken, trippelten mit einem eingefrorenen Lächeln, nein, sie schwebten über einen jeden Schritt dämmenden Teppich. Lange große Tische mit einer freien langen Seite, die anderen waren mit Stühlen bestückt, standen wuchtig in dem großen Raum. Auf der freien Seite war, so lang wie der Tisch ist, eine durchgehende Kochplatte. Aus Edelstahl natürlich. Utensilien wie Gewürze und Gabelwender, etc. standen wohlgeordnet und in ihrem Edelstahlkleid wunderschön vor den großen Kochplatten. Davor standen japanische Köche und brutzelten Fisch, etc., und ich staunte nicht schlecht, so etwas hatte ich noch nie gesehen. Ich suchte mir einen Platz und fand ihn an der Stirnseite an einem der Tische. Ein paar junge Leute saßen etwas entfernt von meinem Platz am Tisch, und mir schräg gegenüber war noch ein Platz frei. Eine Japanerin kam mit einem dampfenden nassen Handtuch. Mein Gott, dachte ich, was soll ich damit, unsicher betrachtete ich mich heimlich, ob da irgendetwas war, was ich abwischen sollte. Mit Gesten deutete sie mir dann an, meine Hände frisch zu machen. Puhh, ich dachte schon, ich seh' nicht sauber aus. Hätte nach meiner Bekanntschaft mit dem Boden vom KaDeWe auch sein können. Aber dann sah ich, dass jeder Gast so begrüßt wurde. Dann wurden die Stäbchen in einer Hülle hingelegt. Kritisch betrachtete ich sie, sie waren zusammen, nicht untrennbar, wie ich feststellte, man musste sie auseinanderbrechen. Meine Tischnachbarn machten mir das vor. Nach wenigen Minuten setzte sich ein junger Mann an meine Seite. Ich beobachtete ihn verstohlen. Er hatte ein kleinkariertes Hemd an und so eine komische Jeans. Eine Zonenjeans, dachte ich. Erschrocken fixierte er, wie ich ein paar Minuten vorher, die Dame mit dem Handtuch, und auch der Umgang mit den Stäbchen animierte die Tischgesellschaft zum Schmunzeln und zur Hilfestellung.

„Was denn?", sprach ich ihn an, „noch nie mit Stäbchen gegessen? Bist wohl auch aus der DDR und zum ersten Mal im Westen wie ich?"

„Nein", sprach er im astreinen Schweizer Dialekt, „ich komme aus dem Switzerland, das ist mir auch noch nicht passiert, dass man denkt, ich komme aus der Zone!" Alle am Tisch, die unseren Dialog mitbekommen hatten, lachten laut los und auch wir fielen in das Gelächter ein. Sofort war eine positive Stimmung am Tisch und ich wurde, teils besorgt, gefragt: „Was ist denn bei Euch da drüben los, was soll das werden? Wird womöglich Gewalt eingesetzt, gibt es Krieg?", und so weiter. Alle hatten die Flüchtlingswelle von Ungarn, CSSR über die Botschaften mit verfolgt. Du, das kann ich dir sagen, die Menschen waren mehr als beunruhigt. Wir diskutierten lange und ich genoss die Freiheit, mal sagen zu dürfen, was mir so in den Sinn kam. Keine Umschreibungen, keine versteckten Worte, kein Überlegen, was der Mensch vor mir wohl so macht und ob er vertrauenswürdig ist. Es war, als wäre der nächste Ring aus Erz um meinen Brustkorb gesprungen und die Schleusen öffneten sich.

Nachdem ich gegessen hatte, wollte ich eigentlich gehen. Da sagte der Schweizer, der aus der Nähe vom Matterhorn kam: „Ach bitte, lass mich doch nicht so allein hier sitzen. Komm, ich lade dich noch zu einem Martini ein, ich möchte mehr von drüben hören."

„Ja, bleib noch hier", bekräftigten die anderen Leute am Tisch seinen Wunsch. Nun, was soll ich sagen, nach dem dritten Martini tat mir nichts mehr weh, überhaupt nichts, und ich genoss diesen Nachmittag in vollen Zügen. Im wahrsten Sinne des Wortes.

Richtig nahe gingen mir die Worte des Schweizers, als er zu mir sagte: „Pass auf, der Gorbatschow schafft das, ihr könnt bald alle reisen. Was hältst du davon, ich lade dich und deine Familie in die Schweiz ein. Ich habe eine Firma mit einem Gästeappartement, das stell ich euch gern zur Verfügung."

Du, glaub mir, das ließ mich kalt werden, bis in die Zehen. Kreideweiß muss ich gewesen sein. Wie versteinert guckte ich ihn an.

„Was hast du?", wurde ich besorgt von andern Leuten am Tisch gefragt, „das ist doch toll."

„Ja, klar ist das toll", antwortete ich, „aber daran kann ich nicht glauben. Ihr müsst wissen, ich durfte 20 Jahre nicht zu meiner Mutter fahren, zum Telefonieren fuhr ich extra drei Stunden eine Tour nach Ostberlin. Bei der Beerdigung meines Bruders konnte ich ihr nicht zur Seite stehen und zig Mal wurde ich verhört von der Stasi und der Polizei und dann sagt hier jemand so locker, komm mal in die Schweiz!? Als ob das die selbstverständlichste Sache der Welt sei? Nein, Leute, das ist ein zu starker Tobak. Hört mal: Das einzige Land im Ostblock, im Freundesland, war die CSSR, da durfte ich nur mit Personalausweis einreisen", erklärte ich weiter, „Länder wie Bulgarien und Rumänien habe ich gemieden. Warum, fragt ihr?" „Na, unsere Freunde wollten uns doch nicht, die wollten die westlichen Besucher, das brachte Geld. Meinen Jungs erklären zu müssen, warum es auf der einen Seite der Hotelrestaurants Bananen, Pfirsiche und Orangensaft gibt und auf der Seite, die den DDR-Bürgern zugeteilt wurde, nicht, das wollte ich ihnen nicht antun. Und nein, nach Russland wäre ich sowieso nicht gefahren. Wir hatten die Russen vor der Haustür, das hat gereicht. Um zu erfahren, ob man mich überhaupt reisen lassen würde, habe ich mal ein Visum nach Ungarn beantragt. Es wurde abgewiesen, wohl gemerkt NUR nach Ungarn. Das sind so verschiedene Welten und Systeme, auch unüberbrückbare Geschichten, die das nicht zulassen werden. Nein, so weit darf ich nicht denken, die Enttäuschung würde sehr wehtun."

„Na dann schreib dir mal meine Adresse auf und melde dich, wenn die Mauer fällt", forderte mich der Schweizer auf.

„Nein, das mach ich nicht, nein, auf keinen Fall", erwiderte ich ihm. Es war still geworden an dem langen Tisch, der, ohne dass ich es bemerkt hatte, voll besetzt war. Man hatte sich einfach von anderen Tischen dazugesetzt. Mehrere Japaner standen dahinter und hörten uns zu.

„Warum nicht?", wurde ich gefragt, „da ist doch nichts dabei."

„Nein", antworte ich, „eigentlich nicht. Aber wir aus dem Osten werden doch so hingestellt, als ob wir nur westliche Bekanntschaften suchen, um irgendetwas zu bekommen, Pakete aus dem Westen meine ich, mit Dingen, die bei uns schwer zu beschaffen sind. Kaffee, Strumpfhosen, Jeans, Duschmittel bis hin zu Badezimmerarmaturen etwa. Allerdings, wir werden nicht nur so hingestellt, nein, viele Menschen sind so. Und ich kann sie auch verstehen. Das hat seine Ursachen in der Mangelwirtschaft und man kann es den Leuten nicht verdenken", sprach ich weiter, „aber ich möchte das nicht, ich möchte nicht den Schein erwecken, nur aus diesen Gründen hier zu sein und jeden Kontakt auszunutzen. Es waren so tolle Stunden hier mit euch, ich fühlte mich zum ersten Mal frei. Das möchte ich so in Erinnerung behalten und kein Wermutstropfen soll mir dieses Gefühl nehmen."

„Ja, das verstehe ich", meinte der Schweizer, „aber bitte gib mir deine Adresse, ich werde mich melden." Was ich dann auch tat.

Du kannst dir nicht vorstellen, was mir dieser Nachmittag gegeben hat, das kannst du nicht ermessen. Nein, das kannst du mit allen Fähigkeiten der Empathie nicht. Es ist auch nicht alles mit Worten zu erklären, jedenfalls gelingt mir das nicht, den Gegensatz der Gefühle, das Unwohlsein in der DDR und die freien Minuten im i-Punkt von Westberlin punktgenau zu beschreiben. Es basiert alles auf Erfahrungen und Empfindungen, aus denen man letztendlich Schlüsse zieht. Man kann nicht immer seine Empfindungen im Kopf ansiedeln, irgendwann werden die Momente vergessen, in denen sie entstanden und es bleibt nur noch das beängstigende oder schöne Gefühl aus diesen Momenten erhalten.

Über 40 Jahre in einem System, in diesem System, das bedeutet manifestierte Empfindungen. Das bedeutet Anpassung, ob du willst oder nicht. Du musstest hier leben, deine Kinder mussten hier leben. Du konntest zwar vermitteln, dass du das System ablehnst, aber du hattest kein anderes, was du deinen Kindern anbieten konntest. Du warst gefangen in den Mauern, in dem Regime, in deinen Gedanken, in deinen Wünschen und in den Kompromissen, die du schließen musstest. Das bedeutet 40 Jahre gelogen, geheuchelt, geschimpft statt sich offen zu wehren. Manchmal hatte man die Nase gestrichen voll und begann aufzubegehren, dann hatte man eine Ahnung, es doch lieber nicht zu tun und manchmal hat diese Ahnung dir die Luft genommen, dir gezeigt, auch du bist ein Feigling, auch dir fehlt der Mut. Also Widerstand in kleinen Dingen, die nicht gerade populär waren, aber die dir doch das Gefühl geben konnten, hey, mit mir nicht, mit mir nicht alles, auch ich setze meine Grenzen.

Wie würdest du damit umgehen? Richtig! Du weißt es nicht, weil du es vielleicht nicht erlebt hast, weil du diese Erfahrung einer ständigen Kontrolle und das Gefühl dieser unterschwelligen Angst nicht kennst und auch nicht beurteilen kannst, was man hätte tun können, müssen und sollen. Vielleicht wärst du, auch wenn dir das jetzt völlig undenkbar erscheint, ein richtiger linientreuer Funktionär geworden oder ein IM, alles ist möglich. Du kannst nichts ausschließen.

Ob ich noch Kontakt zu dem Schweizer habe oder hatte? Ja. Als die Mauer fiel und ich gerade mit meinem Mann zum Postkasten ging, sagte er scherzhaft: „Na, nun wird es aber Zeit, dass sich dein Schweizer meldet." Und? Ja, haste nicht geseh'n, da lag die Einladung aus Volketsvil im Kasten. Nein, wir sind nicht hingefahren. Es war auf einmal im eigenen Umfeld alles so interessant, so neu und spannend, dass wir nicht gleich auf Reisen gingen. Aber noch lange schrieben wir uns Briefe.

Der einmalige Moment

Ich bin wie du auf einer Reise
auf meine Art und Weise.
Ich halte an – wenn es in mir brennt,
dann ist er da, der einmalige Moment.
Ich will ihn erleben – diesen Moment.
Ich will ihn dir geben – diesen Moment.
Wenn ich bereit bin und du so weit bist,
Um mit mir zu gehen,
Dann werden wir ihn spüren
Dann wird er uns führen.

Der Moment – er wird nur einmal geboren,
Wenn du ihn nicht erkennst – geht er verloren.
Es wird mit dir unfassbar schön,
Auf diese Reise zu geh'n.
Wir halten an – schauen nicht zurück,
Um ihn nicht zu versäumen, diesen Augenblick.

Er war mit dir unfassbar speziell,
Liebe, wie ein Stern so hell.
Wir hielten an – er leuchtete am Tag,
Er war so intensiv – wie unser Herzschlag.
Ein Kompliment an den Moment
Er war kurz aber er brennt.
Unser Moment … unser einmaliger Moment.

Großraumbüro

Ja, du fragst, wo ich und wie ich in der Zeit vor der Wende gearbeitet habe? Nachdem ich fast 15 Jahre in verschiedenen Einrichtungen mit Kindern gearbeitet hatte, suchte ich ein neues Betätigungsfeld, auf dem ich mich vielleicht wohler fühlen würde. Hin- und hergerissen zwischen Idealismus, Familie, Angst, Unsicherheit und Spaß am Leben.

Nicht, dass du denkst, die Arbeit mit den Kindern wurde mir zu viel, nein, absolut nicht. Ich war mit Leidenschaft dabei. Aber wenn man ständig Knüppel zwischen die Beine bekommt und sich mit einigen Anordnungen oder mit einigen Personen nicht mehr identifizieren kann, sollte man aufhören. Außerdem kamen die ersten Anzeichen von gesundheitlichen Problemen auf. Wenn ich mit Kindern gearbeitet habe, dann immer mit vollem Einsatz. Halbe Sachen gab es da nicht. Immer mittendrin, ob beim Fußball, Wandern und Blödsinn machen. Dass sich eine Kindergruppe meinen körperlichen Problemen unterordnen muss, das kam für mich nicht infrage. Vielleicht hatte ich auch einfach nur genug. Den tristen Alltag an einer Anfang der 70er Jahre neu erbauten Schule, vorn Beton, hinten Beton, an den Seiten Beton, wollte ich, wie immer naiv in meinen Vorstellungen, dass andere Leute das genau so sehen würden wie ich, verändern. Ein Beispiel: Wir hatten an der Schule vier erste Klassen, vier zweite, vier dritte und vier vierte Klassen. Die Kinder kamen zum größten Teil um 6.00 Uhr in der Früh zur Schule. Rein in den Klassenraum. Pausen auf dem Betonschulhof, Schule beendet – ab zum Essen. Mittagsruhe in einem so engen Raum, dass die Kinder wie Heringe lagen. Da saß man dann mit in dem Raum und bewachte die kleinen Rabauken. Die Stille übertrug sich wohltuend auf das Hirn, und einmal wurde ich von kleinen zarten Stimmen geweckt, psssst pssst Frau Sowieso schläft ... Ja, die einzige Person die schlief – war ich! Danach rein in den Klassenraum. Hausaufgaben machen. So weit, so gut, so weit, so schön. Ganztagsschulen sind ja auch heute wieder ein Thema. Aber, siehst du, jetzt kommt das „Aber": Da waren lernstarke Schüler und lernschwache Schüler, lebhafte und ruhige Schüler. Heute heißt das bei lebhaften Kindern ADHS und lebhafte Kinder werden gern von den Eltern als krank eingestuft. Der Trend nimmt leider diese Richtung zu. Viele Eltern können nicht damit umgehen, wenn ihre Kinder nicht den selbst gesetzten Normen entsprechen, die sich dann durch alle Bevölkerungs-schichten ziehen.

Es gab immer sehr gute Schüler, mittelmäßige und schlechte. Genau wie stille, lebhafte, artige und undisziplinierte Schüler. Aber die sind doch nicht krank, wenn sie nicht so intelligent und nicht so ruhig sind. Hast du schon einmal ein wirklich hyperaktives Kind erlebt? Nein? Ich schon! Die Kinder und die Eltern sind ständig in einer Ausnahmesituation. Diese Menschen brauchen Hilfe, aber nicht jedes Kind, das nicht den Vorstellungen der Eltern und auch der Gesellschaft entspricht, ist gestört.

Schlimm war es im Schulhort für die lernstarken Kinder, sie mussten so lange stillsitzen, bis der letzte Schüler fertig wurde. Eine Qual für ein Schulkind, das gerade 4 bis 6 Schulstunden stillsitzen musste, nun mit Gewalt ruhen sollte und sich nicht bewegen durfte. Wer nicht gern malte oder zusätzliche Aufgaben lösen wollte, langweilte sich oder störte den Ablauf. Das betrachtete ich als völlig daneben und hatte die fixe Idee, ich könnte das etwas umstrukturieren. Also entwarf ich einen Plan. Die leistungsstarken Kinder in einer Gruppe z. B. könnten nach Beendigung der Hausaufgaben draußen spielen, etc. Die Lernschwachen zusammen in einer Gruppe, so wäre Nachhilfe gewährleistet und die nötige Ruhe für ein kontinuierliches Arbeiten. Die „Wilden" auf das Sportgelände, um sich bei Ball- und anderen Spielen auszutoben und die „Stillen" zusammen in eine Gruppe, um zu lesen, spielen oder malen. Das habe ich alles schriftlich fixiert und eingereicht. Du meinst, sie fanden das toll? Haha, wo denkst du hin, da hat sich niemand gefreut und mir auf die Schultern geklopft, und natürlich ist daraus nichts geworden.

Ich wurde mal wieder von der Stasi abgeholt und man warf mir kapitalistische Ideen vor und wollte wissen, woher ich sie habe, mit wem ich mich diesbezüglich treffe, ob ich Literatur aus dem Feindesland besitze, usw. Für mich mal wieder der Hammer. Ich wollte wirklich nur der Logik folgen und den Kindern den Schultag erleichtern. Aber nein, wie könnte ich da lautere Gedanken haben, da muss man doch etwas im Schilde führen. Ich hätte es wissen müssen, aber gutgläubig, wie ich bin, tappte ich auch in diese Falle. Ja, ich hätte eigentlich schon gelernt haben müssen, dass freie Gedanken nicht immer erwünscht sind. Aber zu deiner Beruhigung, das passiert mir immer wieder. Ja, es wird immer so viel von Klarheit geredet, ist man aber direkt – ooohhh, das kann ich dir sagen, dann bekommt man sofort eins auf den Deckel. Damals wie heute.

Rheuma und Nervenschmerzen plagten mich zusehends immer mehr, darum wollte ich raus aus dem Drill. Und ich schaffte es. Nein, so einfach wie du dir das vielleicht vorstellst, war das nicht. Da mussten Atteste her, Aussprachen wurden geführt und natürlich wollte man die Leute sehr gern in die Produktion stecken. Da wäre es mir aber wahrscheinlich weitaus schlechter ergangen. Die Erfahrungen, die ich da schon gemacht hatte, reichten mir voll und ganz.

Mein erster Tag in einem Großraumbüro

Am Rande der Stadt und unmittelbar an der Elbe lag ein sehr großer Betrieb. So um die dreitausend Beschäftigte arbeiteten dort; Zweigbetriebe gab es in der ganzen DDR, sodass es an die sechstausend wurden. Nun musst du wissen, das System der Urlaubs- und Feriengestaltung war komplett anders geregelt als im Westen. Jeder Betrieb, oder auf jeden Fall jeder größere Betrieb, hatte seine eigenen Ferienobjekte. Von Campingplätzen, Ferienlagern bis hin zu angemieteten Wohnungen und eigenen Ferienheimen. Alles unterstand der Gewerkschaft (FDGB) und den jeweiligen Sozialabteilungen. Alle Urlaubsunterkünfte wurden dem Zentralrat des FDGB gemeldet, dort wurden sie gemischt und so kamen jeweils Ferienschecks aus den verschiedensten Gegenden zurück, die dann auf die jeweiligen Abteilungen in den Betrieben aufgeteilt wurden. Natürlich blieben die attraktivsten Urlaubsplätze gleich in der Null-Linie und der L-Linie. Was das bedeutet? Kann ich dir sagen: Null war die Sicherheit (Stasi), die in jedem Betrieb ihre Leute hatten, und L war die Leitungsebene. Nach dem Motto, die Guten ins Töpfchen, die Schlechten ins Kröpfchen! Und in dieser Abteilung wurde ein Sachbearbeiterposten frei für die Kinderbetreuung. Ferienlager, Kinderkrippen und Kindergärten. Ja, das gab es alles. Hört sich ja gut an, meinst du? Ja, hört es sich! Die Quantität an Plätzen war hervorragend und so war gewährleistet, dass auch die Mamas von früh bis spät oder in Schichten arbeiten konnten. Zum Wohle des Betriebes, des Kombinates, der Gesellschaft und des Staates! Aber zum Wohle des Kindes? Zweifelhaft! Gruppenerziehung vor Familienerziehung, das war das Stichwort. Nach dem Vorbild des russischen Pädagogen Makarenko.

Ob das so schlecht war, ist deine Frage? Nun, schlecht vielleicht nicht, fragt sich nur für wen! Mit Begeisterung habe ich Makarenko studiert und einen großen Teil seiner Bücher gelesen. Aber das waren doch ganz andere Zeiten. Kurz nach der Oktoberrevolution war es nicht schwer, aus verwahrlosten, straffälligen Kindern und Jugendlichen Selbstversorger zu machen, die allein und halb verrückt vor Hunger durch die Hölle gegangen waren. Kriminell, verjagt und gedemütigt lernten sie in einer Form der Selbstverwaltung auch Selbstdisziplin. Sie betrieben Ackerbau und Viehzucht, besetzten Schlösser und Landgüter der verjagten oder getöteten herrschenden Klasse, übten sich in eiserner Disziplin und hatten ein ZUHAUSE! Hatten etwas zum Essen, konnten lernen, denn auch Lehrer waren mit an Bord. Hatten Freunde und im weiteren Sinn eine Familie. Glaub mir, ich habe ihn verehrt, den Makarenko. Er entwickelte eine Form der Kollektiverziehung! Disponibel sollten die Überbleibsel des Krieges sein. Allseitig verwendbar eben, nachdem sie straffällig geworden waren und den Abschaum der Gesellschaft darstellten. Antiautoritär sollte es sein, Arbeitsschulen nannte er das. Obwohl, versteh das nicht falsch, diese Art von antiautoritär ist nicht die der heutigen Zeit. Wo die Kinder bestimmen, ob sie hören oder nicht, ob sie lernen oder nicht, wann sie schlafen gehen, etc. Es herrschte Disziplin bei Makarenko, aber eben eingefordert und kontrolliert von den Kindern und Jugendlichen selbst. Nicht fremdbestimmt autoritär, sondern mit Achtung der Persönlichkeit der Kinder. Makarenko war Realist. Wer Essen will, muss arbeiten und Disziplin bewahren. „Ich fordere dich, weil ich dich achte" war einer der Leitsprüche und es hat funktioniert.

Aber dieses System konnte man nicht mehr in der DDR anwenden, in einer Gesellschaft, in der es kaum noch Waisenkinder gab. Bei Makarenko, wo von den Kindern und Jugendlichen keine Familie mehr vorhanden war, konnte auch keine Familienerziehung praktiziert werden, da konnte die Gruppenerziehung Wunder vollbringen, das ist richtig. Aber diese Kolonien waren auch in der DDR nicht mehr zeitgemäß. Die Gruppenerziehung an erste Stelle zu setzen, war eine Bevormundung der Bürger. Eine Entmachtung der Eltern! Oder vielleicht besser ausgedrückt, eine Entmündigung der Eltern!

Ich bewarb mich auf den Hinweis einer Freundin für diesen Posten. Schon in dem Bewusstsein, das wird sowieso nichts, reichte ich meine Papiere ein. Wenn sie meine Akte erst einmal in den Fingern haben, dann – aus die Maus. Dachte ich. Die Abteilungsleiterin, eine dominante Mittfünfzigerin, Parteigenossin und ziemlich rot angehaucht, so waren meine Erkenntnisse, hatte aber ebenso eine weniger rote Seite.

Ihr Sohn, einst Anwärter auf eine hohe Offizierslaufbahn, hatte das perfide System der DDR durchschaut und wollte in den 70er Jahren gemeinsam mit drei anderen Freunden das Land verlassen. Abhauen, sagte man hier. Ein Urlaub nach Ungarn, ins Freundesland, wurde vorgetäuscht, und die Freunde machten sich mit ihren Motorrädern auf den Weg über die CSSR. Einer von den jungen Männern hatte einen Kaufvertrag geschrieben, in dem er, im Fall seiner geglückten Flucht, seinem Bruder sein Auto überschrieb. Ein „Wartburg" war es, meine ich zu wissen. Da man gut 12 Jahre auf einen PKW warten musste, äußerst wertvoll!

Wieso warten auf ein Auto, fragst du? Das weißt du nicht? Man konnte in der DDR eine Anmeldung abgeben und nach ca. 10 Jahren bekam man einen Trabant, nach 12 und mehr Jahren einen Wartburg, Dacia oder Skoda. Also haben die Menschen in der DDR ihre Kinder, wenn sie denn 18 Jahre alt waren (vorher ging das nicht) für ein Auto angemeldet. So hatten sie wenigstens die Chance, ca. mit 30 Jahren eines kaufen zu können. Tolle Aussichten, nicht wahr? Aber mit den Anmeldungen allein konnte man schon Geld verdienen. War die Zeit gekommen, dass man in den Bereich kam, bald ein Auto kaufen zu können und man hatte das Geld nicht dazu, hat man eben die Anmeldung verkauft. Och, du, das kann ich dir sagen, begehrt waren diese Anmeldungen. Pass auf, ich mach dir mal eine Rechnung auf.

Wir suchten Anfang der 80er Jahre ein gebrauchtes Auto, einen Wartburg. Ein Tipp unter der Hand führte uns zu einem Juwelier. Ein Wartburg stand da, 12 Jahre alt, die Karosse durchgerostet, aber das Innenleben, wie Motor, etc. war noch in Ordnung. 13000 Ostmark haben wir gezahlt, nur um so ein Schrott-Vehikel zu haben. Durch Beziehungen konnten wir eine nagelneue Karosse vom Wartburg Werk Eisenach bekommen, 8000 Ostmark, das alles zusammensetzen, nochmals 2000 Mark und somit hatten wir ein neu aussehendes Auto mit einem alten Getriebe, etc. 23000 OSTMARK für so eine alte Kutsche! Ohne das Westgeld von meiner Mutter hätten wir das nie im Leben geschafft. Unsere Löhne waren nicht hoch, im Schnitt hatten wir für 4 Personen mit allen Nebenkosten 1000 Ostmark zur Verfügung.

Bei uns war alles subventioniert, meinst du? Alles war billig? Wer hat dir denn das erzählt? Die Mieten waren niedrig – aber du hättest die Bruchbuden mal sehen sollen! Kohlen, nun ja, das ging noch im Preis. Die Butter z. B. kostete immer 2,50 Ostmark das halbe Pfund. Das magere und eintönige Angebot von Wurst und Fleisch war erschwinglich, wenn du nicht gerade mal Filet haben wolltest. Käse, Säfte und etliche andere Lebensmittel konntest du nur im Delikat-Laden kaufen. Westware für Ostgeld. Ein Camembert-Käse kostete dort 12 Ostmark und Granini Pampelmusen-Saft um die 10 Ostmark. Das ist mir noch so in Erinnerung, da meine Schwiegermutter sehr krank war und gern diesen Pampelmusen-Saft trank. Also wurde er gekauft. Und wer bekommt mal nicht Besuch und will etwas Gutes auf den Tisch bringen? Besonders wenn es Besuch aus dem Westen war, die dann gönnerhaft Aldi-Schokolade verteilten, dazu vielleicht noch ein bisschen Seife und Kaffee. Übrigens 125 Gramm Kaffee haben bei uns 8,75 Mark gekostet und geschmeckt hat er unter aller Würde. Grob gesagt, für einen Warenwert von 10 bis 20 DM, dass, was unsere Westbesucher so aus dem gelobten Land mitbrachten, gaben wir mindestens einen Monatslohn aus, um was Anständiges vorsetzen zu können. Ja, du hast recht, sie mussten Geld eintauschen, Eintrittsgeld haben wir gesagt, 25 DM pro Tag pro Person. Dafür hat man dann Goldschmuck, Bücher oder andere gute Sachen gekauft. Besser gesagt dem DDR-Bürger weggekauft.

Nun wieder zu den Abtrünnigen. Er vergaß, den Brief aufzugeben, und hatte ihn bei der Kontrolle an der Staatsgrenze noch in der Tasche. Dumm gelaufen; so stand die beabsichtigte Republikflucht fest und alle wurden verurteilt. Der Sohn der Abteilungsleiterin, der später freigekauft wurde, zur höchsten Haftstrafe.

Ja, da flossen die Moneten aus dem Westen schön in die Taschen von Mielke und Co. Fein, fein, für Westtoilettenpapier, vergoldete Waschtischarmaturen, usw. Für Westgeld haben die ihre Ideale, wenn die überhaupt welche hatten, ihre Seele und ihre Bürger verkauft!

Seine Mutter wurde aus einer führenden Funktion in der Handelsorganisation HO auf den kleinen Posten in einem Großbetrieb geschoben. Frustriert und machthungrig saß sie da nun. Mit sich nicht im Reinen. Da wütete die Mutter in ihr, die einst so stolz auf ihren intelligenten Sohn war und die Genossin, die auf der Parteischiene einen wohlverdienten Ruhestand erreichen wollte. Und sie stellte mich ein! Wir hatten etwas gemeinsam. Die fast ähnlichen Geschichten ihres Sohnes und meines Bruders. Zeitversetzt zwar und mit anderem Ausgang. Mein Bruder tot, ihr Sohn studierte in Hamburg und wurde später ein anerkannter Professor in der Schweiz.

Dann kam er, mein erster Arbeitstag in einem Großraumbüro. Welch ein hässliches Wort für einen noch hässlicheren Raum. Düster, nach Linoleum riechend, präsentierte er sich mir. Jeweils drei gegeneinander geschobene Schreibtische wurden von unansehnlichen Raumteilern voneinander abgeschirmt. Bewegliche Trennwände würde ich sagen, und das drei Mal. Davor ein schmuckloser Sprelakarttisch, dem die darauf verstreut dastehenden Utensilien, wie Pfeffer, Salz, Kaffeesahne und Löffel auch nicht zur Schönheit verhelfen konnten. Stühle davor rundeten den tristen Aufzug von Dingen ab. Hinter einem Vorhang ein Waschbecken und irgendwo eine Kaffeemaschine.

Pünktlich um 6:30 Uhr betrat ich diesen Raum. Das lebhafte Treiben von Kaffee kochen, letzte Erinnerungen vom letzten Tag austauschen, Haare vor einem kaputten Spiegel in Ordnung bringen, wurde mit meinem Eintreten abrupt beendet. Spot an und alle Augen neugierig auf mich gerichtet! Der Kloß im Hals wurde noch größer, und der Druck im Magen verstärkte sich. Da stand ich nun in meinen verwaschenen Jeans, Volleyballschuhen und lockerem Shirt, natürlich aus dem Westen, vor etepetete gekleideten Frauen mit Stöckelschuhen und in Kostümen oder so. Entsetzt wurde ich gemustert, nur ein paar braune Augen guckten mich amüsiert an. Ich nahm mein Selbstbewusstsein zusammen und mit den Worten: „Hallo, ich bin die Neue" trat ich ins Zimmer. Das angrenzende Büro der Leiterin war noch leer.

„Hier, kommen Sie hierher", sagte eine Stimme, „jede Ecke ist eine Woche lang dran, etwas eher zu kommen und Kaffee zu kochen. Heute ist es hier bei mir, kommen Sie." Was ich auch tat. Für 'ne Tasse Kaffee schmeißt man schon mal seine Unsicherheit über den Haufen. Ein Stuhl war unbesetzt und lediglich eine Handtasche fristete dort ihr Dasein. Sie wurde auch nicht entfernt und so setzte ich mich vorsichtig auf die äußerste Kante. Nun wurde ich ausgefragt, woher ich komme, was ich bisher getan habe und so weiter. Im Laufe der Berichterstattung muss ich weiter nach hinten gerutscht sein, vielleicht habe ich auch den sicheren Halt der Stuhllehne im Rücken gesucht.

Auf einmal erklang ein Schrei: „Meine Tasche!!!"

Ich griff hinter meinen Rücken und zog sie unter mir vor. Sie klaffte in dem Moment auf, als ich sie vor mir hatte. Ein abstraktes Bild bot sich mir. Du kennst doch Frauenhandtaschen? Alles durcheinander und prall gefüllt, um für alle Eventualitäten gerüstet zu sein. So auch diese Tasche, mit dem Unterschied von drei weich gekochten Eiern, die ich mit meinem beträchtlichen Gewicht, beträchtlich auf jeden Fall für die Eier, zerquetscht hatte. Lauthals lachte ich los und mit den Worten: „Picasso war ein Scheißdreck dagegen", überreichte ich der Besitzerin die Tasche. Oh, das war ein Verbrechen, stellte ich fest – nicht unbedingt deswegen, weil ich auf den Eiern saß, nein, sondern weil ich gelacht hatte. Und was noch verwerflicher war, war der Spruch, den ich klopfte! Eine Kollegin hatte sich nicht in dieser Ecke aufgehalten, ihre Augen musterten mich sehr belustigt. Sie saß still auf ihrem Platz und zog mit akribischer Genauigkeit Linien auf losen Blättern Papier. Ihr gegenüber wurde mir ein Schreibtisch zugeteilt. Ich grinste ihr zu und harrte der Dinge, die da mit hundertprozentiger Sicherheit auf mich zukommen würden.

Und sie kamen, sag ich dir, sie kamen an dem Tag als geballte Ladung zurück.

Zuerst musste ich zur Kaderleitung (Personalbüro). Ich wurde kurz angebunden abgewiegelt: „Ihre Papiere sind noch nicht hier, also noch kein Arbeitsvertrag." Zurück auf dem Weg zum Büro lag der Konsum. Eine kleine Einkaufsmöglichkeit. Da Pause war, wollte ich mir etwas zum Trinken holen. Eine ziemlich lange Schlage stand vor der Kasse. Eigentlich nichts Ungewöhnliches in der DDR. Wenn wir eine Menschenschlange an irgendeinem Geschäft sahen, stellten wir uns sofort an. Dann wurde erst einmal gefragt: „Was gibt es denn?" Falls interessant, blieben wir stehen und falls nicht, suchten wir halt die nächste Schlange.

Aber ich hatte wenig Zeit, und da ich ein paar Leute kannte, schimpfte ich schon los: „Herrgott, hier auch mit Anstellen? Gibt wohl ein paar Bananen in dem Saftladen hier. Kann man mal sehen, drei Wochen hatten die Zeit, meine Papiere zu holen, nichts ist fertig. Am besten ist, ich hole sie selber", sprach ich noch zu mir. Ich gab sie in der Kaderleitung ab, versiegelt, versteht sich. Hätte ja gern mal gewusst, was da so drinsteht, aber das ging nicht. Danach betrat ich mein Büro, das Großraumbüro. Gefühlte zehn Grad Minus schlugen mir entgegen. Alle taten so, als ob sie angestrengt beschäftigt waren. Ich wurde keines Blickes gewürdigt. Auch die netten braunen Augen waren nach unten gerichtet. Erhaben betrat die Abteilungsleiterin den Raum. Sofort scharten sich die meisten der Anwesenden um sie.

„Kommen Sie her", wurde ich aufgefordert und ich ging langsam in einen Kreis, den man gebildet hatte. Wie ein armer Sünder stand ich in der Mitte. In den höhnischen Augen der „Kolleginnen" las ich die Schadenfreude.

Dann die Chefin: „Wie können Sie es wagen, unseren sozialistischen Betrieb einen Saftladen zu nennen? Sie sind noch nicht einmal richtig hier und machen, was Sie wollen. Wo waren Sie so lange?"

„Na", antwortete ich, „klar ist das ein Saftladen. Nach einer Limo muss man die ganze Pause anstehen und der Betrieb hat es nicht geschafft, meine Unterlagen zu ordern. Kann doch wohl nicht wahr sein, da sitzen doch so viel rum, in der Kaderleitung. Also bin ich mit dem Rad zur Kreisleitung und habe mir selbst die Papiere geholt."

„Das ist ja wohl eine Frechheit", sagte sie und alle nickten mechanisch dazu: „Sie hätten meine Erlaubnis gebraucht, haben Sie wenigstens gestempelt? Das Betriebsgelände darf nicht verlassen werden, nur mit Genehmigung."

„Richtig", widersprach ich, „wenn mein Vertrag fertig gewesen wäre, hätte ich ja die Betriebsordnung lesen können, aber so? Woher soll ich wissen, was man hier darf oder nicht darf? Ist doch wohl kein Gefängnis hier und ich bin auch kein Schulkind mehr. Da ich noch nicht eingestellt bin, habe ich noch keine Stempelkarte, das müssten Sie doch eigentlich wissen."

Mucksmäuschenstill war es auf einmal, große Augen guckten mich an.

„Die traut sich aber was", las ich darin oder „der werden wir schon noch die Flügel stutzen", so in der Art.

„Mein Gott", sagte ich, „lernt mich doch erst einmal kennen. Ich sehe das alles nicht so eng, ich bin eben so und ich bleibe auch so. Wem es nicht passt, der hat eben Pech. Können wir den ganzen Mist nicht vergessen? Kommt Leute, ich gebe einen aus." Vorsorglich hatte ich zwei Flaschen Sekt mitgebracht. Rotkäppchen, diese Marke bekam man nur unterm Ladentisch. Das war Bückware! Du weißt nicht, was das ist? Ganz einfach! Ware, die weggelegt wurde für gute Kunden, etc. Da musste sich die Verkäuferin bücken, um solche Mangelware aus den unterirdischen Tiefen eines Verkaufstresens zu befreien. Daher der Name.

Erst zögerlich kam einer nach dem anderen von meinen neuen Kollegen an den grauen Sprelakarttisch, bei dem sich die Platte an den Ecken schon hochwölbte, und wie von Zauberhand standen auch ein paar Sektgläser da.

Auch die Chefin kam. „Na ja, Schwamm drüber", sagte sie, „Sie werden sich schon eingewöhnen, dann begrüßen wir mal unsere neue Mitarbeiterin."

„Na dann", konterte ich, „eingewöhnen ja, aber nicht unterordnen. Betrachtet es mal anders, ich wette, ihr werdet euch an mich gewöhnen"! Peng, das hatte gesessen! Aber der Bann wurde nach ein paar Gläschen Sekt dann doch noch aufgehoben.

Am Abend saß ich mit meinem Mann am Abendbrottisch.

„Hallo", sagte er, „wie war dein Tag?"

„Komm", antwortete ich, „hör bloß auf, eine Katastrophe! Ich weiß nicht, ob das etwas für mich ist. Da laufen die Kolleginnen mit Exquisit-Klamotten rum. Ein Fleck auf dem Rock ähnelt einer mittleren Katastrophe und die drei Männer, die auch im Großraumbüro sind, die kann ich nicht unter der Kategorie ‚Mann' einordnen. Du weißt doch, wenn schon ein Mann so einen wabbligen weichen Händedruck hat, das kann ich ja nun überhaupt nicht ab." Dann erzählte ich, in welche Fettnäpfchen ich getreten war und er musste lauthals lachen.

„Du beißt dich da schon durch", meinte er, „die werden schon noch ihre helle Freude an dir haben." „Wer ist denn übrigens dein Direktor?", wurde ich gefragt.

„Eckehard Müller", antworte ich. „Direktor für Arbeit- und Sozialwesen."

„Ach ja? Von dem habe ich einen Auftrag liegen, er baut über Elbe ein Haus und will alles aus Terrazzo haben, Fensterbänke, Treppenstufen und so weiter, auch ein paar Sonderanfertigungen", erzählte er weiter. „Aber für die Direktoren macht keiner gern etwas, sie sind so geizig mit dem Trinkgeld. Aber wenn es dein Direktor ist, werde ich es wohl machen." So beendeten wir unser Tischgespräch.

Wieso, fragst du, wieso er es nicht einfach kaufen konnte? Nein, mein Lieber, das gab es nicht. Du musst dir alle Baumärkte in diesem schönen Land wegdenken. Übrig bleibt eine kleine BHG, wo du aber

Beziehungen haben musstest, um zu wissen, wann und welche sie Ware bekommen. Auch da haben wir unsere Söhne mal schon früh um 04:00 Uhr vor das Geschäft hingesetzt, wie beim Kauf des Farbfernsehers, weil es Kanthölzer, Du kennst doch die viereckigen Hölzer zum Bau eines Hauses, Daches, etc. geben sollte. Die Info hat natürlich auch etwas gekostet, etwas von der beliebten D-Mark! Das drei Mal hintereinander und wir hatten, was wir brauchten. Die Jungs fanden das nicht lustig, ab 05:00 Uhr, lange vor Beginn der Schule, zu warten, ob ein Waggon kommt oder nicht. Abgelöst wurden sie dann pünktlich von meinem Mann. Wenn jemand zur PGH (Produktionsgenossenschaft des Handwerks) kam und für sein Haus Terrazzo- Bauelemente wollte, hieß es: Komm in zwei Jahren wieder.

Entsetzt reagierten die Leute, denn sie waren wahrscheinlich mitten im Bauen. Na ja, fragten dann die Leute im Büro, was machst du denn so beruflich? Hoffnungsschöpfend kam vielleicht die Antwort: „Elektriker". Dann geh mal nach hinten zum Brigadier, vielleicht schleift er dir alles in seiner Freizeit. Den Arbeitslohn musste dann an ihn bezahlen, wurde so teilnahmslos wie möglich empfohlen. O.K., O. K., kam schnell die Antwort, das wäre kein Problem und schon war der Kunde unterwegs in die hinteren Gefilde, zu den Werkhallen. In der Zwischenzeit wurde der Brigadier, oder z. B. mein Mann, schnell angerufen. Du, da kommt jetzt ein Elektriker zu dir, kannst alles machen, aber ich brauch den dann auch mal, so kündigten der Chef, Parteisekretär oder andere Kollegen aus der Leitung den Kunden an. Die hatten ja auch ihre „Freunde" und Tauschpartner und stellten sich natürlich nicht selbst an die Maschinen. Also ließen sie die Arbeiter etwas nebenbei verdienen und konnten ihre Geschäfte auch abwickeln. Und so wurde es auch gemacht. Und glaub mir, wir haben den Elektriker, Klempner, etc. nicht gefragt, woher er das Material hat, wenn er zu uns kam. Es gab ja nichts zu kaufen. Mit Sicherheit hat er es in seiner Firma weggefunden! Honecker hatte ja gesagt: „Es gibt noch viel mehr rauszuholen aus den Betrieben". Ja, und das war wahrscheinlich sein bedeutungsvollster Satz und einer der wenigen, der ohne WENN und ABER beherzigt wurde.

Mein zweiter Tag im Großraumbüro

In der Nacht vor meinem 2. Arbeitstag schlief ich nicht gut. Beim Frühstück sagte mein Mann noch: „Du, für das zweite Kinderzimmer habe ich den Erker fast fertig. Da fehlt jetzt das Fenster. Nimm 'ne Flasche Korn mit und geh zur Tischlerei bei euch im Werk, da arbeitet der Graue. Mit einem Gruß von mir, du kennst ihn ja, gibst du ihm die Maße und den Schnaps, der macht das dann schon."

Beunruhigt fuhr ich zum Werk, mit dem Fahrrad natürlich. Du, das macht am frühen Morgen schön den Kopf frei. Auf die Tasse Kaffee im Büro freute ich mich eigentlich schon. Missbilligend wurde ich beim Betreten des Großraumbüros gemustert. Hatte natürlich wieder meine verwaschene Westjeans und Turnschuhe an.

„Wir müssen zur Vorstellung beim Direktor", wurde mir ganz aufgeregt verkündet. „Konnten sie nicht mal was Vernünftiges anziehen?"

„Wieso", antwortete ich, „sind die Klamotten denn nicht sauber?" Aber die Chefin war viel zu sehr mit sich beschäftigt, vor dem Spiegel schnell die Lippen nachgezogen, die Haare gebändigt und ein bisschen Rouge aufgelegt. Es ging ja schließlich zum Direktor. Wortlos fuhren wir mit dem Fahrstuhl in dem fünfstöckigen Bürogebäude zu den ‚heiligen Räumen' der Betriebsleitung. Sie klopfte forsch an die eine Tür, und eine sympathische Sekretärin öffnete. „Einen Moment bitte, ich melde euch an." Kurze Zeit später öffnete sich die Tür und ein langer, schlaksiger, etwas hagerer Mann stand lässig im Türrahmen. Das Hemd ein bisschen knorkelig – genau wie sein Gesicht. Er sah eigentlich im Allgemeinen etwas zerknittert aus. Aber seine Augen, wache blaue Augen, musterten mich neugierig von oben bis unten. Lachend, und da sah er richtig sympathisch aus, reichte er mir die Hand. Meine Chefin holte tief Luft und wollte mich gerade vorstellen. „Halt STOPP mal", unterbrach ich sie und sagte, mit einem Blick in die Augen des Direktors: „Ich bin alt genug und ich stell mich selbst vor. Also, ich bin die Kollegin, die ihre Kinderferienlager und Kindereinrichtungen auf Vordermann bringen soll, und ich bin die Frau von dem Mann, der ihr Terrazzo machen soll!" Neben mir hörte ich nur das erschrockene und entrüstete Schnaufen meiner Chefin.

„So, das ist ja interessant", sprach der Direktor mich an, „Frau Sowieso bitte gehen Sie, das dauert jetzt hier etwas länger."

Wütend rauschte sie aus dem Büro, nicht ein Sterbenswörtchen konnte sie an den Mann bringen. So hat sie sich ihren Auftritt beim großen Chef nicht vorgestellt. Ein Blick traf mich, der das Wasser in der Elbe im Hochsommer hätte gefrieren lassen können.

Höflich bat er mich nun in sein Büro. Für einen Moment lächelten unsere Augen und jeder wusste vom anderen, dass es über die eben überstandene Situation war und dem wütenden Gesicht der Abteilungsleiterin.

„Nun erklären Sie mir das einmal in aller Ruhe, wie geht das mit dem Terrazzo und warum klappte das bisher nicht?", sprach er mit so einem sympathischen Schweriner Akzent.

„Ja nun, das ist so, die Arbeiter stellen sich extra hin, in ihrer Freizeit, und dann wird der Lohn aus Dankbarkeit auf den Pfennig vorgezählt. Die Direktoren sind geizig und denken, dass sie, weil sie Direktoren und in der Partei sind, alles gleich und alles umsonst bekommen."

„Ist das so?", wollte er mit hochgezogenen Augenbrauen wissen.

„Aber sicher doch", erklärte ich ihm völlig ernst: „Wir leben in einem Arbeiter- und Bauern-Staat und da haben die Arbeiter ja wohl mehr Rechte als die Direktoren. Sonst würde es ja Direktoren- und Partei-Staat heißen, oder? Von der Demokratie ganz zu schweigen!"

Er guckte mich verblüfft an und lachte herzhaft los. „Och", meinte er, „Ihre Akte verspricht da wohl nicht zu viel. Ich war schon neugierig auf meine neue Mitarbeiterin."

„O. K.", meinte ich, „Hauptsache Sie hatten Spaß an der Lektüre."

„Spaß kann man das wohl nicht nennen, aber interessant ist sie schon, Ihre Akte."

„Ha, ich würde sie auch gern einmal lesen, wer weiß was für ein Schrott da drinsteht."

„Nun, Schrott würde ich es nicht nennen, eher Brisanz."

„Ach, wissen Sie", meinte ich, „so interessant kann es nicht sein. Ich habe doch nichts weiter gemacht, als mir nicht alles gefallen zu lassen."

„Das ist es ja, Sie haben oft hoch gepokert und spielen mit dem Feuer. Übertreiben Sie es, dann kann auch ich Sie nicht schützen. Nehmen Sie sich in Acht vor einigen Personen in der Abteilung, welche das sind, das sind werden Sie bestimmt bald merken."

O ja, das merkte ich schnell. Für diese Leute hatte ich einen 7. Sinn, ich konnte sie förmlich riechen.

Nun wieder zum Terrazzo.

„Na gut, wenn das so klappt, dann machen wir es so. Ich zahle natürlich, was die Arbeiter verlangen. Dann messe ich noch einmal alles aus und geben ihnen den Zettel", sprach er weiter.

„Nee", antwortete ich, „das wird so nichts, mit Sicherheit fehlen dann überall ein paar Millimeter oder Zentimeter. Und mein Mann kann den ganzen Mist noch mal machen. Nein, ER kommt zum Ausmessen."

„Meinen Sie, ich kann das nicht", fragte er leicht brüskiert, „ich kann nicht mit einem Zollstock umgehen?"

„Wir können ja wetten", konterte ich: „Sie messen selber und ich bekomme 500 Mark, wenn es nicht stimmt!" „Und wenn es stimmt, was bekomme ich?", wurde ich schmunzelnd gefragt.

„Na, perfekte Fensterbänke", war meine Antwort.

Er lachte und sagte: „Nein, dann soll ihr Mann kommen und ausmessen. Ist wohl doch sicherer." Dann wies er mich in mein Aufgabengebiet ein, auch in die Schwierigkeiten bei der Beschaffung der Nahrungsmittel für die Ferienlager.

Er forderte mich mit den Worten auf: „Sie müssen sich immer am Rande der Kompetenzen bewegen, sonst geht hier überhaupt nichts mehr, und wenn Sie die mal überschreiten, bin ich auch noch da. Aber Sie dürfen mich nie vorher fragen." Ich begriff, ich hatte ziemlich freie Hand.

Er sprach weiter: „Für ein Ferienlager, 280 Personen pro Durchgang, fehlt uns noch ein Wirtschaftsleiter. Falls sie hier im Werk jemanden finden, der diese Position besetzen kann, sagen sie mir den Namen und die Abteilung. Ich kümmere mich um die Freistellung."

„Sie müssen sowieso den Kontakt zu den Arbeitern herstellen. Wir brauchen Sportfunktionäre, Gruppenleiter und jemanden für die Kultur und vor allem Rettungsschwimmer. Wir haben etliche unter den Beschäftigten, aber eigenartigerweise fahren die für andere Betriebe. Bekommen sie mal raus, warum das so ist."

„Übrigens, Ihre Abteilung hat sich über Ihre Garderobe beschwert", sagte er beim Hinausgehen zu mir. „Muss das denn sein?", dabei sah er mich von oben bis unten an.

„Muss nicht", meinte ich, „erhöhen Sie mir meinen Lohn um 300 Mark, dann gehe ich auch in den Exquisit-Laden einkaufen. Und wie denken Sie sich das so? Wie soll ich zu den Drehern und Schlossern in die ölverschmierten Hallen gehen, aufgetakelt wie ein Pfau? Meinen Sie, dann bekomme ich die Leute, die wir brauchen? Nee, ich bleib so, da muss man mit den Jungs mal ein Bier", auf seine emporgezogenen Augenbrauen reagierend, verbesserte ich mich, „mal einen Kaffee an der Maschine trinken und ein bisschen über das letzte Fußballspiel labern, dann werden sie schon für uns fahren."

Grinsend verabschiedete ich mich und grinsend schaute er mir hinterher.

Guter Dinge betrat ich das Großraumbüro. Alle waren an ihren Schreibtischen und alle taten so, als ob sie verbissen arbeiten würden. Ich wusste überhaupt nicht, was ich verbrochen hatte. Ich setzte mich an meinen Platz und fing an, die Karteikarten aller Bereiche zu sortieren und die darauf vermerkten Kinder zu erfassen. Die Situation begriff ich erst einmal überhaupt nicht. Meine mir gegenübersitzende Kollegin, die mit den sprechenden Augen, schob mir einen Zettel rüber. „Passen Sie auf", stand darauf, „die sind hier alle eifersüchtig, noch nie war eine von denen so lange beim Chef. Und SIE ist hochgradig wütend!" Sie, meine Chefin! Oh ja, ihr hatte ich die Tour vermasselt. Aha, da hatten wir das typische Zicken-Verhalten, was ich nun absolut nicht ausstehen konnte. Mein Umgang waren Männer, Sportler, da kam mal ein derber Scherz rüber, aber kein solches Verhalten. Obwohl, inzwischen habe ich genug Situationen erlebt, wo auch Männer zickig waren. Es wird ja behauptet, dass jeder Mensch eine männliche und eine weibliche Seite in sich hat. Im Fall von zickigen Männern hatte dann gerade die feminine Seite Oberhand gewonnen. Wer und wie die Hormone, das Testosteron und das Östrogen, steuerte, ist mir nicht bekannt. Am Abend bei Bier und Fußball gewann dann wohl die männliche Seite.

„Hört mal her", sprach ich laut in den Raum hinein, „wenn es hier irgendjemandem nicht passt, wie ich bin, so sollte der- oder diejenige mal überlegen, ob es mir, oder allen anderen Leuten passt wie er oder sie ist. Wir sind hier auf Gedeih und Verderb über acht lange Stunden zusammengepfercht. Wenn ihr euch die Zeit mit Eifersüchteleien und Denunzierungen vergiften wollt, euer Problem. Ist nicht mein Niveau – aber ich habe den Arbeitsvertrag! Also, was meint ihr, will jemand kündigen?" Es war still im Raum, bis einer der Männer anfing zu lachen, und nach und nach stimmten alle, bis auf die Tante mit den Eiern, mit ein!

„Mensch, du bist ja eine Granate", sagte der Mann, der zuerst lachen musste. „Eigentlich ist es hier so, dass neue Kollegen immer ein wenig Spießrutenlaufen machen müssen. Du aber hast das ja fast umgedreht, das schadet den Weibern hier überhaupt nichts."

Dir aber auch nicht, dachte ich so im Stillen. Wenn die wüssten, wie viel Selbstbeherrschung und Kraft mich das kostete, mein Herz schlug bis zum Hals.

In der Mittagspause war ich verschwunden. Unter der Jacke den Schnaps verborgen war ich auf dem Weg zur Tischlerei.

„Mensch, wo kommst du denn her?", so wurde ich empfangen.

„Du, 'nen Gruß von meinem Mann und das sollste hier mal machen." Ich gab ihm den Zettel mit den Maßen und die Flasche Korn.

„Klar, wird gemacht, trinkst du einen Schnaps mit?"

„Na los, einen ja, mach mal hin, ich muss wieder ins Büro, die haben mich eh schon auf dem Kieker."

„Das glaube ich dir aufs Wort", meinte er lachend, „ich kenn dich ja."

Du kennst mich nicht, dachte ich im Stillen, du siehst bloß meine Äußerlichkeiten und nicht, wie ich wirklich bin. Aber egal, besser so, als ständig fragende Blicke.

So, da meldete sich aus dem Unterbewusstsein mein zweites Ich: „Wie bist du denn?"

Auf die Frage hatte ich keine Antwort. Was und wann ich ICH war und wann ich eine Rolle spielte? Ich weiß es nicht. Das ging ganz automatisch. Da denkst du nicht einfach, jetzt mach ich das so oder so, nein, je nach Situation, je nach dem Menschen, der vor dir stand, setzte da ein Automatismus ein. Welche Rolle und welche Maske, das passiert einfach so. Da hattest du nicht noch die Zeit, darum zu würfeln. Weißt du, du hattest immer so ein Gefühl im Nacken, als atmet jemand hinter dir. Du hast ihn gespürt, den Atem der Partei, den Atem der Stasi. Kalt war er, und du hast trotz dreißig Grad Wärme gefröstelt. Was machst du dagegen? Du suchst dir ein Schutzschild. Ich glaube, es bestand einzig und allein aus demonstriertem Selbstbewusstsein. Du hattest es nicht, aber du hast es vermittelt. Du spieltest eine Rolle. Das warst du gewöhnt. Mal lustig, mal übertrieben kindisch, mal diszipliniert, mal verständig, mal gespielt opportunistisch, usw. Was meinst du, wenn du fragst, ob mir das bewusst war? Meinst du, die Rollen stehen in einem Drehbuch und man kann vorher entscheiden, ob man sie spielt oder nicht? Nein, so war das nicht. Nichts hat vorher darauf hingedeutet, welcher Part für mich geschrieben wurde. Innerhalb von Sekunden musste ich es schaffen, in passende Charaktere zu schlüpfen. Das kam ganz auf den Moment an, das kam ganz auf die jeweilige Begegnung oder Konfrontation an. Das kam darauf an, ob ich Worte lesen konnte, ohne sie zu hören. Ganz selten konnte ich mich öffnen. Ganz selten entwickelte ich Vertrauen. Ganz selten spürte ich einen warmen Atem hinter mir. Mit Vertrauen meine ich das Urvertrauen in Menschen. Ich war immer auf der Suche danach, denke ich. Manchmal hatte ich dieses Gefühl, aber es hat meistens getrogen. Du könntest Recht haben, wenn du sagst, dass man sich die Rollen zu Eigen macht. Sie ummanteln dein Selbst. Du kannst dich hinter ihnen verstecken. Wenigstens lassen die Rollen dich auch stark aussehen. Wenn du es schaffst, dich umzudrehen und mit erhobenem Kopf deinem Gegner ins Gesicht zu sehen, was vermittelst du da? Stärke! Stärke zeigen und stark sein, das ist allerdings nicht ein und dasselbe. Es kostet Selbstüberwindung und es ist Selbstbetrug. Was meinst du, wie gern ich mal richtig schwach sein wollte? Ob ich es war? Ja sicher, wenn ich allein war. Wenn ich in der Nacht nicht schlafen konnte, dann fiel er ab, glitt zu Boden, der Mantel des Selbstbetrugs. Aber ich legte ihn nicht fort, ich hängte ihn nicht in einen Schrank. Nein, er blieb griffbereit und ich war gewillt, mich sofort zu umhüllen, sollte ich mich mal zu weit entblößt haben. Wie eine Ganzkörpermaske, unter der ich mich gut verbergen konnte und noch kann. Ich weiß es nicht. Die ewige Maske war mit meiner Haut verwachsen, und manchmal wurde mir die Rolle überhaupt nicht mehr bewusst, die ich gerade spielte oder spielen musste. Fremdbestimmt war alles, bar jeder Individualität, frei von Wünschen und Sehnsüchten. Ein tägliches Spiel mit der Realität, ein tägliches Spiel mit der Anpassung.

Ob es mir schlecht ging, fragst du?

Im Verhältnis zu anderen Menschen in anderen Ländern, die kaum etwas zum Essen hatten, wo die Kinder im Dreck spielten und im Müll nach Nahrung suchten, wo die Demokratie völlig verschwunden war, wo es Diktaturen gab, die viel schlimmer waren als die in der DDR, ging es mir gut. Du lernst, mit dem Rücken an der Wand um dich zu schlagen, und du setzt deine Fähigkeiten ein, oder entwickelst welche, trotzdem ein Leben zu leben. Ein Leben, mit dem du klarkommst. Wenn du es schaffst, aus den jeweiligen Situationen auch noch das Positive zu ziehen, dann bist du irgendwie zufrieden. Du kannst dich nicht nur nach unten orientieren – musst du das überhaupt? Hast du nicht ein Recht auf Freiheit, auf Meinungsfreiheit und auf die Freiheit, die Welt zu sehen und zu verstehen? Es ist doch aber so: Du nimmst dir in jedem System deine Freiheiten, sonst könntest du es nicht ertragen. Außerdem musste ich damals ganz andere Prioritäten setzen. Wo bekomme ich die nötigen Turnschuhe, den Zirkel für die Schule und viele andere Dinge für die Kinder her? Wie schaffe ich es, aus meiner Familie eine Familie zu machen? Die täglichen Anforderungen nahmen mich so in Anspruch, dass gesellschaftspolitische Ärgernisse drittrangig waren. Und wenn man dann am Abend ziemlich fertig im Garten saß und ein kühles Bier trinken konnte, die Kinder und deine Haustiere um dich herum wuselten, dann hattest du nicht den Weltfrieden im Kopf, dann warst du einfach nur froh, den Tag geschafft zu haben und später die Stille, die Natur und den nach Frieden lechzenden sanften Schleier der Nacht genießen zu können.

Nun zur damaligen Gegenwart zurück. „Lass dich nur nicht unterbuttern", sagte mir der Graue noch mit einem ernsten besorgten Blick! Nach kräftigem Schluck aus der Flasche trabte ich zum Büro zurück. Am Nachmittag bekam ich einen Anruf der Tischlerei und holte meinen Holzrahmen für das Fenster ab.

„Willst du damit durch die Wache?" Erstaunt wurde ich das von einer Kollegin gefragt.

„Na klar, ist doch nur ein bisschen aus Abfallholz", erwiderte ich, schnappte meinen Holzrahmen und verließ unbehelligt das Werk. Dazu muss ich dir aber sagen, dass mein Mann ein bekannter und beliebter Fußballer war. Er hat den Verein dieses Werks mit in die 2. DDR-Liga geschossen. Da ich immer auf dem Sportplatz war, kannten mich auch viele Leute, auch der Pförtner, und so hatte ich ein klein wenig Narrenfreiheit. Damit habe ich wohl im Unterbewusstsein gepokert. Man konnte eigentlich nie wissen, wessen Augen einen verfolgen. Glück gehabt!

Mein dritter Tag im Großraumbüro

Frohgelaunt fuhr ich am nächsten Tag wieder zur Arbeit, trank mit den Kollegen meinen Kaffee, passte auf, dass nicht wieder eine Tasche mit weich gekochten Eiern oder anderer Köstlichkeiten auf meinem Stuhl stand, und das Klima stand leicht auf warm. Mit meinem Karteikasten unter dem Arm betrat ich das große Bürogebäude, das sich in einiger Entfernung auf dem Betriebsgelände befand. Da etliche Büros in den oberen Stockwerken lagen, benutze ich den Fahrstuhl. Nach zwei Etagen stieg ein älterer Herr ein, perfekt gekleidet, weißes Hemd und grauer Anzug. Seriös, mit wachen Augen, so einen Eindruck gewann ich jedenfalls in der ersten Sekunde. Ob ich mir immer gleich ein Bild von Menschen mache, bewusst oder ob es im Unterbewusstsein passiert, das willst du wissen? Eigentlich ja. Eigentlich seit Jahren auch bewusst. Zuerst sehe ich den Menschen direkt in die Augen. Du, da kann man eine Menge lesen. Inzwischen hat mein Gespür die Aura des Betreffenden erfasst. Das hat nichts mit der Kleidung zu tun. Egal ob mit Schlips und Kragen, tätowiert oder gepierct. Mache Menschen machen mich sofort neugierig und manche, na ja, da ziehe ich mich halt zurück.

Der Fahrstuhl ruckte zwei Mal verdächtig und steckte fest. Nichts ging mehr. Hektisch begann mein Mitfahrer an den Knöpfen zu drücken, und ich sah schon leichte Schweißperlen auf seiner Stirn. Ach du Gott, dachte ich, er hat Klaustrophobie.

Um ihn zu beruhigen und zum Lächeln zu bringen, sagte ich, indem ich ihn sachte zur Seite schob: „Lassen Sie mich da mal ran, bin selber mal Fahrstuhl gewesen!"

Ich drückte auf einen Knopf, und das alte Vehikel besann sich und fuhr in die Höhe. Innerlich hatte ich auch so ein Angstgefühl und war froh über die gespürte Bewegung.

„Gott sei Dank", murmelte mein Begleiter. „Das ist ja wirklich unangenehm. Wo sind Sie hier eigentlich beschäftigt, in welcher Abteilung meine ich?", so sprach er weiter, „ich habe Sie hier noch nie gesehen."

„Ja, ich bin erst seit drei Tagen hier, bei dem Müller im Sozialwesen. Verantwortlich für alles, was mit Kindern zu tun hat. Übrigens, wir suchen noch einen Wirtschaftsleiter für das schöne Ferienlager hinter Berlin. Wäre das nicht etwas für Sie? Mensch, überlegen Sie doch mal, da kommen Sie hier mal raus aus der Dreckschleuder. Sechs Wochen einen geruhsamen Job in wunderschöner Landschaft, auch ein See ist dabei. Wie wäre das? Ich rede mit meinem Direx, was man noch mit dem Geld machen kann, vielleicht erhöht er ja den Betrag noch etwas."

Er schmunzelte über das ganze Gesicht und mit den Worten „Wir hören voneinander" stieg er in der Etage der Betriebsleitung aus und verschwand. Mist, dachte ich noch, nun habe ich nicht nach seinem Namen gefragt. Es dauerte nicht lange, nachdem ich ins Büro zurückgekehrt war, als meine Chefin erschrocken zu mir trat: „Sie sollen sofort zum Chef, haben Sie etwas angestellt?"

„Nicht, dass ich wüsste", erwiderte ich und machte mich auf den Weg. Nachdem ich wortlos in sein Büro weitergeleitet wurde, empfing mich Herr Müller ziemlich aufgebracht: „Frau Sowieso, wie können sie sich erlauben, unseren Genossen Betriebsdirektor als Wirtschaftsleiter in ein Kinderferienlager schicken zu wollen?"

Ach du heilige Scheiße, dachte ich, das war kein Fettnäpfchen, das war 'ne ganze Suppenschüssel, in die ich da getreten bin!

„Na ja", entgegnete ich, „Sie haben doch gesagt, ich soll jemanden suchen, den ich für den Posten eines Wirtschaftsleiters für geeignet halte, und wenn er einen Betrieb leiten kann, kann er mit Sicherheit auch ein Ferienlager leiten!"

„Raus, raus, raus ...", schrie er mich an und ich flüchtete, denn es sah so aus, als ob er einen Aschenbecher nach mir werfen wollte. Nun hat sein Büro noch einen separaten Eingang von der anderen Seite. Ich drückte vorsichtig die Klinke runter und steckte meinen Kopf rein.

„Und", sprach ich ihn an, als er mich verdattert anguckte, „was hat er denn gesagt, der ganz ganz große Chef?" Nun lachten seine Augen wieder und er gab zu, was der Chef gesagt hat.

„Er kam schmunzelnd zu mir rein und sagte: ‚Hör mal, wen hast du denn da für die Kinderbetreuung eingestellt? Aber die behalte man, ich garantiere dir, sie bekommt ihre Leute. Sie soll direkt zu mir kommen, wenn es Probleme gibt, ich will mal sehen, wie sie die Ferienlager in Schuss bringt, sag ihr das ruhig.'" „Und Frau Sowieso ... noch eins", grinste er, „das mit der Dreckschleuder habe ich überhört!"

„Ist aber so", konterte ich.

„Aber hallo, sind Sie von allen guten Geistern verlassen? Den Chef ins Ferienlager schicken wollen?", lachte Müller, „aber mir hat er Arbeit aufgebrummt. Ich soll die Hallen kontrollieren und herausfinden, warum sie Dreckschleuder genannt werden. Wenn das so weitergeht, krempeln Sie noch den ganzen Betrieb um. Nach drei Tagen wohlgemerkt!"

„Würde nicht schaden", erwiderte ich, „sieht ja wirklich nicht gerade blendend aus. Die ehrwürdigen ölverschmierten Wände und die langweiligen Gesichter könnten es gut vertragen. Da gehen wohl alle mit Scheuklappen durchs Werk. Ihr habt doch sicher Material und müsst nicht eure Leute früh um Fünf an die BHG deponieren, um etwas abzubekommen."

„Was?", erstaunt sah er mich fragend an.

„Na ja, meine Söhne mussten schon manche halbe Nacht dort sitzen, damit wir von dem Baumaterial, das hoffentlich gerade auf dem Transportweg war, etwas kaufen konnten. Kanthölzer waren es", erklärte ich ihm.

„Aber Ihr Mann ist doch selbst in einer PGH beschäftigt, gibt es da nichts?"

„Doch schon, aber nicht alles, Holz schon gar nicht."

„Auch keinen Zement?", bohrte er weiter? „Ja, doch, den Fegezement", sagte ich.

„Was für ein Zeug, Fegezement?"

„Ja", schmunzelte ich, „alles was beim Schütten vorbeifällt und weggefegt werden muss, das ist Fegezement. Wenn unter der Schütte, neben dem zu befüllenden Sack nun zufällig ein weiterer Sack steht, kann doch niemand etwas dafür, wenn der Fegezement da gleich reinfällt", erläuterte ich völlig emotionslos. „Oder? Besen zum Fegen standen da eh nicht rum."

Stumm sah er mich an.

„So, nun aber ab an die Arbeit", kopfschüttelnd schickte er mich raus. „Ihre Kollegen warten sicher schon gespannt auf Sie".

„Das schadenfrohe Grinsen hab ich gesehen", rief ich ihm noch zu und verschwand.

Nun hatte ich auch noch beim großen Chef ein Stein im Brett, das kann ja mit meinen Kollegen lustig werden, dachte ich mir so. Zurück im Büro machte ich mit den aufgetragenen Arbeiten weiter. Meine Chefin kam zu mir und forderte mich auf mitzukommen.

„Kommen Sie", sagte sie, „ich zeige Ihnen mal den Fuhrpark. Hier haben Sie öfter zu tun. Mit dem Fuhrparkleiter müssen sie sich gut stellen, sonst bekommen wir keine Lastkraftwagen, um die Koffer der Kinder zu den Lagern zu transportieren. Es gibt ja kaum noch Sprit, alles ist limitiert und der Fuhrpark versucht, immer ein bisschen Diesel abzuknöpfen, und den sammeln sie dann für die Koffertransporte. Wir müssen ja auch die Kinder per Bahn zu den Ferienlagern bringen, weil es kein Sprit für die Busse gibt, aber wenigstens die Koffer wollen wir noch separat hinbringen. Auch für andere Dinge brauchen wir öfter mal einen Fahrer."

„Klar", antwortete ich, „um zur Weihnachtszeit Apfelsinen von Berlin zu holen!" Sie guckte mich nur groß an. Diese Abteilung befand sich in einer länglichen Baracke. Den Fuhrparkleiter kannte ich vom Sportplatz und schon war eine positive Stimmung.

„So", meinte meine Chefin, „damit Sie gleich wieder im Büro sind, wenn sie das Gebäude verlassen wollen, können wir den Weg abschneiden und gleich hier hinten rausgehen." Eine wenig vertrauenerweckende Tür sollte also den kürzesten Weg zum Büro ermöglichen. Sie griff nach der Klinke, machte die Tür auf und tat einen Schritt nach vorn und ... war verschwunden! Sie hing mit der Hand noch an der Klinke, die Füße berührten gerade noch so den Geschossfußboden; so die Leere unter sich überbrückend schaute sie mich total entrüstet an. Sie trug eine ziemlich starke Brille und hatte einen leichten Silberblick.

Das Bild war dermaßen grotesk, dass ich es gerade noch schaffte zu fragen: „Haben Sie sich etwas getan", und dann lachen musste. Da hatte man an dieser Seite von außen die Treppe entfernt und versäumt, die Tür abzuschließen! Wütend vor sich hin schimpfend stapfte sie vor mir her, und ich ging innerlich schmunzelnd hinter ihr. Der Arm tat ihr natürlich weh, aber vor lauter Entrüstung merkte sie es erst einmal nicht. Ab und zu fing ich einen Blick auf, der mir deutlich zu verstehen gab, dass sie es mir sehr übelnahm, weil ich gelacht hatte. Im Büro angekommen, verschwand sie in ihrem angrenzenden Zimmer, und ich erklärte flüsternd, was passiert war. Jeder der sich die Situation bildhaft vorstellen konnte, lachte in sich hinein. Letztendlich war ich aber froh, dass nix weiter passiert war. Ja, wirklich.

Es war so gegen 15:00 Uhr. Stempeln, das heißt, den Betrieb verlassen, durften wir um 15:45 Uhr. Alles saß mehr oder weniger gelangweilt herum, und es wurde über dies und jenes gequatscht. Die Chefin war inzwischen nach Hause gefahren. Da ging die Tür auf und der Hauptabteilungsleiter trat ins Zimmer. Ein älterer Mann, nicht sehr groß, schlicht gekleidet, eben kein Mann, der auffällt. Der Kopf mit den schütteren Haaren hatte etwas von einer Ameise.

Er stellte sich sehr dicht hinter eine der Frauen und tätschelte eine Seite vom Rücken, hart an der Grenze zum Busen, mit den Worten: „Hmm, ein schönes Filetstück."

Sie duckte sich weiter über den Tisch, um sich der Hand zu entziehen. Aber so richtig gewehrt hat sie sich nicht. Danach trat er zu mir, natürlich auch dicht am Rücken und ich spürte seine Hand am „Filetstück". Ekel stieg in mir auf und ich fühlte mich total unwohl. Abrupt drehte ich mich um und nahm seine Hand, um kräftig mit einem Lineal draufzuschlagen.

„Finger weg", sagte ich nur, „das macht man nicht!"

Er trat sofort den Rückzug an und ich nahm an, dass er das Büro verlassen hatte.

„Mein Gott", sagte ich in den Raum hinein, „was ist das denn für ein Lustmolch? Da geht mir ja das Messer in der Tasche auf, wenn der mich angrapscht, wieso lasst ihr euch das gefallen?" Da sah ich ihn ziemlich geduckt das Büro verlassen. Er war nur hinter einer von den spanischen Wänden verschwunden. Na prima, dachte ich mir, da haste ja jetzt einen Freund mehr. Ob wir dagegen nie etwas unternommen haben? Ja, wenn du es genau wissen willst, na klar. Mich ließ er ja in Ruhe, aber meine Kolleginnen nicht.

Eines Tages, wie immer kurz vor dem Feierabend, stand er wieder mal hinter einer Kollegin und seine Hände waren auf dem Weg zum „Filetstück". Ich stand auf und schloss die Tür von innen zu. Den Schlüssel ließ ich in meiner Tasche verschwinden.

„Nun", sagte ich, indem ich mit einer Armbewegung einen Tisch von Ordnern, Heftern und anderen Büroutensilien befreite, „nun kommen Sie mal her. Sie legen es doch darauf an, mit einer von uns zu schlafen, oder? Jetzt können Sie, kommen Sie, suchen Sie sich eine aus." Er wurde blass und ging rückwärts, bis er die Tür im Rücken hatte.

„Schließen sie sofort auf", krächzte er mich an.

„Warum?", meinte ich ruhig. „Was denn nun, Angst vor der eigenen Courage? Kommt Mädels, holt ihn euch. Wir wollen doch mal sehen, was er draufhat."

„Nein, nein", wimmerte er, nachdem meine zwei Kolleginnen aufstanden und so taten, als würden sie sich ausziehen und sich dabei in seine Richtung bewegten. Sie erweckten den Anschein, als ob sie ihm das Jackett ausziehen wollten. Er wehrte sich mit schriller Stimme und hatte schon Schweißperlen auf der Stirn.

„Schließen Sie auf, sofort, lassen Sie mich hier raus, ich schreie um Hilfe."

„Können Sie ruhig", antwortete ich, „hier hört Sie heute kein Mensch. Sagen Sie jetzt nicht, Sie wollen uns nicht. Och, das hätte ich nicht gedacht oder was meint ihr dazu", sprach ich in Richtung Kolleginnen. „Hat er jetzt Angst bekommen, uns zu enttäuschen?"

„Klappt wohl nur mit geilen Witzen und dem Filetstück betatschen? Da machen Sie uns jahrelang scharf und nun? Diese Chance bekommen Sie nie wieder", ermutigte ich ihn. Er zitterte am ganzen Körper und winselte Entschuldigungen in unsere Richtung. Irgendwie sah er grün aus im Gesicht. Ich glaube heute noch, dass er dachte, wir wollen ihn vergewaltigen. Wir entließen ihn natürlich unversehrt aus unserem Büro.

Was meinst du, ob es Ärger danach gab? Nein, wo denkst du hin! Meinst du, der hat so etwas irgendwo erzählt? Dabei wäre er ja ganz schlecht weggekommen. Man hätte ihn doch damit aufgezogen und gehänselt. Nein, das war mir klar, diesen Vorfall behält er für sich und betet jeden Abend, dass wir nichts erzählen. Haben wir auch nicht gemacht. Betatscht hat er nie mehr ein „Filetstück", jedenfalls nicht bei uns.

Meine Achtung vor ihm stieg erst wieder, als diese Maschine über Kamtschatka von den Russen abgeschossen wurde. Für Korea-Airlines-Flug 007 von New York nach Seoul wurde am 31. August 1983 eine Boeing 747-230B eingesetzt, eine Passagiermaschine wohlgemerkt. Nach einer versehentlichen Kursabweichung wurde sie abgeschossen. Mit gut 260 Menschen an Bord. Unser Grabscher war bei der Armee Pilot oder Funker. Auf jeden Fall konnte er die technischen Abläufe eines Flugzeuges gut einschätzen. Nach dem Abschuss, glaube einen Tag später, kam er, um sich zu verabschieden. Er hatte es gewagt, die Version der Russen anzuzweifeln und wurde von allen Ämtern enthoben. Zu mir sagte er in etwa, dass er es gut findet, dass ich mir nichts gefallen lasse und dass ich aufpassen soll. Ich stehe bereits auf einer geheimen Liste. Ich wollte noch fragen, was er damit meint, aber er hob nur entschuldigend die Schultern und drehte sich von mir weg.

Ja, jetzt weiß ich es, was es mit der Liste auf sich hatte. Die gab es tatsächlich, die Listen mit den Namen der Leute, die nicht konform mit der DDR waren, die auffällig waren, die offen ihre Meinungen sagten, die unzufrieden waren und das öffentlich äußerten. Für diese Bürger der DDR sollten schon Internierungslager vorbereitet worden sein. Eine Mitarbeiterin der Kreisverwaltung bestätigte mir das Jahre nach der Wende auch noch einmal. Bloß gut, dass ich nie ein Lager kennengelernt habe, nicht solche. Da wäre ich zerbrochen.

Zurück zum Büro.

„Ich hab die Nase für heute voll, hab auch nichts mehr zu tun. Wie wäre es, ihr seid doch auch fertig, können wir nicht abhauen?" So etwa rief ich in den Raum hinein. „Die Chefin ist doch auch schon weg", stellte ich ergänzend fest.

„Nein, eigentlich nicht", sagte jemand, „aber wenn eine für uns stempelt und morgen Früh auch, dann könnte das unbemerkt bleiben." Die Kollegin, auf deren Tasche ich am ersten Tag saß, rief aus ihrer Ecke: „Könnt ihr machen, ich hab noch zu tun, ich stempele für euch." Gesagt getan, wir packten unsere Siebensachen und hastenichtgesehn, waren wir verschwunden. So etwa 20 Minuten vor dem eigentlichen Feierabend. Am nächsten Morgen duftete es nicht nach Kaffee im Büro. Ich spürte sofort, da lag Ärger in der Luft. Und der kam in Form von der Chefin und der Kollegin, die eigentlich für uns stempeln wollte. Hätte ich mir eigentlich denken können, es war die Eiertante! Mit gesenkten Häuptern standen wir drei „Flüchtlinge" vor der Chefin und unserer Denunziantin. Wir erhielten eine sozialistische Moralpredigt. Der letzte Satz war dann: „Hier braucht niemand eher das Büro zu verlassen, es gibt immer etwas zu tun. Man kann sich einen Besen nehmen und den Raum ausfegen oder die Fenster putzen, etc."

„Ja, na klar", sagte ich, „passiert ist passiert. Aber erklärt mir doch bitte mal, wo der Rest unsere Bürogemeinschaft war? Wir waren nur noch zu dritt? Eine Abwesenheitsnotiz hing auch nicht am Schwarzen Brett. Haben die sich alle legal verdünnisiert oder hat hier jemand Sonderrechte? Oder gibt es nicht so viele Besen im Büro? Außerdem bin ich nicht als Putzfrau eingestellt und werde das auch nicht tun."

Und glaub mir, ich habe nie jemand aus unserem Büro in den nächsten 10 Jahren mit einem Besen in der Hand gesehen. Zur „Eiertante" gerichtet musste ich noch den altbekannten Spruch loswerden: „Wie gehabt, der größte Feind im eigenen Land ist der Denunziant"! Eine Freundin wurde sie nicht!

Dienstreise mit Hindernissen

Auch in der DDR gab es natürlich Vorschriften, Gesetze, eine Verfassung und Bestimmungen. So mussten auch die Zertifikate für den Brandschutz, den baulichen Zustand und für die Versorgungsverträge spätestens bis Mai im Kasten sein. Also mussten wir im März bis Mai mit Mitarbeitern der einzelnen verantwortlichen Abteilungen in die Ferienlager zur Vorbereitung fahren. Zwei große Einrichtungen in dieser Art musste ich verwalten, besetzen, ausstaffieren, eben alles, was dazu gehört.

Die Betriebsferienlager waren ziemlich gut. Natürlich waren sie unter einem anderen Vorsatz entstanden, als man es uns weismachen wollte. Da ja unsere Frauen alle fein in mehreren Schichten arbeiten mussten, benötigten die Schulkinder von der 1. bis zur 8. Klasse einen Ort, wo sie sich auch in den Ferien aufhalten konnten. Die Grundschüler bis zur vierten Klasse konnten ja noch an den Ferienspielen der Schulen teilnehmen, aber die anderen Schüler? Also hat sich da unser Staat etwas einfallen lassen. Für die Kinder auf jeden Fall eine tolle Sache. Meistens ging so ein Durchgang über achtzehn Tage und das drei Mal in den Sommerferien. Das war natürlich alles vom Staat, der Gewerkschaft, etc. subventioniert. Die Eltern mussten lediglich achtzehn Ostmark für achtzehn Tage pro Kind bezahlen. Da ja beide Elternteile meistens in verschiedenen Betrieben arbeiteten, waren somit schon 6 Wochen abgesichert, wo man sich der Kinder entledigen konnte oder musste. Da uns ja größtenteils nur 14 Tage Urlaub zustanden, war diese Regelung äußerst wichtig, aber wie gesagt, sie war auch nicht schlecht. In den Ferienlagern standen Sport, Beschäftigungen, Ausflüge und Erlebnisse an erster Stelle. Auch politisch wurde da nicht allzu viel vermittelt. Jedenfalls nicht in denen, die ich bearbeitete.

Ausgestattet mit einer unbedingten Liebe zu den Kindern und dem

Wunsch, für die Kinder schöne Ferien zu ermöglichen, trat ich die erste Dienstreise an.

„Der Fahrer holt dich zu Hause ab und dann fahrt ihr noch einmal zum Werk", so waren meine Instruktionen. „Da gibt es die Unterlagen und wenn ihr losfahrt, vergesst nicht hinten vom Kundendienst die Kartons abzuholen", rief meine Abteilungsleiterin mir zu.

„Heee? Was für Kartons denn, und wieso vom Kundendienst, da werden doch die betreut, die auf Montage in den Westen fahren?"

„Ja richtig, nun mach schon, wirst schon sehen, was da alles drin ist."

Erstaunt verließ ich das Büro.

Völlig ahnungslos schlidderte ich in diesen Aufgabenbereich. Dem Kraftfahrer brauchte ich am Morgen nichts zu sagen, der fuhr von ganz allein zum Kundendienst. Mir kam es nur seltsam vor, dass er nicht wollte, dass auch ich ausstieg. Gerade deswegen tat ich das. Mürrisch nahm er das zur Kenntnis. Auch hier im Büro des Kundendienstes waren Leute, die ich vom Sportplatz her kannte.

„Wo kommst du denn her?", wurde ich angesprochen.

„Na vom Sozialwesen, bin da verantwortlich für die Kindereinrichtungen, und ich soll hier irgendwelche Kartons abholen."

„Ach, davon weißt du wohl noch nichts, hat dein Fahrer dir nichts gesagt?"

„Nein? Haha, ich glaube, ich weiß auch warum", sprach einer der Anwesenden weiter. „Pass auf", so zu mir weiter, „hier sind tolle Sachen drin." Er holte aus der Tiefe des Kartons 'ne Flasche Whiskey, 'ne Flasche Cognac, wertvolle Schreibmappen aus Leder, Geldbörsen aus Leder, usw.

Ich staunte nicht schlecht. „Wofür um Himmels willen brauch ich das auf 'ner Insel?", fragte ich völlig ahnungslos.

„Na, das sind Gastgeschenke für die Versorgungsbetriebe wie Fleischereien, Molkereien, Großhandel, usw., damit du auch die Verträge bekommst."

„Gastgeschenke? Dass ich nicht lache, Bestechungsmittel trifft wohl eher den Sinn des Ganzen."

„Ja, natürlich, du wirst sehen, dass du sie bitter nötig hast."

„Der Zweck heiligt die Mittel", mit diesem Allerweltspruch schob er mir zwei Kartons hin.

„Gibt es dafür keine Liste?", wollte ich wissen.

„Ne Liste willst du? Ja, hier", und mit einem seltsamen Blick kramte er sie vor und gab sie mir.

„Ahaa", sinnierte ich laut, „jetzt ist mir auch klar, warum ich im Auto warten sollte, da wollte sich mein Fahrer wohl ein bissel bedienen."

„Gut möglich", bekam ich zur Antwort, „wir bekommen für die Sachen ja keine Quittung und erzählen kann man viel, wenn der Tag lang ist."

„Er wollte jedenfalls nie eine Liste."

Mit einer miesen Stimmung empfing mich der Fahrer und wortlos fuhren wir ab in Richtung Ostsee. Gott sei Dank waren meine Herren Kollegen aus dem Büro mit dabei, so wurde die Fahrt ganz lustig. Total den Erfahrungen des Kraftfahrers ausgeliefert, der schon mehrere Jahre während der Saison den Kontakt zu den Verkaufsstellen, dem Rat des Kreises und anderen wichtigen „Instanzen" besaß, betrat ich völliges Neuland. Nun musst du nicht denken, er war froh über eine neue, na ja, so etwas wie Vorgesetzte, nein bei aller Liebe nicht. Es war so ein Typ, der sich gern sehr wichtig vorkam, ein Fußball-Schiedsrichter aus der Kreisklasse. Solche Leute üben gern mal ein bisschen Macht aus, meistens können sie diese nirgendwo anders ausleben. Denkst du, der hat mir geholfen und mich zu den Behörden gefahren, als ich mit vier Männern allein im ersten Ferienlager war? Nein, hat er nicht. Hat mich buchstäblich im Regen stehen lassen. Nun stell dir auch mal vor, alle Handys, das Internet, usw. sind weg. Ein urzeitliches Telefon war im Büro des Ferienlagers, aber es existierten keine regionalen Telefonbücher. Mit Sicherheit haben sie der Kraftfahrer und der Lagerverwalter, der nebenan wohnte, verschwinden lassen. Hämisch grinsend sagte er im süffisanten Ton nach dem Frühstück: „Nun, wo soll ich dich hinfahren?"

„Du? Du nicht, du kannst hierbleiben und Sprit sparen, ich fahre mit dem Bus", war meine Antwort. „Mach dich nützlich, damit bei der Abnahme vom Brandschutz alles in Ordnung ist. Da müssen ein paar Tafeln ausgebessert werden, Spaten angebracht und auch die Alarmhörner. Mach das, du bist ja ein Mann, du wirst das sicher gut machen. Ich verlass mich darauf", drehte mich um und ließ ihn stehen.

Ich glaube, gesehen zu haben, wie aus seinem offenen Mund die Zigarette fiel. Ich fuhr tatsächlich mit dem Bus zur Kreisstadt. Dort sprach ich beim Rat des Kreises vor und ließ mir alle wichtigen Telefonnummern und Anschriften geben. Machte gleich Termine zur

Abnahme, ging schön in Ruhe etwas Essen und trank genüsslich eine Tasse Kaffee. Dann fuhr ich mit dem letzten Bus zurück ins Lager. Er, der Kraftfahrer, würdigte mich natürlich keines Blickes und ich ihn auch nicht. Na warte mal ab, habe ich so gedacht, du schaffst mich nicht, du arroganter Kerl. Die anderen Kollegen, ältere Herren kurz vor der Rente, waren mit anderen Dingen beschäftigt, schmunzelten aber übers ganze Gesicht, als sie mich sahen. Am nächsten Tag hatte ich eine Liste erstellt, die legte ich dem Fahrer vor und sagte: „Genau in der Reihenfolge erledigen wir das, was erledigt werden muss." Als er beim ersten Termin dienstbeflissen mit aussteigen wollte, sagte ich nur kurz: „Du nicht, wo willst du denn hin? Bleib im Auto bis ich zurückkomme. Das ist mein Job."

Quartier hatten wir in einem Hotel der Stadt Usedom. Es war wohl das einzige Hotel, das um diese Zeit geöffnet hatte. Das war eine Kaschemme, sag ich dir, eine verqualmte Kneipe, wo ein paar Einheimische mit Arbeitsklamotten ziemlich viel tranken. Das Zimmer, oder die Zimmer, waren so was von vorsintflutlich, das glaubst du nicht. Kein warmes Wasser, nur ein Waschbecken im Zimmer, Toilette auf dem Hof. Na ja, wir waren ja nicht verwöhnt, und ich fand das alles urkomisch. Das Abendessen war nicht schlecht, Bratkartoffeln mit Ei, frisch aus der Pfanne. Der Wirt, ein Mann mit hochgekrempelten Hemdsärmeln, rotem Gesicht, strohgelben Haaren und einer schmuddeligen Schürze vor seinem ansehnlichen Bauch, spielte mit den Stammtischbrüdern Skat. Ein alter Tresen und oben an der Wand ein kleines Fernsehgerät schmückten die Kneipe. Der Zigarettenqualm waberte durch den Raum und suchte verzweifelt einen Weg ins Freie. Ventilatoren? Denkste, nichts war da.

An dem Abend war gerade ein Fußballspiel, Deutschland gegen Italien, glaube im Europapokal, ich weiß es nicht mehr genau. Ich rief dem Wirt zu: „Hey, kannst du mal das Fernsehgerät, das so aussieht wie eine Fischbüchse anmachen und zum Fußball schalten?" Mucksmäuschenstill wurde es. Ich wurde angeschaut, als ob ich gesagt hätte, hey Leute, wollen wir 'ne Bank ausrauben. Der Wirt stand auf und drehte an dem kleinen Fernseher rum, aber mehr als schattenhafte Konturen von den Fußballspielern waren nicht zu sehen. Lauter Schnee auf dem Gerät. Aber der Ton war einigermaßen. „Mädchen, du bist hier auf 'ner Insel, da gibt's kaum Sender und schon gar nicht aus dem Westen. Ist ja auch nicht erlaubt, das Westfernsehen", meinte er.

„Nee, da staune ich aber", konterte ich, „unerlaubte Sachen machen aber mehr Spaß, oder? Ihr wollt mir doch nicht erzählen, dass ihr sonst nicht den Westen guckt, habt ihr doch nur nicht eingeschaltet, weil wir runtergekommen sind. Keine Sorge, wir sch ... euch nicht an. Meine Kollegen hier haben keine Ahnung vom Fußball und für 'ne Runde Bier vergessen sie sehr schnell und haben trübe Augen", beschwichtigte ich ihn.

„Das ist ja wohl ein Ding", rief einer von den Insulanern, „das haben wir ja noch nie erlebt. Da kommt 'ne Frau vom Festland und will Fußball gucken. Fällt dir mit uns nichts anderes ein?"

„Nee", meinte ich, „nee absolut nicht, wenn ich euch so betrachte. Eine Frau guckt Fußball, warum denn nicht", entgegnete ich. „Ihr sitzt hier in Arbeitsklamotten in der Kneipe und eure Frauen stehen am Herd und machen euch das Essen, hüten die Kinder und graben den Garten um? Kein Wunder, dass sie am Abend so erschöpft und froh sind, wenn sie die Beine hochlegen können! Und dann kommt ihr heim, mit 'ner Alkoholfahne und lasst euch noch bedienen? Nee, so was ist nichts für mich. Euch würde ich zum Teufel jagen ..."

„Mensch, sei still", meinte einer meiner Kollegen, „der eine Kerl guckt schon ganz grimmig."

Der Wirt brachte schnell 'ne Runde Küstennebel zur Beruhigung. Die Kerle guckten aber weniger zum Fernseher, sondern beobachteten mich, wie ich auf bestimmte Szenen reagierte. Zum Schluss bekam ich ein mehr oder weniger anerkennendes Kopfnicken und einen Schnaps! Einer von den Saufbrüdern pöbelte mich dauernd mit den Worten an: „Eh du, eh du, eh du, du Schwarze, da in der Ecke, komm her, komm her zu mir". Und schon hatte ich von meinen Kollegen den Spitznamen „Ehdu" weg. Ruhe gab es erst, als ich einen Kollegen von mir mit Papa anredete. Er fand es lustig und die anderen auch.

Lustige Dienstreise

Im März mussten wir mal wieder zu den Ferienlagern, zur Vorbereitung der Saison. Da wurden die letzten Dinge geklärt, um einen reibungslosen Ablauf zu gewährleisten. Wir, meine Abteilungsleiterin, die mit dem Silberblick, und ich, fuhren mit dem Zug. Gern wurde ein Aufenthalt in Berlin Lichtenberg in Kauf genommen. Eine gute

Gelegenheit, mal auf die Jagd nach Dingen zu gehen, die es bei uns nicht gab. Berlin wurde ja immer bevorzugt beliefert, die Welt sollte ja nicht sehen, auf was wir verzichten mussten. Also stürmten wir das Kaufhaus. Wir trennten uns natürlich, weil jeder in anderen Bereichen hoffte, fündig zu werden. Sie verschwand im Delikatladen und bei Parfüm und so, ich bei Sport und Kindersachen, in der Hoffnung etwas für die Jungs erhaschen zu können. Treffpunkt war der untere Absatz der Rolltreppe.

Berlin lag im verhangenen Grau durch etliche tief hängende Wolken, die sich ab und zu über unserer Hauptstadt erleichterten. Es regnete, besser gesagt. Da ich keinen Schirm bei mir trug, ein Utensil, das ich nie gern mit mir führte, verhindert es doch den Einsatz der zweiten Hand, sowohl beim Einkauf als auch beim Erzählen, wurde mir bewusst, ich hatte nichts für den Kopf! Also, mir fehlte eine Kopfbedeckung. Da ich lange durch eine stinkende Dauerwelle lockige Haare hatte, wollte ich nicht unbedingt wie Angela Davis rumlaufen. Du guckst so fragend, Afrolook meine ich, eine wüste Matte auf dem Kopf, und ich sah mich nach geeigneten Schutzkopfbedeckungen um. An der Rolltreppe war ein Mützenstand und da hing, neben bunten Kopftüchern und altmodischen Hüten, so eine rote Kunstledermütze mit schwarzem Schirm. Fast so wie sie die Eisenbahner aus Stoff trugen. Sie kostete 9 Ostmark und ich kaufte sie mir sofort, setzte sie etwas schräg und tief in die Stirn gezogen auf und harrte der Dinge, die da in Form meiner Chefin kommen mussten. Ich sah sie schon von Weitem, mit etlichen Einkaufsbeuteln schwer beladen. Keine Plastiktüten, nein, bunte Beutel aus Nylon. Wie die Kittelschürzen, die uns bei der Hausarbeit verschönerten, sexy sag ich dir. Aber nur, wenn wir wenig darunter trugen. Energisch stapfte sie in Richtung Rolltreppe, sah mich an und marschierte weiter in Richtung Ausgang. Sie hatte mich nicht erkannt!

Lachend lief ich hinterher und rief: „Hey, du hast mich übersehen?" Sie drehte sich abrupt um und staunte mich, wieder mit dem ihr eigenen Silberblick an.

„Nein, hab ich nicht", meinte sie, „du siehst ja aus wie eine von der Bahn, da habe ich dich wirklich nicht erkannt."

Klar, dachte ich, als ich an mir herabsah, da fehlt nicht viel, ich hatte ja auch noch eine passende schwarze Kunstlederjacke an.

Wir erreichten unseren Zug und mussten in Wolgast umsteigen. Da gab es einen Personenzug, der über die Insel fuhr. Es gesellte sich eine etwas dünne Frau in unserem Abteil dazu, die einen Kuraufenthalt zum Abnehmen bekommen hatte. Eine weitere Frau, ziemlich korpulent, wollte zur Erholungskur. Schon das war paradox. Zwei Männer, die irgendwo im Hafen arbeiteten, saßen uns schräg gegenüber. Nachdem wir lachend feststellten, dass die Frauen lieber die Kurheime tauschen sollten, entwickelte sich ein Gespräch mit den Männern. Worüber? Na über Fußball, was denn sonst. Bis mich der eine von der Gattung Mann fragte: „Wieso trägst du so eine Schirmmütze?"

„Ganz einfach", erwiderte ich, „da brauche ich keine Fahrkarte, weil der Schaffner denkt, ich bin eine Kollegin."

„Das funktioniert nie und nimmer", bekam ich zur Antwort.

„Wollen wir wetten", rief ich, „um 10 Ostmark?" Er schlug ein und wir warteten auf den Schaffner. Er kam auch und als er mich ansah, zog ich meinen Betriebsausweis von unserem Werk aus der Tasche und zeigte ihn kurz.

„Danke, Kollegin und gute Fahrt", sagte er mit zackiger Körperhaltung und ging weiter. Wir lachten Tränen und ich steckte die 10 Mark ein, die ich anstandslos überreicht bekam.

Es war der 8. März. Internationaler Frauentag in der DDR. Du, da haste wochenlang keinen Platz in einer Gaststätte bekommen, da wurde gefeiert, was das Zeug hielt. Schlimm dran waren die männlichen Kollegen, die zur Bedienung der weiblichen Feiernden abgestellt wurden. Die konnten sich kaum vor den alkoholisierten Kolleginnen retten. So manche Madame „Rührmichnichtan" entpuppte sich als sexbesessene Walküre. Nein, das war alles andere als schöne Feiern. Halbe Orgien waren das. Ob ich da auch mitgemacht habe? Nein, wirklich, nie.

Stell dir vor, einmal beschwerte ich mich zu Hause, dass ich nie mitmachen konnte. Mein Gatte war ja immer zum Training, wenn ich mal wegwollte. Und einer musste ja Haus, Hof, Hund, Katze und Kinder versorgen.

„Gut", meinte er irgendwann, „ich hol dich ab und dann kannst du sehen, was da los ist."

Weißt du, was er gemacht hat? Och, das errätst du nie im Leben.

Er ging mit mir von Kneipe zu Kneipe, in denen die Feiern schon fast auf dem Höhepunkt waren, ließ mich hineingehen, und – zog mich dann wieder mit sich raus und sagte zu mir: „Findest du das gut, willst du da mit dabei sein?"

Nicht ein einziges Bier habe ich an dem Abend bekommen. Aber er hatte ja recht, gebündelt sind wir Frauen ja wohl wirklich nicht zu ertragen, und wenn noch Alkohol dazu kommt, das geht dann schon gar nicht.

Also, wir waren an einem 8. März auf der Insel unterwegs. Irgendwo mussten wir aussteigen und auf einen Bus warten. Da saßen wir nun, dem kräftigen Märzwind ausgesetzt, auf einer altersschwachen Bank und warteten. Noch ziemlich weit entfernt sahen wir drei Gestalten kommen. Zwei wankten beträchtlich und ein junger Mann in der Mitte versuchte angestrengt, die zwei Sturzbetrunkenen in senkrechter Optik heimwärts zu geleiten. Die Zwei mit dem unsicheren Gang waren Frauen, die wohl etwas zu viel getrunken hatten und der junge Mann, ein Kollege, hatte sicher die Aufgabe, sie heimzubringen. Mit einem mitleidheischenden Blick, den ich mit Sicherheit erwiderte, schob er sie an uns vorbei. Wenige Minuten später kam er zurück und setzte sich erschöpft zu uns auf die kalte Bank.

„Hey, was macht ihr denn hier um diese Zeit? Seid ihr zur Kur hier, dann können wir uns doch mal treffen? Ich bin Schmitti und der beste Schatten aller Zeiten." (Kurschatten)

„Komm hör auf", sagte ich, „bist doch schon mit den Zweien nicht fertig geworden und dann willste es mit uns aufnehmen? Nee nee", frotzelte ich weiter, „bleib man bei deinen Ü 60, das wird mit uns nix, wir sind auf Dienstreise und müssen sowieso nach Heringsdorf weiter."

„Wo seid ihr da untergebracht?", wollte er wissen, und als meine Chefin ihm das Hotel nannte, lachte er und sagte: „Wir sehen uns, ganz bestimmt."

„Du brauchst uns nicht hinterherzufahren, so schön biste nun auch nicht, dass wir auf dich warten", meinte ich in seine Richtung.

„Wenn du wüsstest, was ich alles draufhabe, würdest du mich sehnsüchtig erwarten", konterte er.

So blödelten wir noch eine Weile rum und als unser Bus anfuhr, winkten wir ihm noch zu. Er grinste über das ganze Gesicht und nickte nur noch in unsere Richtung.

Im Hotel stolperten wir über eine ausgelatschte Treppe in unser

Zimmer. Klein, nach hinten hinaus mit Blick auf einen interessanten Hof voller Überbleibsel des Hotelbetriebes. Aber es hatte Dusche und WC. Da war die Welt für uns in Ordnung. Im Zimmer stand ein Tisch mit zwei Stühlen, ein zweitüriger Schrank, ein einzelnes Bett auf der einen Seite und eine Liege auf der anderen. Und die Liege stand schief. Irgendwie mag ich schiefe Sachen nicht und stellte sie gerade. Da sie breiter als das Bett war, überließ ich sie meiner Chefin. Sie hatte sich bis auf die Feinrippunterwäsche ausgezogen und war im Bad verschwunden.

„Bissel frisch machen, um 19:00 Uhr gibt es Abendbrot", meinte sie noch.

Sie kam etwas später aus dem Bad und packte ihre Schätze aus, die sie in Berlin ergattert hat, um sie mir zu zeigen. Eine dicke Pfeffersalami in der Hand, ließ sie sich auf die Liege, der ich zu einem geraden Stand verholfen hatte, plumpsen. Die Liege kippte hoch, meine Chefin rutsche runter und saß, mit ihrem entgeistert wirkenden Silberblick hinter der dicken Brille, Feinrippunterwäsche und der Pfeffersalami zwischen ihren Beinen, erschrocken auf dem Fußboden. Du, das war ein Bild für die Götter! Wütend stand sie auf, zog ihre Unterwäsche wieder gerade und fuchtelte mit der Salami herum, die für Sekunden fast einen Job als Dildo hatte. Ich stellte die Liege wieder auf ihre drei Beine. Jawohl, sie hatte nur drei Beine. Um sie am Umkippen zu hindern, hatte man sie einfach auf die Scheuerleiste gestellt, ganz nach den Reparaturgepflogenheiten in der DDR, und ich hatte der Liege den Halt entzogen, indem ich sie geradestellte. Letztendlich, als ich ihr die Komik der Geschichte nahebringen konnte, lachte sie mit.

„Du bist aber schuld", meinte sie noch schmunzelnd.

„Ja klar", entgegnete ich, „habe ich dir nicht gesagt, dass mir, oder demjenigen, der mit mir unterwegs ist, immer etwas passiert? Bin eigentlich bekannt dafür."

„Ja", meinte sie, „ich glaube, das kann ich bestätigen. Das kann ja heiter werden." Und das wurde es auch.

Frisch gestylt und hungrig betraten wir das Restaurant, wo uns Plätze an einem Tisch zugewiesen wurden. An diesem saßen bereits drei ältere Herren, fein rausgeputzt mit Schlips und Kragen. Wir bekamen die zwei Plätze ihnen gegenüber, und es dauerte wohl nicht lange, da wurde unser Abendbrot serviert. Es war etwas Unruhe im Raum, und ich bemerkte, dass man eine Musikanlage aufbaute.

Geschäftiges Treiben verriet uns, dass für den Abend noch etwas geplant war. Richtig, es war ja Frauentag.

Die Herren an unserem Tisch stellten sich formvollendet vor. Es waren Geschäftsreisende, die mit Gold, Uhren und Juwelen handelten.

„Och …", flüsterte ich meiner Chefin zu, „Mensch, so was gibt es in der DDR … Gold und Juwelen in einem Arbeiter- und Bauern-Staat? Die sehen aber weder wie Arbeiter noch wie Bauern aus!"

„Pscht, sei um Himmels willen ruhig", antwortete sie ebenfalls flüsternd. „Wo die sind, sind auch Begleiter."

„Ha, Begleiter", stichelte ich zurück, „du meinst die Stasi … ja, klar, die sind doch sowieso hier und überall. Nix Neues! Du, die erkenne ich von Weitem. Die rieche ich förmlich. Um nicht aufzufallen, tragen die Schnüffler stinknormale Anzughosen, braun oder grau, und dazu die DDR üblichen Sweatshirts, grün oder gelb mit der Aufschrift TONIC. Wie Kanarienvögel sehen sie aus. Die wollen sich unauffällig der Mode anpassen und sind auffälliger als jeder Punk am Alex!"

Es dauerte nicht lange, da bat mich einer unserer Tischnachbarn, ihn durchzulassen, was ich auch tat. Ich guckte so gedankenlos hinter ihm her und verfiel in einen plötzlichen Lachanfall, nicht flüsternd, sondern laut und heftig.

„Sieh mal, sieh mal, guck dir den mal an", so machte ich meine Chefin auf ihn aufmerksam, „der hat doch tatsächlich gelb karierte Filzschuhe an."

„Niedertreter sind das", wurde ich von ihr belehrt. „Egal, jedenfalls billige Dinger, Hausschuhe eben", meinte ich. „Ob er da ein paar Juwelen versteckt?", sinnierte ich laut. „Da laufen sie hier im feinen Zwirn rum und haben gelb karierte Hausschuhe an den Füßen, die Jungs sind doch nicht ganz sauber!" Ich guckte unter den Tisch und tatsächlich, ich sah noch zwei Füße in dem DDR-Schuhwerk! Bissel konsterniert reagierten die Herren schon auf meinen Lachanfall und den Kommentar zu den Schuhen.

Langsam wurde das Abendessen abgeräumt und Musik fing an zu spielen. Tanzmusik natürlich. Welche Musik, willst du wissen? Tja, schwer zu beantworten. Es durften nur 25 Prozent westliche Musik gespielt werden, und der Rest sollte aus unserer sozialistischen Heimat kommen oder von unseren Freunden, den Warschauer Pakt Staaten. Nur, danach wollte niemand tanzen. Die Evergreens aus dem Westen machten das Rennen. Manche Band bekam Auftrittsverbot, weil sie sich nicht an diese Regeln hielt. Also hörten wir hin, wenn sie die für uns schönen Songs spielten oder weg, wenn es die DDR-Songs waren, die wir eh nicht kannten.

Da erhob sich einer unserer Tischherren, verbeugte sich kurz in meine Richtung und forderte mich zum Tanz auf.

„Nee", wies ich den Antrag zurück, „meinen sie, ich tanze mit jemandem, der mit gelbkarierten Hausschuhen rumläuft, wie soll das denn aussehen? Das ist ja hochnotpeinlich!"

Beleidigt sank er auf seinen Stuhl zurück.

„Musste das denn sein?", meinte meine Begleiterin.

„Pass mal auf", konterte ich, „die brauchen nur ins Zimmer zu gehen und vernünftige Schuhe anzuziehen, oder verkaufen sie ihre Juwelen auch in Hausschuhen? Oder sind das vielleicht die vom kleinen Muck? Bei Gefahr, schwuppdiwupp, und weg sind sie? Brauchen die Herren doch nicht, so wie hier die Stasi rumkreist. Da sind sie doch behütet wie in Abrahams Schoß!"

Die Bedienung kam, und wir leisteten uns nach dem fettigen Schweinebraten einen Cognac. Nicht billig im Sozialismus, kann ich dir sagen! Genüsslich tranken wir ihn, und das warme Gefühl im Bauch tat gut. Als die Bedienung erneut an unseren Tisch kam, guckte ich meine Chefin an, und ich konnte in ihrem Gesicht den Wunsch auf einen weiteren Cognac lesen.

„Immerhin ist ja Frauentag", murmelte sie. Das hörten auch die Herren am Tisch.

„Ja, stimmt", säuselte der einer der Herren, „heute ist Frauentag, da nehmen wir auch jeder einen Cognac. Also bringen sie mal vier davon, Fräulein!" Verdutzt guckte ich die Möchtegernmänner an. Sie erwarteten, dass wir einen ausgeben!

Einer rückte meiner Chefin regelrecht auf Tuchfühlung und flüsterte: „Ist doch schön, dass ihr uns einladet. Ihr wollt an eurem Ehrentag doch sicher nicht so allein sein." Belustigt verfolgten die Kellnerin und ich sein schmieriges Gehabe. Sie blinzelte mir zu und sagte nur: „Ich mach das schon!" Zurück kam sie mit vier Cognac, die sie zu den Herren stellte und auch auf deren Zettel schrieb, und uns stellte sie die von uns gewünschten zwei Schnäpse hin. Na, die haben vielleicht blöd aus der Wäsche und aus ihren Hausschuhen, den gelb karierten, geguckt.

Eigentlich wollten wir schon den Tisch verlassen, aber ich musste noch für kleine Mädchen. Auf dem Weg dahin stand auf einmal Schmitti vor mir und lachte mich an.

„Wo kommst du denn her?", rief ich erstaunt?

„Ich hab doch gesagt, wir sehen uns heute noch", meinte er.

„Du", sagte er leise, „du, was hältst du davon, wollen wir die Nacht zusammen verbringen? Ich möchte mit dir schlafen!"

„Stopp mal, nee nee, daraus wird nix – ich bin verheiratet und er sieht zehn Mal besser aus als du", entgegnete ich kopfschüttelnd und doch belustigt ob so viel praktizierter Frechheit.

„Ohhh", stöhnte er, „Gott sei Dank, bin ich erleichtert, ich fürchtete schon, du sagst Ja."

„Das ist doch wohl die Höhe", rief ich überrascht, „sag mal, hast du noch mehr solcher Sprüche drauf?"

„Ja, ja", sprach eine weibliche Stimme hinter mir, „hat er. Er ist der beste DJ der Insel und ich war zehn Jahre mit ihm verheiratet. Er ist ein super Kumpel, aber treu sein, nein, das kann er nicht." Wir unterhielten uns noch 'ne Weile und als meine Chefin ihn auch begrüßt hatte, verließen wir das Restaurant mitsamt seinen ungewöhnlichen Gästen.

„Los komm", sagte ich zu ihr, „morgen müssen wir weiter, ich will wenigstens die Ostsee sehen. Wenn auch im Mondlicht, aber einmal spüren, einmal anfassen. Stell dir vor: Auf der anderen Seite ist Schweden. Das ist Wasser, das schon im Westen an Land geschwappt ist. Das müssen wir wenigstens anfassen!"

„Gut, aber wo geht's denn zum Strand?"

„Weiß ich nicht, aber hör mal, weit kann es nicht sein, wir gehen nur dem Rauschen der Brandung entgegen."

Gesagt getan. Auf einmal standen wir vor einer Baustelle, aber dahinter musste gleich die Ostsee sein.

„Hier wird in der Nacht nicht gebaut", flüsterte ich, „komm, wir gehen hier einfach durch."

„Nein, das geht nicht", meinte sie. „Mach schon, hab dich nicht so, wer soll uns hier sehen, die feiern doch heute alle."

Also kraxelten wir über die Baustelle und fanden uns alsbald auf einer matt beleuchteten Promenade wieder. Wir staunten nicht schlecht. Von der Promenade sah man im Mondlicht und der matten Beleuchtung herrliche Villen mit parkähnlichen Gärten. Dass es schöne Bauten waren, konnte man an den Umrissen und beleuchteten Fenstern erahnen. Wir befanden uns bei den sicher noch heute nostalgisch anmutenden Sommerresidenzen im Stil der Bäderarchitektur. Immerhin waren wir in einem der „3 Kaiserbäder", die sich früher schon zur Zeit der Monarchie, über häufige Besuche des Kaiser Wilhelm II. erfreuen konnten. Ebenso wurden viele Künstler, wie die Gebrüder Mann, Tolstoi, Gorki oder Johann Strauß, von den Kaiserbädern angezogen und waren oft zu Gast.

Danach, in der DDR der Fünfzigerjahre, entstand, zum Teil durch Enteignung der Besitzer, eine neue Art des Tourismus' – der FDGB-Feriendienst.

„Die herrliche Architektur des Historismus grüßt seit eh und je Besucher auf Schritt und Tritt. Es ist ein Genuss, zwischen den prächtigen antiken Villen sowie dem alten, parkartigen Baumbestand zu flanieren. Sogar Heinrich Mann notierte, Heringsdorf bestehe nur aus Säulen". So steht es bei Wikipedia.

Ich hätte eher gesagt, es WAR ein Genuss. Davon war in den 80er Jahren nichts mehr zu sehen. Die einst prachtvollen Villen waren eigentlich total vernachlässigt. Nur ein geübtes Auge konnte noch die Schönheit dieser einstigen Prachtbauten erkennen, und es tat in der Seele weh, sie so verkommen zu sehen. Sie waren meistens Staatseigentum oder wurden im Rahmen der Enteignung den Eigentümern weggenommen. Die, die nicht von dem FDGB oder andere Abteilungen des Staatsapparates unter den Nagel gerissen wurden, bewohnte das Volk, eben die normalen Bürger. Normale Bürger wohnten zur Miete und nahmen zwar auch den Verfall der Häuser zur Kenntnis, aber sie hatten weder Interesse – meistens jedenfalls –, noch das Material, um die Häuser zu erhalten. Mit Ach und Krach bekam man von der kommunalen Wohnungsverwaltung einen Bezugsschein für Baumaterial, das es kaum gab, und da die Werterhaltungsarbeiten sowieso nicht entlohnt wurden, warum, bitte schön, sollte man sich damit abmühen? Pass mal auf, ich weiß, das kannst du nicht nachvollziehen.

Für einen Trabi z. B. musstest du zu DDR-Zeiten fast 12 Tausend Ostmark auf den Tisch legen, wenn du denn nach 10 Jahren dran warst, einen kaufen zu dürfen. Für einen Gebrauchten mehr als den Neupreis, wenn du ihn gleich haben wolltest. Wenn du schon ein Haus hattest, vielleicht dein Elternhaus oder du warst einer der Glücklichen, die eins bauen durften, dann konntest du nicht mehr ein weiteres erwerben oder erhalten. Zwei Immobilien im Arbeiter- und Bauern-

Staat, nein, das ging nicht. Dann warst du ja ein Kapitalist! So war der Grundstein gelegt für den Verfall der schönen alten Immobilien. In den verschiedenen Jahrzehnten waren es auch die verschiedensten Gäste, wie Hans von Bleicheröder, Hermann Göring sowie zu DDR-Zeiten der FDGB-Vorstand mit Harry Tisch, die in den herrlichen Villen auf Usedom residierten. Klar waren die Villen, die abgeschottet von dem Rest der Welt von unseren staatlichen Organen als Residenzen benutzt wurden, auf das Prachtvollste eingerichtet. Wer einmal Toilettenpapier aus dem Westen an seinem zarten Popöchen gewöhnt war, wie auch in Wandlitz, hat sich sicher nicht mehr mit der harten Volkszeitung, voller Druckerschwärze, den Hintern abgewischt.

Also stolzierten wir auf geschichtsträchtigem Boden, ohne es zu ahnen. Oder meinst du, uns hätte man erzählt, dass Kaiser Wilhelm, Göring oder die Gebrüder Mann auf Usedom residierten oder vielleicht besser gesagt, ihre Saufgelage abhielten, oder Harry Tisch, der Vorsitzende des FDGB? (Freier Deutscher Gewerkschaftsbund) Wobei das FREIER wieder einen Status dokumentieren sollte, den es in Wirklichkeit nicht gab. Niemand war hier wirklich frei. Wir sahen halt am nächtlichen Strand etwas Ungewöhnliches, etwas Verborgenes, etwas, das für unsere Augen nicht gedacht war. Ich spürte die Atmosphäre und ich spürte, dass ich hier nicht sein sollte, und ich spürte die Neugier in mir und den Wunsch, herauszubekommen, was das hier ist. Wir sahen keine Menschen und wir hörten nichts. Keine Musik, keine Laute von Menschen oder Tieren. Auffallend still war es, es war fast unheimlich. Wir gingen langsam weiter und auf einmal, wie aus dem Nichts, waren sie da, Menschen, besser – die Stasi. Schnell waren wir von mehreren Männern umringt.

„Was machen Sie hier?", wurden wir schroff gefragt.

„Die Papiere bitte, Personalausweis und alles was sie dabeihaben", wurden wir aufgefordert.

„Wer seid ihr denn und was wollt ihr von uns?", antwortete ich. „Da kann ja jeder kommen. Vielleicht zeigt ihr erst einmal eure Dienstmarke." Neben mir hörte ich meine Chefin schnaufen.

„Sie befinden sich in einem Sperrgebiet, also weisen sie sich aus."

„Sperrgebiet? Wir sind doch nicht im direkten grenznahen Gebiet. Bis zu dem Schiff der NVA da hinten auf dem Meer ist es doch wohl noch sehr weit. Was soll das denn nun hier?", erwiderte ich aufgebracht.

Aber meine Chefin zog mich ein Stück weg und zischte nur noch: „Sei still, du bringst uns in Teufels Küche."

„Teufels Küche wäre ja O. K.", flüsterte ich zurück, „aber nicht die der Stasi!"

„Halt den Mund", flüsterte sie eindringlich. Mulmig war mir natürlich auch zumute. Also zeigten wir brav unsere Papiere und den Dienstreiseauftrag, leerten entsetzt die Taschen und zeigten alles, im Schein grell leuchtender Taschenlampen, den Männern in dunklen Trenchcoats. Ich glaube, der Dienstreiseauftrag hat uns gerettet. Wir wurden bis zu einer Stelle, die uns an die Beschaffenheit der von uns gewohnten Fußwege erinnerte, mit kaputten Betonplatten und übervollen Papierkörben, geleitet. Mit dem unnötigen Hinweis, wenn man uns nochmals im Sperrgebiet erwische, gehe es nicht so glimpflich aus, wurden wir entlassen.

Wütend stapfte meine Chefin voran.

„Das haben wir nun davon, von deiner fixen Idee. Mensch, das war haarscharf an einer Verhaftung vorbei! Das ist ein Gebiet der Regierung oder der NVA, bewacht und gesichert."

„Aha", erwiderte ich, „hier kommt also das schöne Westgeld hin. Die haben hier doch bestimmt alles, was das Herz begehrt. Dazu einen eigenen Strand und Wächter. Mensch, müssen die einen Schiss vor ihren Bürgern haben. Praktizierter Kapitalismus von DENEN, die uns den von ihnen vergötterten Sozialismus schmackhaft machen wollen. Hier verprassen sie das Geld von den Freikäufen der politischen Häftlinge also, na prima. Und das Volk, und wir? Wir müssen auf Liegen schlafen, die schon das Zeitliche gesegnet haben und im Fett schwimmenden Schweinebraten essen? Wir können uns kaum über Themen die uns bewegen unterhalten, und sollen nun auch noch die Klappe halten, wenn wir versehentlich in das Hoheitsgebiet unserer Hundertprozentigen eingedrungen sind? Hundert Prozent sind sie, ja klar, aber nicht in ihrer Ideologie. Hundert Prozent eifrig, uns diese zu verkaufen, um selbst im Sud des Kapitalismus ungeschoren zu baden!"

„Sei schon endlich still", sprach sie leise, „hier sind bestimmt noch mehr von denen."

„Ist ja gut", antwortete ich resignierend, „komm jetzt, die Ostsee will ich aber trotzdem sehen und anfassen. Und wenn es bei Mondschein ist."

Innerlich war ich wütend. Natürlich wussten wir um die Privilegien unserer roten Brüder, aber wenn man dann so etwas hautnah sah, kam einem schon die Galle hoch.

Beim Frühstück sprach ich die Kellnerin darauf an. Entsetzt antworte sie mir: „Was, da wart ihr? Da ist doch eigentlich alles mit Schranken abgeriegelt."

„Auf der Baustelle waren aber keine", entgegnete ich ihr grinsend.

„Na", meinte sie, „da habt ihr aber Glück gehabt. Da hat schon mancher die Nacht auf harten Pritschen verbringen müssen, der da festgenommen wurde. Und manches Frühstück blieb hier unberührt ..."

Vielleicht hat auch meine Chefin ein bissel rot geleuchtet und hat uns, wie der Polarstern, aus der Misere geführt. Heimgeleuchtet kann man wohl sagen, dachte ich im Stillen. Oder meine rote Kunstledermütze mit dem schwarzen Schirm!

Am nächsten Tag erledigten wir unsere Aufgaben, und da alles gut klappte, beschlossen wir, die letzte Nacht nicht mehr im Hotel zu verbringen. Wir nahmen den letzten Zug an diesem Abend und verließen die Insel in Richtung Heimat. Das war unser Glück. In den Nachrichten wurde Stunden später bekanntgegeben, dass wegen der Maul- und Klauenseuche die Insel von der restlichen Welt abgeschirmt wurde. Quarantäne für alles, was sich auf der Insel bewegt. Kein Zug fuhr mehr und die Brücken wurden hochgezogen.

„Was hätten sie mit uns gemacht?", wollte ich wissen.

„Man hätte uns irgendwo zur Arbeit eingeteilt", erklärte sie mir.

„O mein Gott, vier Wochen auf dieser Insel?"

„Ja", belehrte sie mich, „da hätten wir keine Chance gehabt, runterzukommen."

„Und das im März, kein Badewetter und vielleicht noch als Zimmermädchen in der Gesellschaft der Hundertprozentigen oder denen, die das Hochprozentige die Kehle runterschütteten? Auch noch alles, wo man Spaß haben kann, geschlossen?"

„Ja, aber sicher. Aber keine Angst", meinte sie, „dich hätten sie dort, wo wir waren, bestimmt nicht reingelassen. Die Infos hätten sie sofort bekommen."

„Welche?"

„Na, dass du Staatsfeind Nummer 9999 bist!"

„Haha ... ja klar, daran hatte ich gerade mal nicht gedacht."

Hier ist um diese Zeit nicht viel los. Mir wären nur die Leute begegnet, die mit den hochprozentigen Vorlieben für Getränke. O mein Gott, war ich froh, dass wir diesen letzten Zug genommen hatten.

Kriminelle Energie

LPG Usedom – Ersatzteilbeschaffung! Im Mai führten mich die Vorbereitungen der Saison wieder auf die schöne Insel Usedom. Jetzt präsentierte sie sich viel freundlicher. Es ist die sonnenreichste Insel der Ostsee, und der herrliche Sandstrand lädt tausende Touristen ein. Schon zu DDR-Zeiten waren viele Flächen Usedoms zu Naturschutzgebieten und auch zu Landschaftsschutzgebieten erklärt worden. Die Insel bezaubert mit ihrer Ursprünglichkeit. Was an den Gebäuden an Erhaltungsmaßnahmen und Modernisierungen als versäumt betrachtet werden konnte, hat der Natur nicht geschadet.

Die Versorgungsverträge für das Ferienlager mit 280 Personen mussten unter Dach und Fach gebracht werden. Die Vorbereitungen dazu wurden ja schon im März getätigt, und unsere „Gastgeschenke" wurden stillschweigend angenommen. So waren die Fleisch- und Molkereilieferanten, die Backwarenlieferungen und die diverser Lebensmittel abgesichert, und die fehlenden Unterschriften auf den Verträgen wurden ohne viel Aufhebens geleistet. Was noch fehlte, war erntefrisches Gemüse.

„Och, das haben wir hier noch nie bekommen", meinte ein Mitarbeiter unserer Abteilung.

„Nein?", fragte ich erstaunt zurück, „ich habe doch auch hier Felder mit Kartoffeln und Gemüse gesehen, wo geht das denn hin?" Er zuckte mit den Schultern und das Gespräch war beendet.

Am Abend sagte ich so allgemein: „Morgen fahre ich zur LPG (Landwirtschaftliche Produktion Genossenschaft) und versuche mal mein Glück."

Mein so liebenswürdiger Fahrer sprach sich sogleich dagegen aus. „Das bestimmst du nicht", erwiderte ich nur kurz, „wir fahren ohne Termin. Wenn ich mich anmelde, wimmeln sie mich gleich ab. Ich geh da einfach mal rein und wir fahren so kurz vorm Feierabend, da hat man die größten Chancen, auch die zu erwischen, die etwas zu sagen haben."

Gesagt – getan. Freundlich grüßend betrat ich das Büro und

freundlich grüßte man zurück. Alle Schreibtische waren besetzt. Kaffeetassen und halb volle Bierflaschen standen auf dem Tisch. Zigarettenqualm verhinderte eine klare Sicht in dem schlecht gelüfteten Raum, und aus irgendeinem Weltempfänger dudelte ein Gassenhauer. Feierabendstimmung halt. Man sah mich erwartungsvoll an.

„Hey", sagte ich, „wer hat hier den Hut auf? Ich biete euch ein Megageschäft an."

„Ohhh, dann wende dich mal an den Schmucken hier, der setzt nur keinen Hut auf, weil er so schöne Haare hat", bekam ich lachend als Antwort.

Grinsend sah mich ein wirklich nicht schlecht aussehender Mann an.

„Hoho", meinte ich, „wo habt ihr denn den hübschen Kerl her? Von der Insel ist er ja wohl nicht, jetzt, wo keine Urlauber rumlaufen, sieht der eine doch aus, wie der andere heißt".

Alles lachte, nur Kurt nicht, weil er so aussah wie Willi!

„Na", meinte der Schmucke, „dann schieß mal los, was für ein Geschäft soll das denn sein?"

„Also", erklärte ich, „ich benötige in drei Durchgängen jeweils für ca. 280 Personen ein paar Hänger voll Kartoffeln, Gurken, Tomaten, Blumenkohl und was noch alles so auf eurer Sonneninsel wächst." Nach wenigen Sekunden der absoluten Stille brach der Schmucke in schallendes Gelächter aus und seine Mitstreiter auch.

„Mädchen", rief er lachend, „wo kommst du denn her, von einem anderen Stern? Du bist hier auf einer Insel, hier wächst nicht so viel."

„Hab ich doch aber gesehen", verteidigte ich mich.

„Was denkst du? Das reicht gerade für die großen Hotels und andere Institutionen", meinte eine Frau.

„Ha, ist mir schon klar, und für die Traumobjekte der Bonzen", warf ich ein.

„Ja, richtig", antwortete er kurz.

Während des Gespräches schaute ich zufällig aus dem Fenster und sah auf dem Hof drei Traktoren, ZT 300, große Maschinen, die unser Werk baute.

„Was ist denn mit euren Treckern los? Wieso sind die drei Vehikel dort auf dem Hof und nicht auf dem Acker?"

„Kaputt", meinte der Schmucke. „Na hast du denn nicht gehört, woher ich komme? Wir bauen die Dinger!"

„Ach so", blaffte er, „und du kannst sie einfach mal so reparieren?"
„Nee, kann ich nicht, aber vielleicht die Ersatzteile besorgen? Mechaniker werdet ihr doch wohl noch haben oder sind sie auf der Insel ausgestorben?"
„Ersatzteile? Inge, hol mal den Werkstattmeister", wies er an. Und der kam auch prompt.
„Schreib mir mal auf, was gebraucht wird", sagte ich zu ihm, was er auch tat.

Ein Trecker war total im Eimer und bei den beiden anderen mussten wertvolle, aber kleine Ersatzteile beschafft werden. So, meinte ich: „Wenn ich die bringe, dann bekommt mein Ferienlager das frische Gemüse? In jedem Durchgang?" Ein stilles Kopfnicken aller Beteiligten besiegelte den Deal.

„Das schaffst du eh nicht", warf der Werkstattmeister ein, „ihr habt doch selber nichts."

„Lass sie mal machen", schmunzelte der Schmucke und lud mich noch auf einen Kaffee ein. Also schlürfte ich noch einen Kaffee mit den Leuten, laberte über dies und das und verabschiedete mich dann mit einem guten Gefühl.

Mein blöder Fahrer grinste mich schadenfroh an, er musste ja draußen warten, und mit den Worten: „Hast wohl auch nichts erreicht", startete er den blauen B1000 Bus und ab ging es ins Lager.

„Abwarten", meinte ich nur.

Wieder im Werk grübelte ich darüber nach, wie ich an die Ersatzteile kommen könnte. Also erkundigte ich mich, wer verantwortlich für Ersatzteilbeschaffung war und was er so machte, wo er wohnt und so weiter. Ahaa, stellte ich fest, er baut ein Haus, ein Einfamilienhaus.

Mit meinem Mann fuhr ich mit den Fahrrädern am Rohbau vorbei. „Siehst du", meinte ich, „er hat keine Treppenstufen, keine Fensterbänke, keine Terrazzoplatten, er hat nichts und er bekommt es auch nicht so schnell, wie er es braucht." Immerhin war er in leitender Funktion und von der Beschaffungskette – eine Hand wäscht die andere – weitgehend isoliert. Was sollte er denn anbieten? Meistens ein wenig arrogant und viel zu Rot angehaucht kamen sie rüber und erfreuten sich nicht gerade der Beliebtheit eines Handwerkers. Nun gut, ich richtete es so ein, dass ich ihm vor die Füße lief.

„Hallo", meinte ich, „ich habe mir gestern Ihr Haus angesehen, sieht ja aus wie ein gerupftes Huhn. Sie bekommen wohl Ihr Baumaterial aus Terrazzo nicht?"

Er guckte völlig erstaunt zu mir runter, jeder, der über einssiebzig ist, konnte das und antwortete: „Wie kommen Sie denn darauf?"

„Na ja", flüsterte ich, „indem ich ihm den Zettel mit den Ersatzteilen überreichte, „wenn ich die Teile bekomme, haben Sie in vier Wochen alles aus Terrazzo, was Sie für Ihr Haus brauchen."

Er guckte nach links und nach rechts und bat mich dann in sein Büro. Seine Sekretärin bat er, Kaffee zu holen.

„Wie soll das gehen?", fragte er hoffnungsvoll.

Folglich erklärte ich: „Also, ich fahre mit den Teilen nach Usedom und bringe sie zur LPG, dafür bekommen unsere Kinder im Ferienlager erntefrisches Gemüse. Mein Mann schleift alles, was sie brauchen, nach Feierabend. Sie zahlen das Material an die PGH (Produktionsgenossenschaft des Handwerks) und den Arbeitslohn zahlen sie schwarz an meinen Mann."

Er lachte und sagte: „Geht das denn so?"

Ich darauf: „Natürlich geht das, wenn alle die Klappe halten."

„Das wär ja prima, wenn es funktioniert, bekommen sie ihre Teile und ihr Mann sein Geld, abgemacht!"

Ob da nichts Schriftliches gemacht wurde, fragst du mich? Um Gottes willen, nein, das waren Handschlaggeschäfte und da wurde nichts schriftlich fixiert, da hätte ja jeder den anderen anschwärzen können. Nee, irgendwie galt damals ein gegebenes Wort noch etwas, jedenfalls bei Schwarzgeschäften.

Am Abend erzählte ich meinem Mann von dem Deal.

„Klar, geht das", nickte er, „aber nicht so schnell. Du hast vergessen, dass wir wichtige Fußballspiele haben und drei Mal in der Woche Training."

„O Mist, ja, das habe ich tatsächlich nicht bedacht", stimmte ich ihm zu. „Ach weißt du was, ich telefoniere morgen mal mit deinem Chef, vielleicht geht da was." Das tat ich auch am nächsten Morgen.

„Du", begann ich das Gespräch, „was hältst du davon, wenn ich zehn Kinder deiner Leute mit ins Ferienlager nehme?"

„Sehr viel, aber das können wir nicht bezahlen, wir haben keinen K- und S-Fond (Kultur und Soziales) und ihr seid zu teuer", überlegte er laut.

„Nein, nein", warf ich ein, „kostenlos meine ich."

„Wie soll das denn gehen?", wollte er wissen.

„Pass auf", sprach ich weiter, „mein Mann macht alles aus Terrazzo für den Direx der Ersatzteilbeschaffung von unserem Werk. Der baut gerade ein Haus. Dafür bekomme ich Ersatzteile für fahruntüchtige Trecker der LPG auf Usedom und unsere Kinder bekommen dann frisches Gemüse in allen drei Durchgängen. Ihr bekommt das Geld für das Material und zehn freie Plätze. Und alle sind glücklich!" Dass mein Mann zusätzlich das Geld für den Arbeitslohn bekam, war selbstverständlich.

„Gut", meinte er nur kurz, „machen wir so."

Nur wenige Tage danach schmuggelte ich die Ersatzteile in zwei bunten Perlonbeuteln aus dem Werk. Der Direktor hat sie auch nur heimlich irgendwo abgebaut, die Regale waren ja leer im Ersatzteillager. Ich fuhr mit dem Zug zur Insel und brachte sie freudestrahlend der LPG.

Die staunten nicht schlecht. So stand ich fordernd da: „Bekommt mein Lager nun das Gemüse?"

„Klar", strahlte der Schmucke mich an. So wurde es auch gemacht. Die LPG rief ab und zu im Ferienlager an, holte ein paar von den größeren Kindern mit dem Trecker ab, so zehn bis zwanzig Kinder, und die beluden dann spielend die Hänger mit Kartoffeln und so weiter. Die zehn Kinder der PGH hatte ich mit eingeordnet, da ich so pro Sommer über tausend Kinder verschickte, wusste ich, dass da immer welche fehlten. Sie waren kurzfristig krank oder hatten anderweitige Pläne für die Ferien. Nein, da floss kein Geld, der einzige Teilnehmer am Deal, von dem Geld erwartet wurde, war der Direktor – und der zahlte gern. Das glaubst du nicht, dass er die Ersatzteile abgebaut hat? Das kannst du aber ruhig. Ich erzähle dir gleich mal etwas, was ich selbst gesehen habe.

Sozialistische Zählweise

Um passende Leute für meine Ferienlager zu finden, musste ich ja oft durch die Fertigungsbereiche gehen. Da mal ein Schwätzchen, da mal einen Schluck Bier mittrinken und über Fußball quatschen. Mein Status als Frau vom besten Torjäger war allgemein nicht schlecht. War ich doch meistens auch auf dem Sportplatz zu finden, trank so manches Bier mit nach den Spielen und fuhr auch oft mit zu den Auswärtsspielen. Da konnte ich so richtig fanatisch sein.

Ob ich da auch mit herumgebrüllt habe, willst du wissen? Aber klar, ich glaube, der Sportplatz war unser einziger Ort, wo wir mal Luft ablassen konnten. Ich habe es genossen.

Nachdem ich mehrfach durch die Montagehallen gegangen war, fiel mir etwas auf. Neben dem Band, von dem die fertigen Maschinen, Traktoren und Mähhäcksler runterfuhren, war eine Tafel an der Wand mit einer angebundenen Kreide. Damit wurde für jede fertige Maschine, die das Band verließ, auf der Tafel ein Strich gemacht.

Was daran so verwunderlich war? Na das will ich dir sagen. Kaum waren die Trecker oder Mähhäcksler vom Band, baute man Teile von den fertigen Maschinen wieder ab, um die nächsten überhaupt vom Band zu bekommen, und das wurde nirgendwo vermerkt. So wurden dann zehn abgerechnet und es waren aber vielleicht nur vier tatsächlich fertig. Du, das konnte ich selbst kaum glauben und beobachtete das weiter. Es war so und niemand störte sich daran. Hauptsache die Zahlen stimmen. Aha, dachte ich mir so, das ist halt die Planwirtschaft.

Ob ich noch ähnliche Dinge mitbekam? Ja sicher. Wo die halb fertigen und fertigen Trecker und Co auf Halde standen, sah ich von meinem Bürofenster täglich Monteure, die mit Werkzeugkästen bewaffnet, mal hier, mal da an irgendwelchen Schrauben drehten oder gegen das Blech klopften. Die gleichen Leute sah ich oft lange in der Kaffeeklappe sitzen. Bis ich mal genauer hinschaute, und bemerkte, dass sie immer an den gleichen Schrauben drehten. Da mal gegen das Blech hämmerten, dort mal ein paar Teile mit Schmiere versahen. Dann waren sie wieder verschwunden. Das sind sie also, stellte ich fest, das sind sie also, unsere versteckten Arbeitslosen. Das Perfide am System war ja, dass man es fertigbrachte, auch noch jedem das Gefühl zu geben, dass er gebraucht wird.

Gleichmütig oder abgestumpft nahmen also diese Leute die Arbeit hin?

Ja, das kann man so sagen, das Geld kam doch und man brauchte sich kein Bein auszureißen. Wenn man einen Job hatte, hatte man ihn meistens bis zum Rentenalter.

Studie

Eines Tages erhielt ich den Auftrag, eine Studie anzulegen. Ich sollte die Hoch- und Fachschulkader ausfindig machen, die unter ihren Fähigkeiten eingesetzt waren. „Toll", dachte ich mir, „das wird sicher interessant." Da muss man natürlich in alle Abteilungen gehen und Fragen stellen.

Ein Wunder, dachte ich so, dass man mich dafür auserkoren hatte und nicht die Leute der Null – Linie = Sicherheit!

Meine Vorgesetzte meinte: „Wenn man die schickt, bekommt man keine Antworten. Zu groß ist die Ablehnung der Arbeiter gegen Mielkes Apparat. Dich kennt hier fast jeder und du hast den viel besseren Zugang zu den Leuten."

„Warum soll ich das überhaupt machen?", wollte ich wissen.

„Auch die Ausbildung und die Studienplätze kosten den Staat viel Geld", erklärte sie. „Nun wird man gemerkt haben, dass da irgendetwas nicht stimmt. Viele Studierte gehen lieber in die Produktion arbeiten. Warum das so ist, kann ich dir auch nicht genau sagen. Mach es einfach und stell keine anderen Fragen", meinte sie noch. Doch, dachte ich bei mir, das interessiert doch gerade – warum das so ist.

Im Geiste wusste ich also schon, dass ich Fragen stellen würde. Schon, dass es mir untersagt worden war, schürte meine Neugier und auch meinen Widerstand. Von der Kaderleitung erhielt ich eine Liste mit den Beschäftigungsverhältnissen. Immerhin hatte das Traktorenwerk am Standort tausende Beschäftigte und tausende weitere in den Zweigbetrieben. Nach und nach fand ich auch etliche Dreher, Maschinenbauer und auch in den Fertigungsbereichen Produktionsarbeiter, die studiert hatten. Das Gespräch begann ich immer mit einem lockeren Smalltalk. Mal übers Wetter, dem letzten Spiel unserer Fußballmannschaft, die immerhin in der 2. Liga spielte oder anderen belanglosen Themen. Schimpfte über den Schiedsrichter, und dass es mal wieder nur trübes Bier in den Läden gab.

Du, das kannst du glauben, wenn wir Flaschenbier kauften, hielten wir jede Flasche einzeln vor das Licht, um zu sehen, was da alles drin herumschwimmt. Meistens war es sicher nur Hefe, sah aber unappetitlich aus. Nach kurzer Zeit war das Bier auch sauer. Nicht so wie heute, wo man Flaschenbier sehr lange stehen lassen kann. Erst später begriffen wir, dass jetzt da eben mehr Chemie drin schwimmt, die zwar das Bier länger leben lässt, aber unsichtbar und mit Sicherheit auch ungesund ist.

So gewann ich schnell etwas Vertrauen, wenn die Leute merkten, dass auch ich nicht zufrieden mit der „Lage der Nation" war. Es gelang mir nach und nach, die Gründe zu erfahren, warum die studierten Leute lieber als Arbeiter ihr Geld verdienten. Du musst dir vorstellen, sie kamen voll Enthusiasmus von den Fach- und Hochschulen, ausgebildet als Ingenieure, Ökonomen oder wissenschaftliche Mitarbeiter in die jeweiligen Betriebe, und sie wollten natürlich ihr Wissen auch anwenden. Konfrontiert mit den jeweiligen Parteisekretären, die sich oft nur auf dem Rücken der Partei in Funktionen manövrierten, von denen sie absolut keine Ahnung hatten, erkannten sie das erste Mal die wirkliche Machtgeilheit dieser Funktionäre, sie erfuhren die absolute Macht der Partei hautnah. Trotz deren Fachkenntnissen, die gleich null waren, hinderte es die Genossen nicht daran, arrogant und keinen Widerspruch zulassend, den gebildeten Leuten die erste Abfuhr zu erteilen. Sie schwangen sich in Positionen und Funktionen, in denen sie willkürlich und vermessen ihr schwaches Ego aufpolierten und so richtig dummfrech die Leute strammstehen ließen. Die DDR schaffte es, die Intelligenz klein zu halten. Linientreuheit und Parteizugehörigkeit waren wichtiger. Lief mal etwas durch die Unkenntnis der Möchtegernfunktionäre schief, waren diese bösartig genug, dann die Schuldigen unter den Studierten zu suchen.

„Dinge wahrzunehmen, ist der Keim der Intelligenz", sagte schon Laotse. Vor dieser hohen Wahrnehmungsfähigkeit intelligenter Leute hatten Mielke und Co wahrscheinlich mehr Angst als vor dem Klassenfeind.

Ob da alle so reagiert haben? Nein, sicher nicht. Ich kann es den Menschen auch nicht grundsätzlich verdenken. Viele heulten mit den Wölfen, um Karriere zu machen, um ihren Kindern den Weg zu ebnen oder andere Dinge für einen gehobenen Lebensstandard zu bekommen. Viele wollten auch sicher nur ihre Ruhe haben. Der Mensch ist nun mal ein Gewohnheitstier und die Menschen in der DDR gewöhnten sich sehr schnell an das Regime und fanden aber auch Schlupflöcher, wie sie dem manchmal entgehen konnten. Es waren nicht alle bei der Stasi und nicht alle voll Überzeugung bei der Partei.

Schnell bekamen die Hoch- und Fachschulabsolventen mit, dass ihre Kenntnisse überhaupt nicht gefragt waren. Moderne Technologie hätte ja zur Folge, dass Arbeitsplätze verschwinden, und das konnte man sich ja nicht leisten. Wohin mit denen? Offizielle Arbeitslose gab es ja in der DDR nicht. Die Inoffiziellen kamen in Arbeitslager zur Erziehung. Ja, da hörst du richtig, sie wurden zum ARBEITEN erzogen! Nach dem Motto: „Wer nicht arbeitet, braucht auch nichts zu essen."

Mein Bruder hatte mal ein Schild, ich habe es ihm aus halbierten und gebügelten Strohhalmen gebastelt, auf seinem Tisch in der Schule, natürlich zur krassen Provokation: „Wer nicht arbeitet, soll wenigstens gut essen." Auch da hatte man uns kräftig am Wickel.

Gern wurden die Studierten in leitenden Positionen für die Schlamperei und Fehler der unqualifizierten Vorgesetzten verantwortlich gemacht. Prügel und Schuld mussten auch verteilt werden. Der zweite Punkt war ein nicht ganz unwesentlicher, dass nämlich die Arbeiter in den Schichtsystemen viel mehr verdienten als die Hoch- und Fachschulabsolventen.

Nun sag mir bitte, würdest du auf einer Position bleiben, wo du deine Kenntnisse nicht anwenden darfst, wo du noch die Prügel von machtbesessenen, unterqualifizierten Genossen einstecken musst und zudem auch noch weniger verdienst, als ein ungelernter Schichtarbeiter? Nein? Na siehst du, die damals auch nicht. Die Planwirtschaft, so erkannte ich, funktionierte auch aus diesen Gründen nicht. Dazu kam, dass in den unteren Rängen der leitenden Genossen niemand bereit war, so richtig Verantwortung zu übernehmen. Der Abteilungsleiter zuckte mit den Schultern bei für ihn unlösbaren Problemen und schob sie zu dem Hauptabteilungsleiter weiter. Der handelte nicht anders und schob sie zum Fachdirektor weiter, der zum Betriebsdirektor und der zum Kombinatsdirektor. In meiner Zeit in dem Betrieb erschossen sich aus diesem Grund zwei Kombinatsdirektoren. Groteskerweise einer der Herren auch noch mit dem Jagdgewehr, das er zum 50. Geburtstag vom Ministerium als Geschenk bekommen hatte.

Warum, fragst du? Nun, der hat die Prügel vom Ministerium abbekommen, die brauchten ja auch einen Schuldigen. Irgendwann musste es ja auffallen, dass die Zahlen nicht stimmen.

Fiel es auf, sollten die Arbeiter keine Jahresendprämie bekommen. Ja, die gab es. Immer in den ersten Monaten des neuen Jahres wurde anhand der Produktionsergebnisse eine Prämie gezahlt. Manchmal zwei bis drei Monatslöhne. Für viele unverzichtbar, da sie meistens schon verplant war. Irgendetwas für die Wohnung, Auslegware zum

Beispiel, oder später dann für einen Farbfernseher, Waschvollautomaten, Kühlschrank, usw. Du, diese Dinge waren damals im Verhältnis zu unseren Löhnen sehr teuer. Da hättest du mal die Arbeiter erleben sollen. Sie muckten da gewaltig auf, wenn sie witterten, dass es kein Geld geben sollte. Einerseits waren sie an den schlechten Zahlen überhaupt nicht schuld, und andererseits wollten sie den Schimpftiraden der Ehefrauen aus dem Weg gehen. Ohne Geld heimkommen, na, dem Gezeter ihrer Frauen waren die Männer eher nicht gewachsen. Also legten sie die Arbeit nieder und streikten so ein bisschen, und so mancher machthungrige kleine Genosse, rannte da schon mal um sein Leben. Das durfte natürlich nicht an die Öffentlichkeit, denn im Sozialismus waren ja alle glücklich und zufrieden.

Also wurde letztendlich doch gezahlt.

Keine Gewinne erwirtschaftet und trotzdem Tausende zahlen, Du meinst, das geht nicht? Nein eigentlich nicht, aber streikende Arbeiter im Sozialismus, das ging schon gar nicht, also kam das Geld von oben, wo immer das auch war, es kam. Wenn der Zahlungstermin dann feststand, konnte man vor dem Werktor etliche Frauen, auch Kinder, warten sehen. Nicht selten wurde nämlich die Jahresendprämie in den Kneipen versoffen. Wein, Weib und Gesang, auch der DDR-Männer Untergang! Obwohl, den Wein ersetzte ich mal durch Bier. Der Wein, den es damals gab, schmeckte sauer oder zu süß, wie der Rosenthaler Kardaka, heute kostet er 1,99 €, das Objekt der Begierde bekam man selten oder gar nicht. Oder halt als Bückware unterm Ladentisch. Viele der Werktätigen lieferten treu und brav den größten Teil ihrer Prämie daheim ab und mit einem kleinen Rest feierten sie dann ausgiebig. Ja klar, das Bier war nicht teuer, das stimmt. Aber besoffen, da auch noch der billige Fusel literweise dazu getrunken wurde, wurden sie auch. Ob ich da auch mitgemacht habe? Nein, das war den Männern vorbehalten.

Nein, da habe ich früher, da ich auf dem Hinterhof eines großen Ausflugslokals wohnte, nebenbei gekellnert oder hinter der Bar gestanden. Lache nicht, ich weiß, dass ich ziemlich klein bin. Der Wirt hat auch immer Paletten für mich hinter den Tresen gelegt, damit ich überall rankam. Mit vierzehn Jahren habe ich da zum ersten Mal gearbeitet. Der Wirt fragte mich nach der Abrechnung, wie viel Trinkgeld ich übrig habe. Ganz stolz sagte ich, so um die fünf Mark. Da sah er mich an und meinte nur: „Selbst schuld". Verdutzt sah ich ihm hinterher und dann dämmerte es mir, das war ein Freibrief, ein bisschen Geld zu machen. Er sah zurück und meinte nur noch: „Aber nicht übertreiben."

Du, warte, da muss ich dir noch eine Geschichte erzählen. Zum jährlichen Polizeivergnügen sollte ich bedienen. Nun standen wir ja, außer mit unseren Sportfreunden, mit der Polizei auch ganz schön auf Kriegsfuß. Ich weiß nicht mehr, aber sicher war auch damals in jüngster Zeit etwas vorgefallen. Na wartet, dachte ich mir, euch ziehe ich mal richtig ab. Du, ich bin gelaufen an dem Abend, was das Zeug hielt. Bier, Bier, Bier und Schnaps dazu. Die hatten kaum ausgetrunken, da stellte ich den Nachschub hin. Mit dem Fusel, Weinbrandverschnitt, füllte ich sie so richtig ab. Ließ mich ständig einladen, die Animation dazu funktionierte hervorragend, immerhin wollten sie ja zeigen, was sie sich alles leisten konnten. Das wurde dann nicht von mir in der Kasse vermerkt – aber kassiert. Entschuldigung, sagte ich immer, der Wirt sieht es nicht gern, wenn wir Alkohol an den Tischen trinken und wir sollen dann lieber in der Küche unseren Schnaps konsumieren. Gnädig wurde das gewährt. Natürlich ließen sie sich nicht lumpen und ich konnte sie so zum französischen Cognac verleiten, der ausgesprochen teuer war. Zum Schluss haben sie rundenweise diesen edlen Tropfen bestellt und da sie sehr angetrunken waren, nicht bemerkt, dass sie den billigen Schnaps bekommen haben. Kassiert habe ich natürlich den Cognac. Ein Tisch mit hohen russischen Offizieren war auch dabei. Die mussten das irgendwie mitbekommen haben und lachten sich kaputt. Zu mir waren sie sehr freundlich. Sie bestellten die Flaschen Wodka so wie die Deutschen, oh, besser gesagt, die DDR-Bürger, das Bier. Auf den Bierdeckelrand wurden einfach Striche gezogen. Ein Offizier nahm mir den Stift aus der Hand und machte auf seinem Deckel drei weitere Striche und zwinkerte mir zu. Das hieß, nur die drei Striche allein machten schon über 100 Ostmark Trinkgeld aus. Meine Polizisten waren sturzbetrunken, aber rundherum zufrieden. Ich hatte an dem Abend über 300 Ostmark Trinkgeld und die Russen einen schönen Abend. Deren Zeche hat natürlich die Polizei bezahlt und somit auch mein Trinkgeld. Das war Betrug, meinst du? Ja klar, das war es. Bewusst und mit Spaß daran. Aber das war auch das einzige Mal, dass ich so etwas bewusst tat. Noch lange habe ich mich darüber amüsiert.

So, nun zu meinen Studien zurück. Einer von den verhinderten Ingenieuren sagte mir, dass auf dem ganzen Gelände tonnenweise hochwertiger V2-Stahl vor sich hin gammelte.

„Mensch", meinte ich zu ihm, „das ist ja ein Ding, die jammern doch immer, dass sie nichts haben. Zeigst du mir die Stellen?"

Wir schritten das ganze Betriebsgelände ab, das so etwa acht bis zehntausend Quadratmeter groß war, und ich schrieb massenhaft Material auf, das manchmal schon jahrelang dort lag und inzwischen von Gras überwuchert war. Also erweiterte ich meine Studie unaufgefordert um diese Sachlage. Ich schaffte es, dass sie gleichzeitig bei dem Abteilungsleiter bis zum Betriebsdirektor auf dem Tisch lag. Auch auf dem immer fein aufgeräumten Tisch des Parteisekretärs, und in der Kreisleitung der Partei konnte ich sie ebenfalls deponieren. Was meinst du, was da los war. Die Wellen schlugen haushoch.

„Wer hat sie dazu ermächtigt?", brüllte mich der Genosse Sekretär an.

„Mein gesunder Menschenverstand", erwiderte ich gelassen.

„Was nützt es euch, wenn ihr die Anzahl der Akademiker wisst, aber nicht die Gründe für ihre Entscheidung, lieber zu arbeiten als ihr Wissen anzuwenden erkennt?", entgegnete ich gelassen. „Und ständig wird von Engpässen in der Materialbeschaffung geredet und keiner nimmt zur Kenntnis, dass hunderte Tonnen Stahl so vor sich hingammeln? Da laufen doch ständig so viele Leute rum, die nichts zu tun haben. Wie wäre es damit, schickt doch die einmal los, den Betrieb mit wachen Augen zu sehen und nicht nur die Ohren zu benutzen, um Leute auszuhorchen!" Wütend schnappte er zurück, dass ich entlassen werde, und man sich um mich kümmern würde, etc.

Nichts kam, kann ich dir sagen, absolut nichts. Das hatte ich dem Direktor zu verdanken, den ich aus dem stecken gebliebenen Fahrstuhl rettete. Er bedankte sich sogar für diese Studie, und seine Untergebenen mussten ihm sicher Rede und Antwort stehen. Als Schlosser hatte er selbst in diesem Betrieb angefangen und sich hochgearbeitet. Ja, natürlich war er in der Partei, aber er gehörte zu denen, die an den Sozialismus glaubten, und an die Ideale der alten Kommunisten auch. Auch er wurde, denke ich, bitter enttäuscht.

Kontrollfahrten in die Kinderferienlager

Zwischen den einzelnen Durchgängen musste der verantwortliche Mitarbeiter, in dem Fall ICH, in unsere Ferienlager fahren, um die Bücher, die Versorgung und den ganzen Ablauf zu überprüfen. Frohen Mutes startete ich zu meiner ersten Kontrollfahrt. Natürlich mit dem Zug und allein. Dienstbeflissen wurde ich von dem Lagerleiter, einem Parteisekretär aus dem Betrieb, mit dem Trabi und einem kleinen Blumenstrauß, das kam mir schon suspekt vor, vom Bahnhof abgeholt. Nein, nicht die Größe des Straußes, nein, dass es überhaupt so praktiziert wurde. Ich kannte den Mann nicht, ich kannte niemanden im Ferienlager und kam zur Kontrolle und da gibt's Blumen? Und schon war ich auf der Hut!

Im Lager angekommen, wies er mir einen leer stehenden Gruppenschlafraum zu und mit den Worten: „Nachher zum Essen werden sie abgeholt", war er verschwunden.

Was soll das denn, was ist denn hier los?, dachte ich so, und schnurstracks verließ ich den Raum, ein Wunder, dass er nicht abgeschlossen war, und spazierte ins Lagergelände. Zuerst inspizierte ich die Gruppenräume, unterhielt mich mit den Kindern und ab und zu mit einem Gruppenleiter. Es herrschte ein buntes Treiben, da wurde Fußball gespielt, da wurde Volleyball gespielt, weiter weg wurde geübt, Zelte aufzubauen, an anderer Stelle spielten Mädchen mit Puppen, und über dem ganzen Ferienlager lag eine sommerliche Atmosphäre.

Dann ging ich zur Küche, zur Küchenleiterin. Ich begrüßte sie freundlich und stellte mich vor. Ihre ganze Haltung war von Unsicherheit und Ablehnung geprägt.

„Bitte", wies ich sie an, „geben Sie mir die Schlüssel für die Wirtschafts- und Lagerräume."

„Nein, das darf ich nicht", antwortete sie darauf. „Die bekommt nur der Lagerleiter."

„Wie bitte, nur der Lagerleiter, was soll das denn?" Erstaunt sah ich sie an.

„Bitte händigen Sie mir sofort alle Schlüssel aus", forderte ich sie nochmals auf, „Sie scheinen überhört zu haben, in welcher Funktion ich hier bin."

„Na wenn schon", antwortete sie schnippisch, „gehen Sie, ich bespreche das mit dem Lagerleiter."

Aha, dachte ich, hier soll gleich eine Machtprobe ausgetragen werden. Da kommt sie, die Neue, jung und ohne Erfahrung – der werden wir schon beibringen, wer hier das Sagen hat. So stellte sich die Situation dar.

„Gut", meinte ich, „dann muss ich Sie von Ihrem Amt als Küchenleiterin entbinden, ja, hier und sofort." Ich spielte mit dem Feuer. Es war sehr schwer, inmitten der Saison Köche zu finden, falls sie alles hingeschmissen hätte. Noch einmal: „Die Schlüssel, und bitte begleiten Sie mich bei meinem Kontrollgang." Widerwillig übergab sie mir ein Schlüsselbund und stapfte trotzig hinter mir her. Schon im ersten Raum, einer Kühlkammer, die Überraschung. Fein geordnet hingen da die Filets, Schinken, Würste und Bratenfleisch. Aber in kleineren Mengen. „Oh", sprach ich sie an, „für wen ist das denn?" Puterrot im Gesicht nuschelte sie so etwas wie: „Für den nächsten Durchgang."

„Ach nein, bekommen da 180 Kinder jeder 5 Gramm Roastbeef, etc., oder wie erklären Sie das?"

Ich schrieb alles auf, die jeweilige Stückzahl der Raritäten, das war die Ware nämlich, die es auch selten in den Fleischerläden zu kaufen gab. Weiter hinten im Kühlraum fand ich dann noch zwei Kisten voller Aale. In weiteren Räumen fand ich dann edle Spirituosen, wie Cognac, Whiskey und so weiter. Was mich besonders erboste, waren zahlreiche Kartons mit Schokolade und anderen Süßigkeiten. Als ich die Räume verließ, wollte mir die Küchenleiterin doch tatsächlich die Schlüssel wieder abnehmen. Im Freien angekommen, musste ich mich erst einmal sammeln.

Da fiel mein Blick auf den Trabi des Lagerleiters, der nun auf dem Lagergelände stand. Irgendetwas kam mir daran komisch vor. Ich ging näher, und jetzt sah ich es: Er hing ziemlich durch. Schwer beladen sah er aus. Da machte ich mir so meine Gedanken.

Vorbeilaufende Kinder stoppte ich und wollte wissen, wie oft sie Süßigkeiten bekommen hätten.

„Schokolade und Bonbons?", wurde ich erstaunt gefragt, „Die gab es nicht, an keinem Tag im Ferienlager", waren die Antworten. Da holte ich mir die Gruppenleiter dazu, sie bestätigten mir die Aussagen der Kinder.

„Los, holt mir die Flüstertüte", bat ich die Gruppenleiter und sie kamen alsbald mit dem Megafon zurück. Zuerst begrüßte ich im Namen des Betriebes alle Kinder und das Lagerpersonal.

„Jetzt aufgepasst", rief ich laut ins Megafon, „ich habe eine Überraschung mitgebracht! Alle Gruppenleiter kommen mit ihren Kindern zur Küche, jetzt gleich", forderte ich sie lautstark auf. Und schon kamen sie aus allen Winkeln des Geländes gestürmt. Jedem Gruppenleiter gab ich einen Karton, den vorher schnell zwei andere von ihnen, für jeweils 10 Kinder, umgepackt hatten. Mitten in diese fröhliche Aktion, stürmte der Lagerleiter mit seinen Funktionären.

Hochrot und mit einer beträchtlichen Alkoholfahne ausgestattet, schrie er mich an: „Hören sie sofort auf, das ist Privateigentum!"

„Privateigentum? Dass ich nicht lache. Sie haben den Kindern die Süßigkeiten vorenthalten, was wollen sie mit so vielen Sachen? Ach so, vielleicht verkaufen, ist ja bald Einschulung und die Läden sind mal wieder leer. Ja, da kann man ein paar schöne Scheine machen. Ich kontrolliere nachher die Bücher, wollen wir wetten, dass die Posten da auftauchen? Auch der Schnaps, die Schinken und so weiter? Da wir gerade dabei sind", sprach ich weiter, „bitte öffnen Sie mal Ihren Kofferraum und die Fahrertür."

„Das wagen Sie sich nicht", flüsterte er bedrohlich, „dazu haben Sie kein Recht!"

„Oh doch", meinte ich ganz ruhig, „habe ich. Alles, was auf dem Betriebsgelände steht, kann und muss ich kontrollieren, und wo steht ihr Trabi gerade? Schaut mal Leute, was fällt euch an dem Auto auf?"

„Ja, richtig, er hängt hinten durch. Könnte ja ein Achsenbruch sein, das gucken wir uns mal genauer an. Nicht, dass unserem Herrn Parteisekretär und Lagerleiter noch etwas passiert!"

Die Gruppenleiter waren natürlich auf meiner Seite. Sie hatten sich des Öfteren über fehlende Sachen beschwert und waren barsch abgewiesen worden.

„Ich schließe das Auto nicht auf", protestierte der Lagerleiter.

„Nun gut", antwortete ich, „dann hole ich jetzt die Polizei wegen des Verdachts der Veruntreuung von Geldern, die den Kindern zustehen." Zähneknirschend schloss er auf, und wie ich es geahnt hatte, waren da schon weitere Waren, die es sehr schlecht im DDR-Handel gab, verstaut. Ein paar Burschen packten an und schon standen die Kartons und Tüten in meinem Zimmer. Alle Posten habe ich in der Kladde gefunden, so wie ich es vermutet habe, alles auf Betriebskosten. Noch während der Kontrolle klopfte es zaghaft an meine Tür. Der Herr Lagerleiter!

„Nun sind Sie doch mal nicht so kleinlich, man kann sich doch einigen", meinte er zu mir.

„Einigen? Wie soll das denn aussehen?", wollte ich wissen.

„Möchten Sie nicht auch mal ein anständiges Rinderfilet auf dem Tisch haben, einen guten Schinken dazu? Und für ihren Mann eine Flasche Whiskey? Ich bring Ihnen das alles bis in ihre Küche nach Hause."

„Aha", meinte ich, „Sie wollen mich bestechen! Sie meinen, weil Sie so korrupt sind und sich an den Geldern der Kinder bereichern, muss ich das zwangsläufig auch sein? Lernt man das auf der Parteischule?"

„Sie unterschätzen mich", sprach er, „ich kann Ihnen das Leben richtig schwer machen. Den Job haben Sie nicht lange".

„Nun wird versucht, mich einzuschüchtern, das war mir so was von klar, und mit Drohungen kennt ihr euch ja bestens aus! Verlassen Sie mit ihrer Frau das Ferienlager, bis morgen", wies ich an.

„Eins verraten Sie mir noch, wie wollten Sie die ganzen Sachen, die noch in der Kühlzelle sind, mitnehmen? Der Trabi hat doch schon fast die Grätsche gemacht? Verstehe, Sie haben einen der LKW-Fahrer bestochen. Ja klar, die holen ja morgen die Koffer ab."

Wutschnaubend zog er sich zurück. Am nächsten Tag wäre sowieso Abreise gewesen, daher der gepackte Trabi. Das Küchenpersonal beauftragte ich, aus den feinen Sachen eine zünftige Abschlussfeier für alle Gruppenleiter und dem restlichen Personal vorzubereiten. Als die Kinder dann schliefen und der Zeitplan für die Wachen aufgestellt war, begann die Party. Die Stimmung war prächtig, und ich erfuhr so nebenbei noch mehrere Dinge, die der Lagerleiter sich geleistet hat. Am Morgen, beim Frühstück, war nichts mehr von ihm und seiner Frau zu sehen, sie hatten über Nacht das Weite gesucht.

Ob ich ihn angezeigt habe? Ja, die Frage ist berechtigt. Es war ja Diebstahl zum Nachteil der Kinder. Aber ich bin nicht der Typ, der gleich losrennt und Anzeigen erstattet, auch nicht im Betrieb. Angst vor ihm? Nein, da irrst du dich gewaltig, Angst hatte ich vor diesem Genossen überhaupt nicht. Angezeigt habe ich ihn aber trotzdem nicht.

Immer, wenn die Kindersaison beendet war, wurden das Fachpersonal, die Lagerleitungen und Mitarbeiter der Gewerkschaft vom Fachdirektor zu einer Abschlussversammlung eingeladen. Da wurde alles ausgewertet: Wo gab es Engpässe, was ist nicht so gut gelaufen, wie war die Disziplin, wie haben die Gruppenleiter funktioniert usw.; gemütlich und zwanglos bei Kaffee und Schnittchen. Da kam dann alles zur Sprache. Jeder erzählte so seine Erlebnisse, und da gab es oft viel zum Lachen. Da gab ich auch so manche Story zum Besten.

Zum Beispiel hatte ich mal wieder eine Kontrolle geplant und wollte mit meinem Mann, denn Reparaturen standen auch auf meinem Plan, mit dem Auto zu den Ferienlagern fahren. Da klingelt mein Telefon im Büro, am anderen Ende der Lagerleiter (nicht der Parteisekretär), sondern ein Freund von uns.

„Hallo, ihr kommt ja morgen", begann er das Gespräch.

„Ja klar, wir freuen uns schon", erwiderte ich.

„Sagt mal, habt ihr WÜRMER?", seine Frage. Du glaubst nicht, was dir in dem Moment im Zeitraffer durch den Kopf geht.

„Was denn, müssen wir denn noch zur Hygiene fahren und einen Gesundheitspass einholen? Wie sollen wir denn nachweisen, dass wir keine haben? Das geht doch nicht so schnell!" Am Telefon war es gefühlte 5 Minuten still. Dann kam die Frage nach Würmern noch einmal.

„Wieso?", meinte ich, „das hättest du aber auch eher sagen können, woher soll ich nun noch eine Bescheinigung bekommen?"

„Bescheinigung? Wie bitte?"

„Na, dass wir keine Würmer haben!"

Nach Sekunden der Ruhe am Telefon lachte er lautstark los und konnte sich überhaupt nicht beruhigen.

„Mensch", meinte er immer noch lachend, „ich meine Würmer zum Angeln! Hier oben im Sandboden gibt es keine, und ich hab da so etwas Tolles gehört, wie man Aale fangen kann."

Nun musste ich natürlich auch lachen, mehr aus Erleichterung, glaube ich.

„Aber sag mir mal: Wie willst du die Aale fangen"?

„Das ist ganz einfach", erklärte er mir: „Man nehme Damen-Feinstrumpfhosen, da stopft man die Würmer vorn in den Fuß, bindet die Strumpfhose an einen Stab, den man in Ufernähe fest verankert. Die Aale beißen nach den Würmern und verheddern sich in den engen Maschen der Strumpfhosen, und so kann man sie dann rausholen."

„Meinst du, das klappt?", fragte ich ihn ganz ungläubig.

„Doch, das kam durchs Radio, das geht, nur die Würmer brauche ich noch."

Mein Mann grub in der Nacht auch noch welche aus und so nahmen wir eine Schachtel voll mit Tauwürmern mit.

Im Ferienlager angekommen, grinste mich seine Frau schon an. Alle anderen kicherten hinter vorgehaltener Hand. Unser Freund war schon ziemlich angefressen, denn es wurde gelästert, was das Zeug hielt. Harmlos war ja noch der Hinweis: „Du, da musste ungewaschene Strumpfhosen nehmen, da beißen sie noch viel eher." Am Abend fuhr er raus und versenkte die Strumpfhosen samt Würmern im Ostseewasser.

Wir machten unsere Arbeit, und dann gab es einen zünftigen Grillabend. Etliche Biere, und auch mal ein Schnäpschen dazu, fanden ihre Abnehmer. Am zweiten Tag sollten die Aale eingeholt werden. Ich besorgte eine sehr große Tasche, was schon Gelächter hervorrief. Ein bissel Restalkohol war mit Sicherheit auch noch in unseren Köpfen. Mit einem Ruderboot fuhren wir hinaus und suchten nach den Stäben. Das Schaukeln, das ich mit dem Liedgut „Eine Seefahrt, die ist lustig, eine Seefahrt, die ist schön" und bewusstem Kippeln noch verstärkte, ließ das angeschlagene Hirn hin und her schwappen, wobei beide Männer recht blass um die Nase aussahen. Die Enttäuschung war dann auch noch riesengroß, als man nichts fand, weder Aal, noch die deponierten Würmer. Er, der Lagerleiter, konnte überhaupt nicht darüber lachen. Die Rückkehr ins Ferienlager glich einem Spießrutenlauf. Man hatte ihm da wohl einen Riesenbären aufgebunden und lästerte jetzt in allen Facetten. Ja, wer den Schaden hat, hat eben auch den Spott dazu. Lustig war es aber doch …!

Das Ferienlager lag ja nicht direkt am Strand, sondern mehr auf der Inselmitte am Rande der Stadt Usedom. Schon im Vorfeld der Organisation hatte ich für jeweils zwei Tage pro Durchgang ein Stück Strand in der Nähe von Ahlbeck gepachtet. Bis dahin marschierten wir am nächsten Tag mit der ganzen Belegung. Es war ein schöner sonniger Tag, und froh gelaunt liefen die Kinder und auch wir in Richtung Ostsee. Da keine anderen Personen zu unserem Strand Zutritt hatten – alles war mit Flatterband abgeteilt –, war auch in Sachen Sicherheit eine gewisse Ruhe gegeben. Alle Gruppen hatten sich mit ihren Betreuern ein Plätzchen ausgesucht und breiteten dort ihre Decken und Handtücher aus. Es wurde gebadet, gespielt und getobt. Eine wunderschöne Atmosphäre lag über dem Strandabschnitt. Gegen Mittag kam ein Kleinbus aus unserem Ferienlager, und es gab

Kartoffelsuppe mit Würstchen. Jeder nahm seinen Teller und setzte sich irgendwo hin. Baden macht ja bekanntlich hungrig, und so wurden fast alle Teller fein leer geputzt. Danach war Mittagsruhe angesagt und auch das Betreuungspersonal hatte mal Zeit, um etwas durchzuschnaufen.

Auch ich suchte mir ein schattiges Plätzchen und sah nachdenklich über die See. Das Gefühl für die unermesslichen Weite, ohne Zäune und Mauern, wollte nicht so recht aufkommen. Weit hinten, aber doch zu sehen, lagen bedrohlich die Schiffe unserer NVA. Die der Marine. Da war der Blick zum Horizont unterbrochen und man sah die Grenze nicht, aber man spürte sie. Nur die immer kreischenden Möwen konnten sie unbedenklich überfliegen. Schade, dachte ich, es ist wirklich schade, wie Grenzen geschaffen werden und welches Gefühl sie in so wunderschöner Natur hervorrufen. Nicht das der Freiheit, nein, eher wie ein harter Schnitt mit einem Messer, dessen Blut man nur im Geiste sehen konnte. Traurig wandte ich mich ab und die spielenden Kinder brachten mich schnell auf andere, bessere Gedanken.

Wir hatten auch für unsere Kinder auf Usedom eine gewisse Pfadfinder-Romantik, nein, das durfte man so nicht betiteln, geschaffen. Am Oderhaff hatten wir ein paar Zelte aufgebaut, und alle Gruppen, jeweils drei zur gleichen Zeit, konnten so vier Tage in gewisser Abenteuerromantik am Strand verbringen. Die Hauptaufsicht hatte der Rettungsschwimmer. Da gab es dann Frühstück bei aufgehender Sonne an spartanischen Holztischen, und am Abend wurden am Lagerfeuer Lieder gesungen. Wir fragten lieber nicht welche, denn diese Freiheit ließen wir den Betreuern und Kindern gern.

Wie das mit dem betrügerischen Lagerleiter weitergegangen ist? Zuerst wusste ich nicht so recht, was ich machen sollte. Du, wir waren nicht so, dass wir bei jedem Scheiß 'ne Anzeige aufgegeben haben und mit Anwälten aufwarteten. Nein, offiziell gegen ihn etwas zu unternehmen, kam für mich nicht infrage. Nur eines wusste ich hundertprozentig: Dieser Parteisekretär fährt nie wieder in ein Kinderferienlager!

So sind wir jetzt wieder bei der Auswertung der Saison in den Räumen des Fachdirektors. Als alles so weit von den vergangenen Durchgängen erzählt war, meinte der Direktor: „Da kann ich doch sicherlich davon ausgehen, dass diese erfolgreiche Crew im nächsten Jahr wieder zur Verfügung steht?" Er guckte nach und nach alle direkt an, und die meisten nickten oder gaben wörtlich ihre Bereitschaft bekannt. Als sein Blick auf ihn, dem Gierigen, fiel, mischte ich mich ein: „Och, entschuldigen Sie bitte, ist Ihnen noch nicht bekanntgegeben worden, dass der Herr Parteisekretär im nächsten Jahr nicht zur Verfügung steht und in den folgenden Jahren auch nicht mehr? Er will sich in der kommenden Zeit mehr auf die Parteiarbeit konzentrieren. Da ist etwas Nachholbedarf. Komisch, dass die Meldung noch nicht bis hierher durchgekommen ist? Habe ich recht?"

Mit den Worten richtete ich meine Blicke auf ihn, den Genossen Parteisekretär und Lagerleiter a. D.

„Hätten sie vielleicht zu Fuß in der Fachabteilung abgeben sollen, vielleicht macht es der Trabi ja nicht mehr!"

Rot vor Wut stierte er nach unten und schnappte förmlich nach Luft. Der Fachdirektor sprach ihn noch einmal an und mürrisch bestätigte er, dass er nicht mehr zur Verfügung stehe. Danach rauschte er aus dem Raum und schmiss die Türen zu. Die Mitarbeiter, die mit dabei waren, als ich sein Diebesgut beschlagnahmte, guckten grinsend hinter ihm her. Als jemand etwas dazu sagen wollte, schüttelte ich nur unmerklich mit dem Kopf. Zum Schluss, als alle bereits gegangen waren, bat mich der Direktor, noch zu bleiben. Auch der Betriebsdirektor war noch anwesend.

„Was war denn das?", wurde ich gefragt, „was ist da vorgefallen? Es gab doch überhaupt keine Beschwerden in diesem Jahr."

„Das ist richtig", meinte ich, „ich habe auch nichts Schriftliches vermerkt. Aber wenn der noch einmal in einem Kinderferienlager eingesetzt wird, dann müssen Sie sich für meinen Posten eine andere Kraft suchen. Dann bin ich sofort weg. Glauben Sie nur nicht, dass ich vor diesem Menschen, nur weil er ein Parteisekretär ist, Angst oder Respekt habe, nein, der ist unterste Schublade. Sie haben die Wahl, entweder er oder ich. Im ersteren Fall würde ich es mir überlegen, ob ich nicht doch noch einen Bericht an die Parteikreisleitung schreibe. In ihr sind ja, neben und mit ihm, bewährte Genossen enthalten, sie sollen ja die Vorhut der Arbeiterklasse sein. Wenn sie sich alle so bewährt haben wie er, dann ist es kein Wunder, dass es in unserem Staat so ist, wie es ist. Nämlich schlecht! Wie er sich bewährt hat, das habe ich gesehen, schlimm. Wenn die Vorhut so aussieht, hat die Korruption Hochkonjunktur!"

Beide Herren sagten nichts darauf und sahen sich nur an. Aha,

dachte ich, hier fällt mal wieder der Würfel.
„Sie sind nicht bereit, uns über die Sache aufzuklären?", wurde ich nochmals gefragt.
„Nein", bekräftigte ich noch einmal meinen Entschluss, „nein, das tue ich nicht. Sie werden schon irgendwoher die Infos erhalten, nur von mir nicht."
„Abgemacht", sagte der Betriebsdirex, „dann fährt er eben nie wieder in ein Ferienlager!"
Du meinst, ich hätte ihn anzeigen sollen? Da wäre doch eh nichts passiert. Er wäre vielleicht eine Treppe hoch gestolpert, weil man ihn schützen wollte. Für mich war die Sache erledigt. Ich hatte keinen Freund verloren. Das hätte mir wehgetan. Mir tat überhaupt nichts weh. Es war eher eine Genugtuung, einen Parteisekretär erwischt zu haben, wie er Kindern etwas stiehlt. Gerade weil er so ein roter Genosse war, die ja fast mit einem Heiligenschein umherliefen. Es reichte mir schon, dass er weiß, dass ich es weiß! Und das passte ihm auf keinen Fall. Wenn er es nicht so übertrieben und die Kinder nicht wissentlich dermaßen benachteiligt hätte, wäre es vielleicht auch mir nicht aufgefallen. Schinken, Cognac, etc., das war ja alles Mangelware und die Versuchung, sich zu bedienen war groß. Eine Kleinigkeit davon als Mitbringsel für die Familie hätte ich übersehen.

Kindertransport

Zu meinen Aufgaben zählte auch, die Transporte der Kinder in und aus den Ferienlagern zu organisieren. Reisebusse für den direkten Transport standen wegen Spritmangel nicht mehr zur Verfügung. Also mussten alle Transporte auf die Schienen verlegt werden. Was nicht unkompliziert war, da die Kinder häufig umsteigen mussten. Ein Gesetz besagte bald, dass mit Kindergruppen nicht mehr als drei Mal umgestiegen werden darf. Das gab regelmäßige Kämpfe mit der Bahn. Die wollten uns manchmal durch die halbe DDR kutschieren, um die Kinder aufzusammeln. Aber letztendlich klappte es ganz gut. Für die Hin- und Rücktransporte wurden noch zusätzliche Begleiter angeworben, um ein Höchstmaß an Sicherheit für die Kinder zu schaffen. Einen Rücktransport von gut 200 Kindern sollte ich als Transportleiter übernehmen. Keine große Sache, dachte ich, und solche Tätigkeiten übernahm ich auch gern. Ein Tag weniger im Großraumbüro absitzen und den kritischen Augen der Kolleginnen entfliehen, feine Sache!

Also fuhr ich per Zug in unser Ferienlager, um die Kinder auf dem Rückweg nach Hause zu begleiten. Meine Schularbeiten hatte ich gemacht, alles war vorbereitet. Bis zum nächsten Bahnhof fuhren uns Linienbusse. Über zweihundert Kinder mit mindestens 20 Betreuern standen erwartungsvoll auf dem Bahnsteig. Vorher wurden sie angewiesen, nur in Waggons zu steigen, an denen groß und deutlich der Betriebsname stand.

Der Zug kam von Rostock und rollte fast pünktlich langsam ein. Die ersten vier Waggons waren für uns reserviert. Erstaunt sah ich hinter den Fenstern lauter Gesichter. Erwachsene! Na, dachte ich mir, die steigen bestimmt hier aus. Nichts geschah, als der Zug hielt. Du kannst diese Masse an Kindern nicht aufhalten, wenn sie ihre reservierten Waggons sehen, sie stürmen rein. So auch diese Kinder! Es war, als wenn eine Ampel auf Grün umgeschaltet hätte. Die Kinder nahmen den Zug in Besitz. Alle Plätze in allen vier Waggons waren besetzt, von den Erwachsenen, und niemand machte Anstalten aufzustehen. Ich hielt verzweifelt Ausschau nach der Zugbegleiterin, aber die ließ sich nicht sehen. Meine Kinder standen dicht gedrängt an den Türen und zwischen den Waggons. Ich schwitzte Blut und Wasser. Weißt du, wie schnell da eine Tür aufgehen konnte? Nicht auszudenken, was dann passiert wäre!

Alle von den stur dasitzenden Fahrgästen trugen das Parteiabzeichen an den Revers. Aha, unsere roten Brüder hatten den Zug gekapert! Als ich auf einen Sitz klettern wollte, um die Notbremse zu ziehen, denn inzwischen fuhr der Zug ja, wurde ich körperlich daran gehindert.

„Sie, Sie als Genossen müssten mich in meiner Arbeit unterstützen und nicht blockieren", schrie ich panisch.

„Hören Sie doch mit Genossen auf, wir bleiben hier sitzen", näselte so ein arroganter Diener des Staates. „Ach, so ist das",schimpfte ich. „Kein Wunder, dass in unserem Land alles drunter und drüber geht. Wo fahrt ihr denn hin, zum Saufen und Huren nach Berlin?"

„Wir können sie gleich festnehmen lassen", schrie einer von den Bonzen zurück.

„Ja, macht mal, macht das doch ruhig", antwortete ich, „dann habt ihr die Verantwortung für die Kinder. Wenn ihr überhaupt wisst, was das ist – Verantwortung!"

Meine Nerven vibrierten, ich war den verdammten Tränen nah. Nur im Unterbewusstsein nahm ich auch ein paar junge NVA Soldaten wahr. Sie sahen mich irgendwie mitleidig an. Da kam mir eine glorreiche Idee.

„Los, rein in die Waggons", schrie ich den Kindern zu, „alle, egal wie, setzt euch auf die Genossen, die eure Plätze besetzen oder stellt euch auf deren Füße, dann SINGEN, so laut ihr könnt."

Bei der Abschlussfeier hatte ich ihr Lagerlied gehört. Einer sang vor und alle Kinder grölten mit.

„Zehn nackte Schornsteinfeger, mit Hosenträger, die sangen ein Lied, Und das ging so – oh olele – ei tacken ticken tomba – ei mamba mamba mamba, oh ole Paloma palomeeee! Das Lied war viel zu leise, drum müssen wirs lauter singen. Oh olele …"

Eine etwas erhöhte Stelle hatte ich inzwischen gefunden und brüllte los … zehn nackte Schornsteinfeger!!! Und alle Kinder und Gruppenleiter brüllten es nach. Sogar die NVA Soldaten brüllten den Song mit und es dauerte keine 20 Minuten, da sich das Lied ja ständig wiederholt und immer lauter wurde, da waren die Genossen wutschnaubend weg. Der Krach war ihnen wohl doch zu viel, und in Anwesenheit der Soldaten trauten sie sich auch nichts mehr zu sagen. Fix und fertig ließ ich mich auf einen Platz fallen und heulte wie ein Schlosshund. Die Nerven!

Einer von den Soldaten meinte: „Was ist denn jetzt los? Das haben sie doch gut hinbekommen."

„Ja", schluchzte ich, „gerade so, aber das ist bei mir immer so, ich kann spontan reagieren und lass mir nichts gefallen, aber dann, wenn alles vorbei ist, dann sacke ich zusammen – ist eben so."

Nun hatten alle Kinder ihren Sitzplatz und ich konnte ein wenig durchschnaufen. Jetzt denkst du bestimmt, dass alles glatt weiterging. Weit gefehlt. Als Erzieher hatte man da so einen Spruch: „Lieber ein Kind mehr mit nach Hause bringen, als eines zu wenig." Das sagt man so einfach dahin. Wenn man Kindergruppen betreut, egal wann und wo auf der Welt, ist die größte Angst der Betreuer, ein Kind zu verlieren.

Ich war oft mit über hundert Kindern an einem Badesee. Unsere Kinder hatten alle die gleichen Badekappen, in so einem vermanschten

Rot. Da stehst du am Rand des Gewässers und zählst und zählst und zählst Köpfe. Mal zähltest du zu wenig und mal zu viel. Manche tauchten vielleicht gerade und da es in der DDR viel Einheitsware gab, hatten andere Kinder auch die Badekappen auf, die mit dem vermanschten Rot. In meinen Träumen erscheinen heute noch sehr oft Kinderköpfe mit roten Badekappen und ich werde nie fertig mit dem Zählen.

Nun wieder zu unserem Transport. Ich ging erst einmal durch die Waggons und sprach jeden der Gruppenleiter an, die jeweils verantwortlich für 10 Kinder waren. Erleichtert stellte ich fest, dass alle Kinder da waren. Mit den Gruppenleitern besprach ich noch die Verhaltensregeln beim Umsteigen und händigte ihnen für die Kinder weiße Basecaps mit der blauen Aufschrift URSUS aus. Ein Gastgeschenk eines polnischen Traktorenherstellers. Das sollte ein bisschen helfen, die Kinder im Blick zu behalten. Umsteigen mussten wir in Berlin Lichtenberg. Damals ein neuer Bahnhof, der im Gegensatz zu den alten Bahnhöfen schon recht luxuriös anmutete. Da gab es keine vollgepinkelten Ecken, da lungerten keine Randgruppen rum, da roch nichts mehr nach kaltem Zigarettenrauch und die Böden waren aus Granit, glaube ich, und die Spatzen froren nicht in der Sonne, sie mieden diesen sauberen Ort. Jedenfalls sah ich keine. Da erwartete uns ein Gewusel von Kindern. Hunderte! Der Zug kam pünktlich und unsere vorreservierten Waggons waren frei und somit ging alles zügig vonstatten. Ab und zu ging ich von Gruppe zu Gruppe, um mich zu vergewissern, dass alles in Ordnung war.

In weiteren Abteilen des Zuges waren für uns fremde Kindergruppen untergebracht. So manches der Kinder erkannte einen Schulfreund darunter und so vermischten sich die Kinder etwas. Die am nächsten zu unseren Kindern untergebrachten gruppenfremden Kinder trugen auch weiße Basecaps, nur ohne Aufschrift. Das nächste Umsteigen erfolgte in Magdeburg in Busse, die für die kurze Strecke, trotz Spritmangel, eingesetzt wurden. In der Heimatstadt angekommen – Kinder und auch wir Erwachsenen, alle waren wir geschafft. Die Eltern warteten schon auf ihre Kinder und schnell waren die Rucksäcke und andere Utensilien der Kinder verstaut, und es ging lachend und aufgeregt, den Kopf noch voll mit Geschichten aus dem Ferienlager, nach Hause. Mit ein paar Gruppenleitern saß auch ich ziemlich erschöpft auf einer Mauer.

Da sah ich einen Jungen, ca. 10 Jahre alt, mit einem weißen Basecap, aber ohne Aufschrift, heulend an der Straße stehen.

„Da stimmt etwas nicht", rief ich den verbliebenen Gruppenleitern zu. Und schon lief ich zu dem Jungen und zog ihn erst einmal von der Straße weg. Unter Tränen und krampfartigem Schluchzen erzählte er stockend, dass er seine Gruppe verloren hatte und nun überhaupt nicht wüsste, wo er sich befände. Na prima, dachte ich mir, ein Kind zu viel! Was ist da der Plan? Mit den dadurch aufkommenden Problemen hatten wir uns nie beschäftigt. Es war ein kleiner Träumer und er hatte sich, wo auch immer, unseren Kindern angeschlossen, wegen der weißen Basecaps. So, nun musst du dir die heutigen Kommunikationsmöglichkeiten mal wieder wegdenken. Da stand ich mit einem kleinen Jungen, der zwar herausbekam, dass er aus Potsdam war, aber nichts weiter vor lauter Verzweiflung wusste, in einer für ihn wildfremden Stadt mit wildfremden Leuten. Kurzerhand nahm ich ihn an der Hand und ging zum Bahnhofsrestaurant. Mitropa!

Nicht gerade die tollsten Orte in der DDR, aber ich hoffte auf ein Telefon. Für meinen kleinen Schützling bestellte ich eine Limo und kaufte eine Packung Kekse. Hinter dem Tresen fristete tatsächlich ein Telefon sein Dasein und ich rief in unserem Werk an. Da es schon auf den frühen Abend zuging, waren die Büroleute ja alle bereits verschwunden. Aber es gab immer den IVD, den Ingenieur vom Dienst. Die Telefonzentrale konnte ihn auch erreichen und verband mich sofort mit ihm. Ja, da saß immer jemand und verband die Teilnehmer zu den gewünschten Abteilungen.

Es war ein sehr netter Telefonist, der blind war und diese Arbeit gern ausführte. Von mir bekam er regelmäßig ein Pfund Westkaffee oder auch mal ein Duschgel, je nachdem, was sich unter meinen Reserven so befand, und dafür ermöglichte er mir ab und zu ein Gespräch mit meiner Mutter in Westberlin. Durfte nur niemand wissen, sonst hätte er Ärger bekommen und ich wahrscheinlich die Entlassung.

Ich erklärte ihm, dem Ingenieur vom Dienst, die Sachlage, und er meinte nur kurz, dass er sofort käme, was er auch tat. Wir setzten uns zu dem Jungen und bestellten uns einen Kaffee. Ganz in Ruhe schafften wir es, dass er aufhörte zu weinen und erfuhren auch seinen Namen. Es gelang uns sogar, die Betriebe seiner Eltern aus ihm herauszukitzeln, und so konnte der IVD dort anrufen und in Erfahrung bringen, welcher Betrieb seine Kinder in welches Ferienlager geschickt hatte. Dafür mussten wir natürlich in den Betrieb fahren, Telefonbücher lagen im Bahnhof ja nicht rum. Nach einigen Telefonaten hatten wir den Betrieb gefunden und dort war man schon in hellem Aufruhr. Man hatte gerade festgestellt, dass ein Kind fehlt. Kurzerhand fuhr von Potsdam ein IVD mit einem B1000 (Kleinbus) los und zur gleichen Zeit unser IVD und ich, auch mit einem Kleinbus. Ein Treffpunkt war verabredet worden.

Siehst du, das ging auch alles ohne Handy, und der Junge wurde übergeben. Zum späten Abend war ich endlich zu Hause. Mein Mann und die Jungs hörten sich geduldig meinen Redeschwall an, und die Aufregungen ließen mich lange nicht einschlafen.

Jugendlager

Es gab einen Ministerratsbeschluss der besagte, dass die Großbetriebe verpflichtet waren, Jugendlager in den Schulferien ins Leben zu rufen. Der Grund war einfach, die Ferienlager waren für die Schüler von 8 bis 14, für die 8 bis 12-jährigen Kinder gab es noch die Ferienspiele an den Schulen. So waren nur diese Altersgruppen versorgt. Aber die 14 bis 16-jährigen Schüler lungerten mehr oder weniger auf den Straßen rum. Fuhren ohne Aufsicht zelten und machten, wie es eben Jugendliche tun, lauter Blödsinn. Nicht alle, aber viele.

In der Clique meiner Söhne habe ich da allerhand mitbekommen. Bei den knapp 16-jährigen Jungs fuhren oft die Eltern allein in den Urlaub. Urlaubsplätze hat man sehr schlecht bekommen, manchmal gerade so ein Doppelzimmer und vielleicht wollte man in den mageren vierzehn Tagen auch wirklich mal ein wenig für die Zweisamkeit tun. Du, das war nicht so wie heute, Anruf genügt und ab in den Urlaub. Nein, wir kamen ja nicht raus aus dem Land. Also schwappte die Hälfte der Urlaubshungrigen an die Ostsee, der Rest verteilte sich in den Mittelgebirgen, dem Spreewald und in die anderen kleineren Urlaubsgebiete.

Die Clique kampierte dann immer da, wo die Eltern im Urlaub waren. Mit Sack und Pack zogen sie in der Siedlung, in der wir wohnten, von Haus zu Haus. Ich war mal dabei, du, ich kann dir sagen. Jugendleben und Jugendliebe pur.

Dann schliefen die Träume ein

Doch dann schliefen die Träume ein,
Und ich war wieder allein.
Dein erstes „ich liebe Dich",
Einfach unvergesslich.
Alles war so anders und unvergleichlich schön,
Glaubte unsere Schwüre würden ewig besteh'n.
Doch dann schliefen die Träume ein,
Und ich war wieder allein.

Die Sonne schien so warm,
Wir hielten uns im Arm,
Suchten nach Zärtlichkeit,
Halbe Kinder, für die Liebe bereit.
Wir besiegelten das Band,
Hand in Hand.

Der Zauber war so groß,
Wir trugen gleiche Tattoos,
Glaubten an die Ewigkeit.
Halbe Kinder, für große Gefühle bereit.
Schliefen im Traumland,
Hand in Hand.

Dein erstes „Ich liebe Dich".
Habe ich besessen,
Es ist in allen Herzen gleich.
Und es wird nie, ich werde es nie ... vergessen.

Einen Tag vor der Rückkehr der Eltern wurde aufgeräumt. Ja sicher, das konnten sie auch, wenn sie wollten. Da wurden die Betten neu bezogen, die halb verwelkten Blumen zum Leben erweckt, die Flaschen weggebracht, der Hund eingefangen, der sich seiner Freiheit freute und ein Verhältnis mit der schönen Nachbarin angefangen hatte, staubgesaugt und geputzt, was das Zeug hielt. Einmal habe ich schnell noch eine Glasscheibe für eine Tür besorgt, die war im Eifer des Gefechts zu Bruch gegangen. Tränen flossen genauso bei den Jungs wie bei den Mädels. Sie durchlebten alles, was das Leben ausmacht. Liebe, Eifersucht, Trennung und den darauffolgenden und kaum auszuhaltenden Schmerz.

Oft trafen sie sich bei mir, um ihren Kummer loszuwerden. Du, da haben die wildesten Kerle heulend an meinem Bett gesessen. Ich glaube, ich weiß erst aus dieser Zeit, dass Männer auch leiden können! Aus Liebeskummer! So richtig Schaden haben sie aber in den Häusern nicht angerichtet. Aber wenn die Eltern das Chaos gesehen hätten, o mein Gott, das hätte Ärger gegeben. Ein Grund mehr für uns, im Sommer unser Haus nicht allein zu lassen. Wenn ich heute zurückschaue, würde ich sagen, das war alles im hellgrünen Bereich.

Ja, du hast recht, wenn du sagst, es gab auch andere Jugendliche. Die gab es auch bei uns. Wenn es auch bei uns kaum Drogen, etc. gab, so gab es doch sozial abgedriftete Kinder und Jugendliche. Sie lebten auch mehr oder weniger auf der Straße und waren Aussteiger. Wenn sie aufgegriffen wurden, wurde es bitterernst. Das wurde natürlich totgeschwiegen, da kam nichts im TV und auch in der Presse stand nichts. Die Eltern, die vor Angst um ihre Kinder fast umkamen, wurden oftmals vielfach allein gelassen und DIE Eltern, unfähig oder gleichgültig Kindern ein Heim zu geben und die sich selbst auf dem Abstiegsgleis befanden, denen waren die Kinder oft sowieso egal. Du meinst, so ähnlich wie in dem Film Bahnhof Zoo? Sicherlich gab es auch Schicksale in dieser Hinsicht. Wenn die Ausreißer eingefangen wurden, kamen sie in den Jugendwerkhof, einer Vorstufe zum Jugendknast. Ein Ort, an dem man noch, oft gewaltsam, versuchte, die Betreffenden auf die richtige sozialistische Spur zu bringen. Ein Entrinnen gab es da so schnell nicht. Bei Verstößen gegen die Heimordnung eher Bunker, Erniedrigungen und Drill. Frau Honecker hatte da so ihre eigenen Vorstellungen, wie aus den Aufsässigen disponible Staatsbürger werden sollten. Du, es war aber auch so, egal ob im Osten oder Westen, die Qualität der Kinderheime hing wesentlich von den leitenden Personen ab.

Mein Praktikum absolvierte ich in den sechziger Jahren in einem guten Kinderheim. Eine Villa, 33 Kinder und eine Heimleiterin, ein Fräulein, die sich selbst stundenlang anstellte, um für die Kinder mal etwas Besonderes zu bekommen. Bananen zum Beispiel! Am Sonntag gab es im Speiseraum weiße Tischdecken und in der Woche bunte. Das Essen wurde in Schüsseln serviert, nur das Fleisch wurde zugeteilt, damit auch jeder seinen Teil bekam. Die Kinder gingen zur Schule und in der Freizeit waren sie im Garten oder wir gingen mit ihnen in den nahen Wald.

Es war damals an einem Sonntag, ich hatte gerade Dienst. Die Heimleiterin war auch anwesend. Da rief das Jugendamt an und meldete uns die Ankunft von vier Geschwistern. Es dauerte nicht lange und ich sah sie kommen. Ein Bild zum Erbarmen. Ich hatte noch nie vorher so verwahrloste Kinder gesehen. Es waren drei Jungs und ein Mädchen. Die zerrissene Kleidung total verdreckt, die Haare lang, und sie standen wie bei Max und Moritz strähnig vom Kopf ab. An den Füßen trugen sie verschiedene ausgelatschte Schuhe. Die Heimleiterin sah mich an und fragte, ob ich die Kinder übernehmen möchte, sie würde sich in dieser Zeit um meine Gruppe kümmern. Also ging ich mit Badetüchern erst einmal in den Heizungsraum und ließ die Kinder sich ausziehen. Der Hausmeister schippte die komplette Kleidung sofort in den Heizungskessel. Mein Gott, sie hatten überall Wunden, auf den Händen und an den Füßen, den Knien und am Hals befand sich eine dicke Borke aus Dreck. Sie wickelten die Tücher erst einmal um sich und dann ließ ich Badewasser ein. Zuerst machte ich da Fit rein, ein Universalabwaschmittel, das ich heute noch nehme, um hartnäckige Flecken zu beseitigen. Ich ließ die Kinder eine Stunde im warmen Wasser spielen. Dann entlauste ich sie. Danach bereitete ich ein duftendes Schaumbad vor und ließ sie wieder eine Stunde darin spielen. Hinterher cremte ich sie von oben bis unten mit einer pflegenden Hautcreme ein. Dann schnitt ich ihnen die Haare kurz. Kleidete sie mit den schönsten Sachen, die ich finden konnte, ein und, was denkst du? Es waren bildhübsche Kinder. Sie haben auf einem abgelegenen Bauernhof gelebt, die Eltern alkoholkrank. Gelebt ist nicht der richtige Ausdruck, gehaust trifft es wohl eher. Sie schliefen auf dreckigem Stroh im Schweinestall und wurden, statt in die Schule, zum

Klauen auf die Felder geschickt. Unterernährt waren sie nicht, sie bedienten sich, wenn sie Hunger hatten, aus den Schweinetrögen. Alle Kinder hatten einen Zensuren Durchschnitt von 5,0. Nein, Sechsen gab es bei uns nicht. Sie lebten sich sehr schnell ein und auch in der Schule machten sie schnell große Fortschritte.

An einen der Jungs kann ich mich sehr gut erinnern. Michael. Als ich einmal zum Frühdienst kam, war er krank. Er lag fiebernd im Bett, und große schwarze Augen schauten mich aus der weißen Bettwäsche an. Ich brachte ihm Tee und Kekse ans Bett und erzählte ihm eine Geschichte. Das ging so ein paar Tage lang, bis ich Spätdienst hatte. Dann fiel uns auf, dass er immer krank war, wenn ich Frühdienst hatte. Ich war ja selbst erst achtzehn Jahre alt, und er mochte es, wenn ich ihm Tee ans Bett brachte und ihm Geschichten erzählte. Das hatte er nie kennengelernt.

Diese Kinder waren im Schatten der Gesellschaft aufgewachsen, und ich konnte nicht verstehen, dass man die Kinder erst so spät von diesen Zuständen befreite. Immerhin gehörte der Bauernhof ja zu einer LPG (Landwirtschaftliche Produktionsgenossenschaft). Zuwendung und Fürsorge reicht auch heute noch aus, um das Vertrauen der Kinder zu gewinnen. Man muss nur bereit sein, sie zu geben. Gerade an diesen Jungen mit den dunklen Augen habe ich oft gedacht.

Vor ca. drei Jahren googelte ich mal seinen Namen, und tatsächlich, ich fand ihn. Vorsichtig fragte ich nach, ob er sich an eine Zeit in der betreffenden Stadt erinnern kann. Ja, er war es. Jetzt selbst Jugendpfleger und gar nicht so weit entfernt von mir. Es dauerte auch nicht lange, bis wir uns trafen. Vor mir stand ein stattlicher Mann. Er war ja nur sieben Jahre jünger als ich. Für ihn war unsere Begegnung wie ein Mosaiksteinchen aus seiner Kindzeit. Für ein paar Jahre konnte ich ihm die Zeit aufleben lassen, an die er nur vage Erinnerungen hatte. Seine Geschwister sind einen anderen Weg, einen anderen als er, gegangen. Einen weniger guten Weg.

Du fragst, ob ich noch mehr einschneidende Erfahrungen in den Kinderheimen machte? Man liest ja heute so viel von den Zuständen in DDR-Heimen. Meine Meinung ist, dass die Kinderheime damals notwendig waren, aber auch falsch geführt worden sind. Nichts gegen das Engagement einzelner Erzieher. Es gab keine Doktrin, die besagten, dass alle Kinder im Sinne des Kommunismus zu erziehen wären. Ich habe so etwas jedenfalls nie zu hören bekommen und nie gesehen. Was nicht gut war, war der Gruppenzwang. Alles geschah in und mit der Gruppe. Dabei waren es keine schwererziehbaren Kinder, die in den normalen Heimen waren. Aber dieses Gruppenverhalten verhinderte, dass die Kinder zur Selbstständigkeit geführt werden konnten. Nur in wenigen Fällen wurde genehmigt, dass ein Heimkind zu Freunden aus der Schule gehen durfte. Später lernte ich ein schlecht geführtes Heim kennen, da hatten die Kinder noch nicht einmal einen kleinen Nachtschrank, in dem sie ihre privaten Dinge aufbewahren konnten. Kleidertausch war dort am Freitag, da gab es das, was gerade gewaschen war. Die wenigen Sachen, die die Kinder, vielleicht als Geschenk von Großeltern, etc. bekommen hatten, verschwanden in der Kleiderkammer. Am Abend gab es vier halbe Stullen mit Wurst und Käse. Wer noch Hunger hatte, immerhin waren fast Jugendliche dabei, musste Schmalzstullen essen. Wer Schmalz nicht mochte, hatte eben Pech.

Einmal waren vom Mittagessen Kartoffeln und Blumenkohl übrig.

„Los", meinte ich, „zwei Mädels mit in die Erzieherküche, wir machen für eine Gruppe noch Bratkartoffeln. Beim nächsten Mal ist die nächste Gruppe dran." Begeistert machten sie sich an die Arbeit. Sie haben sich so über die zusätzliche Mahlzeit gefreut und mampften alles restlos weg.

O, gab das ein Theater am nächsten Tag. Ich sollte ein Dienstverfahren bekommen.

„Ja", meinte ich, „macht nur. Was ist denn dabei, die Sachen werden doch sowieso weggeschmissen."

„Nein", wurde mir entgegengebracht, „der Blumenkohl sollte einen Tag später an die Nudelsuppe und die Kartoffeln …"

„Ja, ich weiß schon", unterbrach ich den leitenden Erzieher, „die Kartoffeln sollten für das Schwein des Heimleiters sein. Ist mir schon klar. Aber, dass die Jungs noch Hunger haben, das interessiert hier wohl niemanden? Macht ruhig eine Beschwerde, ich rufe dann die Hygiene an oder glaubt ihr, ich kenn mich nicht mit den Bestimmungen aus? Bereits zubereitete Lebensmittel müssen an dem Tag der Zubereitung verzehrt oder entsorgt werden. Wieso soll dann der Blumenkohl morgen in die Nudelsuppe, was hat er da zu suchen?" Kleinlaut trollte sich der Heimleiter. Es gab natürlich keine Beschwerde und ich machte, so oft etwas Verwendbares übrig war, immer am Abend etwas für die Jugendlichen daraus.

Du, warte, eine Geschichte kann ich noch erzählen. Wir bekamen zwei Geschwister aus Magdeburg. Einen Jungen und ein Mädchen. Sie kamen zu uns, nachdem sie schon einige Zeit im Krankenhaus waren. Sie waren acht und zehn Jahre alt. Und sie konnten nicht, oder sehr wenig sprechen. Aber untereinander hatten sie eine Sprache entwickelt, die niemand von uns verstehen konnte. Die Kinder waren die ganze Zeit ihres Lebens in einem Raum eingesperrt. Jahrelang! Ihr Leben lang. Malen konnten sie wunderschön. Bäume, Tiere, Häuser und so weiter. Zur Beschäftigung hat die Mutter ihnen alles an Zeitschriften und Bilderbüchern gegeben, was sie hatte. Ein größerer Bruder hatte, da er die Wohnung verlassen durfte, sich wohl mehr um die beiden Kleinen gekümmert als die Mutter. Sie war alkoholkrank. Erst als das Nebenhaus ein neues Dach bekam, fiel es einem Dachdecker auf, dass diese Kinder ständig in einem Raum waren. Er und seine Kollegen beobachteten die Zustände eine Zeit lang und informierten dann die Polizei. Die Zähne der Kinder waren sehr schlecht, sie bekamen wohl meistens Süßes zum Essen. Mangelerscheinungen wurden vorher in der Klinik ausgeräumt. Es waren liebe Kinder und sie lernten sehr schnell. Aber wegen ihrer eigenen Sprache kamen Wissenschaftler aus verschieden Ländern zu uns. Das war wohl ziemlich einmalig.

Einmal sollten sie Besuch von der Mutter bekommen, sozial schwache Eltern bekamen vom Jugendamt einen kleineren Geldbetrag, um ihren Kindern etwas mitbringen zu können. Als die Mutter und der Bruder, er war so vierzehn Jahre alt, im Heim erschienen, klammerten sich die Kinder bei mir fest. Den Bruder begrüßten sie, aber sie sagten immer nur zu mir: „Nicht mitgehen, nein, nicht mitgehen." Natürlich hatte die Mutter auch nichts für die Kinder dabei, mit Sicherheit hat sie für das Geld Schnaps gekauft. Sie hatte eine starke Fahne. Das Jugendamt wurde informiert und danach ließ sie sich nie wieder sehen.

Wenn es heute heißt, wenn man Berichte über misshandelte Kinder in den Medien sieht, SO ETWAS GAB ES BEI UNS IN DER DDR NICHT, dann könnte ich aus der Haut fahren. Natürlich gab es das, die Heime waren voll! Als ich meine erste Gruppe übernahm, gab mir die Heimleiterin vier Tage frei, damit ich mich mit den Akten der Kinder beschäftigen konnte. Nach dem Lesen dieser Akten war ich vier Wochen krank! Ich hatte einen Nervenzusammenbruch. Dass Jungs mal eine Tracht Prügel bekamen und manchmal ein wenig zu viel davon, das wusste ich mit achtzehn. Auch Vergewaltigungen waren mir bekannt. Wenn auch darüber nur hinter vorgehaltener Hand gesprochen wurde. Aber was ich da las, das überstieg meine Vorstellungskraft. Wozu Menschen, Eltern und andere Erwachsene fähig waren, ihren Kindern anzutun, das habe ich bis dahin nicht gewusst. Ein Ärzteehepaar machte mit dem eigenen Kind medizinische Versuche, andere wurden an festen Gegenständen angebunden und tranken vor Durst ihren eigenen Urin. Ein Mädchen hatte lauter Brandnarben, das war der Vater, er drückte immer seine Zigarren auf ihr aus. Und so weiter! Das Schlimme daran war, ich habe es nicht nur gelesen, ich hatte die Kinder vor mir. Liebenswerte Kinder! Also bitte, erzähle mir nicht, DAS gab es nicht. Ich sehe die Kinder immer noch vor mir und kann dir von einigen heute noch die Heimkarriere erzählen und was sie dahin gebracht hat.

Nun wieder zu dem Ministerratsbeschluss, Jugendlager in den Sommerferien durchzuführen. Um das Risiko zu verringern, dass sich die sonst eigentlich friedlichen und angepassten Schüler an die Freiheit gewöhnen und auch wiederum den Eltern die Möglichkeit zu geben, ohne Sorge um den Nachwuchs ihrem Job nachzugehen, sollten also Jugendlager geschaffen werden. Der Auftrag lag vor mir und ich überlegte, was man machen könnte. Ich wollte nur eines, den Jugendlichen eine tolle Zeit schenken. Da kam mir eine Idee. Um Studenten als Gruppenleiter für die Ferienlager zu bekommen, hatte ich ständig Kontakt mit der pädagogischen Hochschule. Auch wusste ich aus Gesprächen, dass die Hochschule ein Ferienobjekt im Erzgebirge hatte. Also fuhr ich zur Hochschule. Die dort beschäftigten Lehrer und die Leute in der Verwaltung hatten ja auch Kinder. Meinen Vorschlag, 20 Kinder kostenfrei mit in unsere Kinderferienlager zu nehmen und dafür das Objekt der Hochschule zu nutzen, wurde dankbar angenommen. Wir einigten uns darauf, dass der verantwortliche Leiter und die Gruppenhelfer von der Hochschule gestellt wurden. Mangelware wie Bettwäsche und Spiele, vom Fußball bis hin zum Billardtisch, wurden von unserem Betrieb besorgt. Von den Betriebsangehörigen wurden mir 36 Jugendliche gemeldet, die mitfahren wollten.

Nein, für meine Herren Söhne war das nichts, sie wollten nicht. Wie gewohnt, organisierte ich die Bahnfahrt ins Erzgebirge und einen Bauern mit Pferdewagen, der die Koffer auf den Berg schaffen sollte, auf dem sich das Ferienobjekt befand. Die Eltern wurden angeschrieben mit den Hinweisen, was erwünscht und was nicht erwünscht war.

Pünktlich trafen alle am Bahnhof ein, auch ich, per Fahrrad mit den Fahrkarten und allen weiteren Unterlagen. Die Leiterin, eine Sportlehrerin der Hochschule und die Gruppenleiter wollten eine gute Stunde vor der Abfahrt da sein. Für 36 Schüler benötigte man 4 Begleiter. Gekommen waren bis kurz vor der Abfahrt zwei! Da stand ich nun vor einem Problem. Was sollte ich machen? Konnte es mir natürlich ganz einfach machen und die Jugendlichen nach Hause schicken. Pech gehabt und – aus die Maus! Aber das brachte ich nicht übers Herz, da waren so viele Augen, die mich erwartungsvoll ansahen. Sie hatten sich auf den Urlaub gefreut und nun sollten sie enttäuscht werden? Nein, das konnte ich nicht. Kurzerhand drückte ich einem Vater mein Fahrrad in die Hand und bat ihn, im Büro Bescheid zu geben, dass ich mal kurz mit ins Erzgebirge fahre. Und man möchte meinem Mann das Gleiche mitteilen. Ruck zuck saß ich mit den Schülern, die das super toll fanden, dass ich sie begleite, im Zug nach Leipzig. In der Hoffnung, die verschollenen Begleiter träfen ja vielleicht dort ein.

Ich inspizierte mein Geldvorrat: Ganze 20 Mark und einen Scheck fand ich in meiner Tasche. In Leipzig hatte ich in der Mitropa Essen bestellt. Hat auch alles funktioniert, und als es ans Bezahlen ging, das dafür vorgesehene Geld hatte die Leiterin des Jugendlagers bereits bekommen, händigte ich den leeren Scheck aus.

„Füllt den Scheck mal selbst aus", meinte ich zum Kellner, „ich habe nur einen davon und wenn ich mich verschreibe, habt ihr den Dreck." Alles gut – und weiter ging es Richtung Erzgebirge. Von den Betreuern weit und breit keine Spur.

„Hey", meinte ich zu ein paar Mädels, „da kann ich ja erst morgen wieder zurück oder vielleicht erst übermorgen, wie soll das denn gehen? Ich habe noch nicht einmal einen Ersatzschlüpfer mit." Sie kicherten und tuschelten und betrachteten mich verstohlen. Nach einiger Zeit kamen sie mir mit einem Häufchen Sachen, jeder hatte etwas geopfert.

„Na super, nun kann ja nix mehr schiefgehen", bedankte ich mich lachend.

Im Erzgebirge angekommen, stand auch ein richtig alter erzgebirgischer Ureinwohner mit seinem Pferdewagen da und alle konnten ihr Gepäck darauf deponieren. Wir stiefelten zu Fuß den Berg hoch. Oben im Ferienobjekt angekommen, trafen wir nur den Hausverwalter an. Von unserer Leiterin und den anderen Betreuern keine Spur.

Das kann ja heiter werden, dachte ich so bei mir. Hoffentlich kommt da noch jemand, grübelte ich weiter, sonst muss ich wohl hierbleiben. Im Grunde war nichts dagegen einzuwenden. Drei Wochen im Erzgebirge mit den Jugendlichen, das war einfach mein Metier. Aber familiär und auch dienstlich ging das überhaupt nicht. Naja, mal abwarten. Also nahm ich erst einmal die Einweisung vor. Mit den Worten: „So, jeden Tag vor dem Schlafen, gemeinsame Einnahme der Pille. Nur die Jungs nicht, die kontrolliere ich extra. Danach 30 Minuten Frühsport. Nachtruhe ab 22:00 Uhr und jeder bitte in seinem Bett. Und jeder bleibt auch in seinem Bett. Ich schlafe auf dem Flur!!" Sie kicherten und stöhnten. Im lockeren Tonfall versuchte ich eine gewisse Hausordnung an den Mann zu bringen. Das eine Mädel sagte zu mir: „Warum bleiben Sie nicht hier? Das klappt doch prima, wer weiß, wie die Betreuer sind."

„Nee nee", meinte ich, „ihr wollt mich wohl hinterher in die Klapsmühle bringen?"

„Och, so schlimm sind wir doch nicht", entgegnete sie. „Wenn Sie uns ein bissel Freiheiten lassen, können wir ganz lieb sein."

„Na prima, ihr habt die Freiheiten und ich die Verantwortung. Versetzt euch immer mal in die Lage derer, die für euch da sind und überlegt, wie ihr in bestimmten Situationen handeln würdet, in denen ihr voll auf Kontra seid. Dann wird da nämlich ein Schuh draus. Neee, ehrlich, ich würde gern hierbleiben, aber die Pflicht ruuuft!"

Gegen Mittag, wir hatten schon so die Gegend erkundet, tuckerte ein Trabi (Trabant) auf das Gelände. Die Lagerleiterin und die restlichen Betreuer stiegen aus. Ziemlich erschöpft sahen sie aus. Das musst du dir mal vorstellen. Die Leiterin ist überpünktlich zu Hause losgefahren. Nur, ihr zu Hause war in Rostock und nicht in Magdeburg. Unterwegs sammelte sie die Gruppenleiter ein. Und dann kam, was kommen musste, sie hatte eine Panne! Das auch gleich noch doppelt. Und keinen ADAC! In einem Dorf versuchte man ihr zu helfen, aber nirgendwo kam sie an ein Telefon, um Infos durchzugeben. Das war damals halt so. Sie haben in einer Scheune mit ein paar Decken auf

Strohballen übernachtet, und neben dicken Stullen mit Hausschlachtwurst frisch gezapfte Kuhmilch zum Frühstück bekommen. Danach haben die LPG-Schlosser ein kleines Wunder vollbracht und den Trabi wieder fahrtüchtig gemacht.

Du, das eine kann ich dir flüstern, improvisieren, ja, das konnten wir. Da wurde aus allem etwas gemacht und wenn eine Strumpfhose den Keilriemen ersetzen musste, Hauptsache war, die Kiste fuhr. Da wurden auch noch Steine geklopft und krumme Nägel geradegehämmert, Dachziegel angestrichen und alte Pullover aufgeräufelt, um neue zu stricken, Not macht eben erfinderisch. Das führte auch dazu, dass jeder Mist aufgehoben wurde. Es könnte ja sein, dass er noch einmal an Bedeutung gewann.

In unserem Betrieb hatte sie allerdings aus dem Büro der LPG angerufen, aber der Anruf wurde nicht weitergeleitet. Und als sie endlich ihre Situation schildern konnte, war ich telefonisch nicht zu erreichen. Natürlich war ich heilfroh, dass die Leute gesund und munter doch noch den Weg ins Erzgebirge geschafft hatten.

Als alles geregelt war, verabschiedete ich mich und steuerte zu Fuß den nächsten Ort mit dem Bahnhof an. Als das Ferienlager außer Sicht war, setzte ich mich auf einen Stein und genoss die Ruhe und den Ausblick. Es war ein wunderschöner Sommertag. So weit ich sehen konnte, Wiesen und Wälder. Da eine Herde Kühe, da eine Schafherde. An anderer Stelle Frauen und Männer, die Heu wendeten oder es zu schönen grünen Haufen zusammenschmissen. Blauer Himmel so weit man sehen konnte, wo elegant ein Roter Milan seine Kreise zog. Eine Bilderbuchatmosphäre. Friedlich ohne Hektik, ohne Motorenlärm. Kleine Ortschaften duckten sich an die Berge, und die Häuser muteten spielzeughaft aufgereiht an. Es war einer dieser Momente, in denen du die Unendlichkeit spürst und sich alles leicht anfühlt. Da könntest du stundenlang sitzen bleiben und träumen. Du fühlst unter dir die warme Erde und riechst das frisch geschnittene Gras. Die Wiese ist voller Leben, es summt und krabbelt überall. Hinlegen, in den Himmel sehen und Stress einfach Stress sein lassen, dieser Wunsch hemmt alles andere in dir. Du bist gewillt, ihm nachzugeben, und diesen zauberhaften Moment ewig festzuhalten. Da tankst du auf. In den wenigen Minuten hast du den Frieden im Herzen und die Seele baumelt im Wind. Aber auch Blasen an den Füßen! Perfektes Schuhwerk für Bergtouren hatte ich natürlich nicht an. Die Realität holte auch mich schnell wieder ein. Sie kam in Form von dutzenden Ameisen, die mich als störend empfanden. Ihr gezielter Angriff war erfolgversprechend und blitzartig gab ich das Terrain frei. Lustlos und immer noch den Blick auf unsere schöne Welt gerichtet, stieg ich ab. Ich wäre gern im Jugendlager geblieben. Vier Wochen ohne den Büromief und ohne die täglichen vielen kleinen Dinge, das hätte mir gefallen. Irgendwann am Abend war ich zu Hause.

Beschaffungsnöte

Eines Tages rief mich der Hauptbuchhalter zu sich. Er teilte mir mit, dass noch recht viel Geld für die Kinderbetreuung vorhanden war, und dass dieses ausgegeben werden müsste, um für das nächste Jahr wieder Anspruch auf diese Summen zu haben.

„Sie wissen doch sicherlich, woran es noch in unseren Kindereinrichtungen fehlt?", fragte er mich.

„Das ist ja lustig", meinte ich, „na klar, weiß ich, wo und was fehlt. Aber wir können ja nichts kaufen, es gibt nichts. Und im Bevölkerungsbedarf dürfen wir nicht als Betrieb kaufen."

Was damit gemeint ist, willst u wissen?

Unsere Betriebe hatten für kulturelle Einrichtungen diesen K & S Fond. Also Geld war da. Wenn die Betriebe in den öffentlichen Geschäften hätten einkaufen dürfen, wäre für die Bevölkerung überhaupt nichts übrig geblieben. Viele Dinge waren Mangelware und wurden den Bezirken zugeteilt.

Ich weiß es noch, es war so Anfang Mai. Meine Familie wollte unbedingt einen Farbfernseher haben. Wir hatten gespart und die 4500 Ostmark zusammen. Ja, da staunst du gewaltig, ja richtig, das war im Verhältnis zu unseren Löhnen sehr teuer. Von dem Verkaufsstellenleiter des einzigen Rundfunkgeschäftes erhofften wir uns Hilfe bei der Beschaffung. Eines Tages sagte er uns, dass für den nächsten Tag drei Farbfernseher erwartet würden. Aber er könne uns da nicht bevorzugen, bei aller Liebe nicht, dann würde man ihn lynchen. Ihr müsst euch eben früh anstellen und wenn ihr unter den ersten drei seid, könnt ihr einen davon kaufen. Da mussten, mal wieder, unsere Herren Söhne ran. Den Ältesten fuhr mein Mann morgens um 4:00 Uhr zu dem Geschäft. Da war er der zweite wartende Kunde. Bewaffnet mit einem Anglerhocker, Brötchen und Limonade setze er sich hinter dem ersten Kunden auf seinen Hocker und wartete. Gegen 6:30 Uhr löste unser anderer Sohn ihn ab, übernahm den Platz und wartete. Wir hatten den Jungs eingeschärft, nicht zu sagen, dass nur drei Geräte kommen. Damit hätten wir den Geschäftsleiter in Verlegenheit gebracht.

Als mein Mann gegen 8:30 Uhr, in der Tasche die 4500 Ostmark eintraf, war die Schlange auf ca. 50 Leute angewachsen. Natürlich ging es da ziemlich lustig zu. Da wurde lautstark über den Handel geschimpft und gelästert und, wie beim Frisör, wurde getratscht und gemeckert. Pünktlich machte der Laden auf und wir erstanden unseren ersten Farbfernseher. Es war zurzeit der jährlichen Friedensfahrt im Radrennsport. Und wir konnten einen Teil der Welt in Farbe sehen, was die Sehnsucht nach der Freiheit, überall hinfahren zu können, ins Unermessliche steigen ließ. Konnten wir aber nicht, also brachte uns der TV ein bisschen Farbe in unsere triste Welt.

Nun wollte ich für „meine" Kinderferienlager auch welche haben, aber ich durfte sie ja nicht kaufen. In der Stadt gab es ein An- und Verkauf-Geschäft. Zwar staatlich überwacht, aber doch privat geführt. Die Pächter kannte ich. Also versuchte ich da mein Glück. Meine Frage, ob ich als Betrieb hier einkaufen könne, wurde bejaht, aber TV-Geräte waren nicht da. Da hatte ich einen Plan. Vom Hauptbuchhalter abgesegnet, kaufte ich als Frau Sowieso und privat bei der HO (Handelsorganisation) 4 TV-Geräte. Als Frau Sowieso verkaufte ich die Geräte im An- und Verkauf. Als Betrieb kaufte ich sie dann vom An- und Verkauf wieder zurück. Ich habe die Geräte und das Geld dabei nie zu Gesicht bekommen, das regelten andere Geister. Aber sie standen pünktlich in den Ferienlagern. Das Gleiche machte ich dann später mit Waschmaschinen, Nähmaschinen, Bettwäsche (auch Mangelware) und kompletten Fußballkluften für die Kinder. Die Ferienlager waren also für die damalige Zeit technisch und überhaupt bestens ausgestattet. Natürlich musste ich für diesen Deal auch etwas bieten. Zwanzig Kinder von den Beschäftigten der HO nahm ich jeweils mit in die Ferien und schon war die Angelegenheit in trockenen Tüchern.

Edelkonserven

Da staunst du nicht wahr? Edelkonserven gab es auch in der DDR. Nur, dass sie nicht edel waren, sondern stinknormales Mischgemüse, Erdbeermark, Himbeermark, Gemüseerbsen, etc. In einer Kleinstadt, nicht weit von uns entfernt, befand sich eine Konservenfabrik. So acht Wochen vor der Kinderferienlagersaison klingelte im Büro mein Telefon. Am anderen Ende war der Inhaber dieser Konservenfabrik. Eigentlich war es früher mal eine Gurkenfabrik, privat, wenn ich mich nicht irre. Vorrangig wurden immer noch Gurken eingelegt, aber auch jedes andere herkömmliche Gemüse. Er bat auch um 10 Kinderferienlagerplätze und als ich ihm den Preis für Fremdbetriebe nannte, wollte er schon resigniert auflegen.

„Hallo, warten Sie mal", sagte ich. „Wenn Sie mir drei Tonnen Konserven verkaufen, bekommen Sie die zehn Plätze gratis".

„Nein, das geht nicht, das ist hier alles limitierte Ware, das kann ich nicht machen."

„Ja dann, dann bekommen Sie keine Plätze. Sie können es sich ja überlegen, Sie wissen ja, wo Sie mich finden. Auf dem Sportplatz am Sonnabend." Ich wusste, dass er auch oft den Spielen der DDR-Liga zusah. Und tatsächlich, er kam auf mich zu und sagte nur kurz: „Nur Sie und ein Kraftfahrer mit einem LKW mit Hänger, Mittwoch in der Nacht um 02:00 Uhr." Da war ich ja nun doch perplex.

Am Montag machte ich im Fuhrpark klar, dass ich nachts um 02:00 Uhr mit dem Fahrzeug und einem verschwiegenen Kraftfahrer zur Konservenfabrik fahren konnte. Der Direktor machte selbst das Tor auf und wir fuhren auf das Betriebsgelände. Dann fuhr er mit einem Gabelstapler die Paletten voll Konserven ran, und wir mussten sie stapeln. Sie hatten alle kein Etikett, es war nur eingestanzt, was sich in den Konserven befand. Nach einer Stunde hatte ich das Gefühl, meine Arme reichten bis zum Erdboden, es nahm und nahm kein Ende. Die Edelkonserven verschwanden in den Tiefen der Ladeflächen, die mit Planen überspannt waren. Da lachte mein Herz angesichts der Schätze, die ich da verlud. Alles war dabei, was man für Kinderspeisen dringend benötigte. Diese Fruchtmarktkonserven eigneten sich super für Fruchtsoßen über Pudding, Grießbrei und Milchreis. Ja, nun hatte ich sie! Aber wohin damit? Die Großküche im Betrieb verfügte zwar über ein beträchtliches Lager, ein Lager mit vielen leeren Regalen, aber da hätte ich meine Konserven nie wiedergesehen. Die Küchenleitung hätte „Hurra" geschrien, wenn ich sie da abgestellt hätte, und die Arbeiter hätten gestaunt, wenn sie Grießbrei mit Fruchtsoße bekommen hätten. Also blieben wir mit unseren Schätzen erst einmal geduldig vor der geschlossenen Betriebseinfahrt stehen und warteten bis um 7:00 Uhr die „Sesselfurzer" ihre Arbeit aufnahmen. Dauerte dann auch nicht lange, und alles, was Rang und Namen hatte, erschien vor der Stempeluhr. Die Gewerkschaftsleute, die Sicherheit, die Betriebsleitung und was so im Verwaltungswasserkopf herumschwamm.

„Hey, ihr roten Socken", sprach ich die Gewerkschaftsleute fröhlich an, „jetzt wird mal gearbeitet und nicht der Sessel breitgedrückt. Ich habe drei Tonnen Konserven und die müssen versteckt werden."

„Was hast du?", total erstaunt kamen die Fragen, „und woher?"

„Das geht euch nichts an, aber die sind für die Ferienlager, für unsere Kinder, und da kommen sie auch hin. Aber sie müssen abgeladen werden und der Fahrer und ich rühren keinen Finger mehr, wir haben sie aufgeladen."

Es dauerte nicht lange, da hatte ich so viel Aufmerksamkeit, dass bereits wild diskutiert wurde: „Das geht nicht, wie sollen wir das alles als Wareneingang verbuchen, das ist Schwarzware."

„Das ist überhaupt keine Ware", widersprach ich genervt. „Das ist eine Spende für unsere Ferienlager, und nun seid mal nicht päpstlicher als der Papst, o Verzeihung, ihr seid ja rote Brüder, aber auch eure Kinder fahren in die Ferienlager. Wollt ihr verhindern, dass sie gut versorgt sind?" Es wurden immer mehr Leute, die neugierig zuhörten.

Bis mein Genosse Betriebsleiter kam, der, den ich schon einmal ins Ferienlager als Wirtschaftsleiter schicken wollte. Er nahm mich beiseite und ich erklärte ihm wahrheitsgetreu wo und warum ich frühmorgens um sieben Uhr im Besitz von drei Tonnen Konserven war. Er sah mich an, schüttelte verwundert den Kopf, schlug mir lachend auf die Schulter und lachte herzlich.

„Aua", brummelte ich, „das tut weh, verladen Sie mal zur nächtlichen Stunde tonnenweise Konserven."

Gebieterisch rief er die Gewerkschaftsleute zu sich und nach kurzer Diskussion war klar, dass die Konserven in einer, einst für die Algerier (Fremdarbeiter) gebauten geschlossenen Gaststätte, mitten auf dem Betriebsgelände, gelagert werden sollten.

„Den Schlüssel bekomme aber ich, sonst wird das hier eine

Selbstbedienungsstätte", warf ich ein. Inzwischen war auch der Fuhrparkleiter dazugekommen und zu ihm sagte er: „Sie sind verantwortlich, dass die Sachen noch rechtzeitig und komplett in die Ferienlager kommen."

„Wie soll ich das bewerkstelligen?", entgegnete er aufgeregt. „Kaum noch Sprit für Ersatzteilfahrten und nun auch noch das?"

„Kommen Sie", meinte der Direktor. „Dann lasst ihr eben mal ein paar private Beschaffungsfahrten weg und meines Wissens finden wöchentliche Fahrten nach Neubrandenburg statt. Das ist dann nicht mehr weit bis in unsere Einrichtungen; geht nicht, gibt's nicht. Ich erwarte den Bericht auf meinem Tisch, wenn alles erledigt ist."

Mit innerlicher Genugtuung sah ich zu, wie unsere Genossen schwitzend und prustend die Konserven abgeladen haben. Sie hätten ja auch einen Gabelstapler anfordern können, aber da sie ja tief und fest die Richtlinien befolgen mussten, wagten sie es nicht, einen davon aus der Produktion abzuziehen. Der Direktor lächelte mir wissend zu, und ich grinste zurück.

„Die können ruhig mal etwas tun", flüsterte er mir zu. „Kommen Sie nachher in mein Büro." Als alles verstaut und ich im Besitz des Schlüssels war, ging ich zu ihm. Die freundliche Sekretärin winkte mich auch gleich durch.

Bei einer frischen Tasse Kaffee wollte er nun alles genau wissen, und ich erzählte ihm von den Beschaffungsnotständen und wie ich versucht hatte, trotzdem alles zu bekommen. Er hörte geduldig zu, und manchmal schmunzelte er oder schüttelte erstaunt den Kopf. Ich schimpfte auf den Handel und auf die Schlamperei im Werk, erzählte von den Nöten der Arbeiter, von der Benachteiligung kinderreicher Familien und prangerte so gut wie alles, wofür die roten Brüder verantwortlich waren, an. Es war mir schon klar, dass er meine Akte gelesen hatte und über alles, was meinen Bruder und meine Familie betraf, informiert war. Er nahm das Telefon und beorderte meinen Fachdirektor sofort zu sich. Ach du schöne Sch ..., dachte ich, jetzt kommt die Kündigung. Was soll's, ich würde es wieder tun, redete ich mir ein. Dienstbeflissen kam mein schlaksiger Fachdirektor angerauscht und blieb hinter mir stehen.

„Erstens" meinte der große Chef, „die Kollegin hier bekommt eine Gehaltserhöhung. Zweitens, sie bekommt zwei Tage Sonderurlaub. Die beginnen jetzt sofort, damit sie sich ausschlafen und erholen kann.

Drittens, sie bekommt eine Prämie."

„Was soll ich da als Grund nennen?", warf der Fachdirektor ein, „ich kann ja wohl kaum Beschaffungstalent drauf schreiben."

„Ach, Ihnen wird schon etwas einfallen."

„Hatten sie irgendwelche finanziellen Auslagen bei Ihren außerbetrieblichen Aktivitäten gehabt?", wurde ich gefragt.

Ich wollte das gerade verneinen, da meinte der Fachdirex: „Ja, hat sie. Mir ist bekannt, dass die Kollegin, um geeignetes Personal für die Ferienlager zu bekommen, z. B. nachdem ihr Mann Fußball gespielt hat, mit den Rettungsschwimmern kräftig feiert und es schafft, dass sie vorrangig in unsere Ferienlager fahren. Das hat vorher noch nie reibungslos geklappt. Auch gibt es keine Beschwerden mehr über nicht vorhandene, aber gesetzlich vorgeschriebene Erst-Hilfe-Taschen für die Gruppen." „Ja, ich erinnere mich, die waren nicht zu bekommen", kam es vom großen Chef.

„Und jetzt sind ausreichend vorhanden? Wie haben sie das denn gemacht?"

„Nun ja, ich habe mitbekommen, dass man diese Taschen bei dem Roten Kreuz ausleihen kann und wenn man sich weigert, sie zurückzubringen, muss man sie halt bezahlen."

Beide Männer sahen sich erstaunt an. „Und haben wir die bezahlt?"

„Ja, aber sicher", antwortete ich. „Der Kollege vom Roten Kreuz hat nur vergessen zu vermerken, dass ich sie nach mehrfachen Mahnungen auch nicht abgegeben habe", sagte ich zwinkernd. „Lassen sie mich raten, er ist auch oft auf dem Sportplatz", stellte der Direx fest. „Ja, ich führe mit ihm auch die betrieblichen Blutspendenaktionen durch."

„Ich frage lieber nichts mehr, auch da soll ein ziemlicher Andrang auf einmal herrschen."

„Stimmt das, Herr Fachdirektor?"

„Ja, das stimmt, seit die Kollegin hier als Kräftigungsmittel Apfelsaft mit Rum verabreicht."

„Was? Stimmt das?"

„Nach den Blutentnahmen, Herr Direktor, nicht vorher", erwiderte ich amüsiert. „Also, wir haben keine Bananen, wir haben keine Säfte, die belegten Brötchen sehen aus wie Schuhsohlen und mit 'ner Limo können Sie die Leute nicht hinter dem Ofen vorlocken", erklärte ich.

„Aber woher wissen Sie das denn?", fragend sah ich meinen Fachdirex an.

„Uns entgeht hier so schnell nichts", meinte er.

„Ist mir schon klar, dafür habt ihr ja eure Leute, Horch und Guck in allen Bereichen".

Ernst sah mich der Chefdirektor an und meinte leise: „Sie sind ein richtiges Organisationstalent, und wir brauchen solche Leute dringender denn je, aber auch wir hier im Raum können wir Sie nicht ewig schützen. Nehmen Sie sich mit ihren Äußerungen lieber ein wenig zurück. Es ist nicht einfach, die Ferieneinrichtungen zu versorgen, und so gut wie möglich leiten wir die Erhaltungsmaßnahmen ein", sprach er weiter.

„Das eine Ferienlager soll von unserer Invest-Abteilung geschlossen werden, bauliche Mängel." Erstaunt hörte ich die Aussage, dass Erhaltungsmaßnahmen nicht viel gebracht hätten.

„O, wann ist denn da etwas erhalten worden? Der bauliche Zustand ist miserabel, ja, das stimmt. Das war und ist er aber auch immer noch! Kein Wunder, wenn ganze LKW-Ladungen an Baumaterial vom Verwalter, der ja dort ansässig ist, zum Bau seines privaten Bungalows verwendet worden sind, dass im Ferienlager nichts weiter passiert ist. Die Leute, die für die Maßnahmen abgestellt wurden, bauten stattdessen fleißig an dessen privaten Bungalow mit. Am Abend wurde dann kräftig gefeiert, besser gesagt, gesoffen!" Erstaunt sahen mich die Herren an.

„Ich denke, Sie wissen alles, was hier so vor sich geht?" Stimmt wohl nicht so ganz. „Ach so, ja, der Verwalter ist in der Partei und bei der Stasi, den verpfeift man nicht so schnell. Der Witz bei der ganzen Geschichte ist auch noch", ergänzte ich, „dass wir, ich meine ihr, den Bungalow auch noch für die Erwachsenen Ferienbetreuung angemietet habt. Also erst klaut der euch das Material, das dringend für die Sicherheit der Kinder benötigt wird, und dann bezahlt ihr auch noch 365 Tage im Jahr eine stattliche Summe für die neu geschaffenen Plätze? Das nenne ich Planwirtschaft, die funktioniert. Nur nicht zum Nutzen aller – sondern zum Nutzen einzelner Staatsbürger in einem Arbeiter- und Bauern-Staat! Ja klar, Bauernschläue nennt man das doch wohl, oder?"

Wie sagte Lenin so schön: „Die Produkte werden nach dem Prinzip, jeder nach seinen Fähigkeiten, jedem nach seinen Bedürfnissen, verteilt." Arbeit wird so also zum ersten Lebensbedürfnis? Richtig! Passt doch genau. Der Hausverwalter hatte das Bedürfnis nach einem lukrativen Nebenverdienst und die Fähigkeit die Leute zu überzeugen, ihm dabei zu helfen. Die dafür notwendige Arbeit wurde sein Lebensbedürfnis. Planwirtschaft vom Allerfeinsten! Jetzt verdient er mit seinen Betten vom Bungalow genug Geld, dass es ihm recht wäre, das Ferienlager zu schließen. Und schon hat er seine Ruhe! Ernst sahen mich beide Herren an.

„Das ist wirklich so passiert?" Der Betriebsdirektor sah nicht mich an, sondern seinen Fachdirektor. Der antwortete nicht, sondern nickte nur. Ich wusste genau, dass da rückwirkend nichts mehr passierte. Eine Krähe hackt bekanntlich der anderen kein Auge aus! Sonst hätte ich das vielleicht überhaupt nicht erwähnt. In Richtung des Betriebsdirektors sagte ich leise: „Dass so etwas nicht mehr in so großem Stil passiert, dafür werde ich sorgen. Ich such mir meine Leute aus, die in die Ferienlager zu Erhaltungsarbeiten geschickt werden. Dass man in unseren Kindereinrichtungen wissentlich die Sicherheitsbestimmungen vernachlässigt und sich auf Kosten der Kinder bereichert, dagegen habe ich etwas. Ihre Enkelkinder fahren ja auch in die Ferien, meine Jungs auch und ihre Tochter auch", sprach ich weiter, „sollen wir so eine Schlamperei zulassen?" Es war still im Raum.

Bis der Chefdirektor anordnete, dass die Liste der jeweiligen von mir vorgeschlagenen Leute für die Ferienlager auf seinem Tisch landet.

„Wenn erforderlich", meinte ich, „fahre ich mit meinem Mann, der ja auch Handwerker ist, wie Ihnen ja wohl bekannt ist", dabei grinste ich meinen Fachdirektor an, „zu den Bauarbeiten in die Ferienlager. So haben wir die Kontrolle und mein Mann kann sich noch etwas verdienen."

„Nun reicht es aber", stoppte mich der Betriebsdirektor. „Was halten Sie davon", wollte er von dem Fachdirex wissen.

„Ja, wenn der Mann von seinem Betrieb freigestellt wird, wäre das eine gute Idee."

„Das lassen Sie ruhig meine Sorge sein", entgegnete ich ihm, „das schaffe ich schon. Vielleicht verspreche ich der PGH ein bisschen V2-Stahl, der hier unter meterhohem Gras vergammelt, die brauchen da nämlich dringend etwas". Nun klappten doch noch die Unterkiefer runter und bevor ich das altbekannte RAAAAAUUUS ... RAAAAAUUUUS ... hörte, hatte ich bereits die Klinke in der Hand.

Müde und erschöpft verließ ich das Werk und genoss die mir geschenkten zwei freien Tage. Eine Prämie in beachtlicher Höhe lag, als ich wieder im Büro erschien, auf meinem Schreibtisch. Ich musste sie noch nicht einmal quittieren. Das Gespräch wurde nie wieder erwähnt, aber die PGH bekam einige Stahlrohre, wofür auch immer, und ein paar gratis Ferienplätze. Dafür konnte mein Mann z. B. Tischtennisplatten aus Terrazzo anfertigen und Treppenstufen, die dann in die Ferienlager kamen. Das Aufstellen und Einbetonieren übernahm er selbst, die Stunden bekam er großzügig vom Werk bezahlt, sodass auch damit noch das Spritgeld, denn wir fuhren mit unserem Wagen, einem Wartburg, in die Ferienlager, auch gleich abgegolten wurde.

Du siehst daran, Planwirtschaft funktioniert, wenn sie für private und betriebliche Zwecke gleichermaßen eingesetzt wird. Wen ich für die Leitung und Erhaltungsmaßnahmen zu den Einrichtungen geschickt habe? Freunde, Sportler, eben Leute, von denen ich wusste, dass sie Kindern nichts wegnehmen. Im Gegenteil, sie taten alles, um den Kindern die Ferien sicher und schön zu gestalten. Ohne Politik, ohne Fahnenappell und ohne sozialistische Berieselung. Einfach Ferien!

Dass am Abend auf Betriebskosten gegrillt und auch etwas getrunken wurde, war selbstverständlich.

Der Urste

Bei einem Durchgang (drei davon gab es pro Sommer) kam ein außergewöhnlicher Gruppenleiter zum Einsatz. Ein Student. Ein lang aufgeschossener junger Mann, der den ganzen Sommer mit einem Trenchcoat – darunter trug er nichts weiter als eine Badehose –, rumlief. An den Füßen schlappten uralte Jesuslatschen. Es war ein Verrückter. Die Kinder liebten ihn, und er erfand die abenteuerlustigsten Spiele. Alle nannten ihn nur den Ursten.

An einem Abend hatte er frei und ging in den Ort, um etwas zu trinken. Gegen Mitternacht wurde der Lagerleiter von aufgeregten Gruppenleitern geweckt, die noch am Lagerfeuer saßen und sich unterhielten. Da hielt gerade vor dem Lagereingang eine Karawane von russischen Jeeps. Aus denen stiegen leicht angetrunkene Offiziere in weißen Uniformen. Lachend hievten sie den sturzbetrunkenen Ursten aus einem Wagen und legten ihn sicher in die Arme des Lagerleiters. O Gott, der Arme hatte versucht, mit den Russen das Nationalgetränk ‚Wodka' mitzutrinken. Das musste ja schiefgehen. Wodka aus Flaschen, sto (100) Gramm auf ex, ich kannte das Prozedere. Wie er in die russische Garnison gekommen war, das wusste er nicht mehr. Ärger gab es keinen. Aber der kam für mich, später, auch wegen des Ursten.

Da holte mich, mal wieder, die Stasi ab. Dieses Mal die aus unserem Betrieb. „Was ist denn nun schon wieder?", fragte ich erstaunt.

„Es wird ein Verfahren gegen Sie geben, wegen Zustimmung zur Verhöhnung der DDR."

„Wie bitte, was soll ich denn getan haben und wie und wann und wen verhöhnt?"

„Mit ihrer Zustimmung wurden Kinder missbraucht, westliche Medien zu verherrlichen!"

„Waaas? Wie bitte?"

„Ein von ihnen bevorzugter Gruppenleiter ist am helllichten Tage mit 60 Kindern durch die Stadt Usedom marschiert, er vorne weg und die Kinder im Gänsemarsch hinterher."

„Ja, und? Das ist doch toll, endlich mal nicht in altgewohnter Zweierreihe."

„Nichts ist toll, sie hatten nur Badekleidung an und ihr Pionierhalstuch um, der Gruppenleiter in einem langen Trenchcoat."

„Ja, und? Ist doch sozialistisch einwandfrei, das ist es doch, was ihr euch wünscht."

„Hören Sie auf, Sie wissen genau, was der Aufzug bedeutete", wurde ich unterbrochen.

„Nein, weiß ich nicht, was ist denn passiert?"

„Der Student lief vorne weg und rief mit lauter Stimme: WAS IST UNSERE PARTEI? Und die sechzig Kinder antworten wie im Chor: NDR 2!! Dafür tragen Sie die Verantwortung."

Ich hab' mich gebogen vor Lachen, schon allein die Vorstellung von der Parade genügte, dass ich nicht ernst bleiben konnte. Das musst du dir mal bildlich vorstellen! Was ist unsere Partei? NDR 2! Wahnsinn! Und das bei dem Verbot, westliche Sender zu hören. Das hätte von mir sein können, war es aber nicht.

„Meinetwegen verpasst mir ruhig eine, ist mir egal", sagte ich, immer noch amüsiert. „Wenn ihr nicht die Komik der Situation erkennt, nicht meine Schuld."

Natürlich musste ich den Ursten belehren, aber ich glaube nicht, dass sich das NICHT wiederholt hat. Aber wie immer war jemand da, der es meldete. Sicherlich der Hausverwalter, dessen Alleingänge ich gestoppt hatte. Rache ist bekanntlich süß.

Ich glaube, mein Fachdirektor hat so manches Mal die Hände über mich gehalten. Wir, er und ich, hatten inzwischen einen Treffpunkt ausgemacht. Denn im Büro hatten die Wände und die Mitarbeiter lange Ohren. Es gab da so eine kleine Allee auf dem Betriebsgelände, am dritten Baum trafen wir uns ab und zu. Rein zufällig. Da erzählte ich ihm immer, was so abgelaufen war, und mit lachenden Augen und ungesagten Worten gab er mir zu verstehen, dass ich mir keine Sorgen machen müsste.

„Übertreiben Sie es aber nicht, auch meine Macht reicht nicht über den Betrieb hinaus", sagte er dann immer ernst.

Als er wieder um ein zufälliges Treffen bat, eröffnete er mir, dass ein Vater in der Nähe von Bremen umgebracht worden ist. Er besaß eine Firma, die Fahrräder hergestellt hatte. Er wurde gezwungen, viel Geld abzuheben und wurde danach erschlagen. Das kam sogar durch die Sendung XY. Er wollte von mir wissen, ob ich ihm Kontakt zu westlichen Anwälten aufbauen könnte und er wusste, dass ich da so meine Erfahrung hatte.

Wodurch, willst du wissen? Das erzähle ich dir später. Jedenfalls konnte ich ihm helfen, das geerbte Geld, nach dem Verkauf der Fahrradfirma, in die DDR zu bringen.

Als die Wende kam, stand er wenige Tage danach, am späten Abend, vor unserer Haustür.

„Können Sie das Westgeld, das ich habe, in Ostmark umtauschen, zu einem guten Kurs?", wurde ich gefragt.

„Das fragen Sie mich", meinte ich erstaunt.

„Ja, wen sonst, ich kenne sonst niemanden. Man weiß ja nicht, was auf uns alle zukommt, sicherlich werde ich auch aus allen Ämtern geworfen. Ich will versuchen, die Kredite für unser Haus zurückzuzahlen. Ich will meine Familie absichern."

„Gut", antwortete ich, „wie viel soll es denn sein?"

„Ich gebe ihnen 30 tausend Westmark und ab einem Kurs von eins zu fünf ist alles gut."

Ja, na klar, ich kannte Leute, die viel Ostgeld hatten. Erworben durch private Geschäfte und es war nicht schwer, jemanden zu finden, der es gern loswerden wollte. Niemand wusste zu dem Zeitpunkt, was mit der Ostmark passieren würde. Wir einigten uns auf einen Kurs von eins zu sechs. Du kannst mir glauben oder auch nicht, ist mir egal. Ich lieferte bei Nacht und Nebel treu und brav das ganze Geld ab. Er steckte mir eine Provision zu und weg war er. Ich traf ihn kurz nach der Währungsunion noch einmal zufällig. Als ich ihm erzählte, dass ich dabei war, eine kleine Pension aufzubauen, lachte er.

„Super, Sie machen wenigstens etwas aus der Marktwirtschaft. Machen Sie doch ein Freudenhaus daraus, auch das können Sie, ich mache mir überhaupt keine Sorgen um Sie", lachend zog er weiter. Nur wenige Monate danach erfuhr ich von seinem Tod durch einen Herzinfarkt. Er musste ja die vielen Kündigungen für die Arbeiter des Werkes ausschreiben. Wo doch jeder von denen gedacht hatte, ihm würde das niemals passieren. Manche Leute waren zwanzig und mehr Jahre im Betrieb und nun mussten sie gehen. Oft in den Vorruhestand und auch zum Sozialamt. Ich möchte nicht wissen, was sie ihm alles an dem Kopf geworfen haben. Das hat er alles nicht verkraftet. Er war einfach auch nur ein Mensch.

Diese Arbeit für die Kinderferienlager war einfach mein Ding. Es kam sicher meinem Organisationstalent entgegen. Man konnte etwas bewirken, ohne gleich die Stasi auf dem Schirm zu haben. Warum und weshalb diese Lager für die Kinder, das war für mich unwesentlich. Jedenfalls versuchte ich, Leute zu gewinnen, in der Gewissheit, dass jeder politische Drill vor den Toren blieb und die Kinder einfach nur schöne Ferien hatten. Meine Meinung zu der Kinderbetreuung ist, es kommt immer auf die Einstellung der Menschen an, die diese Jobs ausführen. Man kann es gut machen, wenn man Kinder liebt und es kann einem alles egal sein, wenn man nur den Job sieht. Man konnte den Anweisungen von Frau Honecker ausweichen oder sie bedingungslos ausführen. Letzteres war bekanntlich für die Kinder nicht so gut.

Wir bauen ein Haus aus

Ja, wenn du willst, erzähle ich dir mal, vor welchen Problemen man in der DDR stand, wenn man ein Haus hatte, es modernisieren wollte oder wenn man eines bauen wollte. Du vermutest richtig: Wir hatten ein Haus und der Modernisierungsvorgang war schon abenteuerlich. Du, da musstest du Qualitäten entwickeln, von denen du überhaupt nicht gewusst hast, dass du sie hast. Meine Schwiegereltern bewohnten eine Doppelhaushälfte in einem Siedlungsgebiet am Rande der Stadt. Angrenzend Äcker und Felder. Aber auch die Eisenbahnlinie Magdeburg–Dresden. Es war wunderschön am Abend mit dem Hund durch die Gegend zu laufen. Entweder durch wogende Weizenfelder oder durch Kartoffel-Luzerne- oder Rapsfelder. Hinten aus dem Gartentor raus und schon war man inmitten landwirtschaftlicher Natur. Auf unbefestigten Wegrainen, wo die Schafgarbe, die Kornblumen und andere unkultivierten Pflanzen eine romantische Atmosphäre aufkommen ließen, konnte der Hund unangeleint laufen und man begegnete so schnell keiner Menschenseele. Stand der Wind ungünstig, wehte schon mal der Duft der Schweinezucht von der anderen Seite der Bahngleise. Aber auch das störte nicht. Saßen wir im Garten, mussten wir, wenn eine russische E-Lok vorbeiknatterte, eben mal den Mund halten. Denn dann verstand man kein Wort mehr. Schätze, mein Umfeld wünscht sich das heute noch manchmal von mir. Auch wenn die Güterzüge vom Kaliwerk Zielitz ohne Planen über das lose Transportgut, was auch immer es war, vorbeifuhren, nahmen wir Reißaus. Regelmäßig waren der Garten und alles, was so vorhanden war, mit einer feinen weißen Schicht überzogen. Ob das immer gesundheitsfördernd war, ich weiß es nicht. Wahrscheinlich nicht. Es war nun mal so, und Greenpeace war weit weg ...!

Der Vater meines Schwiegervaters hatte dieses Haus, nachdem die darin wohnenden Nazis enteignet wurden, vom Staat kaufen können. Die Siedlung wurde so um 1933 geschaffen, und wenn man einen Blick aus einem Hubschrauber machen würde, hätte man aufgrund der Straßenanordnung ein Hakenkreuz erkannt. Glaubst du nicht? Kannst du ruhig. Ein Wunder, dass später in der DDR nicht alle, mehr oder weniger geometrischen Anordnungen, die Form eines Hammers und Sichel aufweisen konnten. Doch sicher auch für die Kommunisten eine interessante Vorstellung, dass, wenn die

Außerirdischen einen Blick auf die Erde werfen würden, ihr Symbol sich denen förmlich aufdrängte. War wohl ein bisschen aufwendig für den Arbeiter- und Bauernstaat. Nach der Enteignung konnten erst ganz normale Bürger ein Haus erwerben, später waren es dann die linientreuen Parteifreunde. Aus Braun wurde halt Rot oder Rotbraun! Man konnte auch nur das Gebäude erwerben, das Grundstück blieb im Besitz des Staates.

Der Kaufpreis war damals etwa Anfang der Fünfzigerjahre, eine Lachnummer, aber die Zinsen sehr hoch. Fast 30 Jahre dauerte die Abzahlung. Den Schwiegereltern fehlten Geld, Beziehungen und die Motivation, das Haus zu erhalten. Heute würde man sagen, es gab einen Investitionsstau. Als wir das Haus übernehmen sollten, hatten Immobilien überhaupt nicht den Wert, den sie heute haben. Bauen bedeutete Ärger und Arbeit. Baumaterial gab es kaum und so mancher Hausbesitzer resignierte wegen der Beschaffungsnöte. Wir übernahmen 1978 das Haus. Es war schon klar, dass wir viel Geld – dafür bekamen wir einen Kredit –, und viel Arbeit reinstecken mussten. Auch in der DDR gab es Erbschaftsstreitigkeiten und ich war nicht gewillt, für dieses Haus zu schuften, und später kommen die Geschwister meines Mannes und sagen nur noch: DANKE! Nur ein Kaufvertrag konnte dem entgegenwirken und meine Schwiegereltern waren auch sofort bereit. Also kauften wir das Haus ganz offiziell. Tatsächlich kam nach der Wende ein Bruder meines Mannes – der seit 1954 im Westen lebte und der die Immobilie ganz anders einschätzte –, auf die Idee, ob es da nicht etwas rückgängig zu machen sei. Ging aber nicht, ging Gott sei Dank nicht, sonst wären wir damals gleich pleite gewesen. So sind sie, die lieben Verwandten. Sich um nichts kümmern, kaum den eigenen Eltern etwas zukommen lassen, niemals Unterstützung bei der Beschaffung heiß ersehnter Materialien, aber dann abkassieren wollen. Auf solche Leute haben wir gerade noch gewartet!

Die Siedlung lag am Rande der Stadt direkt an den Feldern. Hinter dem Haus war eine Hauptstrecke der Bahn und wir benötigten kaum noch eine Uhr. Wenn die Züge pünktlich fuhren, meistens mit den lauten Lokomotiven, fielen wir durch das Gerumpel fast aus dem Bett. Wenn sie unpünktlich waren, konnte es schon vorkommen, dass wir zu spät aufstanden. Das Grundstück, das wir nutzen durften, war ca.

1200 qm groß und ließ Möglichkeiten des Obst- und Gemüseanbaus und der Kleintierhaltung zu. Es war schön dort, ein Hauch von Freiheit lag über den Feldern und man konnte weit über das flache Land sehen. Später bin ich oft mit unserem Hund, manchmal auch allein, auf den Feldwegen spazieren gegangen. Der Wind strich wild oder fast zärtlich über die Kornfelder und ich spürte ihn wieder, diesen erdigen Geruch, den ich schon als Kind gern mochte.

Aber zuerst musste aus dem Haus ein Haus gemacht werden, und zuerst musste für meine Schwiegereltern Wohnraum gefunden werden. Nun musst du dir alles wegdenken, was du heute machen kannst, um Wohnraum zu bekommen. Nix da mit Handy ans Ohr und einfach mal lostelefonieren. Wohnraum war Mangelware und manchmal musste man Jahre warten oder sich eben etwas einfallen lassen.

Meine Schwiegermutter war nach einer Tumoroperation am Kopf ein Pflegefall. Ja, aber sicher, diese Operationen wurden auch in der DDR gemacht. Das Gesundheitswesen der DDR wird ja heute noch hoch gelobt. Vielleicht war es zu dieser Zeit auch gut, ich weiß nicht. Wir hatten überhaupt keine Informationen, was man für bestimmte Erkrankungen noch hätte für Behandlungen oder Medikamente bekommen können. Dass die Kassen der staatlichen Krankenversicherung fast leer waren, das wusste ich von einem befreundeten Arzt. Auch, dass die Ärzte angehalten wurden, sogar krebskranke Patienten solange wie möglich im Arbeitsverhältnis zu halten. Also haben wir auch nichts vermisst. Heute weiß man, was es für Möglichkeiten gibt, heute weiß man aber auch, dass man nur richtig versichert sein muss, um sie zu erhalten. Als meine Schwiegermutter immer stärker werdende Ausfallerscheinungen hatte, auch teils verwirrt war, wurde ich gebeten, nachdem sie mehrfach beim Hausarzt war, sie bei einem Arztbesuch zu begleiten.

Also fuhren wir erneut zu ihm. Mit einer Taxe. Unser Fortbewegungsmittel war ja sonst das Fahrrad. Der Arzt, ein älterer Herr, hörte mir überhaupt nicht zu.

„Bitte", meinte ich, „geben Sie mir eine Einweisung ins Krankenhaus, da stimmt etwas nicht."

„Was wollen Sie, eine Einweisung? Nein, das ist nicht nötig." Dabei tätschelte er fortwährend die Hand meiner Schwiegermutter, die sie zitternd auf dem Schreibtisch abgelegt hatte.

„Ach, Mutter, das ist ein kleiner Schlaganfall, das ist nichts weiter", redete er auf sie ein.

„Ach, Herr Doktor", sagte ich, „das erkennen Sie, ohne die Frau zu untersuchen?" Er hatte nichts gemacht. Weder Blutdruck gemessen noch Reflexe überprüft. Nichts! „Ich möchte, dass meine Schwiegermutter richtig untersucht wird, bitte weisen Sie sie doch ins Krankenhaus ein", bat ich nochmals.

Inzwischen war die Frau des Arztes dazu gekommen.

Da sagt doch dieser scheinheilige Arzt zu mir: „Wenn Sie ihre Schwiegermutter loswerden wollen, dann kann ich Ihnen höchstens eine Einweisung fürs Pflegeheim geben!"

Vor Entsetzen griff ich über den Tisch und hatte ihn am Arm erwischt.

„Sie schreiben jetzt eine Einweisung", schrie ich ihn an. „Das ist ja wohl eine Frechheit, mir so etwas zu unterstellen."

„Diese Frau hat sich im Dreischichtsystem für den Sch…-staat die Gesundheit ruiniert, sie hat dabei fünf Kinder großgezogen. Die Söhne, das kann ich Ihnen sagen, sind nicht von schlechten Eltern. Soll ich vielleicht mit denen wiederkommen? Die reden nicht so lange wie ich und hinterher benötigen sie vielleicht einen Arzt. Und ich hoffe, Sie werden dann auch nicht untersucht! Jetzt, wo die Frau alt und verbraucht ist, bringt sie dem Staat wohl nichts mehr ein, da kann man sie ja ruhig abkratzen lassen. Bekommen Sie eine Prämie für nicht behandelte Rentner?"

Da schritt die Frau des Arztes ein. „Nun gib der Frau doch die Einweisung, siehst du nicht, dass die Patientin überhaupt nicht mehr reagiert, und ihre Augen stehen auch ganz schief", meinte sie.

Er schrieb sie aus und warf sie mir mit den Worten: „Sie werden sehen, in drei Tagen haben Sie sie wieder zu Hause", hin.

Draußen, auf der Straße, habe ich erst einmal geheult und bin vor Aufregung fast in ein Auto gelaufen. Ja, sicher das Einzige, das an dem Tag dort vorbeikam. Bis zur Post bin ich dann mit meiner Schwiegermutter gelaufen. Ja, gelaufen oder denkst du, der Arzt hat einen Krankentransport angerufen? Mit einem vermuteten Schlaganfall doch nicht, wo denkst du hin? In der Post rief ich eine Taxe und brachte meine Schwiegermutter direkt in die Klinik. Am Abend fuhren wir mit den Fahrrädern hin und brachten ihr Sachen. Da war sie schon in einem Gitterbett angeschnallt.

Am nächsten Morgen, ich war bereits zur Arbeit in der Schule, erreichte mich ein Anruf, dass ich sofort zur Klinik kommen sollte. Andere Familienmitglieder waren telefonisch nicht erreichbar. Wie denn auch, Telefonanschlüsse waren ein Privileg. Man teilte mir mit, dass meine Schwiegermutter sofort in die Medizinische Akademie (heute Uniklinik) verlegt würde. Es bestand der Verdacht eines Gehirntumors, der sich als richtig herausstellte. Sie wurde operiert und es ging alles gut. Ein Stück von der Schädeldecke wurde für immer entfernt, deswegen durfte sie sich kaum bücken. Sie war ein Pflegefall und wir suchten lange nach einer Wohnung, wo auch ein wenig Komfort vorhanden war. In ihrem Haus konnte sie nicht bleiben. Mein Schwiegervater lebte damals noch, war aber nicht mehr in der Lage, an dem Haus, das ihnen gehörte, etwas zu machen.

Nach endlosen Wartereien bei der Kommunalen Wohnraumlenkung – welch ein Wort für ein schnödes Büro mit einer „Patriarchin" drin, die auf den Wohnungen saß wie eine fette Kröte im Schilf, bereit nur für die fettesten Brocken sich etwas zu bewegen und einen freien Wohnraum ausschlüpfen zu lassen –, bekamen meine Schwiegereltern eine Wohnung. Toiletten- und Bad-(MIT)-Benutzung war der Komfort. Aber immerhin gab es ihn. Das war der Zeitpunkt, an dem wir das Haus übernahmen. Später, als mein Schwiegervater gestorben war, wurde in dem Haus, in dem meine Schwägerin wohnte, eine kleine Wohnung frei. Kein Bad, keine Heizung und Außentoiletten. Plumpsklos, wie man so sagte.

Wann das war, willst du wissen? Gegen Ende der Siebzigerjahre. Kaum zu glauben, oder? Viele können sich sicher noch an die Beschaffenheit der Mietwohnungen erinnern. Einfach miserabel! Plattenbauten boten dagegen bereits einen Komfort, vor allem den der Fernwärme und eines Bades und waren heißbegehrt. Aber wir waren es halt nicht anders gewohnt. In vielen Wohnungen war eine Warmwassertherme schon der einzige Luxus.

Warum dann meine Schwiegermutter die schlechtere Wohnung wollte? Da war sie in unmittelbarer Obhut ihrer Tochter. Pflegegeld? Wo denkst du hin, so etwas wie in der heutigen Form gab es im Arbeiter- und Bauernstaat nicht, nicht das ich wüsste. Der Sozialdienst oder die Gemeindeschwester versorgten Pflegefälle mit den notwendigen Medikamenten. Der Hausarzt machte regelmäßig Besuche und wies die Behandlungen an. Ja, das war alles geregelt. Waren die Bedingungen nicht mehr ausreichend, wurden Einweisungen für die Altersheime ausgeschrieben oder die Familien übernahmen halt die Versorgung. Die Arbeiter durften schuften bis zur wohlverdienten Rente. Aber die wohlverdienten 300 Mark reichten kaum für das Notwendigste.

Schon nach dem Tod meines Schwiegervaters pflegte meine Schwägerin ihre Mutter. Dafür musste sie aufhören zu arbeiten. Das kann man nicht so einfach verlangen, war meine Meinung. Immerhin gab es noch drei Söhne neben meinem Mann. In Anbetracht der Schwere der Operation und der darauffolgenden Pflegebedürftigkeit nahmen die Brüder meinen Vorschlag an, dass sie monatlich 100 Mark an ihre Schwester zahlen, um ihr den Verdienstausfall zu ersetzen. Das funktionierte aber nur selten. Gerade der Bruder, der im Westen wohnte, tat sich mit Besserwisserei hervor und verlangte sogar von mir, dass die Rente meiner Schwiegermutter auf mein Konto eingezahlt werden soll. Zur Kontrolle! Es könnte seine Schwester sich da ja unrechtmäßig bedienen. Mein Gott, wir waren so froh, dass sie die Pflege übernommen hatte und nun sollte ich das Geld einteilen? Nein, das kam für mich überhaupt nicht infrage. Der Bruder aus dem Westen protzte immer mit seinem Geld, kaufte in der DDR Gold und Münzen, aber für seine Mutter sorgen, o, das war zu viel verlangt. So kam meine Schwägerin zu mir und erzählte von der freien Wohnung, und dass es das Beste für die Mama wäre. Klar, meinte ich, das wäre wirklich gut, so wäre sie immer unter Beobachtung.

Gleich am nächsten Tag machte ich mich auf zur Wohnraumlenkung. Innerlich bereits auf Hundertachtzig, weil ich wusste: Das wird schwierig. Geduldig nahm ich auf dem Flur, wo bereits viele Menschen saßen und auch standen, auf einem freien Stuhl Platz. Neben mir saß eine junge Frau, auch aus unserer Siedlung.

„Was machen Sie denn hier?", sprach ich sie an, „Sie wohnen doch in Ihrem eigenen Haus."

„Ja, schon", antwortete sie lachend, „Sie doch auch?"

„Ich bin wegen meiner Schwiegermutter hier", meinte ich in ihre Richtung.

„So? Das ist ja lustig, ich auch." „Wissen Sie", sprach sie weiter, „wir wollen das Haus ausbauen und da muss sie ausziehen. Wird ja auch zu klein, jetzt wo wir auch zwei Kinder haben. Jetzt hat es Gott sei Dank geklappt, ich will nur die Wohnungszuweisung für sie abholen und dann kann es losgehen."

„Da gratuliere ich, wie lange haben sie denn warten müssen, und wo ist denn die Wohnung frei geworden?", wollte ich wissen.

„Danke, wir haben zwei Jahre gebraucht, und nun zieht sie in die Herrmannstraße Nr. 2. Ist zwar ein altes Haus, aber etwas anderes hat man ihr nicht angeboten."

Mich durchlief es heiß, mein Schreck war riesengroß. Das war sie, die Wohnung, die wir für meine Schwiegermutter haben wollten. Und die Frau sollte nur noch die Zuweisung abholen? Das ging nicht, dann wäre die Wohnung weg. Fieberhaft suchte ich in Gedanken nach einem Ausweg.

Voll Panik sagte ich zu ihr: „Nein, das wird nichts, hat man sie denn nicht informiert? Diese Wohnung bekommt MEINE Schwiegermutter. Sie wissen doch, dass sie schwer krank ist, und dass ihre Tochter in dem Haus wohnt. Daher hat die Sozialabteilung in der Medizinischen Hochschule Magdeburg angewiesen, ihr diese Wohnung zu vermieten."

Nichts davon war wahr.

„Nein, das darf doch nicht wahr sein, dann müssen wir ja wieder warten, und wer weiß wie lange noch", schimpfte sie völlig enttäuscht.

„Wissen Sie, wir versuchen das irgendwie zu retten", meinte ich.

In Gedanken wusste ich, dass, wenn sie jetzt aufgerufen würde, die Wohnung weg war. Das galt es zu verhindern.

„Wir gehen gemeinsam rein", schlug ich vor, „so einfach geht das nicht, dass man sie jetzt hier vergeblich hat warten lassen."

„Ja, das ist gut, das machen wir", stimmte sie dankbar zu. Es dauerte auch nicht lange, da wurde sie aufgerufen. Schon mit der Klinke in der Hand begann ich zu reden.

„So geht das aber nicht, Frau Steller, Sie können die Wohnung doch nicht doppelt anbieten, was haben Sie sich denn dabei gedacht? Jetzt hat die Frau hier umsonst drei Stunden gewartet. Sie wissen doch, dass die Wohnung meiner Schwiegermutter, Frau Sowieso, zugewiesen worden ist", sprach ich so vorwurfsvoll wie möglich, „ich sollte nur noch die Zuweisung holen." Mucksmäuschenstill war es im Raum. Ich sah förmlich, was sie dachte: Oh, so ein Mist, was habe ich denn da übersehen? Da ist mir doch etwas völlig entglitten. Mein Gott, wie kann ich das vergessen haben. Das gibt doch Ärger. Was mach ich jetzt nur? Eine andere Wohnung habe ich nicht ..."

„Wissen Sie", sprach ich in ihre Überlegungen hinein, „ich habe da vielleicht eine Idee." Hoffnungsvoll sahen mich beide Frauen an.

„Eine Idee", sprach Frau Steller, „welche Idee?"

„Ja, meine Schwiegermutter hat doch eine Wohnung, sogar mit Badmitbenutzung. Da könnten wir doch einen Tausch machen."

In förmlich allerletzter Sekunde, nachdem mein Hirn krampfhaft nach einem Ausweg suchte, fiel mir diese Möglichkeit ein. Die Steine, die der Bearbeiterin vom Herzen fielen, konnte man förmlich plumpsen hören.

„Ja, wenn das so geht, ja, das wäre eine prima Sache", schöpfte sie Hoffnung.

„Gut", meinte ich, „ich werde nachher gleich das Einverständnis des Hauseigentümers und meiner Schwiegermutter holen, das brauchen Sie doch, nicht wahr?"

„Ja, das wäre ganz freundlich von Ihnen", erwiderte sie erleichtert, „dann treffen wir uns morgen um 11:00 Uhr wieder hier, um die Papiere fertigzustellen."

Ich stürzte aus dem Gebäude, schwang mich auf mein Fahrrad und fuhr, so schnell ich konnte, zu dem neuen Hausarzt meiner Schwiegermutter. Atemlos stürzte ich in die Praxis, die Gemeindeschwester war auch zugegen. Hastig erklärte ich, was ich gerade gemacht hatte und bat um Unterstützung. Die beiden Weißbekittelten schmunzelten amüsiert. Ich wusste ja auch, es war schon eine Frechheit von mir, aber das musste sein. Mitten im Gespräch klingelte das Telefon. Ich hörte nur, wie der Arzt sagte: „Ja, es ist richtig, dass der Antrag schon vor Wochen genehmigt worden ist." Höflich bedankte er sich noch für die Unterstützung. Ich wusste, dass Frau Steller anrufen würde, denn nach längerem Nachdenken würde es ihr bewusst werden, dass ich da mächtig geflunkert hatte.

„Das kostet aber eine Runde", meinte der Arzt noch zu mir.

Mit einem doch stärkeren mulmigen Gefühl fuhr ich am nächsten Tag zur Wohnraumlenkung, zu Frau Steller.

„Sagen Sie mal", empfing sie mich, „von wem haben Sie die Mitteilung bekommen, dass Sie die Zuweisung abholen können?"

„Ach wissen Sie", antwortete ich, „das war in der Schule, während meines Unterrichts, am Telefon. Und Namen konnte ich mir noch nie gut merken", betonte ich lachend. Immer noch skeptisch händigte sie mir die Zuweisung aus. Das hat ja gerade noch geklappt, dachte ich mir und war schnell verschwunden.

Kurze Zeit später, als alles erledigt war, zogen wir in dieses Haus. Die Wohnung, in der wir vorher gewohnt hatten, war auch nicht gerade luxuriös. Sie hatte kein Bad, auch kein WC. Der Weg zur Außentoilette war abenteuerlich weit. Da musstest du schon loslaufen, wenn auch nur der Verdacht nahelag, du brauchst den Gang zum stillen Örtchen – in der Nacht mit Taschenlampe, weil du über den Hof musstest. Die Funzel, die da brannte, erleuchtete nur einen kleinen Teil und da eine Lampe nicht um die Ecke scheinen kann, lag das Häuschen mit dem Herzchen im unbeleuchteten Teil. Im ehemaligen Haus der Schwiegereltern war das Plumpsklo wenigstens integriert. Schon ein Vorteil! Wir zogen mit unseren Herren Söhnen, 11 und 12 Jahre alt, in die zwei winzigen Zimmer unterm Dachjuchhe. Es musste alles, was für ein einigermaßen vernünftiges Wohnen erforderlich war, renoviert werden. Von den Fenstern bis zum Dach musste alles neu gemacht werden. Eine Zentralheizung sollte eingebaut werden, denn es waren lediglich zwei Zimmer im Haus zu beheizen. Mit Küchenherd und Kohleofen.

Ja klar, da hast du nicht unrecht, ja, es war toll, in einem eigenen Haus zu wohnen. Nur, dass der Begriff „wohnen" noch nicht so ganz zutraf. Es war manchmal ein heilloses Chaos. Immerhin mussten wir ja in der Früh alle aus dem Haus. Da wir mit dem Haus rundherum viel zu tun hatten und mein Mann zudem noch etliche Tage auf dem Sportplatz war, war es einfach nicht zu schaffen, ein funktionierendes System in das Durcheinander zu bringen, jedenfalls gelang es mir nicht auf Anhieb. Wo sind meine Turnschuhe? Hast du meine helle Hose gesehen? Ich finde mein Hausaufgabenheft nicht! So in etwa kündigte sich schon nach dem Aufstehen ein nicht enden wollender hektischer Tag an. Übrigens fanden wir das Hausaufgabenheft später im Keller unter den Kohlen. Als mein Mann mit der Kohlengabel aufschütten wollte, hing es auf einmal anklagend an einem Zinken. Schmutzig natürlich und zerfleddert. Aber beim Aufschlagen starrte uns mehr rote Schrift als blaue Schrift an. Rot war gleich Tadel, etc.! Warum es nicht gleich im Ofen landete? Ja, ist mir heute noch schleierhaft. So weit reichte der Mut des Entsorgers wahrscheinlich nicht. Etwas in Rauch aufzulösen ist ja unwiederbringlich verloren. Wie ein armer Sünder stand er später vor seinem Werk und musste fein säuberlich alles auf blütenweißen Seiten ins neue Heft übertragen.

Der Umbau

In wenigen Tagen verwandelte sich unser Haus in eine Baustelle. Aber auch in der DDR konntest du nicht machen, was du wolltest, es musste für den Einbau einer Zentralheizung und für den Anbau, der eine Veranda werden sollte, eine Bauzeichnung her. Wichtig war der grüne Stempel, der besagte, dass ein Fachmann die Zeichnung abgenommen hatte und auch den Bauleiter machte. Wir überlegten hin und her, ob uns nicht jemand einfällt, der das so nach Feierabend machen kann. Ja, natürlich gab es auch Leute, die sich offiziell damit ihren Lebensunterhalt verdienten, aber sie waren rar angesiedelt und sehr teuer.

Eines Abends meinte mein Mann: „Da in der Gartenstraße kennst du doch die zwei Häuser, die gerade neu gebaut werden. Mit dem einen Häuslebauer habe ich zusammen Fußball gespielt, wenn ich mich nicht täusche, darf der Bauleiter sein. Fahr doch mal hin, mit einem Gruß von mir und er bekommt seine Sachen aus Terrazzo nicht, wenn er uns nicht hilft."

Umgehend schnappte ich meinen Drahtesel, und da es schon ziemlich dunkel war auch meinen Schäferhund. Das sollte so aussehen, als ob ich mit dem Hund noch mal draußen war und so rein zufällig an den Baustellen vorbeikam. Im Keller sah ich noch Licht und so hielt ich an. Ich machte den Hund von der Leine los und zeigte in Richtung Keller und auf mein: „Los such, Hasso", verschwand er schwanzwedelnd nach unten. Langsam ging ich hinterher, ich war mir sicher, dass er den Leuten da unten nichts tun würde. Doch musste ich gleich darauf lauthals lachen. Auf den Maurerschemeln standen wackelnd die zwei Männer, mit je 'ner Flasche Bier in der Hand und redeten beruhigend auf meinen Hund ein. Der freute sich, sie gefunden zu haben und scharwenzelte schwanzwedelnd um sie rum.

„Was ist denn hier los?", lachte ich, „wovor habt ihr denn mehr Angst: dass er euer Bier klaut oder euch in den Hintern beißt?" Grinsend kletterten sie wieder von den Hockern runter und nachdem sie mich begrüßt hatten, sahen sie mich fragend an.

„Machen wir es kurz", erklärte ich, „ich bin die Frau von, ja genau, von dem Fußballer, und wir bauen das Elternhaus aus."

„Ja, ich weiß", wurde festgestellt, „du bist doch auch immer auf dem Sportplatz."

„Richtig" stimmte ich dem zu. „Also, ihr braucht doch beide für eure Häuser alles aus Terrazzo, du warst ja auch schon bei meinem Mann", stellte ich fest, „und wir brauchen eine Bauzeichnung und einen Bauleiter, schätze wir wären ein Superteam."

Lachend schob mir einer von den Männern einen Bauschemel hin, und Ruck zuck hatte ich eine Flasche Bier in der Hand. Mein Hund kringelte sich zu meinen Füßen und so erzählten und diskutierten wir über Bauen und Nichtbauen, über Fußball und Politik, so weit ich mich hinauslehnen konnte und tranken entspannt Bier aus der Flasche, wie es sich auf dem Bau gehört.

„So, was ist nun, steht unser Deal?", fragte ich schon zum Aufbruch bereit, in die Runde.

„Na klar", wurde erwidert, „wir kommen gleich mit und schauen uns das Haus mal an." Mein Mann staunte nicht schlecht, denn sie waren mit dem Auto eher da als ich. Schnell wurden die Maße für unseren Anbau genommen und schon wenige Tage später hatten wir die Bauzeichnung mit dem grünen Stempel. Der Herbst hatte noch nicht lange Einzug gehalten, da wurde es bitterkalt. Unser kleiner Thermoluxofen schaffte es natürlich nicht, das Haus annähernd gemütlich aufzuheizen.

In unserer Stadt gab es lediglich eine Firma für Heizungs- und Rohrleitungsbau. Da begann das gleiche Spiel. Auch der Geschäftsführer war früher oft auf dem Sportplatz, und ich machte mich auf den Weg zu ihm in diesen Betrieb.

„Na, das ist ja ein Wunder, die Frau vom Torjäger in unseren Hallen", empfing mich der Chef galant und äußerst freundlich. „Wie geht's denn dem Sportsmann, was macht er noch so?", wurde ich gefragt.

Und ich erzählte so kleine Storys vom Sportplatz, und wir kamen auch auf die Bundesliga zu sprechen.

Wir diskutierten eine Weile, bis er dann zu mir sagte: „Na, du bist doch nicht zu mir gekommen um über Fußball zu sprechen, was brauchst du denn?"

Ich meinte grinsend zu ihm: „Wir können ja mal durch die Lagerhallen gehen, dann zeige ich dir, was ich brauche!"

„Oh, so viel?", meinte er staunend.

„Ja", antwortete ich, „eine komplette Heizung für ein Einfamilienhaus."

Ob wir schon eine Zeichnung für die Heizung hätten, wurde ich gefragt und die Genehmigung vom Rat des Kreises.

Hilflos verneinte ich das und er stöhnte nur noch.

„Ich weiß nicht, ob ihr auch baut und Terrazzo braucht", warf ich so nebenbei ein, „ansonsten habe ich D-Mark zu bieten."

Er verschwand sofort und kam mit einem Ingenieur wieder.

„Für hundert D-Mark würde ich die Zeichnung machen", sagte er zu mir.

„Gut, ist O. K., und wie geht es dann weiter?", wollte ich wissen.

„Wann soll der Einbau denn losgehen?", fragend blickte er mich an.

„Na vorgestern", meinte ich so dahin. Kopfschüttelnd verließ er abermals das Büro und kam mit einem Monteur wieder. Wir einigten uns auf Anfang der nächsten Woche mit einer Zielprämie von fünfhundert Ostmark extra, wenn sie durchziehen. Du weißt nicht, was ich damit meine? Na, halt länger arbeiten und hintereinander weg. Ich versprach eine gute Beköstigung und alles war in Butter.

Schon vor einigen Tagen hatten wir den Heizkessel besorgen können, auch wieder mit der Zusage, dass einer der Chefs des Heizkesselwerkes Sonderanfertigungen aus Terrazzo und Marmor bekommt und warteten nun noch auf die Lieferungszusage der Heizkörper. Die Postkarte kam vom Industriehafen Magdeburg, dass wir mit der Lieferung im zweiten Quartal im nächsten Jahr dran wären. Entgeistert starrte ich auf die Karte. „Das kann doch nicht wahr sein, sollen wir hier im Winter erfrieren?", schimpfte ich. Kurzentschlossen nahm ich einen Tag Urlaub und fuhr am nächsten Tag in den Industriehafen. In der Geldbörse ein paar hundert von der bei DDR-Bürgern heiß begehrten D-Mark.

Nachdem ich das passende Büro gefunden hatte, jammerte ich den Frauen da etwas vor. Kleine Kinder in einem ungeheizten Haus, ich Rheumatiker und so weiter.

Da meinte die eine Kollegin zu mir: „Es sind gerade Waggons voll mit Heizkörpern eingetroffen, aber es fehlen Leute zum Abladen. Wenn Sie in den nächsten zwei Stunden einen LKW und ein paar Männer zum Be- und Entladen haben, dann können Sie die Heizkörper gleich mitnehmen."

Oh, jetzt war Eile geboten!

„Darf ich mal?" Mit diesen Worten griff ich zu ihrem Telefon und rief den Chef meines Mannes an, der sagte auch sofort zu.

„In einer Stunde ist der LKW mit ein paar Leuten hier", verkündete ich triumphierend.

Alle lachten und ich bedankte mich, schnappte den Zettel mit dem Auftrag und war draußen.

Bis zur Ankunft des LKW spazierte ich ein wenig auf dem Gelände umher. Neugierig betrat ich so eine große Halle, die wie eine liegende halbe Flasche aussah. Oh, da staunte ich nicht schlecht. Da lagen sie in den schönsten Pastellfarben die heiß begehrten Sachen! Was ich meine, möchtest du wissen? Badezimmergarnituren in Form von Wannen, Kloschüsseln und Waschbecken! Die gab es nirgendwo im freien Handel. Wir hatten schon gebrauchte Artikel in Grauweiß und nicht in hübschen Pastellfarben jemandem abgekauft. Und da strahlten sie mich in feinen sauberen Farben an und schrien förmlich: „Nimm mich mit, nimm mich mit".

Schnurstracks rannte ich, ja ich rannte zurück zu den Büros und hatte Glück, dass mir der Dispatcher über den Weg lief. Ohne viel zu überlegen bot ich die gute D-Mark an, wenn ich eine Garnitur kaufen könnte. Sehnsüchtig blickte er auf den Schein und sagte ganz ehrlich, dass er ihn sehr gern nehmen würde, aber dass diese ganzen Sachen für die Interhotels limitiert sind. Ja, da siehst du mal, auch für D-Mark konnte man nicht alles bekommen. Der hatte einfach zu viel Schiss und wollte seinen Posten behalten. Unverrichteter Dinge zog ich enttäuscht ab, aber ich hatte ja meine Heizkörper, und die waren im Moment viel wichtiger als beigefarbene Badeutensilien! So, nun hatten wir für die Heizung alles beisammen und es konnte losgehen.

Die Monteure kamen von einem Dorf in der Nähe mit „Würstchenwärmer". Einfache Mopeds waren das, fast wie ein Fahrrad mit Motor. Und es wurde immer kälter. Wir hatten bald 16 Grad Minus und leichten Schneefall. Bevor mein Mann zur Arbeit ging, heizte er den einzigen Ofen im Haus, sodass das Ofenrohr glühte. Die Männer kamen und sahen aus wie Schneemänner, von oben bis unten mit Raureif bedeckt, die Bärte vereist und die Gesichter blau vor Kälte. Abwechselnd saßen sie auf dem Ofen und hielten die heißen Tee- oder Kaffeetassen in beiden Händen. Alle Fenster standen sperrangelweit auf. Überall lagen rote und blaue Schläuche. Damals waren es noch Eisenrohre, die zusammengeschweißt wurden. Ich hatte zum Kochen nur noch eine elektrische Kochplatte zur Verfügung, und manchmal stand ich auf dem Hof und habe gekocht, gerade da wo, noch eine Steckdose frei war und auch noch funktionierte. Ja natürlich habe ich jämmerlich gefroren. Mit dicker Jacke und Kopftuch stand ich am Herd. Manchmal bin ich zu meiner Nachbarin gegangen, um mich aufzuwärmen. Den Tag, an dem die Heizung in Betrieb genommen wurde, natürlich mit einem guten Schluck Doppelkorn für alle Beteiligten, werde ich nie vergessen. Total erkältet wartete ich darauf, dass die Heizkörper warm wurden. Und sie wurden es... Das Gefühl werde ich nie vergessen, wie es war, als das Haus sich so langsam aufwärmte. Lachend liefen mir die Tränen wie kleine Sturzbäche herunter. Dann noch das allererste Bad im eigenen Haus, in den Wohnungen vorher hatten wir nur kaltes Wasser, mein Gott war das schön!

Danach ging alles ziemlich schnell voran. Die Firma, in der mein Mann arbeitete, hieß ja Dach und Beton. So deckte ein Ausbilder mit seinen Lehrlingen das Dach, neue Fenster wurden mithilfe der D-Mark auch besorgt. Stell dir vor, für 10 D-Mark konnten wir einen LKW voll beladen mit Kies bekommen. Durch die Kontakte konnten wir dann auch Elektriker und Installateure bekommen. Natürlich wurde oft der Lohn in D-Mark oder Terrazzo bezahlt. Aber das war so in Ordnung.

Es war ein Geben und Nehmen. Alles bei guter Laune oder einem Kaffee bzw. einem Bier. Später bauten die Jungs mit ihren Freunden noch einen Pool im Garten. Sieben mal sieben Meter sollte er werden. Wir vergaßen zu berechnen, dass, wenn man die Erde an den Seiten auf schippt, es konisch wird und so waren es dann neun mal neun Meter! Mit Geduld und Beziehungen wurde das Haus nach und nach wohnlich. Eine Terrasse wurde angebaut und eine Garage. Zuerst war da der super teure und privat zusammengekaufte „Wartburg" drin und später ein Golf.

Es war ein schönes Wohnen, wir empfanden es als puren Luxus in einem guten Umfeld. Nein, nicht mit den rot angehauchten Nachbarn, denen waren wir ein Dorn im Auge, aber der Fußballverein gab uns die Möglichkeit für ein geselliges unpolitisches Leben. Die Cliquen um unsere Söhne waren oft bei uns und auch dieser Umgang war für mich lebensbejahend und interessant. Dass es auch ein tolles Vertrauensverhältnis war, begriff ich erst später. Mit ihren kleinen, für die Teenies ja in dem Moment großen Sorgen, mit ihrem Liebeskummer oder anderen Problemen, kamen sie oft und gern zu mir. Übrigens kommen etliche von den damaligen Jugendlichen auch heute noch.

Rund um den Fußball

Also, du fragst nach dem Fußball und was er für eine Bedeutung für unser familiäres Leben, speziell für mich hatte? Eine alles bestimmende Bedeutung auf jeden Fall. Zuerst kam immer der Fußball, dann noch einmal der Fußball, dann eine Weile nichts und dann vielleicht wir. Das war nicht einfach, hatte ich doch niemanden mehr, der mir irgendwie behilflich sein konnte. Eigentlich war ich familiär gesehen, allein.

Also wenn Heimspiele waren, zog ich meine Kinder an und zottelte zum Fußballplatz. Zur damaligen Zeit eine gute Sache. Da die Wohnraumverhältnisse nicht gerade ideal waren, konnten die Jungs sich wenigstens dort austoben. Nun ja, ein Spiel dauert neunzig Minuten, mit allem Drumherum sagen wir mal, drei Stunden. Daraus wurden dann aber so zehn bis zwölf Stunden. Das Spiel musste ja ausgewertet werden, wurde es verloren, war meistens der Schiedsrichter Schuld und man musste den Frust ersäufen, wurde es gewonnen, war genug Grund vorhanden, den Sieg zu feiern. Also waren wir, die Jungs und ich, da weniger erwünscht. Kleine Kinder sind da ja ein wenig hinderlich. Auch heute ärgere ich mich noch über mich. Ich hätte die Kinder nehmen und uns irgendwo einen schönen Tag machen sollen. Aber nein, in der Hoffnung, der Herr Papa kommt mit nach Hause, was nur unregelmäßig der Fall war, harrte ich da aus. Ja, so blöde war ich.

Klar gab es andauernd Streit deswegen. Manchmal gibt es den heute noch. Wenn es Auswärtsspiele waren, hatte ich zwei Chancen, die erste war die Sportschau, da war er manchmal zurück, und wenn nicht, die zweite Chance, das Sportstudio. Traf er auch da nicht ein, war die Nacht gelaufen. Ein Glück war, dass ich sehr sportinteressiert war und bin, und wenn du die Frau eines Fußballers bist, hast du nur zwei Möglichkeiten. Entweder du sitzt zu Hause und strickst – oder du bist mit dabei. Ich entschied mich zum Leidwesen meines Mannes für die zweite Variante. Da wurden die Kinderwagen eben mal auf den Elfmeterpunkt geschoben, damit die Kleinen in Ruhe schlafen konnten und einige der Frauen und ich feierten eben mit. Als sie dann laufen konnten, die kleinen Biester, war es schon schwieriger, da mussten sie ja pünktlich in ihr Bettchen. Wenn ich zum Papa sagte, „komm, wir müssen heim", fragte er die Jungs, „na wollt ihr heim und schlafen?" Ist doch klar, dass die kleinen Bengel prompt NEIN sagten. War doch auch zu schön bei Limonade und Bockwurst noch herumtoben zu dürfen, wenn andere Kinder längst im Bett waren. Und Papa bestellte noch eine Runde Bier. Man hat damals zehn Bier für fünf Ostmark bekommen. Ob es geschmeckt hat? Ja, aber sicher und besoffen ist man auch davon geworden. Hast du schon einmal erlebt, wie lange sich ein Mann an einem Bier festhalten kann? Nein? Na, dann geh mal in ein Sportlerheim!!

Doch, na klar, habe ich mich da auch wohlgefühlt. Es entstehen ja auch Freundschaften durch den Sport. Und da ich mich nicht abschütteln ließ wie eine lästige Fliege, fing ich an, parallel zu meinem Mann mir ein Umfeld aufzubauen. Die Kinder wurden ja auch größer und spielten selbst Fußball, auch da war ich oft mit dabei. Irgendwann fing ich an, mich an den Wochenenden auf den Sportplatz zu freuen.

Oft war nach dem Spiel ein Tanzabend, und da ich ziemlich lustig sein konnte, amüsierte ich mich, so gut es ging. Da mein Mann ein ausgesprochener Tanzmuffel war, schwirrte ich den ganzen Abend allein umher. Ab und zu erwischte mich sein wachsames Auge, denn auf einmal wurde er auch eifersüchtig. Nun, da die Jungs selbstständig waren, konnte ich auch ein wenig an mich denken und musste nicht wegen der Kinder zu Hause bleiben.

Eine kurze Geschichte dazu. An einem solchen Abend standen wir mal wieder alle an der Theke. Der Torwart konnte sehr gut tanzen, hatte aber einen Heidenrespekt vor meinem Mann. Schüchtern bat er um die Erlaubnis, mit mir tanzen zu dürfen.

„Mach mal", bekam er zur Antwort. Als die drei obligatorischen Tanzrunden vorbei waren, brachte er mich zur Theke zurück.

Als ich meinen Mann ansprach, meinte er genervt zum Torwart: „Hier haste zwanzig Mark und hier haste meine Frau, nun lasst mich mal eine Stunde zufrieden!"

Verblüfft und irritiert sah ihn der Torwart an. Ich zog ihn weg und bestellte uns an der Bar erst einmal etwas zu trinken. Dann segelten wir wieder über die Tanzfläche. Er sah andauernd nervös in Richtung Theke. Als die Kapelle aufhörte zu spielen, sah ich auf die Uhr.

„Hey, du kannst mich noch nicht zurückbringen, es sind noch

zwanzig Minuten übrig. Was nun, immerhin hat mein Mann mich ja verkauft."

Er geriet in Panik, der junge Torwart, allerdings war ich da auch noch sehr jung. Er wusste nicht so recht, was er machen sollte.

Ich sah ihn herausfordernd an und meinte: „Na, was ist denn nun?"

„Nein, nein, das kann ich nicht machen", stieß er hervor, „das überlebe ich nicht."

Lachend zog ich ihn zur Theke.

„Hallo", rief ich in Richtung meines Mannes, „du, der will mich nicht, da musste noch 'nen Zwanziger draufpacken …!"

Ein Gelächter empfing mich und mein armer junger Torwart wurde rot bis unter die Haarwurzeln und stotterte sich einen ab, dass das nicht in seiner Absicht lag, etc. …

Toller Einstand

Wir waren gerade erst wenige Monate wieder in der Heimatstadt meines Mannes zurück und hatten einige Querelen gut überstanden, als der erste Vereinstag mit abendlichem Tanz im Raume stand. Zum Freundschaftsspiel, anlässlich der Feierlichkeiten, wurde eine Mannschaft aus Thüringen eingeladen. Unter den Spielern war ein ehemaliger Schulfreund einer Spielerfrau aus unserem Verein. Einer der Besten, aber durch und durch ein Hallodri.

Sie stand draußen, eng umschlungen mit ihrem Schulfreund, knutschte ein bisschen und heulte sich wohl bei ihm aus.

Mein Mann sah das und hatte nichts Besseres zu tun, als ihrem Mann den Tipp zu geben: „Geh mal raus, guck mal, was deine Frau macht!"

Gerade er, auch kein Kind von Traurigkeit, aber was die Moralanforderungen an die Frauen betrifft, ziemlich eindeutig. Auch war ihr Mann einer seiner besten Freunde, seit sie als Knirpse Fußball zusammen spielten. Es kam, was kommen musste! Der Freund stürmte natürlich raus und rrritsch, knallte er seiner Frau eine und dem Schulfreund auch. Eine Unruhe entstand und jeder wollte raus, um zu sehen, was da los war.

Da war sie in den Augen zu lesen, die Gier, die Gier nach dem Außergewöhnlichen, nach zwischenmenschlichen Szenen und

Konflikten. Ach, man fühlte sich gut dabei, lenkte es doch von den eigenen Schwachstellen ab. Die eigene Unzufriedenheit konnte man so ein bisschen verstecken, wenn man zusehen konnte, wie andere im Begriff waren, alles zu zerstören. Sensationslüstern war das, ja, so kann man das nennen.

Auch ich war da nicht ganz frei von, also stand ich auf einmal auf der Eingangstreppe ganz oben, unter mir eine affektierte und aufgedonnerte, mit einer Hochsteckfrisur versehende, sich für die Schönste haltende Frau von einem unserer Spieler.

Die Abgewatschte kam heulend angelaufen und die Schönste unter mir rief ihr zu: „Von so einem, wie DEM (meinem Mann), brauchst du dir überhaupt nichts sagen zu lassen."

Halloo? Was war das denn, eine Beleidigung in unsere Richtung? Flugs reagierte ich, griff ihr in die Haare und hatte das künstliche Haarteil in der Hand. Amüsiert nahm – nicht nur ich – zur Kenntnis, dass es nun mit der Schönheit vorbei war. Die langen schwarzen Haare hingen, noch halb aufgesteckt, wirr um ihren Kopf.

Sie schrie auf und zeterte los: „Gib mir sofort das Teil zurück."

Was ich nicht tat, ich schmiss es hoch in einen Baum. Der, wie gemacht für diese Reaktion, vor mir stand. Da kam ihr Mann und wollte ihr beistehen, und mein Mann mir. Das wollte ich nun absolut nicht, dass die sich noch wegen dieser blöden Szene prügeln. Im Eingangsbereich der Gaststätte stand ein großer Kleiderständer, viereckig und unten mit einem Metallring stabilisiert, da stand ich und wollte Frieden stiften. Was nicht so richtig gelang. Vor Verzweiflung stiegen mir die Tränen in die Augen. Gerade in dem Moment stand die, die diesen Streit mit ihrem Fremdrumgeknutsche ausgelöst hatte, vor mir. Sie wollte etwas sagen, auch aufgebracht wie ich. Doch dazu kam es nicht. Ich holte aus und klatschte ihr dermaßen eine, dass sie verdutzt in dem Ring des Kleiderständers landete. Sie hatte so einen Sommermantel an, der sich aufplusterte und dem Ganzen eine äußerst komische Variante verlieh. O mein Gott, dachte ich erschrocken, jetzt geht's richtig los. Aber nein, nichts geschah. Erst war es ziemlich ruhig und alle guckten verdattert zu dem unfreiwilligen Still-Leben, das sich ihnen formvollendet darbot. Dann fing einer an zu lachen und nach und nach lachten alle mit. Die Haarteillose natürlich nicht, die war wütend davongestapft. Einer der Sportsfreunde zog mich mit sich auf die Tanzfläche.

„Komm Kleene", meinte er. „Komm tanzen, du machst sonst noch mehr Mist", flüsterte er lachend, hielt mich fest und tanzte mit mir übers Parkett. Nach und nach beruhigte sich die Situation und ich stellte fest, dass die Stimmung prächtig war. Alle grinsten mich an und später hatte ich etliche Gläser Sekt vor mir stehen.

Siehst du, auch so macht man sich unter Männern Freunde! Kämpfe um die Ehre deines Partners, klatsche einer anderen Frau eine und du rettest die Situation! Auf jeden Fall ist mein Einstand noch lange das Thema auf den Sportplätzen gewesen, und ich gehörte fortan wohl eher zu den Männern! Ja, mit den Spielerfrauen, das ging auch so nicht. Ich war nicht wie sie und ich wollte so auch nicht sein. Mit den Gesprächen über Kochen, obwohl ich das ziemlich gut konnte, Backen, Mode, usw., konnte ich nichts anfangen. Dafür kannte ich mich recht gut in der von allen Männern heimlich und für manche Frau unheimlich geliebten Bundesliga aus. Diese Art kam mir irgendwie bekannt vor.

Warum, willst du wissen? Ja, ich wollte doch immer ein Junge sein, später war ich Mitglied und Maskottchen eines Boxvereins. Die Boxer waren meine Kumpels, die mich auch immer beschützten. Eines habe ich schon sehr früh begriffen, willst du in einer von Testosteron gesteuerten Clique als Mädchen dazu gehören, darfst du dich mit keinem von den Jungs einlassen. Dann bist du sofort out. Kumpel musst du sein, die Östrogene in Zaum halten, alles mitmachen und schweigen. Vor allem über ihre amourösen Abenteuer, von denen sie gern untereinander nicht gerade in Hochachtung vor den weiblichen Teilnehmerinnen ausgiebig sprachen. Wenn du dann noch einen Stiefel vertragen kannst, bist du mit dabei.

Du, ich möchte diese Zeit, die Zeit auf den Sportplätzen, heute nicht mehr missen. Viele Erinnerungen kommen einem da wieder auf. Damals fand ich da etliche Situationen überhaupt nicht lustig, aber heute kann ich mich darüber amüsieren. Ob ich da noch ein wenig mehr erzählen kann? Ja, die stubenreinen Sachen auf jeden Fall.

Einmal stand ich mit einer anderen Spielerfrau vor dem Sportheim, und wir warteten auf unsere Männer, die noch beim Duschen waren. Unbewusst hielten wir uns vor den Kellerfenstern auf. Dahinter waren die Duschräume. Eines der Fenster stand auf.

„Oh", meinte ich, „guck mal, da kannst nackige Männer sehen. Aber eben nur von der Hüfte abwärts."

Sie guckte und antwortete: „Na, Turbine (so hieß der Verein, in dem unsere Männer spielten) nein, Turbine ist es nicht." Sie überlegte kurz, wurde rot und wir kicherten noch lange darüber.

Torwart mit grüner Turnhose

Du, einmal habe sogar ich die rote Karte bekommen. Nein, ich habe nicht gespielt, als Zuschauer! Mein Mann war Spielertrainer, das heißt, er hat eine Mannschaft trainiert und auch mitgespielt. Es war in der Kreisklasse, also mehr oder weniger der breite Massensport, und es war ein Pokalendspiel.

Mit noch zwei Spielerfrauen stellte ich mich direkt hinter den Torwart der gegnerischen Mannschaft ans Geländer. Dieses befand sich lediglich so zwei Meter hinter dem Tor. Der Torwart, ein gedrungener Typ mit maisgelben strähnigen Haaren, grüner Turnhose über wachsbleichen ausgeprägten O-Beinen, lud mit seiner Erscheinung geradezu zum Lästern ein. Für die Turnhose konnte er nichts, es gab bei uns nur weiße, rote, blaue und schwarze und natürlich grüne Exemplare. Schön eng und kurz, wie es damals halt so war. Die Erscheinung war einem Comic ähnlich und löste bei mir den Drang zum Provozieren aus.

„Mädels", sagte ich nicht überhörbar, „Mädels, schaut doch mal, da hat der Torwart doch vergessen, einen engen Slip unter die Turnhose zu ziehen." Dabei zwinkerte ich den Mädels zu. Sie stiegen natürlich sofort mit ein und zwitscherten los.

„Ja, genau, guck doch mal, da sieht man was. Da da da ... ohhh ja, jetzt sehe ich es auch." Und so weiter in diesem Tenor. Und zack, wollte der arme Junge die Beine zusammenkneifen, ging aber nicht, es waren ja O-Beine. Er war so damit beschäftigt, sich so zu bewegen, dass man nichts sah und bums, das erste Tor fiel. Da wir pausenlos kicherten, bums das zweite Tor. Wir sahen natürlich überhaupt nichts, alles war perfekt an Ort und Stelle gelagert. Aber das konnte er nicht wissen. Zur Halbzeit kam der Schiedsrichter auf mich zu. Frau Sowieso, so geht das aber nicht, und er zeigte mir grinsend die Rote Karte.

„Nee, nee, nee", konterte ich, „wer mich vom Sportplatz bringen will, also mein Lieber, der muss noch geboren werden!"

„Na gut", lenkte der Schiri ein, „aber ich möchte euch an der Mittellinie stehen seh'n. Sonst gibt's Stadionverbot." Wir hatten ja genug erreicht und trollten uns in Richtung Mittellinie.

Als die Mannschaften wieder aufliefen, erklang von uns und denen, die alles mitbekommen hatten, lautes Gelächter. Er, der Torwart, hatte nun eine lange Hose angezogen. Der Schiri befand sich in meiner Nähe, als ich ihm fröhlich zurief: „Jetzt können wir uns doch wieder hinter dem Tor aufhalten?"

„Nein", lachte er zurück, „wer weiß, was euch dann einfällt. Nix da, bleibt mal schön an der Mittellinie stehen." Taten wir auch und unsere Mannschaft gewann mit drei zu null.

Es war gemein von uns, ja, ich weiß, aber es war eine Gaudi! Hinterher hab ich mit dem Torwart in trauter Gemeinschaft noch ein, zwei Bier getrunken und alles war gut. Solche Geschichten machten natürlich ihre Runde und gaben immer genug Gesprächsstoff.

Männer wie „eh und je"

Als mein Mann dann selber Trainer war, er trainierte eine Fußballmannschaft in der Kreisklasse, wurden auch viele Freundschaftsspiele ausgetragen. Oft spielte er auch noch selbst mit. Wir hatten für ein Wochenende eine Mannschaft aus Thüringen eingeladen. Am Nachmittag fand das Spiel statt. Danach wurde Quartier gemacht, das heißt, es nahmen fast alle von unseren Spielern einen der anderen Mannschaft mit nach Hause. Wir nicht, da wir das Abendessen und alles Drumherum organisierten. Also wusste auch jeder von den Männern aus Thüringen, dass ich vom Verein war und zu wem ich gehörte. Natürlich hatte ich auch meinen Ehering an. Nach dem Essen wurde gefeiert und getanzt. Sogar eine kleine Bar konnten wir nutzen, wo es die seltenen und teuren Getränke, wie Sekt mit Ananas oder Whisky gab. Einer der Spieler aus Thüringen holte mich ein paar Mal zum Tanzen, was er übrigens gut konnte. Mir war schon beim letzten Tanz unangenehm, wie er mich an sich drückte.

Gerade wollte ich etwas dazu sagen, als er mir ins Ohr flüsterte: „Was hältst du davon", säuselte er, „wir holen zwei, drei Flaschen Sekt und du kommst mit in unsere Kabine?"

Mir blieb ja fast die Luft weg! Aber nicht lange.

Ich antwortete ihm: „Ja klar, das können wir machen. Komm, wir gehen zur Bar und holen den Sekt." In der Bar waren mein Mann und etliche Spieler von beiden Mannschaften, auch deren Betreuer. Ich zwinkerte meinem Mann zu und gab ihm per Handbewegung ein Zeichen, dass er sich heraushalten soll.

„Du", meinte ich zu meinem Verehrer, „vorher können wir doch noch hier etwas trinken. Ich hab' so einen Brand …!"

„Ja", sehr gern meinte er, „was möchtest du denn?"

„Warte mal", erwiderte ich, „ich bestelle selbst." Also wandte ich mich der Barfrau zu und bestellte erst einmal vier Flaschen Sekt zum Mitnehmen. Dazu muss ich dir sagen, die waren an der Bar sehr teuer. Ich glaube so 36 Mark pro Flasche.

„Pack mal noch eine Flasche Cognac und Duett Zigaretten dazu", meinte ich ziemlich laut. Er guckte mich erstaunt an, sagte aber nichts.

„Kannst du auch gleich von ihm abkassieren", sagte ich, und die Frau tat das auch. Da hat er schon ganz schön geschluckt.

„Mensch, du bist ja eine ganz Wilde", flüsterte er mir ins Ohr.

„Ja", meinte ich, „was denkst du denn, wenn schon – denn schon! Du willst doch was erleben für dein Geld, oder bekommst du jetzt kalte Füße?"

„Nein, nein, ganz und gar nicht", flüsterte er, „ich bin schon gespannt auf dich."

„Das kannst du auch, dir wird noch Hören und Sehen vergehen, glaub mir", flüsterte ich zurück, „die Nacht wirst du so schnell nicht vergessen."

„Aber jetzt trinken wir noch etwas, ja?"

„Na schön, dann bestell mal."

Und ich bestellte: „Bitte drei Mal Sekt mit Ananas".

„Drei?" Verblüfft schaute er mich an.

„Ja, richtig. Eins für dich, eins für mich und eins … für meinen Mann!"

Du, das Gesicht hättest du sehen müssen. Alle Farbe war da raus. Erst lachten die Anwesenden, aber dann wurde es ernst.

Zu meinem Mann sagte ich nur: „Du, du hältst dich da raus."

„Das kannst du mit mir nicht machen", schrie der Möchtegernkasanova wütend.

„Und ob ich das kann …! Und du siehst doch, dass ich das kann. Meinst du, ich würde mit dir in die Kabine gehen? Was bildest du dir überhaupt ein? Weißt du, so schön bist du auch nicht. Und unter

Sportsfreunden macht man so etwas überhaupt nicht. Aber viel Anstand besitzt du wohl nicht."

Da erschien eine große Hand über unseren Köpfen und diese Hand nahm den Typ an dem Kragen hoch. Es war ein Mann aus seinem Verein, ein Riesenkerl mit Pranken, Du, so etwas haste noch nicht gesehen. Er hob ihn hoch wie einen Sack voll Federn und schmiss ihn raus. Ja, so richtig auf die Straße. Höhnisches Gelächter begleitete ihn und alle klatschten Beifall.

Was wir noch gemacht haben? Na, die Flaschen Sekt geleert und uns noch den ganzen Abend über die Geschichte amüsiert. Ob ich ihn nochmals gesehen habe? Nein, er war weg. Auch zum Frühschoppen am nächsten Tag kam er nicht. Bei weiteren Spielen, auch dort in Thüringen, war er nie wieder dabei. Pech gehabt, kann ich da nur sagen.

Böse Sieben

Kennst du das Würfelspiel, die „Böse Sieben"? Nein, kennst du nicht, na, dann hast du was versäumt. Oder auch nicht. Je nachdem, was du würfelst. Ich lernte sie kennen, die böse Sieben – und sie war böse, das kann ich dir sagen, sehr böse. Mein Mann spielte inzwischen bei den „Alten Herren", womit ich ihn immer aufzog.

Am Stammtisch in geselliger Bierrunde meinte ich so dahin: „Also wisst ihr Jungs, bisher war es ja richtig gut, da hatte ich einen jungen Mann im Bett. Aber jetzt? Einen alten Herrn!" So in diesem Tenor wurde halt gelästert.

Es wurde ein Spiel ausgemacht, gegen die alten Herren vom 1. FC Magdeburg. Da waren Namen dabei, die jeder Fan kannte. Die Mannschaft der „Alten Herren", in der mein Mann spielte, kam größtenteils aus der Kreisklasse. Die Magdeburger hatten immerhin den „Torschützen des Jahrhunderts" (Tor in der WM 1974 gegen die BRD) in ihren Reihen und etliche Spieler, die internationale Erfahrungen hatten. Der FIM spielte bis 1991 in der höchsten Spielklasse, in der DDR-Oberliga. Der Klub war dreimal Meister und holte siebenmal den FDGB-Pokal. Den größten Erfolg der Vereinsgeschichte hatte der 1. FC Magdeburg 1974. Als einzige Mannschaft der DDR gewann der Klub einen Europapokal, den

Europapokal der Pokalsieger. Also eine Mannschaft mit Spielern, die in der Bundesliga gut und gern ihr Geld hätten verdienen können? Ja, da hast du recht. Ihnen ging es hier nicht schlecht, sie hatten schon ihre Privilegien. Aber sie mussten linientreu sein und bereit, ob mit oder ohne Überzeugung, sich den Auflagen des Politbüros zu stellen. Da gab es schon knallharte Richtlinien, wie sie sich bei Kontakten mit Menschen aus dem westlichen Ausland benehmen mussten. Auch für sie galt letztendlich das verbriefte Verbot der DDR-Regierung bezüglich der Kontaktaufnahme mit Bürgern aus dem Westen. Verrückt? Ja, aber damals die Realität. Geschickt wurden sie auch so gesteuert, dass jeder dem anderen misstraute. Eine unachtsame Bemerkung hätte das Aus der Karriere bedeuten können.

So mancher hegte wohl seine Träume in Richtung Bundesliga, aber um überhaupt in der Oberliga der DDR spielen zu dürfen, verrieten sie wahrscheinlich ihre Ideale und heulten nicht nur mit den Wölfen, sondern auch mit dem kleinsten Dackel. Es war schon etwas Besonderes, diese Mannschaft, wenn jetzt auch „Alte Herren", für ein Freundschaftsspiel zu bekommen. Alles war vorbereitet und es wurde ein sehr spannendes Spiel. Mein Mann schoss da noch einmal Traumtore und unsere „Alten" gewannen das Spiel. Anschließend gab es ein gemeinsames Essen. Da die Magdeburger ohne Frauen angereist waren, wurden auch wir, vier Spielerfrauen waren dabei, ausgeschlossen. Das missfiel uns natürlich. Die beiden Mannschaften belegten den Saal der einzigen Dorfkneipe, und wir ließen uns am Stammtisch der Kneipe nieder. Zu dieser Zeit war der Apfelkorn das beliebteste Getränk. Es dauerte nicht lange und der Stammtisch war voll besetzt. Eine der Frauen machte den Vorschlag, die „Böse Sieben" zu würfeln.

„Na, erklär uns doch mal, wie das geht", sagte ich neugierig.

„Passt auf", meinte sie, „wer anfängt, bestellt erst einmal hundert Gramm Schnaps. Egal was, das kann er entscheiden. Das Glas steht in der Mitte. Wer die erste Sieben würfelt, trinkt an. Wer die zweite Sieben würfelt, trinkt und wer die dritte Sieben würfelt, muss austrinken und die nächsten hundert Gramm bestellen."

Du meinst, das hört sich nicht so schlimm an? Na, da hast du es noch nicht erlebt. Wenn die ersten beiden Teilnehmer nur nippen, muss der dritte das Glas austrinken. Wenn du Pech hattest, und hast schon zwei Mal hintereinander verloren, hast du in kürzester Zeit schon fast zweihundert Gramm Schnaps intus. Da ja jeder bestellen kann, was er will, trinkst du den Fusel auch noch durcheinander. Das haut dich um, das kannst du mir glauben. Nach einigen Runden waren wir schon ziemlich hinüber. Als die Saaltür geöffnet wurde, kamen die Spieler beider Mannschaften in die Kneipe. Du weißt sicher, an der Theke schmeckt das Bier besser und man kann sich zwangloser miteinander unterhalten.

Irgendwann saß einer der bekannten Magdeburger Fußballer bei uns am Stammtisch und würfelte mit. Er hatte eine Pechsträhne und musste etliche große Gläser Schnaps trinken und auch bezahlen. Da war sein Budget für den Abend erschöpft und er war pleite.

„Hey", meinte eine der Frauen, „wir können doch um deine Cordhose spielen, ist doch 'ne Westhose."

„Ja klar", rief er, „ich setze meine Hose." Und nach den nächsten drei Runden hatte er auch die verloren. Da machten die Frauen Jagd auf ihn und wollten ihm die Hose ausziehen. Kreischend und quiekend, durch den Schnaps ziemlich enthemmt, versuchten sie, ihn einzufangen, um ihn zu entkleiden. Du fragst, ob ich da mitgemacht habe? Nein, der Spaß ging mir ein wenig zu weit. Ich warnte meinen Mann und der machte dem Spuk dann ein Ende.

Es wurde noch ein gemütlicher, aber feuchtfröhlicher Abend, und man erzählt sich, dass man die Magdeburger Spieler noch in den frühen Morgenstunden ziellos in unserer Stadt herumirren sah. Ich wusste nur eines ... Nie wieder die „Böse Sieben" würfeln.

Da kannst du mehr als nur deine Hose verlieren.

So war's

Du fragst mich, ob wir ein fröhliches selbstständiges Leben führen konnten? Ja, wir haben es uns genommen. Es kann niemand stets und ständig unter Druck leben. Jeder Mensch hat ein Bedürfnis nach Geselligkeit und Unternehmungen. Das galt natürlich auch für uns. Vielleicht war die Geselligkeit weitaus besser als heute, weil wir auf Tod und Teufel aufeinander angewiesen waren. Es bildeten sich Zweckgemeinschaften, mehr als Freundschaften. Kommt darauf an, was man darunter versteht. Heute neigt man gern dazu, alle und jeden gleich als Freund zu titulieren. Nein, das mag ich nicht. Wenn du in einem, dir vorgesetzten Umfeld lebst, dann weißt du auch, was du wem sagen kannst und wann du lieber die Klappe halten solltest. Das beeinträchtigt dich zwar, aber nach einer gewissen Zeit stellst du dich automatisch auf diese Leute ein. Und glaub mir, die haben auch mal gern gefeiert und hingen manchmal ihre vermeintlichen Ideale mit der Jacke an den Garderobenhaken. Sie wechselten, ähnlich dem Chamäleon, schon mal gern ihre Farben von Hellrosa bis Dunkelrot. Kürzlich stand in der Zeitung, dass allein im Bezirksrat Magdeburg 200 IM (inoffizieller Mitarbeiter der Stasi) tätig waren. Na meinst du, die haben nicht trotz ihrer Horch- und Guck-Tätigkeit gern ganz normal im Umfeld gelebt, haben nicht geliebt und gefeiert? Wir hatten ein Gespür für solche Leute entwickelt und uns dann eben zurückgehalten. So manche Spitze flog schon manchmal in deren Richtung und unser Bauchgefühl sagte uns, mit wem wir das machen konnten und mit wem nicht.

    Der Sport an sich hatte eine sehr wichtige Bedeutung. Das Wissen um die Sehnsüchte der Menschen nach Freiheit und Reisen ließ auch eine Diktatur nicht unbeachtet. Das überließ man nicht dem freien Lauf, das wurde systematisch gesteuert. Vom Politbüro. Herr Mielke bestimmte, oder wollte bestimmen, was wir aßen, was wir taten und wie wir leben sollten. Auch welcher Sport auf der Liste ganz oben stand und welcher sich dazu eignete, die Erfolge als Ergebnis sozialistischer Körperkultur zu verkaufen. Welche Lieder gesungen wurden, welcher Haarschnitt getragen werden sollte, wie breit der Schlag bei Armeehosen zu sein hatte, welche Tanzarten gespielt werden durften, usw. Einfach alles wurde fremdbestimmt. Weißt du, dass es in den letzten Jahren der DDR-Existenz ein Lied gab, das bei Parteitagen, etc., die alten Genossen inbrünstig sangen? Nein, das ist dir nicht bekannt? Du, da standen sie im gemeinsamen Schulterschluss und sangen aus tiefster Seele: „Die Partei, die Partei hat immer recht...!" Abnormaler geht's doch wohl nicht? Da wusste dann jeder, Widerspruch war nicht erwünscht! Die Partei hat ja immer RECHT. Immerhin hatte der Sport ja auch eine innenpolitische und außenpolitische Aufgabe zu erfüllen. Zufriedene Arbeiter produzieren besser und neigen nicht so sehr zum Widerspruch. Sie sollten gesundheitlich stark und für den Wehreinsatz allzeit tauglich sein. Was ab und zu voll danebenging, war die beabsichtigte Erziehung zu patriotischem und klassenbewusstem Denken und Handeln. Trotzdem spielte der Sport, vor allem der Fußball und Massensport, denke ich, in jeder Gesellschaftsform eine wesentliche Rolle. Stell dir mal alle Veranstaltungen am Wochenende mit ihren Fans, Besuchern, Spielern und Funktionären weg. Egal ob damals oder heute. Dann fehlen Idole, mit denen sich alle identifizieren können, es fehlen das Zusammengehörigkeitsgefühl, das Zugehörigkeitsgefühl und der Ort, wo man seinen Frust mal rausschreien kann. Egal, ob sie nun Ultras, Hooligans oder stinknormale Fans sind, sie alle nutzen den Sport, um sich abzureagieren. Das ist, denke ich, in jedem System ähnlich.

Warst du schon einmal bei einem Spiel der Kindermannschaften? Es ist abscheulich, wie sich die Väter und Mütter aufführen. Man könnte denken, ihre Sprösslinge müssen mindestens so gut spielen wie Messi. Da werden die armen Knirpse von draußen angeschrien und mit Schimpfworten bedacht. Sie werden massiv zu Fouls animiert und beschimpft, wenn sie fair sind. Sie wissen überhaupt nicht mehr, wie sie reagieren sollen und manch kleiner Fußballer läuft weinend vom Platz. Wenn man von Massenpsychologie spricht, dann sollte man sich die Eltern vornehmen und Stressabbau mit ihnen üben. Da vergessen die Herren Väter nämlich schon einmal schnell ihre gute Kinderstube und wenn du sie dir genauer anschaust, weißt du, die haben nie selbst gespielt.

Wo, meinst du, wo würde sich sonst die Aggressivität entladen? Sicher an weniger kontrollierbaren Orten, wie in der Familie, in den Kneipen, bei Tanzabenden oder im normalen Berufsleben. Bei allen Beteiligten entladen sich tonnenweise Spannungen, deren Abbau in einer gewissen Art und Weise gesteuert werden kann. Brot und Spiele, war das nicht schon ein wirkungsvoller Slogan aus der Römerzeit? In der heutigen Zeit sind wohl damit die gesteuerten Großveranstaltungen gemeint, die von nicht so guten Problemen des Staates ablenken sollen. Das ständige Berieseln durch Print- und anderen Medien von großen Sportereignissen drängt gesellschaftliche und politische Fragen in den Hintergrund. Der Sport war einer der Bereiche der DDR, wo man außenpolitisch Punkte einfahren konnte. Gern als Demonstration der angeblich sozialistischen Überlegenheit bewertet. Ein Weg zur Anerkennung der DDR auf internationalem Terrain. Ein verlogener Bereich, ja, das war er. Bei uns gab es ja offiziell keine Profis. Bei uns wurde gedopt und manipuliert, was das Zeug hielt. Aber die Jugend, die Menschen, brauchten den Sport. Wer nicht linientreu war, kam eben nicht in die oberen Ligen. Das wusste jeder. Trotzdem gaben sie, die ehrgeizigen Sportler, um persönliche Erfolge und Bestätigungen zu finden, bei jedem Wettkampf das Beste. Wir wussten schon, was passiert, wenn ein Sportler durch die Maschen des Politbüros rutschte und trotz Widerstände einen beachtlichen Erfolg erringen konnte. Er wurde wegen fadenscheiniger Gründe nicht zum nächsthöheren Wettkampf zugelassen, denn, sollte er den gewinnen, würde ein Auslandseinsatz, bei Europameisterschaften, etc. folgen. Dessen entledigte man sich vorher und ließ die Sportler nicht antreten. Ganz einfach, wer nicht gewinnt, kann auch nicht berücksichtigt werden. Vor allem wenn die Sportler aus den BSG (Betriebssportgesellschaften) kamen, da wurde die systematische Überwachung, wie bei den vom Staat oder der Stasi unterhaltenen Klubs, wohl nicht so flächendeckend vollzogen. Also waren sie wohl nicht in der Lage, wie bestens vorbereitete und ideologisch geimpfte Klubs, Sportler zu formen, die DDR im Sinne der Vorgaben der DDR zu vertreten.

Ob ich da ein Beispiel habe, ein Beispiel aus eigener Erfahrung? Ja, natürlich. Es fing mit meinem Bruder an. Ja, der, der 1968 den Prager Frühling mit vorbereitete und durchführte. Ja, der, der nicht mehr lebt. Ja, der, von dem man nicht mit Bestimmtheit sagen kann, wie er, nachdem die DDR ihn an den Westen verkaufte, ums Leben gekommen ist. Er wurde DDR-Meister im Tischtennis. Zu den Europameisterschaften fuhr ein anderer junger Mann. Er wurde DDR-Meister im Volleyball. Zu den Europameisterschaften bekam er keine Ausreisegenehmigung. Da war er neunzehn Jahre alt. Ein uns bekannter Boxer, aus einer BSG, wurde DDR-Meister. Zu den Europameisterschaften wurde er ausgeladen.

Aber eine Geschichte will ich dir erzählen. Eine gute Bekannte von mir hat die perfiden Entscheidungen in aller Härte erfahren müssen. Sie war zum zweiten Mal mit einem attraktiven und um Jahre älteren Mann verheiratet. Da er in einem Betrieb ein leitender Angestellter war, stand fest: linientreu und Genosse war er auch. Er war ein großer stattlicher Mann mit schlohweißem Haar. Er liebte die Frauen und flirtete sehr gern. Ich mochte ihn, weil er sich eigentlich ganz normal bewegte. Man konnte gut mit ihm herumblödeln und Spaß haben. Die Arbeitskollegin hatte zwei Söhne aus erster Ehe. Der ältere Sohn war ein guter Fußballer und hatte einige Jahre Sportschule hinter sich. Somit war die Mutter in Kenntnis darüber, was in den Sportschulen so vor sich ging.

Der kleinere Junge war ein Talent in der Leichtathletik. Vor allem auf den Langstrecken und bei den Crossläufen. Da fiel er auf und wurde für die Sportschule nominiert. Wir unterhielten uns mehrfach darüber.

„Nein, ich möchte nicht, dass er da hinkommt", sagte seine Mutter leise. „Das Leben dort hat schon meinem anderen Sohn nicht gutgetan. „Weißt du", erzählte sie, „die Kinder haben fast nie Freizeit und müssen solche Pulver schlucken. Die Kindheit ist da vorbei. Da geht es nur um Leistung und die sollen sie für den großartigen sozialistischen Staat bringen." Sie weinte. „Er ist doch noch so klein, gerade mal 10 Jahre alt, ich möchte ihn zu Hause haben. Er ist gut in der Schule und macht mir so viel Freude."

„Und", meinte ich, „musst du denn zustimmen? Ist es nicht deine Entscheidung, ob er zur Sportschule geht oder nicht?"

„Ja, eigentlich schon. Aber sie beknien meinen Mann, seinen Stiefvater, auf der Parteiebene. Da kommst du nicht gegen an. Als gute sozialistische Staatsbürger sind wir verpflichtet und können stolz darauf sein, wenn wir in der Familie Talente haben, die dem Sozialismus dienen können. Na, gerade du kennst es doch, wie sie dich mürbe machen können. Natürlich ist mein Mann auch stolz auf den Jungen, trägt er doch seinen Namen. Er hat versprochen, jede freie Minute zu nutzen, damit wir zur Sportschule fahren können, um dem Jungen nicht gleich die ganze Familie wegnehmen zu lassen. Ich kann nichts tun, er kommt auf diese Schule."

Als wir das Gespräch beendeten, wurde ich sehr nachdenklich. Unsere Söhne hatten vielleicht auch die Voraussetzungen für die Sportschule gehabt, aber sie würden nicht zugelassen werden, das wusste ich. Wegen mir und auch wegen meines Bruders. Darüber habe ich mich mächtig aufgeregt. Ihr Sohn sollte dorthin, und sie hatte Angst um ihn? Aus der Erfahrung mit ihrem anderen Sohn? Da stimmt doch etwas nicht. Sicher erzählt sie mir nicht alles. Da müssen Dinge vorgefallen sein, die es ihr schwer machten, ihren kleinen Sohn auch dort hinzubringen.

Er kam natürlich auf die Sportschule und wir freuten uns über seine Erfolge mit. In jedem Jahr holte er auf den Langstrecken die Medaillen für die Sportschule. Sein Stiefvater unterstützte ihn und beide waren bei fast allen Wettkämpfen zugegen. Wir wussten auch, wann er wo startete, und warteten schon auf die Zeitungsberichte über sein Abschneiden.

Dann kam das Jahr, als er einen Fördervertrag bekommen sollte. Da war er vielleicht so fünfzehn Jahre alt. Er stand in dem Jahr nicht in der Zeitung. Meine Kollegin wirkte bedrückt und unruhig. Auf meine Nachfragen hin meinte sie nur, es sei nichts. Bis sie an einem Abend, es war bereits dunkel, auf unserer Terrasse stand. Sie zog mich mit sich und wir gingen hinter unserem Haus einen Feldweg entlang. Niemand konnte uns da hören. Sie weinte und unter Tränen erzählte sie mir eine Geschichte.

„Wenn die Kinder auf den Sportschulen in ein bestimmtes Alter kommen, wo dann Einsätze bei den Junioren ins Haus stehen, müssen sie auf den Fördervertrag warten. Dann heißt es ja, Teilnahme an europäischen Wettkämpfen. Das Abitur und eine weitere Ausbildung, oft im Bereich des Grenzschutzes, Zoll oder der Polizei, sind dann vorprogrammiert."

„Ja gut", meinte ich, „er hat doch immer die Leistungen gebracht."

„Ja, auch seine schulischen Leistungen waren spitzenmäßig", erwiderte sie.

„Ja, aber er stand in diesem Jahr nicht als Sieger in den Zeitungen, hat er nicht gewonnen?", wollte ich wissen.

„Doch, ja, er hat gewonnen."

„Ja, und?"

„Er sollte doch gar nicht mehr gewinnen", meinte sie.

„Was? Wie jetzt? Das verstehe ich nicht."

„Man hat ihm auf der Sportschule ein anderes Trainingsprogramm auferlegt, mit dem ist er nicht zurechtgekommen. Da wurden wir stutzig, und da wir einen Sportmediziner kennen, baten wir ihn um Rat. Ihm haben wir das Programm vorgelegt und er stellte entsetzt fest, dass, wenn der Junge danach trainiert, sich seine Muskeln verhärten."

„Das ist ja ein Ding", empörte ich mich.

„Ja und er bekam auch die Pülverchen nicht mehr. Die mit Vitaminen und wer weiß, was da noch so drin war."

„Aber du sagtest doch, er hat wieder gewonnen."

„Ja, hat er. Aber nur, weil der Sportmediziner ein Gegenprogramm ausgearbeitet hat, und der Junge hat heimlich nach diesem Programm trainiert. Und gewonnen."

„Was ist denn das für eine Sch ... was haben sie mit ihm gemacht? Was sollte das Ganze?", wollte ich wissen. Ich war wirklich von den Socken.

„Er bekommt keinen Fördervertrag", sagte sie weinend. „Es ist wegen seines Stiefvaters, der hat eine über achtzig Jahre alte Schwester im Westen."

„Was? Wie bitte, das ist der Grund?" „Es ist doch noch nicht einmal seine Tante, wir wussten nicht mehr weiter", stöhnte sie. „Kein Fördervertrag heißt ja, runter von der Sportschule, abtrainieren und in den normalen Schulbetrieb wechseln."

„Stimmt", meinte ich.

„Aber man hat ihn nicht von der Sportschule entlassen. Das war ja das Kuriose, redete sie weiter. Mein Mann ist dann nach Berlin gefahren, zum ZK (Zentralkomitee) der SED. Dort hat man ihm unverblümt mitgeteilt, dass nie vorgesehen war, dass der Junge einen Fördervertrag bekommt. Wegen der Verbindung in den Westen. Er könnte ja die Gelegenheit bei Auslandseinsätzen nutzen, die DDR zu verlassen."

„Das kann doch nicht wahr sein", meinte ich, „da hat man ihn schön die Medaillen für die Sportschule holen lassen und wusste schon von Anfang an, dass er nicht gefördert wird? Da hat er sich gequält und gequält um die Leistungen zu bringen, die man von ihm erwartete, und das alles in der weisen Voraussicht, er kommt nicht weiter?"

„Ja, so war es. Dass er ein guter Schüler war, erschwerte die Sache, ihn abtreten zu lassen", berichtete sie weiter.

„Aha, ich verstehe", warf ich ein. „Darum stellte man ein Trainingsprogramm auf, um die Muskeln zu verhärten? Er sollte nicht gewinnen?"

„Das hast du richtig erkannt, so wären sie ja alle Sorgen los. Aus mangelnder Leistung ausgeschlossen vom Förderprogramm. Das hätte man ja dann sogar geglaubt. Das hätten wir sogar geglaubt. Aber weil er anders trainiert hat, hat er wieder gewonnen. Und nun hatten die Sportschule und die Partei ein Problem. Man konnte nicht mehr begründen, warum er nicht mehr gefördert werden sollte."

„Ja, und? Wie ging das weiter und was ist jetzt los?", wollte ich wissen.

„Als wir in Berlin waren, ich war ja mit, durfte aber nicht mit rein, fand ja gerade die Kinder- und Jugendspartakiade in Leipzig statt. Mein Mann hat auch nicht gleich die Antworten bekommen, aber er ließ sich nicht abwimmeln, bis er den wahren Grund für alles serviert bekam. Das hat ihn umgehauen. Er legte sein Parteibuch auf den Tisch und wir fuhren völlig sprachlos und enttäuscht heim. Aber nur, um die Koffer zu packen. Danach fuhren wir nach Leipzig. Der Junge sollte ja bei der Spartakiade starten. Fast mit Gewalt verschafften wir uns Einlass in das Quartier der kleinen Sportler."

‚Der muss noch starten'", so wollten sie meinen Mann abwiegeln, als er den Jungen aufforderte, seine Sachen zu packen und mitzukommen.

‚Der muss überhaupt nichts mehr! Der muss hier nie wieder etwas!' So brüllte mein Mann den Trainer an."

‚Und wenn Sie nicht aus dem Weg gehen, dann vergesse ich mich; versuchen Sie nicht, mich oder den Jungen aufzuhalten!'" „So zornig habe ich ihn noch nie gesehen. Er konnte sich kaum noch beherrschen. Das müssen auch die Anwesenden gespürt haben und sie machten wortlos den Weg frei", berichtete sie leise.

„Er sollte also noch die Titel für die Schule holen und dann hätte man ihm gesagt, dass er nicht in das Förderprogramm kommt?", erschüttert sah ich sie an.

„Genauso sollte das ablaufen. Wichtig waren nur die Erfolge. Was aus dem Jungen wird, wie er damit umgeht, das war denen völlig egal. Wir haben ihn mitgenommen und sind direkt weiter nach Ungarn in den Urlaub gefahren. Es war schlimm, wir wussten nicht, wie es weitergehen sollte. In vielen Gesprächen versuchten wir, zu erklären, was mit ihm gemacht worden ist und trösteten ihn so gut wir konnten. Eigentlich verstanden wir es selbst kaum. Wegen einer alten Dame im Westen wurde ein Junge zerstört. Er hatte keinen Schulabschluss, keine Lehrstelle und keine Möglichkeit, das Abitur zu machen. Das wurde ihm alles verwehrt. Unter medizinischer Aufsicht wurde auch nicht abtrainiert. Man ließ ihn fallen – wie eine heiße Kartoffel."

„Und, wo ist er jetzt, wie geht es ihm?" Mir liefen inzwischen auch die Tränen runter. Emotional war das nicht gleich zu verkraften. So weinten wir beide.

„Mein Mann hat es durch viele Beziehungen geschafft, dass er Automechaniker lernen und gleichzeitig sein Abitur machen kann. Weit weg von unserem Wohnort, damit man ihn in Ruhe lässt. Aber weißt du, was uns völlig aus der Bahn geworfen hat? Bei einer orthopädischen Untersuchung stellte man einen schweren Schaden an der Wirbelsäule fest, der bei sportlichen Höchstleistungen eine Querschnittslähmung verursachen kann. Kein frischer Schaden, er muss schon Jahre alt sein.

Irgendwie sind wir an die medizinischen Unterlagen gekommen und stell dir vor: Das war bekannt!"

„Also auch eine bleibende Behinderung wurde in Kauf genommen?" Ich war sprachlos und entsetzt.

Das war also die viel gepriesene Sorge um die Kinder und Jugend der DDR. Wir gingen ziemlich lange durch die Nacht. Es war sehr spät geworden.

„Bitte behalte das alles für dich", bat sie mich. „Ich weiß, dass sich bei dir Leute treffen, die mit der DDR auf Kriegsfuß stehen. Ich kenne auch deine Geschichte, mein Mann wurde natürlich auch bei deiner Einstellung über dich informiert. Du weißt, dass du gefährlich lebst. Konspirative Treffen mit Querulanten, das kann dich die Freiheit kosten."

„Ja, ich bin mir dessen bewusst", antwortete ich. „Aber ich kann nicht anders. Ich formuliere für die Freunde von uns, die einen Ausreiseantrag gestellt haben, die Begründungen und alles was sie so aufschreiben müssen. Weißt du überhaupt, durch welche Hölle die Leute gehen, die hier offiziell wegwollen? Sie werden schikaniert und gedemütigt. Oh, ich kenne die perfide Art der Befragungen, zynisch und verletzend sind sie. Und du gehst da raus und kannst überhaupt nicht erklären, was sie mit dir gemacht haben. Gebrochen solltest du werden, die Würde will man dir nehmen. Bei mir können sie Dampf ablassen und wir diskutieren über Gott und die Welt. Helfen kann ich oft nicht. Aber da ich mich schon immer gern mit den Themen der Welt beschäftige, natürlich nicht so intensiv, finden wir immer gute Ansatzpunkte für Diskussionen."

„Warum stellt ihr eigentlich keinen Ausreiseantrag? Ihr habt doch hier kaum eine Chance weiterzukommen?"

Mit dieser Frage hatte ich nicht gerechnet. Diese Frage stand oft in ihren Augen, aber sie hatte sie bisher nie ausgesprochen.

„Nein", meinte ich. „Nein, das kommt für uns nicht infrage. Dann nehmen sie uns die Jungs weg und das würde ich nie riskieren. Du weißt, ich bin Heimerzieherin, ich habe solche Kinder betreut. Nein, dann brauche ich mir keine Kinder anzuschaffen, wenn ich riskiere, dass sie ins Heim kommen. Es müssen doch auch Leute hierbleiben und sich wehren."

„Ja richtig", meinte sie, „aber das kann sehr leicht schiefgehen und du landest im Knast. Dann müssen die Jungs auch ins Heim."

Nachdenklich antwortete ich: „Ja, das ist richtig. Aber manchmal kann ich nicht anders und ich kann und will nicht meine Ideale, die paar, die mir geblieben sind, verraten. Da kocht die Wut über. Mein Bruder hat mich geprägt, und soll ich alles, wofür er gekämpft und das schließlich mit seinem Leben bezahlt hat, negieren? Das wäre der größte Verrat, den ich begehen könnte! Und ich verrate niemanden, da kannst du dir sicher sein."

„Ich bin mir sicher, sonst wäre ich nicht gekommen, aber ich musste das alles loswerden, mit wem sollte ich sonst darüber sprechen"?

„Das ist O. K.", beruhigte ich sie. „Das ist alles O. K."

„Aber ich bin nicht bei der Stasi", betonte sie. „Und jetzt verstehe ich dich sehr gut, aber ich habe nicht den Mut, mich öffentlich aufzulehnen."

„Musst du nicht", beruhigte ich sie, „und wenn du bei der Stasi wärst, das wäre mir in dem Moment auch egal. Mach dir keine Gedanken über mich. Die Geschichte ist für mich nur ein Mosaikstein mehr, in meinem Puzzle über die DDR."

Leere Versprechungen

Nachdem wir drei Jahre in meiner Heimatstadt gelebt hatten, zogen wir, mein Mann, die zwei Kinder und ich, zurück in die Stadt, in der er aufgewachsen war. Natürlich war einer der Gründe der Fußball. Hier hatte er, solange er denken kann, Fußball gespielt. Man hatte uns mit allerlei Versprechungen gelockt, umzusiedeln. Dabei hatten wir vor dem Umzug auch ein großartiges Angebot von einer LPG. Sie finanzierte und förderte einen Fußballverein. Mein Mann spielte da schon und wurde zum Training und zu den Spielen mit einem Taxi abgeholt und, egal wie spät, auch wieder heimgefahren. Sie hatten es gerade geschafft, in die Bezirksliga aufzusteigen. Die LPG stand finanziell sehr gut da. Man bot uns ein Einfamilienhaus an, mir eine Tätigkeit im Kindergarten und meinem Mann in der LPG. Profisport gab es ja offiziell nicht in der DDR, aber kein Spieler kann den ganzen Tag arbeiten und danach täglich Training absolvieren. Also wurden sie in den Trägerbetrieben zusammengefasst, mussten bis Mittag mehr oder weniger da sein und dann begann das Training. Ein verlockendes

Angebot. Aber der ehemalige Verein, in dem er von frühester Kindheit an gespielt hatte, ließ nicht locker. Letztendlich gab er nach, und wir verließen uns auf die Versprechungen.

Die Wichtigste der Zusagen waren die für eine Wohnung. Gekümmert habe ich mich selber und wir stimmten einem Wohnungstausch zu, bei dem wir schlechter gestellt waren. Wir bezogen eine Wohnung ohne Wasseranschluss, der befand sich auf dem Flur außerhalb der Wohnung und wurde von einer alten Xanthippe bewacht, die sich meistens hinter der Tür aufgehalten hat und jedes Mal, wenn ich mich mit der Kinderbadewanne, etc. abplagte, sofort rausgeschossen kam und buchstäblich jeden Tropfen Wasser wegwischte, noch bevor ich meine Tür erreicht hatte. Du, ich kann dir sagen, ich habe bestimmt Achtung vor alten Menschen, aber diese Frau hat mir einen Teil davon genommen. Ein WC gab es natürlich auch nicht, und so mussten wir ein Plumpsklo auf dem Hof benutzen. Der Besitzer des Hauses wohnte mit seiner Frau in der unteren Etage und war ein Choleriker. Die Mauern auf dem Hof waren in Armhöhe verputzt, und wehe meine Jungs kamen dem Putz zu nahe. Das Spielen mit dem feinen gelben Sand, der, wer weiß warum, sein Dasein in einer Ecke auf dem Hof fristete, war unter Androhung von Strafe verboten. Pass auf, eine Geschichte dazu.

Ich war gerade beim Waschen, wozu natürlich viel Wasser gebraucht wurde, was schon den Zorn der alten Frau hervorgerufen hatte und trug nun die Wäsche auf den Hof, um sie aufzuhängen. Beide Arme voll und den Blick auf die Kinder gerichtet, ob sie sich nicht gerade an dem Eigentum des Besitzers vergriffen, konnte ich die Haustür nicht ganz schließen. Und zack, als ich weiter waschen wollte, kein Wasser. Der Hauswirt hatte es einfach abgestellt, wegen Gefahr des Einfrierens. Bei 10 Grad PLUS! Das rief er mir aus dem Fenster zu.

Da stehst du nun mitten im Waschprozess und hast kein Wasser mehr, und die Xanthippe steckte ihren Kopf aus der Tür und kicherte mit ihrem zahnlosen Mund. Ich hatte schon den Wäschetopf, den ich gerade in der Hand hielt, erhoben und wollte ihn auf den Kopf der Alten niedersausen lassen, besann mich aber noch gerade rechtzeitig und stürmte die Treppe runter, um den Hauswirt rauszuklingeln. Da war er es, der den Kopf durch die Tür rausstreckte.

„Stellen Sie sofort das Wasser wieder an", schrie ich ihn an. Da wollte er die Tür vor mir zu machen. Schwuppdiwupp hatte ich meinen

Fuß dazwischen und hielt die Klinke fest. Da schlug er andauernd auf meine Hand und trat auf meinen Fuß.

„Machen Sie das Wasser an, sonst passiert was", drohte ich. Da schlug er noch kräftiger zu. Das war des Guten zu viel, und ich holte aus und versetzte ihm einen Schlag ins Gesicht. Da zitterte er am ganzen Körper und wurde so grün im Gesicht, dass ich Angst hatte, er kippe aus den Latschen. Ich ließ los und die Tür war zu. In dem Moment kam mein Mann mit einem Sportsfreund nach Hause. Völlig aufgeregt, inmitten von tropfender Wäsche, erzählte ich den Vorfall. Da machte er unsere Tür auf und rief in den Flur, dass in drei Minuten das Wasser wieder zu laufen hat. Und tatsächlich, es lief. Schiss hatte er, der Choleriker, und flitzte schnell in den Keller.

Am nächsten Tag sprach mich seine Frau an, sie war krank und ihm hilflos ausgeliefert, ob das leicht gerötete Auge von mir stamme.

„Ja", meine ich nur, „tut mir auch nicht leid." Da lachte sie und freute sich richtig. „Das haben sie richtig gemacht. Er kontrolliert mich wo er kann, zählt mir die Kohlen vor und wehe es ist mehr Asche im Kasten und geht mit den Fingern über die Schränke, ob er ein Staubkörnchen finden kann."

„Oh", meinte ich, „warum lassen Sie sich das gefallen?"

„Ich hab' nicht den Mut wie Sie, mich zu wehren, und bin abhängig von ihm. Wo soll ich denn hin? Mein erster Mann ist im Krieg geblieben, wir haben in Hamburg geheiratet."

Bei diesen Gedanken wurden ihre Augen lebhaft und feucht.

„Ach wissen Sie", sprach sie weiter, „noch einmal Hamburg sehen und dann sterben." Das war Anfang der Siebzigerjahre, sie hat Hamburg nie wiedergesehen.

Natürlich war das mit dem Wasser nicht die einzige Auseinandersetzung, die ich mit dem Choleriker hatte. Der Jüngere unserer Jungs spielte auf dem Hof. Der ältere Junge war mit Papa bei dessen Eltern. Er war so knappe vier Jahre alt. „Du kommst gleich hoch", rief ich dem Jungen auf dem Hof zu, „ich mache das Badewasser fertig." Das hieß, Wasser holen vom Flur und erhitzen in Töpfen auf dem Gasherd. Nebenbei machte ich für den Kleinen das Abendbrot fertig. Als ich ihn dann rief, kam er nicht. Ich lief runter, und der kleine Bengel war auch nicht auf dem Hof. Da stellte ich fest, dass die Hoftür zur Straße offenstand. Mein Gott, dachte ich, sein luftbereifter Roller ist auch weg. Die Tür war vorhin zu und auch die

Wirtsleute sind zu Hause. Ich klingelte Sturm bei denen. Er kam raus und auf meine Frage, ob er die Tür aufgeschlossen hat, meinte er, „ja, ich hab' den Jungen zum Spielen rausgeschickt, er hat mich auf dem Hof gestört."

„Was?", rief ich entsetzt. „Was haben Sie getan? Ohne mich zu informieren? Er ist weg, spurlos verschwunden! Ich sage Ihnen, wenn ihm etwas passiert, das überstehen Sie nicht. Suchen Sie ihn, er hat seinen Roller dabei. Nehmen Sie ihre Schwalbe und verschwinden Sie. Nicht weit von hier ist die Russen-Garnison. Viele marode und gefährliche Anlagen, da kann er schnell verunglücken, und da treibt sich auch immer so ein Gesindel rum, und auch die russischen Soldaten!"

Er düste, nun doch in leichte Panik verfallen, los. Ich schnappte mir mein Fahrrad und fuhr zum Gradierwerk, auch dort waren viele Gefahrenquellen. Ich suchte dort und in der Nähe. Nichts, der kleine Kerl war samt Roller verschwunden.

Wieder zu Hause kam mein Mann mit dem größeren der Jungs. Er wurde kreideweiß im Gesicht und der Hauswirt, der gerade ergebnislos mit seiner Schwalbe um die Ecke kam, gab sofort Gas und fuhr weiter. Die Hauswirtin holte unseren Großen zu sich, er weinte und sie tröstete ihn. Ich fuhr zum nächsten Geschäft, das im Besitz eines Telefons, war und rief die Polizei an. Sie kamen, stellten Fragen, nahmen ein Foto und fuhren wieder los. Weißt du, was das für ein Gefühl ist, wenn ein Kind verschwunden ist? Du hast Bilder im Kopf, die nicht schön sind. Du siehst es tot irgendwo im Gebüsch liegen, du siehst es an der Hand eines älteren Mannes, du siehst es überfahren oder ertrunken vor deinem geistigen Auge. Du gerätst in Panik und reagierst völlig irrational. Nach ca. zwei langen qualvollen Stunden hielt ein Polizeiauto. Einer der Insassen stieg aus und hatte unseren Wicht auf dem Arm. Seine ersten Worte waren: „Den Holler (das R konnte er nicht sprechen) habe ich aber wieder mitdebringt" (mitgebracht)!!

O mein Gott, scheiß auf den Roller, dachte ich ... Hauptsache ihm ist nichts passiert. Nee, war auch nicht.

Da hatte sich der kleine Kerl mit seinem Roller auf den Weg zum Sportplatz gemacht. Immerhin 3 km durch die Stadt, über Kreuzungen und Bahngleise. Er ging in das Sportlerheim und sagte zur Wirtin, die ihn ja kannte, eine Bause (Brause) und ein Wüschtchen (Würstchen). Sie war der Annahme, dass sein Papa hinten auf dem Platz trainiert und gab ihm alles.

„Nu fahr ich wieder los", meinte der Kleine und war verschwunden. Das kam ihr doch komisch vor, und sie stellte mit Entsetzen fest, dass der Kleine allein hier auf dem Sportplatz war. Auch sie informierte die Polizei. Auf dem Rückweg hatte er sich dann verirrt und saß weinend auf seinem Roller. Eine Frau schätzte die Situation richtig ein und rief auch bei der Polizei an, die holten ihn, samt Roller, ab und brachten ihn heim.

Nach dem Vorfall war ich so richtig wütend auf den Sportverein. Hatten sie doch versprochen, dass wir sofort eine gute Wohnung bekommen, wenn wir zurückkommen. Die Mannschaft war dabei, in die 2. Liga aufzusteigen. Schaffen wir es, bekommt der Verein drei Wohnungen zugewiesen, sagte man mir. Die erste Wohnung bekommt ihr. Sie waren bereits wieder abgestiegen und wir saßen immer noch in dem Loch fest. In solchen Situationen wurde etwas in mir aktiviert, was sehr spontan und vielleicht auch nicht immer richtig war. Die Spontanität begleitet mich aber mein ganzes Leben lang, gut oder schlecht, ich denke, je nach Erfolg und Situation. Ja, sicher hast du auch recht, wenn du meinst, sie verhindert das klare Überdenken einer Situation und das Abwägen der Handlung. Aber denkst du manchmal eben zu lange und wägst zu lange ab, ist der Zug abgefahren und du erreichst gar nichts.

Meine Spontanität in der Situation führte mich dazu, dass ich an die Parteikreisleitung einen Brief schrieb. Ja, natürlich ohne Wissen meines Mannes. In dem Brief konzentrierte ich mich auf die nicht eingehaltenen Zusagen und Versprechungen und stellte die Würde eines Menschen in den Vordergrund. So etwa wie, dass ein Mensch, in dem Fall ein Sportler, nicht anhand seiner Persönlichkeit bewertet wird, sondern nur an seinen Fähigkeiten, Tore zu schießen. Das somit seine sozialistische Entwicklung und die seiner Kinder gefährdet wird, da das einer Abwertung gleichkommt, die ja bekanntlich von der Partei dem Kapitalismus zugeschoben wird. Auch bekräftigte ich meine Absicht, ein Verfahren gegen den Verein einzuleiten und wenn es sein soll, auch zivilrechtlich. Das, und noch ein wenig mehr, brachte ich zu Papier und, als der Brief fertig war, schickte ich ihn sofort ab. Wahrscheinlich befürchtete ich, am nächsten Tag mir die Sache noch einmal zu überlegen.

Eine Woche später wurden wir von der Parteikreisleitung vorgeladen. Mein Mann war verdutzt und konnte sich den Grund nicht erklären. Aber ich!

„Wenn du jetzt nicht endlich zu deinen Aussagen stehst, den Verein zu wechseln, bin ich weg", sagte ich. „Die machen mit dir, was sie wollen, weil sie wissen, dass du alles für den Fußball tun würdest. Aber ich mache nicht mehr mit."

Gegen den Verein wurde ein Parteiverfahren eingeleitet. Es gab Aussprachen und Diskussionen. Ich beharrte auf meiner Forderung auf eine anständige Wohnung. Du, stell dir das nicht so einfach vor. Wohnungen waren Mangelware und der Aufbau der Plattenbauten kam gerade erst in Mode. Der andere Verein in dieser Stadt sah natürlich seine Chance, einen der besten Torjäger in ihren Reihen zu haben, und schon wenige Tage später boten sie uns eine Wohnung an. Auch nicht perfekt, aber mit Wasseranschluss und nicht in einem Privathaus, das war meine Bedingung. Jeder hatte eben seine Beziehungen und viele hatten auch, wie man so sagt, eine oder mehrere Leichen im Keller! Wir sagten zu und ich besorgte schon passende Gardinen, mein Mann eine Burger-Anbauküche, gebraucht und im schlichten Grau, aber gut. Sie wurde in dem Betrieb meines Mannes erst einmal abgestellt. Unsere Jungs meldeten wir gleich in der Schule in diesem Stadtteil an. Der Kleinere wurde da auch eingeschult. Alles war eigentlich gut vorbereitet. Um den Jungs die Einschulung und den Wechsel der Schulen gleich bei Beginn des Schuljahres zu ermöglichen, waren wir erst einmal in zwei kleine Zimmer unterm Dach bei meinen Schwiegereltern eingezogen. Sie bewohnten eine Doppelhaushälfte, die auch ihnen gehörte. Der Zustand des Hauses war katastrophal. Sie waren auch nicht mehr in der Lage, daran etwas zu ändern. So stand fest, dass mein Mann das Haus einmal übernehmen sollte.

Mitten bei der Arbeit wurde ich ins Sekretariat gerufen und man teilte mir mit, dass ich sofort zur Wohnraumlenkung kommen sollte. Mit einem ungutes Gefühl im Bauch, wie immer, fuhr ich per Fahrrad hin. Himmel und Menschen erwarteten mich dort. Das waren wir aber gewöhnt, so regte sich auch niemand besonders darüber auf. Natürlich wurde da auch gequatscht und getratscht was das Zeug hielt. So stellten die Anwesenden nebenbei fest, dass wegen der Wohnung, die eigentlich wir bekommen sollten, noch zwei Anwärter da waren. Ihnen hatte man sie auch versprochen. Irgendwann muss es aufgefallen sein und daher hatte man uns hinbestellt.

Mir wurde eiskalt und mein Herz fing an zu rasen. Das konnte ich nicht alles rückgängig machen: Der Auszug aus der alten Wohnung, in der wir sowieso nicht viel aufstellen konnten, war schon so gut wie vollendet. Wir hausten, ja, so kann man es sagen, in dem einen Zimmer mit schrägen Wänden.

Du, da siehst du plötzlich all deine Felle schwimmen und eine Machtlosigkeit macht sich breit. In dem Moment ging die Tür auf und die Leiterin der Wohnraumlenkung wollte über den Flur zu einem anderen Büro gehen. Ich sprang auf und drängte sie bis zur Tür zurück.

Dem Heulen mal wieder nah, sprach ich laut auf sie ein: „Das können Sie nicht machen, drei Familien die gleiche Wohnung versprechen! Wie soll das denn jetzt funktionieren, nach welchen Kriterien vergeben Sie jetzt die Wohnung? Mal schauen", ich kramte meine Geldbörse hervor, „was ich an Westgeld habe, das mögen Sie doch so gern, wie man weiß? Oder hat hier jemand vielleicht ein paar Kilo Spargel im Gepäck, oder vielleicht Westkaffee und Strumpfhosen als Mitbringsel?" Die anderen zwei Verarschten sprangen auch auf und schimpften lauthals. Die Leiterin ging rückwärts ins Büro und suchte hinter dem Schreibtisch wahrscheinlich Schutz. In mir pulsierte alles, vor Panik, vor Ärger. Mir ging es nicht gut, auf einmal hatte ich überall rote Flecke. Sie griff zum Telefon und wollte einen Notarzt rufen. Na, das fehlte gerade noch, dann wäre ich weg und die anderen Familien hätten freie Bahn. Voller Angst riss ich die Telefonkabel aus der Wand und rief aufgeregt, dass ich nirgendwo hinginge und so lange bliebe, bis ich die neue Zuweisung hatte. Die Tür stand offen und auf dem Flur war es ganz still geworden.

Da betrat der stellvertretende Bürgermeister den Flur und wollte gerade vorbeigehen. Abgelenkt durch mein fast hysterisches Schluchzen, schaute er zu mir.

„Frau Sowieso, was ist denn hier los? Sie sind ja völlig fertig. Was geht hier vor?", wollte er wissen.

Er kannte mich vom Sportplatz. Völlig zusammenhanglos wollte ich berichten. Aber nichts ging mehr. Eine der ebenso wartenden Frauen berichtete von der ganzen Misere.

„Sie warten hier und beruhigen sich und Sie", zur Leiterin gerichtet, „Sie kommen mit."

Es dauerte nicht lange, da stand auf einmal mein Mann vor mir. Man hatte ihn von der Arbeit holen lassen. Die Leiterin stürmte mit einem hochroten Gesicht an mir vorbei und schmiss die Tür hinter sich zu. Der Vizebürgermeister kam zu uns und meinte, ich solle jetzt nach Hause gehen und am nächsten Tag um neun Uhr wiederkommen. Immer noch nervlich total am Ende, wollte ich das nicht.

„Ich bleibe hier so lange sitzen, bis ich die Zuweisung habe und sei es bis zum nächsten Tag", sprach ich in seine Richtung.

Mein Mann beruhigte mich aber und sagte: „Komm, wir gehen, da kannst du dich jetzt drauf verlassen." Nach einigem Sträuben verließ ich dann, begleitet vom Vize, das Gebäude.

Am nächsten Tag pünktlich um neun Uhr betrat ich das Büro der Wohnraumlenkung. Die Leiterin sah nur kurz auf und sagte per Telefon dem Stellvertreter Bescheid, dass ich da sei. Er kam und begrüßte mich sehr freundlich und ich konnte, du wirst es kaum glauben, zwischen drei Wohnungen wählen. Aha, auf einmal waren drei freie Wohnungen da, die hätten sie doch gleich aufteilen können. Die Leiterin wusste nicht, wo sie hingucken sollte. Sie hatte die Wohnungen zurückgehalten, um sie an gute Freunde oder meistbietend zu vergeben. Entschieden habe ich mich natürlich für die, die ich über den Sportverein bekommen sollte, hielt glücklich die Zuweisung in der Hand und bedankte mich bei dem stellvertretenden Bürgermeister. Denke, ich hatte einen Tag vorher einen Herzanfall, dem noch unzählig weitere folgten. Ausgelöst durch Panik.

Die Nächte darauf waren sehr kurz, ich konnte schlecht schlafen. Da war sie wieder, die Angst, die am Fenster stand, und schlich sich bis in mein Herz. Sie war in Begleitung einer Ohnmacht, einer Ohnmacht, die sich ebenfalls breitmachte. Ja, das war ich, ohne jede Sicherheit, nur vom Zufall abhängig. Natürlich wusste ich, warum: Wegen der Geschichte meines Bruders. Inzwischen war er von Deutschland (BRD) freigekauft worden und dort als Regimekritiker anerkannt. Nur durch den Fußball, dessen Präsenz in der DDR-Liga, politisch hoch angebunden und ein paar Behördenmitarbeiter, die sich das Prädikat „menschlich" auf die Fahnen geschrieben hatten, konnten wir einiges erreichen. Viel Zeit, mich mit dem am eigenen Leib erfahrenen Unrechtssystem zu beschäftigen, blieb mir nicht. Andere Sachen nahmen das Denken voll in Anspruch. Woher bekomme ich was? Wie schaffe ich es, die Jungs zu schützen? Was kann ich tun, um aus uns eine richtige Familie zu machen? Darum kämpfte ich wie ein Berserker. Verlustängste würde man heute sagen, ja, die waren auch da. Würde ich verlieren, würde ich meine Familie verlieren, wäre ich vielleicht total untergegangen. Inhaftiert oder am Boden. Dieses Szenario brannte sich in mein Herz ein. Aber belebte auch meinen Widerstand. Hartnäckig verfolgte ich jede Möglichkeit, uns aus der ganzen Misere rauszuholen. Den Fußball habe ich einerseits verflucht, weil er mir den Vater meiner Kinder stahl, andererseits gab diese Gemeinschaft, die sich an mich gewöhnt hatte und die mich akzeptierte, gerade weil ich ständig kämpfen musste, einen gewissen Halt. Mein Mann schoss auch diesen Verein, der uns bei der Wohnungssituation helfen wollte, mit in die 2. Liga. Nach dem Abstieg wechselte mein Mann, nun bei den alten Herren spielend (33 Jahre alt), wieder zu seinem alten Heimatverein.

„Na", meinte er vor dem ersten Spiel dort, „willst du mitkommen, könnte vielleicht unangenehm für dich werden!"

„Klar, komme ich mit", sagte ich ziemlich aufgebracht, „meinst du, ich habe Angst vor dem Vorstand? Die haben doch den Mist gebaut und nicht ich."

Natürlich hatte ich auf dem Weg zum Sportplatz ein mulmiges Gefühl, ganz tief in mir drin. Aber das zu zeigen, nein, dazu war ich nicht bereit. Also setzte ich meine Maske auf, die ein Selbstbewusstsein ausstrahlte, das ich überhaupt nicht besaß und ging zum Sportplatz.

Ob ich mir dessen bewusst war, fragst du? Ich glaube, ja. Verschiedene Masken lagen in einer Ecke meines Herzens, ich bediente mich ihrer bei vielen Gelegenheiten. Es war ein Schutz. Ein Schutz, die Verletzlichkeit nicht zu zeigen, ein Schutz, die wahren Gedanken und Einstellungen zu verbergen. Es waren immer Rollen, die ich spielte. Rollen, die mir aufgedrückt wurden. Ich war nicht ich, nein das war ich nicht. Ganz anders wollte ich sein. Stark und frei, vielleicht ein Hippie wollte ich sein, oder mit den Rentieren ziehen, im hohen Norden. Du glaubst nicht, was du für Sehnsüchte entwickeln kannst, wenn du ständig mit einer Maske und einer Mauer leben musst. Nichts ging, ich war gefangen, in meinem Land, in meiner Haut, in meinen Träumen und Visionen, in meinem Leben. Glaub mir, so selbstbewusst, wie ich in den Geschichten vielleicht rüberkomme, war ich nicht, nicht 24 Stunden am Tag. Die schwachen Momente kamen unweigerlich, sie kamen, wenn ich allein war und in der Nacht.

Die Spieler begrüßten uns an diesem ersten Tag nach dem ganzen Theater wie lang verschollene Freunde. Klopften mir auf die Schulter und lachten dabei.

„Das hast du richtig gemacht", meinte einer der Spieler, „hast es den alten roten Säcken aber gegeben."

Nach dem Spiel betrat ich das Sportlerheim, da war meistens, wie ich wusste, der ganze Vorstand versammelt. Ob du es glaubst oder nicht, ich hatte sofort ein Glas Sekt in der Hand, von DENEN natürlich.

Aber als einer der Herren mir anbot, mir den ‚Grünen Salon', ein Vereinszimmer zu zeigen, was eigentlich dem Vorstand vorbehalten war, entgegnete ich angewidert: „Passen Sie mal auf, wenn ich Sie mal nötig habe, dann nehme ich mir vorher den Strick."

Nein, Probleme hat es mit mir und dem Verein nie wieder gegeben.

Explosion im Sprengstoffwerk

1974, Deutschland war gerade Weltmeister im Fußball geworden. Heute gibt es Stimmen, die sagen, hätten sie nicht in dem Turnier gegen die DDR verloren, hätten sie es nicht geschafft. Wir konnten es nicht fassen, dass sie gegen unsere „Rasenkomiker" verloren hatten. Das war Schande pur! Ein Sieg über den Kapitalismus, ein Sieg gegen die verbrieften Feinde der DDR! So würde es doch hingestellt werden. Profis, die für Geld, viel Geld, spielen, verlieren gegen die sozialistischen Sportler, die brav ihrer Arbeit nachgehen und nicht für den schnöden Mammon spielen. Indirekte Profis allemal. Oh, na klar, hätten sie gern Geld verdient wie die Spieler im Westen. Dieses Geld, dieses heiß ersehnte Westgeld, verdient. Mit einigen Privilegien wurden sie bei Laune gehalten, Privilegien, wovon ein Otto-Normal-Bürger der DDR nur träumen konnte. Ja, genau so verlogen wurde es der breiten Öffentlichkeit vermittelt.

Wir mochten die Spieler nicht. Wir wussten, sie müssen linientreu und dem Staat bedingungslos ergeben sein. Ob sie es im Herzen auch waren, bezweifele ich. Aber sie haben so getan. Das lehnte ich ab. Es ging auch anders, allerdings musste man verzichten können. Sie bespitzelten sich gegenseitig, und keiner traute dem anderen neben sich, sie heulten ganz einfach mit den Wölfen. Es durften ja auch DDR-Bürger zu der Weltmeisterschaft nach Deutschland (BRD) fahren. Als Fans. Du meinst, das war gut? Ja, wäre es gewesen, wenn es die richtigen Fans gewesen wären. Aber die konnte man ja nicht aus der

DDR rauslassen, die hätten bestimmt nicht den sozialistischen Gedanken der DDR verkörpert. Die wären bestimmt im Westen untergetaucht. Wenigstens einige davon. Also suchte man unter den Genossen geeignete Kandidaten aus. Keine Ahnung vom Fußball und teilweise noch nie in einem Stadion gewesen.

Vor der Abfahrt mussten sie auf dem Bahnhof Schlachtrufe trainieren und Gesänge einstudieren! Das war doch der Hammer, meinst du nicht? Eingeübte Fangesänge! Herr Sparwasser, der das Siegestor gegen Deutschland schoss, bekommt bestimmt heute noch Rente darauf. Was wurde der hinterher herumgereicht, das war schon fast peinlich. Es war, trotz allem, doch nur ein guter Schuss. Wir waren natürlich alle froh, dass Deutschland doch noch Weltmeister wurde. Die Kneipen in der DDR waren voll und es wurde gefeiert. Überall erklang das Lied der deutschen Nationalmannschaft, des Weltmeisters: „Fußball ist unser Leben, denn König Fußball regiert die Welt ..."

Auch wir feierten bis in die frühen Morgenstunden den Sieg über den „Sozialismus"! Am nächsten Tag fuhren wir zur Arbeit. Die PGH, in der mein Mann die begehrten Terrazzoteile schliff, lag nicht weit von einem Werk entfernt, in dem Sprengstoff und Munition hergestellt wurde. Mir war schon klar, dass in der PGH heute weniger gearbeitet wurde, sondern mehr gefeiert. Die Schule, in der ich arbeitete, lag etwa zwei bis dreihundert Meter Luftlinie entfernt vom Sprengstoffwerk. Die PGH lag etwa dazwischen. Es war so kurz vor sechzehn Uhr, als ein ohrenbetäubender Knall die Luft erzittern ließ. In der Schule zersprangen etliche Fenster. Es klirrte beträchtlich, und die Glasscherben flogen durch die Luft. Die Kinder, die noch in den Hort gingen, hatten gerade das Gebäude verlassen. Bloß gut, so passierte ihnen nichts. Die Mutter eines Kindes aus meiner Gruppe stand mit ihrem Fahrrad neben mir. Erschrocken duckten wir uns. Aber es gab nicht noch eine Explosion. Kurz darauf hörte man die Sirenen der Feuerwehr- und Krankenwagen, die mit Geheul in Richtung Sprengstoffwerk fuhren. Polizei mit Blaulicht folgte, und die Straßen wurden für jeglichen Verkehr gesperrt.

„Mein Gott", meinte sie, „da ist sicher ein Bunker in die Luft geflogen. Kommen Sie mit? Wir fahren mit den Rädern mal in Richtung des Werkes"

„Ja", meinte ich, „machen wir."

Als wir um eine Ecke bogen, auf die Straße, an der auch die

Arbeitsstätte meines Mannes lag, kamen uns blutverschmierte wankende Gestalten entgegen. Einer, bekleidet mit einem roten Pullover, lag halb im Gras und fuchtelte herum.

Die Frau sagte: „O Gott, das sind sicher arme Verletzte, die keinen Krankenwagen abbekommen haben."

„Ich muss schnell zur Schule zurück", rief ich ihr zu und weg war ich. Nein, das waren keine armen Verletzten, das waren die Arbeitskollegen meines Mannes, sturzbetrunken und mit blutigen Schrammen versetzt. Sie waren nach dem Knall auf einen Schotterberg geklettert, um etwas zu sehen und waren, betrunken wie sie waren, bäuchlings heruntergerutscht. Der Mann im roten Pullover – das war mein Mann! Saß im Gras und sang das Deutschlandlied! In all dem Trubel hat das, Gott sei Dank, niemand mitbekommen. Sein Fahrrad lag neben ihm. Ein Pedal fehlte. Ich versicherte mich, dass niemand in der Nähe war, der uns kannte und hievte ihn hoch. Auf einem Nebenweg, an einem stinkenden Solgraben entlang, bugsierte ich ihn in Richtung Heimat. Erst fuhr ich das Rad ohne Pedale, ging nicht, dann er. Er konnte es trotz der Promille besser als ich. Ein paar kleine Stürze passierten schon, aber du weißt ja, wie das ist, Besoffenen und kleinen Kindern passiert so schnell nichts. Als er mal so dalag, mit dem Kopf kurz vor dem Wasser des Solgrabens, spürte ich ein mächtiges Verlangen, ihm die Beine anzuheben, damit er in den Graben reinrutscht. Das tat ich aber nicht! Nicht jedem Verlangen kann man nachgeben!

Zuhause angekommen bekamen wir gerade 20 Zentner Kohlen. Da gab doch mein Mann, das letzte Geld was wir hatten, ganze 20 Ostmark, großspurig als Trinkgeld! In totaler Geberlaune und alles, weil Deutschland Weltmeister geworden war! Nein, das Geld hat mir Deutschland nicht erstattet! Vielleicht hätte ich es beantragen sollen, aber wie? Der Gedanke daran amüsiert mich heute noch.

Ich war froh, als er endlich im Bett lag.

Kindermund

Das erste Wort, das unser erstgeborener Sohn sprechen konnte, war: „Toooor". Schon an seinem Stubenwagen schaukelten oben ein paar kleine Fußballschuhe. Die vielen Stunden auf dem Sportplatz prägten unsere Herren Söhne in die richtige Richtung. Nein, auch das war nicht schlecht, es war gut so. Hier konnte so schnell nichts passieren, jeder kannte jeden und jeder wusste, zu wem jedes einzelne Kind gehörte. Einmal kam der Größere der beiden rein und meinte kreidebleich: „Der Kleine ist weg." Das kam ja nicht ganz so selten vor. Alles schwärmte aus, das Kind zu suchen. Bis ihn jemand entdeckte. Er saß auf dem Dachfirst des Kartenhäuschens und sang vor sich hin: „Das macht die Liebe allein."

Sein großer Bruder, zwar nur ein Jahr älter, geriet immer in Panik, wenn der Wicht nicht zu sehen war.

Als sie in der Zeit, als Deutschland die Weltmeisterschaft gewonnen hatte, in einen anderen Kindergarten mussten, begrüßte sie die Leiterin mit den Worten: „Na, ihr beiden, habt ihr denn auch schon ein Lied gelernt?"

Sie sahen sich nur kurz an und ohne jede Absprache stimmten sie sofort dieses Lied an: „Fußball ist unser Leben, denn König Fußball regiert die Welt." Tadelnd und irritiert sah mich die Leiterin an.

Ich sagte nur, das Lachen unterdrückend: „Wie Sie sehen, die Jungs können sich etwas merken" und versuchte, zu einem anderen Thema umzuschwenken.

Ähnlich erging es mir bei einem Arztbesuch mit den Jungs. Auch kurz nach dem Sieg gegen die BRD.

„Na", meinte die Kinderärztin, „na, wer ist denn nun euer großes Vorbild, Hoffmann oder Sparwasser?"

„Hören Sie doch mit denen auf", antwortete mein Großer, „Sie müssen mal Beckenbauer oder Netzer spielen sehen."

Ja ja, die Burschen haben mich so manches Mal in Verlegenheit gebracht.

In einer Niederschrift schrieb der eine Junge, dass Hitler der große Arbeiterführer wäre und Thälmann hätte den Krieg angefangen. Meistens musste ich dann strammstehen und wurde nach meinen Erziehungsmethoden gefragt. Auch welche Programme die Kinder im TV sehen. Ob die Uhr vor den Nachrichten rund oder eckig ist, das wurden die Kinder in der Schule oder im Kindergarten gefragt. Warum, willst du wissen? Ja, dann wussten sie, ob im Elternhaus Westfernsehen geguckt wurde.

Ein älterer Lehrer meiner Jungs war in einem Dorf stellvertretender Bürgermeister. Für einen 10-jährigen ja ein schweres Wort. Als er darüber schreiben sollte, hat er es so beschrieben: „Wenn der von

Gnadau keine Zeit hat, dann ist mein Lehrer der Bundeskanzler von Gnadau!" Gnadau ist ein ganz kleiner Ort, in dem die Herrnhuter ansässig waren. Wenn ich einen Anruf bekam, dass ich zur Schule kommen sollte, wurde mir schon immer kalt und heiß. Ich wusste ja nie, was sie wieder verbockt hatten. Natürlich musste ich nach der Aussage wieder antanzen. Bei einem Quiz gab es einmal die Frage: Wer war Lenin?

Mein Sohn schrieb treu und brav mit steiler Kinderhandschrift: „Der Erfinder der Luftpumpe"!

Keine Ahnung, wie er darauf kam. Nein, wirklich nicht. Das habe ich nie gesagt!

Abschied zur NVA (Nationale Volksarmee)

Wie in jedem Jahr mussten einige der jungen Spieler den Wehrdienst bei der NVA (Nationale Volksarmee) antreten. Natürlich wurden sie gebührend verabschiedet. Das einzige Tanzlokal mit Bar, usw. lag nur wenige Häuser von der Wache, Station der Volkspolizei, entfernt. Nach einem ausgelassenen Gelage befanden wir uns stimmungsvoll auf der Straße. Gegen 01:00 Uhr war es aus mit dem Feiern. Da wurde sie zugemacht, die Bude. Nicht wie heute, wo es bis in den frühen Morgen geht.

Unglücklicherweise fand jemand die Idee lustig, das Deutschlandlied zu singen. Morgen in Uniform der Volksarmee? Aber heute noch mal schnell das verbotene Lied singen. Ja, vielleicht war das ja eine Auflehnung, und die Idee entsprang nicht nur aus einem alkoholumnebelten Hirn. Egal was und wie auch immer, wir sangen einträchtig und stimmgewaltig die Hymne von Deutschland. In der Höhe der Wache angekommen gingen dort die Türen auf und vier Polizisten stürmten raus und nahmen die Männer unseres Chors fest. Da ich die einzige Frau war, stand ich urplötzlich mitten in der Nacht allein auf der Straße. Angst um mich hatte ich nicht, aber um die Männer. Also klingelte ich an der Tür der Polizei.

Unwirsch wurde ich gefragt: „Was wollen Sie denn hier?"

„Ich will verhaftet werden", bat ich, „ich gehöre zu den Männern da drin, und ich habe auch das Lied gesungen." Überrascht sah mich der Polizist an.

„Seien Sie doch froh, dass sie draußen sind, so einfach wird das nicht", meinte er.

„Nein, das sehe ich anders", sagte ich, „Sie können mich nicht so mutterseelenallein hier draußen lassen. Was ist, wenn ich vergewaltigt werde, zahlen sie dann die Alimente? Und übrigens habe ich auch gesungen! Das ist ja diskriminierend. Nur weil ich eine Frau bin, verhaften Sie mich nicht, wo bleibt da die Gleichberechtigung? Und außerdem fragen Sie mal die da drin nach dem Text der deutschen Hymne, den können die nicht. Aber ich kann ihn, also bin ich die Hauptschuldige und Sie müssen mich da reinlassen."

Warum ich so verzweifelt um eine Festnahme gekämpft habe? Mir war klar, dass, wenn die Männer da drin provoziert würden, alles aus dem Ruder laufen könnte. Da Widerstand gegen die Staatsgewalt im Osten sehr hoch bestraft wurde, waren alle in Gefahr, etwas Unüberlegtes zu tun. Wie ich es verhindern könnte, das wusste ich nicht, aber dass ich es verhindern musste, war mir klar. Die Herren Fußballer hatten auch eine mächtig große Klappe, aber sie waren nicht handgreiflich geworden. Ich zog das Gespräch auf mich und ließ die Kerle Aufstellung nehmen.

„Los", meinte ich, „ich mache den Chorleiter und ihr beweist mal den Herren in Grün, dass ihr den Text kennt." Eins zwei drei und los ... sie stotterten sich ab und kein zusammenhängender Satz kam dabei heraus. „Seh'n Sie, sie können den Text überhaupt nicht, also haben sie nur so getan", stellte ich fest.

Inzwischen hatten sie natürlich auch ihren Status in der Stadt lauthals bekannt gegeben, so etwa mit den Worten: „Wisst ihr denn nicht, wer wir sind? Wir spielen in der DDR-Liga!" Und tatsächlich, nach einem Telefonat, mit wem auch immer, konnten wir das triste Zimmer der Volkspolizei verlassen. Ich war heilfroh, aber ich glaube, die Vopos auch. Uns wäre nichts passiert, meinte mein Mann später, die hätten uns da schon rausgeholt. So ganz sicher war ich mir da aber nicht. Nein, ganz und gar nicht.

An und Verkauf

So, interessiert dich unser Leben so sehr, dass du auch wissen willst, wie wir zu Dingen gekommen sind, die es eigentlich nicht gab? Aber hallo, meinst du wir haben uns jeden Tag in der vermaledeiten Politik verloren? Nein, das kannst du nicht ständig durchhecheln.

Jeder Tag stellte uns vor neue Herausforderungen und im Improvisieren waren wir mehr als gut. Wir haben ja auch gelebt. Gern gelebt und uns das Leben versucht, so zu gestalten, dass wir auch Spaß hatten. Und den hatten wir! Nicht zu knapp, kann ich dir sagen. Ich glaube heute noch, wir konnten ausgelassener und fröhlicher feiern, als die Leute im Westen. Vielleicht lag es ja daran, dass wir nicht viel zu verlieren hatten. Noch nicht mal die Freiheit, die hatten wir ja nicht. Alle saßen irgendwie im gleichen Boot, nur waren es manchmal eben Jachten und manchmal Paddelboote. Aber alle waren wir wie auf einem See und drehten uns im Kreis. Immer und immer wieder. Jedenfalls gab es nicht so ein Ausgeprägtes „Was hast du, was ich nicht habe"-Denken.

Dass es in der DDR äußerst wenig Geräte wie Fernseher, Radios, Autoradios, Waschmaschinen, eben all die elektronischen feinen Sachen gab, ist sicher auch dir bekannt. Wenn, dann in total anderer Qualität. Natürlich waren auch hochwertige Geräte vorhanden, aber wenn, dann sehr teuer, und da diese Dinge ja gern gegen D-Mark ins Feindesland exportiert wurden, guckten wir eben buchstäblich in die Röhre! Aber wir wussten natürlich, was es so alles an tollen Geräten gab, und natürlich guckten wir neidisch nach dem Westen und unternahmen die unmöglichsten Anstrengungen, in Besitz der Sehnsuchtsobjekte zu kommen. Was wurde da gebastelt und getauscht. Tuner wurden heimlich in Fernsehgeräte eingebaut und so mancher legte einen doppelten Monatslohn hin, um sich einen Kassettenrekorder mit einem Laufwerk zu kaufen. Zwei Laufwerke gab es nicht. So konnte man, wenn man die verbotenen Sender wie, Soldatensender, Freiheitssender, RIAS, Radio Luxemburg einigermaßen gut empfangen konnte, die beliebten Songs aufnehmen, jedoch anschließend nicht kopieren oder zusammenstellen.

Für Musikaufnahmen vom Fernsehen musste absolute Stille im Zimmer sein. Also nicht quatschen und nicht laut atmen. So manches Mal stürzte jemand lautstark ins Zimmer und die Aufnahme war futsch. Heimlich schrieben wir von den Sendern die Programme mit, damit man wusste, wann man mal wieder die heißgeliebten und verbotenen Songs aufnehmen konnte. Der Schwarzhandel mit solchen Kassetten blühte im Verborgenen so richtig auf. Heiß begehrt waren natürlich die Geräte aus dem Westen mit Doppelkassettendeck. So konnte man auch Kassetten überspielen. Mancher brave DDR-Bürger bekam von den lieben Verwandten aus dem Westen solche Geräte geschenkt. Da auch oft bei unseren Otto-Normalverdienern das Geld knapp war, wurden die Geräte auch gern verkauft. Um vielleicht den Bürgern den Frust etwas zu nehmen, konnten nach vielem Hin und Her private und auch staatliche An-und-Verkauf-Läden eröffnen. Immerhin gab es da ja für den Staat etwas zu verdienen. Etwa 20 Prozent vom Verkaufspreis erhielt er einfach mal so.

Als wir dabei waren, unser Haus auszubauen, lernten wir im Rahmen der „Feierabendtätigkeiten" auch Leute kennen, mit denen uns bald auch freundschaftliche Bande verknüpften. Wenn ich auch heute die viel gepriesenen Freundschaften aus DDR-Zeiten mehr für Zweckgemeinschaften halte, so sind da und dort, wenn auch die Gesinnung übereinstimmte, wirkliche Freundschaften entstanden.

Mit der Familie unseres „Haus- und Hof-Elektrikers" freundeten wir uns sehr schnell an. Da auch die Tochter mit in der Clique unserer Söhne war und auch teilweise die feste Freundin von einem unserer Jungs, gab es halt noch eine andere Ebene. Da wir auch in der gleichen Siedlung wohnten, trafen wir uns des Öfteren zu einem kleinen Umtrunk, der auch manchmal etwas größer wurde. Wunderschöne Abende waren das und ich denke sehr gern an diese Zeit zurück. Auch die Tochter mochte ich unwahrscheinlich gern. Sie war so ein unkompliziertes und lebhaftes Mädchen, mit der wir viel Spaß hatten. War in unserer Dorfgemeinschaft was los, gingen wir auch oft mit der Jugend mit.

Ja klar, auch da gibt es Geschichten. So gingen wir mal mit unserer Jugend zum Karneval. Da wurde rumgeschneidert und in alten Klamotten – die hatten wir ja genug, es wurde ja nichts weggeschmissen –, gesucht, bis jeder irgendwie verkleidet war. Du, das hat mir oft viel besser gefallen als die jetzt im Handel gängigen Kostüme.

Ich hatte mir ein Punkerkostüm gemacht und überlegte nun, wie ich zu bunten Haaren kommen könnte. Letztendlich blieb mir nichts weiter übrig, als mit Temperafarben, die ja wasserlöslich sind, und viel Haarspray einen Hahnenkamm zu frisieren. Ja klar, beim Tanz floss da schon so mancher farbige kleine Sturzbach im Gesicht oder Nacken hinunter. Aber das fiel nicht weiter auf. Jedenfalls mir nicht. In den

Ruhephasen, in denen gelacht, getrunken und gelästert wurde, trocknete der Mist eh gleich wieder. Als der Abend zu Ende ging und alles so Richtung Ausgang drängte, wurde ich Zeuge, wie wohlsituierte Leute sich etwas böse schubsten und der große Spiegel im Eingangsbereich zu Bruch ging. Stillschweigend suchten die Verursacher das Weite. Die Wirtin kam übelst schimpfend raus und konnte sich wegen des Schadens überhaupt nicht wieder einkriegen.

„Klar", meinte sie, „das waren wieder die Rotzgören vom Jugendklub. Na, die soll ich man erwischen, die kommen hier nicht mehr rein."

„Nun bleib mal ganz unruhig", mischte ich mich ein, „du machst es dir da sehr einfach. Hast du denn gesehen, wer das war und beschuldigst du mal wieder die Jugendlichen? Die hast du doch sowieso auf dem Kieker, sie machen wohl nicht genug Umsatz, oder?"

„Die kommen mir ständig dumm, sind frech und lassen sich nichts sagen", tönte sie wutentbrannt.

„Kein Wunder", meinte ich, „so wie man in den Wald hineinruft, so schallt es eben auch wieder heraus! Die sind ganz in Ordnung, glaub mir, die sind ja oft genug bei mir, und wenn sie etwas kaputtmachen, würden sie es auch zugeben!"

„Ja ich weiß", schimpfte sie weiter, „die sind ständig bei dir. Weiß auch nicht, was du davon hast, wenn sie bei dir rumlümmeln. Nimmst sie ja auch ständig in Schutz! Die waren ja mit der verrückten Kati auch hier und ich könnte wetten, dass die mit ihrer Wildheit den Spiegel kaputtgemacht hat. Wenn ich die schon sehe … Ein freches Weib ist das, eingebildet und unanständig. Na, das müsste meine sein, der hätt' ich schon …"

„Was, was hättest du dann, was denn? Du wirst beleidigend, und das lasse ich nicht zu", rief ich wütend. „Nichts hättest du gesagt oder getan! Die Eltern waren doch auch hier, und? Haste denen mal mächtig den Marsch geblasen? Aber weißt du", überlegte ich laut, „vielleicht finden wir mit den Fußballern auch eine andere Kneipe. Gibt ja überall das gleiche Bier! Wenn du dich mit den Jugendlichen anlegst, bist du uns los. Ich habe gesehen, wer von den Leuten den Spiegel kaputtgemacht hat, aber ich werde es dir nicht sagen. Aber es waren deine hochwohlgeborenen Gäste, um die du ständig herumscharwenzelst, verstehst du?" Da wurde sie still und sah wahrscheinlich ihre Felle schwimmen und lenkte ein. Denn die

Fußballer waren gute Gäste, die so manche Ostmark in der Kneipe ausgaben.

Beruhigt und zufrieden ging ich nach Hause. Meine Familie und auch Kati waren schon da, und ich erzählte von dem Vorfall, den sie ja nicht mitbekommen hatten. Ich ging kurz ins Bad und versuchte, die Haare sauber zu bekommen. Noch nass und nur im Schlüpfer, Shirt und Strümpfen sprachen wir weiter davon.

Dabei übernahm ich die Worte mit dem höhnischen Tonfall der Wirtin und sagte zu Kati: „Und du, du bist ja sowieso verrückt, eingebildet und unanständig!"

Da sah mein Sohn mich entsetzt an und Kati mit Tränen in den Augen flüsterte: „Dass du so etwas über mich sagst, nein, das hätte ich nie gedacht!"

Mein Sohn noch dazu: „Nee, da bist jetzt aber zu weit gegangen, das kannst doch nicht machen."

Kati schnappte ihre Jacke und stiefelte enttäuscht davon. Weißt du, sie hat mich immer an so ein Rock 'n' Roll Mädchen erinnert. Wippenden Pferdeschwanz und auch so die Haltung. Wenn sie ärgerlich war, verschwanden die Hände bei hochgezogenen Schultern in den Taschen und sie suchte das Weite. So wie in dieser Situation.

Zu meinem Sohn rief ich, der schon die Türklinke in der Hand hatte: „Na, seid ihr denn alle meschugge, geworden? So war das doch nicht!"

Zu Kati: „Nun warte doch Kati, du hast das falsch verstanden." Aber nein, sie stapfte weiter und ich in meinem Aufzug hinterher. Es war November und kalter Schneematsch bedeckte die Wege. Bis zur nächsten Kreuzung lief ich ohne Schuhe und in Unterwäsche auf der Straße hinter ihr her. Bis sie endlich kapiert hatte, was ich ihr zurief. Da lagen wir uns lachend und weinend in den Armen. Du, wenn das jemand gesehen hat, und mit Sicherheit hat man das, die haben bestimmt gedacht, wir wären volltrunken. Bissel schon, aber voll waren wir nicht. Solche Art Geschichten erlebte ich oft mit der Clique.

Ihre Eltern hatten nach langen Überprüfungen die Genehmigung bekommen, einen An-und-Verkauf zu eröffnen. Zwar in einer Kleinstadt, 10 km von uns entfernt, aber das konnte man sich nicht aussuchen. Das waren damals die tollsten Geschäfte und da sie auch sehr beliebt und kulant waren, florierte das Geschäft super. Da konntest du von den begehrten Westgeräten über Klamotten, Geschirr, Möbel bis hin zu

Onkel Gustavs Tabakspfeife aus dem 18. Jahrhundert alles kaufen.

Wir sind öfter mal rübergefahren und mir hat der Verkauf – wenn ich da war, habe ich auch etwas geholfen –, Spaß gemacht. Die Familie verreiste im Sommer und in den anderen Ferien sehr gern, und eines Tages wurde ich gefragt, ob ich nicht die Vertretung machen könnte. Habe ich natürlich gemacht und da ich nach einer Wirbelsäulen-OP mal für einige Zeit zu Hause war, war das auch kein Problem. Und so entwickelte sich mein Verkaufstalent. Wusste bis dahin nicht, dass ich es hatte, aber das kristallisierte sich schnell heraus. Es dauerte nicht lange und ich ließ mich auf einen Arbeitsvertrag ein. Großzügig wurde ich für eine Vollbeschäftigung entlohnt, brauchte aber nur vormittags oder nachmittags arbeiten. Dazu wurde ich noch per Auto abgeholt und nach Hause gebracht. Wir hatten viel Spaß im Geschäft und ab und zu machte ich auch den Ankauf. Von den gekauften Sachen konnte ich mir, natürlich nachdem die Inhaber geguckt hatten, ob sie etwas gebrauchen könnten, aussuchen, was ich selbst haben wollte.

Eines Tages standen kurz vor Ladenöffnung drei Männer vor dem Schaufenster und schimpften über den Preis von ein paar nagelneuen Knöchelturnschuhen. Immerhin war der Neupreis, wenn man sie im Laden überhaupt bekam, 280 Ostmark. Wir hatten sie für 180 Mark angeboten.

Da bin ich raus und meinte: „Was regt ihr euch so auf, sind doch noch hundert Mark weniger als im Geschäft."

„Ja sicher", meinte einer von den Meckerern, „aber das ist hier ein Gebrauchtladen und da hat es nicht so teuer zu sein!" Meckernd stimmten die anderen Männer mit ein.

„Wo kommt ihr überhaupt her?", wollte ich wissen, „hab euch hier noch nicht gesehen?"

„Wir sind aus der Reha-Klinik", wurde ich belehrt. „Ach", staunte ich, „ihr habt einen Herzinfarkt gehabt?" Und als sie nickten, schoss ich weiter: „Na, kein Wunder! Wenn ihr euch über alles so aufregt. Geht lieber zurück und meckert hier nicht rum, sonst bekommt ihr hier gleich noch einen Infarkt. Auf euren Grabstein steht dann: Sie regten sich auf über den Preis der Schuh, nun haben sie ihre Ruh." Schimpfend drohten sie mir und machten sich von dannen.

Lachend wurde ich im Laden empfangen. „Na, denen haste es aber gegeben", sagte Katis Vater.

„Na, ist doch wahr, da meckern sie hier über deine Preise und beim Konsum legen sie still und brav 280 Mark für solche Schuhe hin", ich schüttelte nur noch mit dem Kopf.

Als ich mal zusammen mit Katis Mutter den Laden machte, kam eine ältere etwas dickliche Frau rein. Sie wollte mindestens zwei Röcke, eine Bluse und ein Kleid kaufen. Sie suchte sich etwas aus und verschwand in der Kabine. „Kann mir mal jemand helfen", rief sie. Diensteifrig und freundlich ging Liane zu ihr.

Nach einer Weile kam sie blass raus und meinte zu mir: „O, das schaff ich nicht, die Frau stinkt zum Gotterbarmen, mir ist schon ganz schlecht."

„Das sieht man dir an", flüsterte ich, „lass mal, ich mach das schon". In der Kabine half ich der Frau in einen Rock, der war natürlich zu eng.

Ich meinte nur: „Wenn Sie 5 Pfund abnehmen, passt er wunderbar!" So ging das mit jedem Kleidungsstück weiter. Innerhalb von wenigen Minuten hatte ich ihr alles verkauft, nicht ohne ab und zu vor der Kabine nach Luft zu schnappen. Mit angehaltenem Atem ging es zum nächsten Kleidungsstück und schwupp, war sie wieder raus. Liane kam aus dem Lachen nicht wieder raus und freute sich vor allem über die Schnelligkeit.

Mittags machten wir zu, von 13 bis 15:00 Uhr. Kurz vor 13 Uhr kam ein Mann ins Geschäft, in totalen Arbeitsklamotten, wie man sie so auf dem Land trägt. Er holte aus der Tasche eine Rolle Geld, ziemlich viel Geld.

„Ich komme vom Hof und da brauchen wir nicht viel Sachen, aber jetzt heiratet meine Tochter und da möchte ich für meine Frau ein Kostüm oder Kleid, für mich einen Anzug und ein Hemd, für meinen Sohn eine Hose und ein Hemd, für die eine Tochter ein Kleid und für die anderen Töchter, die noch Kinder sind, auch etwas Schönes, kaufen", so in der Form drückte er sich aus. Schon stürmte ich los, fragte immer kurz nach den Größen und er verglich sie mit vorbeigehenden Passanten oder mir und in nur 15 Minuten hatte ich alle eingekleidet. Er war zufrieden, bezahlte und war weg. Kurz vor dem Feierabend war es mehr Umsatz, als ich den ganzen Vormittag hatte. Später kam mal eine von den Töchtern in den Laden und bedankte sich für die schönen Sachen. Ein Wunder war es schon, dass alles auch gepasst hat.

Da wir gern feierten, wurden wir auch an einem Frauentag, dem 8. März, großzügig vom Chef bedacht. Inzwischen hatten wir noch eine Verkäuferin eingestellt. Mit Blumen, einer Flasche Rotwein und Konfekt wurden wir zum Dienst empfangen. An dem Tag hatten wir nur bis 13 Uhr geöffnet und danach war in der einzigen guten Gaststätte ein Tisch für uns reserviert. Mein Mann sollte uns so gegen 16 Uhr abholen. Die Flasche Wein leerten wir schon bis Mittag und waren demnach schon recht lustig, als wir zur Gaststätte gingen. Da wurde gut gegessen und noch besser getrunken. Auf jeden Fall waren wir so gut drauf, dass das Personal schon die Läufer einrollte, damit wir beim Tanzen nicht stürzen. Singend, mit erhobenen Gläsern und auf den Stühlen stehend, prosteten wir anderen Besuchern fröhlich zu. Mein Mann hat fast die Speisekarte hoch und runter gegessen, er durfte ja nichts trinken. Gegen 20 Uhr hatte er es geschafft, dass wir ins Auto stiegen, um heimwärts zu fahren. Vorher mussten wir unserer Verkäuferin noch helfen, das Schlüsselloch zu finden und im Nachhinein erfuhren wir, dass sie auf allen vieren die Treppe hoch ist und auf dem Bettvorleger geschlafen hat. Das arme Mädchen war das erste Mal im Leben ziemlich betrunken und ihr Mann, ein ziemlicher Pedant, hat wohl tagelang nicht mit ihr gesprochen. Wir fuhren quietschvergnügt heimwärts.

Unterwegs meinte Liane: „Ich habe noch schöne Soljanka zu Hause, ihr kommt noch mit zu uns."

„Ja gut, aber nur, wenn wir nichts mehr trinken müssen", meinte ich.

Gesagt getan, Liane wuselte in der Küche rum und der Chef und mein Mann waren im Wohnzimmer. Da wurden die schönsten Schallplatten mit Countrymusik vorgekramt und die Musik wurde immer lauter. Bekannte Songs sangen wir mehr oder weniger richtig mit und hatten eben einfach nur Spaß. Auf einmal polterte etwas die Kellertreppe hoch, ja hoch und nicht runter, es war Liane mit 'ner Flasche rotem Sekt. Diese kullerte auf dem Boden in Richtung Küche.

Sie wollte sie gerade öffnen, da sprang mein Mann hinzu und riss ihr die Flasche gerade noch rechtzeitig aus der Hand, um sie schnell aus dem Fenster zu halten. Ein paar Tropfen verwandelten noch das Tapetenmuster in ein zartes Rosa, der Rest sprudelte in den Vorgarten. Der Sekt hätte die ganze Küche wahrscheinlich in ein rotes Muster getaucht. Lachend wurde die nächste Flasche geholt und so saßen wir einträchtig auf dem Teppich mit Soljanka und Brot, hörten laute Countrymusik und schlürften noch ein Gläschen Sekt dazu. Zwischendurch ging die Schiebetür zum Wohnzimmer auf und die kleine Tochter guckte ins Zimmer, vielleicht so 13 Jahre alt und rief in unsere Richtung: „Oooch, Mama, macht doch nicht so laut!" Da griff Mama beide Türseiten und mit den Worten: „Doch, wir machen heute laut" knallte sie die Türen zu. Aber wir drehten dann doch die Dezibel etwas runter.

Ja, wir hatten gemütliche und schöne Abende mit unseren Freunden. Das liegt mit Sicherheit immer an den Menschen selbst, da ist es egal, ob Ost oder West. Große Ansprüche hatte ich nie ans Leben, aber an Freundschaften schon. Gute Bekannte sind noch lange keine Freunde. Nur, wem ich alles anvertrauen kann, zu dem ich immer kommen kann, egal zu welcher Zeit und Stunde, der versucht, mich zu verstehen und der mich auch mal auf den Boden der Tatsachen zurückbringt, den würde ich vielleicht als Freund bezeichnen. Dann kann ich sehr loyal sein und lehne mich für diese Menschen weit raus. Heute wird viel zu schnell der Begriff – Freund – verwendet. Leider! Freunde liebe ich als Menschen und habe sie fürs Leben. Andere Formen der zwischenmenschlichen Beziehungen lösen sich einfach auf. Dann weißt du, es war Berechnung dabei.

Klinik, dann Erbschaft

Wie sagt man so schön? Ein blindes Huhn findet auch mal ein Korn! Ich hab' es nicht gefunden, es fand mich. Nicht als Huhn, nein, eher als Maikäfer. Denn ich lag auf dem Rücken und konnte mich kaum bewegen. Wie schon erwähnt, wurde ich 1984 an der Wirbelsäule operiert. Es war ein Drama pur und eine tierische OP.

Es war Anfang November, und ich hatte schon etliche Nächte auf dem Teppich verbracht. Hexenschuss, wie man so sagt. Passt ja, manchmal wird mir zu diesen mystischen Wesen eine Zugehörigkeit angedichtet. Meinem Mann ging es nicht so gut, er hatte eine Angina und ich wollte ein paar Flaschen Milch für Pudding holen. Kein Allheilmittel gegen Angina, rutscht aber gut die Kehle runter. Zu Fuß machte ich mich auf den Weg. Der kleine Konsum war nur fünf Minuten entfernt. Auf dem Rückweg passierte es dann. Es war so ein Gefühl im

Rücken, als ob Steine aufeinander reiben, und mir rutschte der Beutel mit der Milch langsam aus einer zusehends kraftlos werdenden Hand. Als ich ihn hochheben wollte, knirschte es nochmals. Den Beutel mit den noch ganzen Flaschen schob ich über den angewinkelten Arm und ging auf unsicheren Beinen heimwärts. Am nächsten Tag sollte eine von der Schule geplante Exkursion nach Potsdam stattfinden.

„Mir geht's nicht gut", sagte ich zu meinem Mann, „ich lege mich jetzt in die Wanne, vielleicht wird es besser."

Schmerzen hatte ich noch keine, aber so ein taubes Gefühl in den Beinen. Damals hatte ich lange schwarze Haare und hatte mir gerade eine von den stinkenden Dauerwellen machen lassen. Ohne sie zu föhnen, legte ich mich nach dem warmen Bad ins Bett. Mitten in der Nacht kam der Schmerz. So gewaltig, als würde mir jemand ein glühendes Messer in den Rücken rammen. Ich schrie auf und merkte, dass ich mich kaum bewegen konnte. Gegen sechs Uhr hielt ich es nicht mehr aus.

„Mach was", flüsterte ich, „hol einen Arzt oder, nein, hol nicht den Krankenwagen, wer weiß wo sie mich hinbringen, und hier will ich zu keinem Arzt." Schon seit geraumer Zeit wurde ich in einem Klinikum behandelt, das zu einer Schweizer Stiftung gehörte.

Warum, fragst du? Ja, weißt du, das Gesundheitswesen der DDR war damals nicht so gut, wie es gern hingestellt wurde, und ich hatte wenig Vertrauen zu den Chirurgen. Doch gab es einige Kliniken, die einen guten Ruf hatten, und ich entschied mich für diese, weil dort Ärzte praktizierten, die nicht mit dem System der DDR kooperierten oder auch bereits einen Ausreiseantrag gestellt hatten. Schon zehn Jahre zuvor wurde ich dort am Knie operiert und bekam danach noch zehn Spritzen in dieses Gelenk. War zwar eine Tortur, aber ich hatte gute fünfzehn Jahre keine Beschwerden mehr. Betreut wurde man zu dieser Zeit von Diakonissen, so in schwarzer Tracht und dem schneeweißen Häubchen auf dem Kopf. Eine von ihnen erzählte mir von den DDR unwilligen Ärzten, und dass sie woanders keine Chance mehr hätten. Aber auch, dass die Spritzen aus den USA kämen und schweineteuer wären, und dass man jene nur in der Stiftung bekommen würde. Da der Chefarzt, ein Orthopäde, der mich in den Siebzigern am Knie operierte, eine Koryphäe auf seinem Gebiet war, habe ich die 120 Ostmark investiert und mich privat behandeln lassen. Jede nachfolgende Untersuchung kostete dann so um die 25 Mark.

Als ich mich mit einem Lebewohl nach der Knie-OP verabschiedete, nachdem ich, wie er feststellte, seine Station wuschig gemacht habe, meinte er nur: „Wir sehen uns hier wieder. In spätestens zehn Jahren liegen sie wieder auf dem OP-Tisch." Ernüchtert verließ ich die Klinik. Was ich da angestellt hatte? Na, weißt du, es gab damals noch Krankensäle. Zwanzig Leute lagen zusammen in einem Saal. Dort, wo ich mich nach der OP wiederfand, waren es 14 Kinder und sechs Erwachsene, deren Bereiche lediglich mit beweglichen Trennwänden voneinander abgeteilt waren. Du, da konntest du allerhand erleben.

Einmal, nachdem die Schwestern um Ruhe gebeten hatten, was immer geschah, wenn ein frisch operierter Patient reingeschoben wurde, ging die große Flügeltür auf und eine ziemlich füllige Dame wurde aus dem OP Saal zurück in den Saal geschoben. Wir waren alle leise. In der Mitte von unserem Saal war ein ziemlich breiter Gang. Alles guckte zu der Patientin in der Annahme, sie sei noch halb in Narkose. Auf einmal setzte sie sich auf.

Mit dem weißem OP Hemd und der Zipfelmütze aus Gaze sah sie aus wie ein kostümierter Buddha und schimpfte heulend lautstark los: „Alles Verbrecher, alles Schweine, ich bringe sie alle um, huuuhuuu, das werden sie büßen, huuuhuuu, die haben mir ohne Narkose an beiden Füßen die Ballen abgesägt. Nur Spritzen habe ich bekommen, huuuhuuu, das tat wahnsinnig weh. Verbrecher sind das, haben versprochen, dass ich eine Narkose bekomme, aber nein, der eine Arzt schnappte das eine Bein und sägte los und der zweite Arzt das andere Bein, huuuhuuu."

Wir starrten sie entgeistert an. Es war ein groteskes Bild. Ich mochte mir nicht vorstellen, was da passiert war. Sie schimpfte, zeterte und weinte, bis sie im Bett lag. Dann gab man ihr eine Spritze und sie schlief ein paar Stunden. Dass ich mir jemals die Ballen am Fuß entfernen lassen würde, falls ich mal welche bekomme, stand nun nicht mehr auf meiner Agenda.

Eine andere Patientin hatte eine Narkose vor sich, und wir erzählten ihr eindringlich, dass die Schwestern sie in der Aufwachphase aushorchen würden. Sie muss das als ein extrem unwürdiges Szenario empfunden haben, sodass sie, als ihr Mann nach der OP bei ihr am Bett saß, auf jede Frage von ihm antwortete: „Du willst mich bloß aushorchen, ich sage nichts!" Die Lehrerin neben mir kam aus dem OP und saß kerzengerade im Bett und unterrichtete, zum Gaudi der Kinder, Mathe.

Damals lag man nach einer Knie-OP, Arthroskopien gab es noch nicht, immer so circa 14 Tage im Bett. Man durfte nicht aufstehen und die Physiotherapeutin quälte uns gekonnt im Bett. Da liegst du nun und der Kopf juckt, du durftest ihn ja nicht waschen, und sehnst dich nach einer schönen warmen Haarwäsche.

Der Nachtschwester jammerten wir so lange etwas vor, bis sie weich wurde und sagte: „Also, früh um fünf Uhr bring ich euch Schüsseln mit warmem Wasser und ihr könnt euch gegenseitig helfen. Aber ihr müsst um sechs Uhr dreißig fertig sein, dann kommt der Chefarzt." Da zwei von den Frauen aufstehen durften, konnte die Verschönerungskur beginnen. Lockenwickler hatte eine von uns Frauen mit und auch einen uralten Föhn. Also ging es pünktlich los. In meinem Bett lagen so die Utensilien rum, und ich hatte gerade drei oder vier Wickler drin, als die Tür aufging und der Chefarzt kam, nein, er erschien!

„Was ist denn hier los", polterte er, „ist das denn hier ein Friseursalon oder ein Krankenzimmer?" Dabei starrte er mich nicht gerade fröhlich an.

„Herrgott noch mal", konterte ich, „Sie sind zu früh dran, wären Sie später gekommen, hätten Sie nur strahlende Schönheiten in ihrem Saal vorgefunden! Wir sahen ja schon wie Vogelscheuchen aus und hatten das Gefühl, wir hätten Läuse!"

Ungläubig fixierte er mich eine ganze Weile, und mit den Worten: „Ich komme in einer halben Stunde wieder, dann will ich nichts mehr von dem Unfug sehen und wehe euch, ihr seid keine Schönheiten!", drehte er sich um und verließ, ohne der zitternden Nachtschwester einen Blick zuzuwerfen den Saal. In Windeseile waren wir fertig und lagen still in den Betten, vorher sorgsam bedacht, dass nicht ein Haar auf den weißen Bezügen zu sehen war. Und tatsächlich, er kam und musterte uns.

„Na ja", meinte er leicht schmunzelnd, „es hat wirklich geholfen."

Eine von unseren Leidensgenossinnen war eine lustige Frau. Wenn sie im Bett saß und lachte, vibrierte das ganze Bett. Nun musst du dir vorstellen, es durfte keiner von uns auf Toilette und alle mussten den gehassten Schieber benutzen. Ist ja nicht gerade angenehm.

Privatsphäre gleich Null! Also legten wir fest, und nach einigen Versuchen klappte es auch, dass wir alle gemeinsam das große Geschäft erledigen. Dann konnte man diese peinliche Situation ins Lächerliche ziehen. Da fielen dann schon derbe Sprüche – aber nicht vulgär. Wir zählten so eins zwei drei und ... pressen!! Da es Aluschüsseln waren, klingelte es im Schieber, wenn man Erfolg hatte, was mit Klatschen oder einem Juhu begrüßt wurde. Muss ein super Bild gewesen sein, da sitzen etwa 20 Menschen auf dem Schieber und versuchen, synchron sich zu entleeren. Aber so war es auch ein gemeinsamer Gestank und niemand konnte vorwurfsvoll den Bettnachbarn angucken. Der Patientin, die so rhythmisch lachen konnte, liefen jedes Mal die Tränen aufgrund dieser lustigen Situation. Und schon wegen ihrer untypischen Lachart lachten alle mit. Die Fenster wurden aufgerissen, und bald war das keine peinliche Angelegenheit mehr. Die lustige Frau hatte keine Kinder, aber einen Mann und wir bekamen mit, dass er zu Hause überhaupt nicht klarkam. Er fand seine Strümpfe und andere wichtigen Utensilien nicht und kam oft, auch mit Arbeitszeug, vorbei, um sich Rat zu holen. Als er mal wieder vor lauter Verzweiflung etwas wissen wollte, bekamen wir mit, dass er zu Hause die Haarwäsche suchte. Sie erklärte ihm geduldig, wie die Flasche aussieht und wo sie stand. Zur nächsten Besuchszeit war er wieder da. Aber er sah irgendwie anders aus. Die blonden Haare lagen fest am Kopf, als ob Pomade rein geschmiert worden war. Da ja mehrere Besucher anwesend waren, nahm man das nur so im Unterbewusstsein wahr. Auf einmal lachte seine Frau im Bett sitzend so laut los, dass das ganze Bett schaukelte. Sie konnte sich nicht beruhigen, und irgendwie hilflos verschwand der Mann bald darauf wieder.

Gespannt sahen wir sie an und sie prustete, als der letzte Besucher weg war, los: „Haha, stellt euch vor, hahaha, nee das ist zu lustig, nee, es ist nicht zu glauben, er hat die Haarwäsche gesucht und wisst Ihr, womit er sich die Haare gewaschen hat?? Hahahaaa, mit Intimöl, wirklich mit Intimöl und da fragt er mich doch entrüstet, warum es nicht geschäumt hat!!!" Natürlich hat der Saal gebebt von dem folgenden Heiterkeitsausbruch, der noch durch die Frage eines Mädchens: „Was ist Intimöl?", verstärkt wurde. Aber erst nachdem es bereits voll mitgelacht hatte.

Da ich zu der Zeit ja schon als Erzieherin arbeitete, beschäftigte ich mich viel mit den Kindern, die in unserem Saal lagen. Manche mussten monatelang in einem Gipsbett liegen, um die verkrümmte Wirbelsäule zu begradigen. Also erfanden wir Spiele, die man gemeinsam vom Bett aus machen konnte, übten Mathe und auch Deutsch, sangen und erzählten Geschichten.

Das karge Mittagessen ließ einen Tag ziemlich lange auf sich warten.

Und wir sangen alle aus vollen Kehlen: „Wir haben Hunger Hunger Hunger Hunger, haben Hunger Hunger Hunger, haben Durst! Wo bleibt der Käse Käse Käse, bleibt der Käse Käse Käse, bleibt die Wurst!" Da ging die große Flügeltür auf und die Oberschwester stand mit ihrer Diakonissentracht in der Tür und sang: „Marmeladekarbeladeeisbeinschnitzelblumenkohlsalahahaat".

Erstaunt guckten wir alle in ihre Richtung und wagten nicht, laut zu lachen. Denn: Der Chefarzt stand hinter ihr. Sie drehte sich um, quiekte erschrocken auf und mit wehendem Gewand stob sie eilig davon. Er rief hinter ihr her: „Schmeißt die Schwarze da hinten aus meiner Klinik raus. Die bringt uns hier alle um den Verstand!" Er meinte mich, das war jedem klar. Noch bevor zehn Jahre um waren, passierte das mit meinem Rücken. Wir waren ja im Besitz eines Wartburgs (PKW), und trotz Schmerzen dachte ich mir wohl, dass ich damit hinten liegend transportiert werden könnte. Ich wollte zu der Stiftung. Der Chefarzt hatte zu mir gesagt: „Sie können immer kommen, wenn es nicht mehr geht, egal ob am Tage oder in der Nacht, ein Arzt ist immer da." Ich verstand jetzt, er hatte diesen Zustand kommen sehen. Nachdem mein Mann mir eine Trainingshose und einen Pullover angezogen hatte, hängte ich mich auf seinen Rücken und Stufe für Stufe bugsierte er mich die Treppe runter, und nach einigen schmerzhaften Versuchen lag ich irgendwie hinten auf der Rückbank des Autos. Im Schritttempo fuhr er die 15 km.

Warum so langsam? Ja, kennst du denn nicht die Straßen zur DDR-Zeit? Alles uneben, Schlaglöcher, dass man fast drin stehen konnte oder altes Pflaster aus dem Mittelalter. Und so gut war der Wartburg ja auch nicht gefedert. Bei jedem Stoß stöhnte ich auf und musste mich mächtig zusammenreißen, um nicht zu schreien.

Beim Pförtner der Klinik zeigte mein Mann nur nach hinten und wir wurden durchgelassen. Vor dem Eingangsbereich der orthopädischen Klinik hielt er an, machte die Tür zu mir auf und wollte gerade versuchen, mich irgendwie rauszuholen.

Auf einmal erklang hinter ihm eine barsche laute Stimme: „Fassen sie die Frau nicht an!"

Der Chefarzt stand mit Lederjacke und Jeans im Eingang, also in Zivil.

„Warten Sie, ich hole Hilfe", mit den Worten war er verschwunden, und nach wenigen Minuten kam er mit zwei Ärzten wieder und einem Pfleger. Sie mussten mich vorsichtig aus meiner Lage befreien, und ich landete sofort in einem Untersuchungsraum. Der diensthabende Arzt sollte eine Anfangsdiagnose stellen und murmelte so mit rotem Gesicht etwas in Richtung Chefarzt. Mit Argusaugen hatte dieser, noch immer in Zivil, die Untersuchungen verfolgt. Da polterte er los: „Was wollen Sie sein, ein Arzt? Wenn Sie pfuschen wollen, müssen Sie ins Baugeschäft gehen. Sehen Sie denn nicht, dass hier das Kausalsyndrom einsetzt, die Frau muss sofort in die Uniklinik zur CT."

Es war einer der hässlichen nebeltrüben Tage im November. Man hievte mich in einen Krankenwagen und los ging die Fahrt zur Medizinischen Hochschule nach Magdeburg. Dort befand sich der weit und breit einzige Computertomograf. Ist ja nicht schlimm, denkst du, ich war ja bereits in dieser Stadt? Ja, schon, aber du kanntest unsere Krankenwagen nicht und natürlich auch nicht den Zustand der Straßen. Schon nach den ersten Metern schrie ich auf, die Beine merkte ich nicht mehr, aber den Rücken. Mir liefen die Tränen nur so runter und ich verfluchte die Straßen noch mehr als den Krankenwagen.

Einer der Fahrer, ihm muss ich besonders leidgetan haben, sagte so nach hinten: „Mensch Kleene, können wir denn gar nichts machen, damit du mal lachst?"

Ich lag wimmernd auf dem Bauch und antwortete unter Schluchzen: „Doch, wie hat denn Mönchengladbach gestern noch gespielt?"

Er trat auf die Bremse und ich quiekte und schimpfte.

„Nee", meinte er, „nee, hahaha, das ist mir noch nicht passiert, da liegt sie und weint vor Schmerzen und fragt nach einem Fußballspiel???" „Das ist doch nicht wahr", sprach er weiter zu seinem Beifahrer, „das geht doch gar nicht." „Gewonnen haben sie, bin auch Gladbach-Fan", rief er fröhlich nach hinten. Und so behutsam wie möglich transportierte er mich in die UNI-Klinik. Bei der Untersuchung traf man mit einer Kanüle einen Nerv im Rücken und ich trat der einen

Schwester kräftig unters Kinn. Als ich das auf der Rückfahrt erwähnte, meinte der Fahrer nur: „Keen Wunder, da haste Fußball gespielt!", und lachte sich kaputt.

Notoperation war dann eines der Zauberwörter, das allen Beteiligten ein freundliches oder eher mitleidiges Lächeln auf das Gesicht zauberte. Massenbandscheibenvorfall flüsterte eine Schwester ehrfurchtsvoll. Es dauerte nicht lange und ich wurde für die OP vorbereitet. Der Chefarzt stand neben mir und sah mich an.

„Hab' ich doch gesagt, dass sie in ein paar Jahren wieder auf meinem OP-Tisch liegen", versuchte er zu scherzen.

Seine Augen straften ihn der Lüge, denn da sah ich eine ernsthafte Besorgnis.

„Ich habe Angst", sagte ich leise zu ihm, „was soll werden, wenn das Gefühl in den Beinen nicht zurückkommt?"

„Da hätte ich auch Angst", meinte er, „wir werden sehen, ich gebe mir große Mühe, dass das nicht passiert."

Mit der Narkose verschwanden auch meine Ängste. Irgendwann wachte ich auf. Es war ein seltsamer Zustand. Ich hörte alles, was gesprochen wurde und konnte noch nicht einmal die Augenlider bewegen, nichts konnte ich bewegen, nicht den kleinsten Finger. Die OP muss vorbei sein, dachte ich mir, aber wo bin ich, was ist hier los? Auf einmal fassten ein paar derbe Hände mich an und Schwupps, lag ich auf einer Trage. Das Gefühl war so, als ob man mir den Rücken aufreißt, ich konnte noch nicht einmal schreien. Im Fahrstuhl hörte ich, wie einer der Ärzte, es müssen Ärzte gewesen sein, denn männliche Pfleger gab es damals ganz selten, sagte: „Da hat ja der Chef mal wieder ein Wunder fabriziert, aber das linke Bein ist hin. Ich glaube nicht, dass sie damit jemals laufen kann!"

Was, ich erschrak dermaßen, was? Nein, das kann nicht wahr sein! Nein, das glaube ich nicht! Und es setzte etwas ein – in meinem Kopf, etwas, das den Widerstand hervorrief. Das werden wir ja mal sehen, die Hebamme hat bei meiner Geburt schon gesagt, ich werde nie laufen können, und – ich lief bisher ganz gut. Ich konnte sogar rennen und Sport machen, und das soll vorbei sein?

Du glaubst gar nicht, was mir da durch den Kopf ging. Unwesentliche Dinge fallen dir ein, die du nicht brauchst, aber die du dann nie wieder machen kannst. Du begreifst in Sekunden, dass alles, was dir so selbstverständlich war, nun ein erheblicher Einschnitt in dein

Leben bringt, wenn du es nicht mehr kannst. Unsanft wurde ich in mein Zimmer, in mein Bett, verfrachtet und lag erst einmal schockiert da. Ich lag auf dem Rücken, direkt auf der Stelle, die operiert worden war. Nach und nach holte mich irgendetwas in die Gegenwart zurück, und ich konnte mich nicht bewegen. Rechts und links hingen Schläuche, die aus meinem Rücken kamen, mündeten in Flaschen und in jedem Arm steckte ein Tropf. Ich fror. Wie immer und nichts Neues für mich. Ich fror äußerlich und ich fror innerlich. Alles war kalt, und mir schlugen die Zähne aufeinander. Meine Zimmergenossin klingelte und eine Schwester deckte mich erst einmal richtig zu.

„Bitte legen Sie mir eine Decke auf die Füße", flüsterte ich, denn ich bekam keinen lauten Ton raus. Ja, sie brachte eine Decke und drehte die Heizung auf, und so langsam wurde es mir wieder warm. Mein Bewusstsein hielt sich in einem Dämmerzustand, ich nahm manchmal etwas wahr und manchmal war alles so weit weg, dass ich annahm, ich wäre irgendwo in den Wolken. Nachdem ich etwas trinken durfte, es waren Stunden vergangen, war ich wieder voll da. Das rechte Bein spürte ich so, als ob hunderttausend Ameisen drin spazieren gingen, aber das linke Bein, das spürte ich nicht. Es war nicht steif, nein, es hörte auf kein Kommando, das ich ihm gab, es machte einfach nichts und lag da so rum, als ob es nicht zu mir gehört.

„Sie bekommen noch Schmerzspritzen", hörte ich den Chefarzt sagen, „und dann sehen wir weiter." Am nächsten Tag wurde ein großer schwarzer Kasten ans Bett geschoben. Ich bekam lauter nasse Schwämme mit Gummibändern an das taube Bein gebunden und dann wurde Tag und Nacht galvanischer Strom durchgejagt. Längsdurchflutung, meinte eine Physiotherapeutin, die mich schon gewaltig quälte. Wenn die Tür aufging und sie stand, die Hände in die Taillen gestemmt, tatendurstig da, bekamen wir es mit der Angst zu tun. Schon ein paar Stunden nach der OP stand sie mit dem allseitig gehassten Schieber vor mir und wollte ihn mit den Worten, „nun mal, hoch mit dem Hintern", darunterschieben.

Mein Gott, mir wurde 28 cm lang der Rücken aufgemacht, du, da kriegst du ihn nicht ein paar Millimeter hoch, die Muskeln waren durchtrennt und spielten einfach nicht mit. Aber sie schaffte es, dass ich da irgendwie drauf lag oder saß.

Die Physiotherapeutin entwickelte sich zu meinem Feindbild, nicht nur zu meinem, kann ich dir sagen. An einem noch jungen Tag stand sie vor mir und meinte, dass wir nun mal einen Schneidersitz machen. Verblüfft schaute ich sie an, wollte und konnte nicht glauben, was ich machen sollte. Aber sie schaffte es, und ich saß völlig verkrümmt im Schneidersitz im Bett. Du, da kommen dir Rachegedanken, das glaubst du nicht. Die Stellung hielt ich, mit zusammengebissenen Zähnen, wohl so eine Minute aus, da merkte ich, wie es rrritsch machte und etwas warm über meinen Rücken lief. Die Wunde war aufgerissen. Der Chef stürmte gleichzeitig mit dem Stationsarzt rein, und Letzterer musste zum zweiten Mal eine Predigt in meinem Beisein ertragen. Er hätte sehen müssen, dass sich eine Entzündung anbahnte und die Fäden ziehen sollen, denn die mochte mein Körper nicht. Gut, dass die Wunde aufgegangen war, sonst hätte es eine Infektion werden können, die mich ganz flachgelegt hätte. Stell dir vor, nun sollte ich noch über den Schneidersitz dankbar sein!

Und dann kam Harti, ein Pfleger namens Hartmann. Überrascht nahm ich ihn zur Kenntnis, ich hatte noch nie eine männliche Krankenschwester! Eine Übersiedlung in ein anderes Haus der Stiftung war erforderlich, da ich ja Keimträger war.

„Na gut", sagte ich zu ihm, „dann los auf zu den Verkeimten."

Er sah aber meine Tränen, die anfingen, sich in den Augen zu sammeln.

„Haste schon mal im Rollstuhl gesessen?", sprach er mich an.

Harti war eine Erscheinung. Groß, schon leicht ergraut und nur noch einen Zahn im Mund. O Gott, dachte ich, wozu soll er denn gut sein?

„Nee", meinte ich.

„Na ja, wenn du schon 'nen Schneidersitz im Bett machen musstest, kann ich dich auch im Rollstuhl rüberfahren. Warste schon mal auf'm Klo?"

Hoffnung keimte in mir auf, sollte ich denn endlich mal auf einem normalen WC thronen dürfen? Ja, richtig, das machte er.

„Kannste pfeifen? Wenn du fertig bist, pfeifste, und dann hol ich dich da raus."

Ich hätte ihn küssen können. Ja, du kannst dir wohl nicht vorstellen, wie man sich nach einem WC sehnen kann. Als er mich auf einer Liege abgelegt hatte, schaute er sich meinen Rücken an. Machte einfach, ohne ärztliche Aufforderung, den Verband ab und betrachtete intensiv meinen lädierten Rücken.

„Ich verspreche dir", sagte er ziemlich ruhig, „in sieben Tagen habe ich den Rücken zu."

Ungläubig sah ich ihm nach. Er kam mit einem Arzt und der häkelte dann. Äußerst unangenehm, die Prozedur. Da wurden mit einem der Häkelnadel ähnlichen Instrument die Fäden in der Wunde gesucht. Aber zwischendurch, ohne Visite und Anweisung, kam Harti und löste den Verband. Vorsichtig trug er irgendeine Salbe aus einer Tasse auf und verband die Wunde wieder. Eine Schwester meinte, dass Harti goldene Hände habe und wenn er sagte, er bekäme die Wunde zu, dann bekommt er die Wunde auch zu. Und so war es auch. Nur mein linkes Bein widersprach seinen Händen und es war immer noch taub, wie abgestorben. Mit Gehhilfen konnte ich nur schwer laufen, versuchte es aber immer und immer wieder. Natürlich verließ mich meine angeborene Art mit schwierigen Situationen umzugehen auch hier nicht ganz. Manchmal hab ich geweint und gewettert, aber dann habe ich mit meinen Zimmergenossinnen schnell wieder irgendetwas gefunden, um in Heiterkeit auszubrechen. Auch so mache Tasse mit Sekt machte dann bei uns im Zimmer die Runde. Zum Leidwesen des Chefarztes.

Inzwischen war es kurz vor Weihnachten. Meine Mutter aus Westberlin hatte mich besucht und ein paar Schätze in Form von Konserven, Pfirsiche, Ananas oder Heidelbeeren dagelassen. Auch versorgte mich mein Mann mit guten Büchern aus dem Freundeskreis. Wie alle, erwartete ich sehnlichst die Entlassung. Der Rücken war fast zugeheilt und das Bein, ja, da wusste niemand genau ob und wann es wieder funktionieren würde. Visite, Chefarztvisite war angesagt.

„Wer will hier heim?", fragte er in die Runde. Ich, ich, ich scholl es aus allen Betten. Er sah zu mir und kam langsam in meine Richtung, setzte sich auf mein Bett, was schon bei der anderen weißen Wolke Erstaunen hervorrief. Er war nämlich meistens sehr ernst und kurz angebunden. Dann inspizierte er meinen Nachtschrank und holte andächtig eine Dose nach der anderen hervor. „Sagen Sie mal, wie viel Personen sind Sie zu Hause?"

„Hee", schaute ich ihn fragend an, „vier und Katze und Hund", antwortete ich.

„Na, was wollen Sie daheim, da müssen Sie alles mindestens durch vier teilen, nein, da bleiben Sie doch lieber hier."

„Mir egal", rief ich aufgeregt. Dann sichtete er meine Bücher.

„Hier haben Sie doch viel mehr Ruhe zum Lesen, bleiben Sie ruhig hier, so schön haben Sie es zu Hause doch nicht."

Mir stiegen die Tränen schon in die Augen.

Was macht er da, will er mich ärgern oder was soll das?, dachte ich im Stillen.

„Haben Sie ein Auto?", war die nächste Frage.

„Ja", meine Antwort.

„Ach sicher nur einen Trabi, nein, damit können sie nicht heim. Zu wenig gefedert."

„Neee, einen Wartburg", krächzte ich.

„Und Kinder?"

„Ja, zwei!"

„Ach nee, da können Sie nicht entlassen werden, viel zu gefährlich, da müssen Sie doch gleich wieder kochen, waschen, bügeln."

„Neiiiiin, die sind schon über sechzehn, die machen viel selbst."

„Glaube ich nicht, so eine kleine Person kann noch nicht so große Söhne haben."

Ich war der Verzweiflung nah. Im Raum war es mucksmäuschenstill. Alles verharrte in gleicher Stellung, nur die Augen waren erstaunt auf uns gerichtet.

„Also", meinte er, „ich will heute Nachmittag das Auto und die Herren Söhne sehen. Wenn sie nicht kommen, müssen Sie noch hierbleiben."

Nun zurück zur heutigen Zeit, da wäre es kein Problem. Handy raus und Befehle zum Erscheinen verschickt. Aber es war Anfang der Achtzigerjahre, kein Telefon, kein Garnichts! Ich betete und hoffte, dass sie alle kämen. Und tatsächlich, sie kamen alle pünktlich zur Besuchszeit. Der Chefarzt kam dazu und betrachtete meine drei Männer.

„Gut", meinte er, „ihr dürft sie mit nach Hause nehmen, aber nur, wenn sie jeden Tag hergefahren werden kann, die Behandlung muss weitergehen."

Nein, Reha und so etwas in der Art gab es nicht. Nur wenn alle Behandlungen in den Krankenhäusern abgeschlossen waren, konnte man Kuren bekommen. Zu mir gerichtet sagte er ernst, dass er mich nicht gern gehen ließe, da ich so einen positiven Einfluss auf die anderen Patienten hätte. Manchmal nicht gerade klinikgerecht, aber unterhaltend. Er hatte eben nie meine Tränen gesehen.

Du fragst, ob ich Angst vor den höher gestellten Personen hatte? Was heißt überhaupt höher gestellt? Wer hat sie höher gestellt, warum wurden sie höher gestellt, worauf stehen sie, die höher Gestellten? Haben sie sich durch Intelligenz für einen höheren Stand empfohlen, ist es dann nicht wesentlich wie und wofür sie ihre Intelligenz eingesetzt haben? Standen sie dann arrogant über den Dingen und schauten sie von oben herab auf die tiefer Gestellten? Oder nutzten sie ihren freien Blick, um die Schwächen der Gesellschaft zu entdecken und zu korrigieren? Hatten sie auch eine soziale Intelligenz? Dann haben sie einen Platz weit oben verdient. Wurden, oder haben sie sich in die Position gebracht, die sie aus Mangel an Kompetenz und Wissen nicht ausfüllen konnten und haben sich nur einen Anspruch darauf erkauft, erschlichen oder gewaltsam genommen? Dann sind es keine höher gestellten Personen, es sind gefährliche, weil sie im Wissen ihrer Unzulänglichkeiten ihren erschlichenen Standpunkt von oben herab mit aller Macht verteidigen würden. Vor denen sollte man sich in Acht nehmen, vor denen mussten wir uns in Acht nehmen, vor denen muss man sich immer noch in Acht nehmen. Ihr Sockel, auf dem sie standen, bestand aus Lügen, Manipulationen, Machtausübung, Narzissmus, gefährlicher Dummheit und unterwürfiger Parteidienerschaft. Auf dem Rücken der Partei und in ihrem Schutz schufen sie sich diesen Sockel und griffen nach Positionen, denen sie nicht gewachsen waren. Nein, Angst hatte ich nicht. Respekt vor den Menschen mit Wissen, Empathie und einem gerechten Standpunkt, ja. Die vermeintlich höher Gestellten und auch die, die bereits oben waren, habe ich schon als Kind in Situationen erlebt, die meinen Respekt kleiner werden ließen. Vielleicht ist er da auch ganz verloren gegangen. Da hast du diese Leute im gutbürgerlich erhabenen Status, oft niederblickend auf Menschen, die nicht ihrem Stand entsprachen, kennengelernt und dann hast du sie so unehrenhaft enthemmt gesehen. Da kamen die Laster und Begierden deutlich zum Vorschein. Alkoholisiert zu Ausschweifungen in einer Art und Weise bereit, die die Position dieser Leute infrage stellte. Und dann sollst du am nächsten Tag, oder gern auch später, wieder Respekt haben? Vor den Menschen, die du bar ihrer Beherrschung, ordinär und obszön gesehen hast? Mit elf oder zwölf Jahren? Nein, der Respekt ist mir dadurch abhandengekommen, in Nächten, in denen die Geilheit des Lebens von den Hirnen oder anderer Körperregionen Besitz ergriff.

Nicht unbedingt eine gute Grundlage für ein Kind, das mal in die Welt der Erwachsenen hineinmusste, aber eben auch eine Erfahrung, die ein unnötiges Katzbuckeln oder Unterwürfigkeit vor den angeblich höher Gestellten verhinderte. Was wiederum zur Folge hatte, dass ein demütiges Erstarren vor diesen Menschen ausblieb und mich unbekümmert und realistisch reagieren ließ. Später erkannte ich schon, dass das, was ich als Kind gesehen hatte, wohl weitgehend normal war.

Ja, aber sicher, habe auch ich gern gefeiert, aber ordinär oder obszön, diese Art habe ich versucht, aus meinem Umfeld zu verbannen. Eine Lehre aus den Erfahrungen mit den höher Gestellten. Du kannst mir glauben, Feiern mit Bauarbeitern und anderen bodenständigen Berufszweigen waren eher lustig als ausfallend. Da wurde gesoffen, sich mal geprügelt, aber es waren nie Orgien. Also habe ich schlechte Erfahrungen mit den Leuten auf dem Sockel, es sei denn, ich habe selbst entschieden, einen Menschen daraufzustellen, auf einen, der aus Anerkennung, Achtung und Bewunderung bestand. Doch bevor ich diese Menschen, nach einigen Erkenntnissen, herunterheben konnte, taten sie das schon Stufe für Stufe meistens selbst. Wahrscheinlich war der Sockel einfach zu hoch oder sie haben sich da nicht wohlgefühlt oder ich habe mich einfach geirrt.

Ich selbst? Nein, ich möchte da auch nicht stehen. Viel zu wenig Bewegungsfreiheit und immer wie auf einem Präsentierteller, nein, das würde mir nicht gefallen. Wie vielleicht denen nicht, die lieber von allein in die Tiefen des Daseins herabgestiegen sind, als hoch erhoben ihr Dasein zu fristen. Jetzt kann ich die Achtung einteilen, entscheide selbst, wen ich achte oder nicht und sie, die Achtung, ist dann in meinem Kopf und im Herzen. Aber so schnell stelle ich niemanden mehr auf einen Sockel, die Begegnung auf Augenhöhe ist viel interessanter. Das braucht niemand als Erhöhung zu betrachten und übrigens, ich bin nur 1,57 m ... da schaut eh fast jeder hinunter.

Vor Ärzten habe ich Respekt. Aber ich mache auch da meinen Mund auf und nicht nur, um mir in den Hals schauen zu lassen.

Halt warte, eine Geschichte gehört hier noch her, wenn auch nach dem Mauerfall passiert. Auch in einer orthopädischen Klinik passiert, nein nicht in der Stiftung, ein anderes Klinikum, das wir gewählt haben, weil der ehemalige Sportarzt meines Mannes dort inzwischen Chefarzt war. Ein super Typ, mit viel bunter Knete im Kopf, so sagten die Schwestern.

Er ließ mich auf dem Flur vor lauter Patienten hin und her laufen und sagte: „Nun heben Sie mal das rechte Bein", was ich tat. „Nun heben Sie mal das linke Bein." Ich gehorchte. „Und nun", meinte er, „heben Sie mal beide Beine!" Allgemeines Gelächter klang über den Flur.

Er kam auch am Abend mit ein paar Flaschen Bier und setzte sich aufs Bett und es wurde Fußball geguckt. Ich sollte eine Arthroskopie am linken Knie bekommen, und da ich Schmerzpatient war, legte er mich auf die Rheumaabteilung, weil dort eine intensivere und längere Schmerzbehandlung gegeben war. Somit wurde ich dann auch von den Rheumatologen behandelt. Es war Visite und der leitende Arzt persönlich führte diese durch, betrachtete eingehend meine Gelenke, die teils geschwollen waren und das Knie mit der Arthrose.

Er hob die Röntgenbilder zum Licht und mit den Worten an den Rest der weißen Wolken gerichtet: „Dass da die Orthopäden nicht gleich ein neues Knie einbauen, erstaunt mich aber, das würde sogar ich tun", verließ er kopfschüttelnd das Zimmer. Ich war erschrocken. Mein Gott, dachte ich, so schlimm kann es doch überhaupt nicht sein. Das Knie meines Mannes sieht viel schlimmer aus. Als die Nachtschwester kam, bat ich sie nachzusehen, ob die Unterlagen noch auf Station sind. Waren sie.

„Bitte", meinte ich, „schauen Sie sich mal die Röntgenaufnahmen an, der Arzt sprach von einem künstlichen Kniegelenk, das glaube ich nicht." Sie zog die Mappe hervor und wir betrachteten die Bilder. Bis mir auffiel, dass da nicht mein Name stand – sondern der meines Mannes!!! Lachend verließen wir den Raum.

Am nächsten Tag besuchte mich grinsend der Chefarzt der Orthopädie.

„Was denn", meinte er, „da hätte der Arzt bald ein neues Knie beantragt, ein Männerknie, und das bei ihren zarten Beinen." Das war natürlich das Thema der Klinik.

Da wären wir aber nun wieder bei dem Korn, das das blinde Huhn gefunden hat. Also, es waren Monate vergangen und ich lag im Wohnzimmer auf dem Sofa. Nach etlichen Therapien konnte ich schon etwas besser laufen. An einem Nachmittag hörte ich ein Auto kommen, und es hielt vor unserem Haus. Ich rappelte mich ein wenig hoch und rief nach meinem Sohn, er war gerade mal zu Hause.

„Du, da ist ein Wartburg mit einer Berliner Nummer, mach mal die

Tür auf, es sieht so aus, als ob der Fahrer zu uns will." Ein gut aussehender junger Mann mit Schlips und Kragen betrat unsere Wohnstube.

„Entschuldigung, dass ich nicht aufstehe, ich kann nach einer OP schlecht sitzen und laufen", so begrüßte ich ihn.

„Sind sie Frau Sowieso und haben sie in Westberlin eine Tante mit dem Namen Ella Schindler?"

„Ja", antwortete ich erstaunt. „Dann bin ich hier richtig, ich bin ein Rechtsanwalt in Berlin für grenzüberschreitende Vermögensfragen", stellte er sich vor. „Ihre Tante ist verstorben, sie haben geerbt!"

„Was? Was habe ich, meinen Sie das im Ernst?"

Zu deiner Information, das war DIE Tante, die mich nicht anerkannt hatte, für die ich der Bastard war. Für die zwei Kugeln Eis einfach zu viel waren, und ich musste eine runternehmen lassen. Die uns Reis und Speckschwarten im Paket geschickt hatte und die gefühlte 20 Jahre lang ein und denselben Rock getragen hat. Die nur meine Tante war – weil ihr Vater mich legitimiert hatte und das absolut nicht gut fand. Und die hatte etwas zu vererben? Ich war baff und konnte erst einmal gar nichts sagen.

„Los Junge", wies ich meinen Sohn an, „koch mal Kaffee, etwas Kuchen muss auch noch da sein!"

„Sie trinken doch einen Kaffee, keine Sorge, er schmeckt, ist aus dem Westen", mit den Worten grinste ich den Anwalt an.

„Aber selbstverständlich, sehr gern", erwiderte er schmunzelnd und setzte sich zu mir auf Sofa.

Aus seiner Tasche zauberte er Kataloge. Nein, nicht von Neckermann oder Otto, von GENEX.

Was GENEX war?

Ich antworte mal mit WIKIPEDIA! Die Geschenkdienst- und Kleinexporte GmbH (GENEX Geschenkdienst GmbH) war ein am 20. Dezember 1956 auf Anordnung der DDR-Regierung gegründetes Unternehmen. Es war eine der wichtigsten Devisenquellen der kommerziellen Koordinierung, einer Abteilung des Ministeriums für Außenhandel der DDR. Hauptsitz war in Ost-Berlin. Anfangs diente es nur als Geschenkdienst für Kirchengemeinden. Die Bundesrepublik lehnte eine Ausweitung auf Privatpersonen ab, um der DDR keinen Zugang zu Devisen zu verschaffen. Nach dem Bau der Berliner Mauer, 1961, wurde das Geschäft aber ausgeweitet. Erst ab 1989 konnten

Bundesbürger Geschenke in die DDR direkt über eine westdeutsche Firma senden. Das Unternehmen vertrieb einen Katalog mit dem Titel „Geschenke in die DDR", aus dem die Bürger der Bundesrepublik Waren bestellen und mit D-Mark bezahlen konnten, die direkt an ihre Verwandten und Bekannten in der DDR versendet wurden. Die waren im Katalog zu etwa neunzig Prozent aus der DDR-Produktion. Neben Lebensmitteln und Konsumgütern wie Möbel, Kosmetik, Kleidung, Werkzeug und Hi-Fi-Anlagen konnte man aber auch Motorräder, Autos (ohne die sonst üblichen mehrjährigen Wartezeiten), Campingwagen und sogar ganze Fertigteilhäuser, die sogenannten Neckermannhäuser, bestellen.

Neben Motorrädern von MZ und Simson, sowie z. B. 1986 einem Yamaha-Motorrad, gab es die ostdeutschen Autos Trabant, Wartburg und Barkas sowie osteuropäische Fahrzeuge von Skoda, Polski, Fiat und Lada, die in der DDR als bessere Wagen galten. Aber man konnte auch ausgewählte Modelle von westeuropäischen Automobilkonzernen verschenken. So wurde beispielsweise im Katalog von 1986 ein Fiat UNO 60 Super, Renault 9 GTL, Ford Orion, VW Golf, VW Passat und der VW Transporter angeboten. Auch die Marken Mazda, BMW und Volvo gab es zeitweise im Angebot. Dem Beschenkten entstanden keine Kosten, die sonst schwer erhältlichen Waren wurden ohne große Wartezeit (bei Autos beispielsweise nur vier bis sechs Wochen) direkt an die DDR-Bürger geliefert.

Das förderte die Zwei-Klassen-Gesellschaft. Der offizielle 1:1-Wechselkurs von Mark der DDR zu Deutscher Mark wurde in den Genex-Katalogen nicht eingehalten. So kostete beispielsweise ein Trabant 601 etwa 8.000 DM, sonst über 10.000 Mark, der Wartburg 353 etwa 9.000 DM, sonst 20.000 Mark.

Beschäftigte der DDR im „sozialistischen Ausland" konnten einen Teil ihrer Gehälter oder Löhne auf ein „Genex-Konto" einzahlen und damit Waren aus der „Ost-Ausgabe" des Genex-Kataloges bestellen. Diese Ost-Ausgabe unterschied sich von der West-Ausgabe durch das Fehlen von Waren, die aus dem westlichen Ausland importiert wurden. Über den „Ost-Genex-Katalog" konnten – außer in der DDR oder den RGW-Staaten hergestellte, aber gewöhnlich im freien Verkauf nur schwer erhältliche Waren, wie beispielsweise Zement, Fliesen, Schlagbohrmaschinen, aber auch Autos – Waren aus der sogenannten Gestattungsproduktion bestellt werden.

So, nun weißt du, was GENEX war.

Da fällt mir ein Witz ein: Herr Honecker ging spazieren und kam an einem Spielplatz vorbei. Er fragte ein Kind, ob es ihm gut gehe. Das wurde bejaht. Ja, wollte er wissen, habt ihr denn einen Fernseher? Ja, war die Antwort. Und eine Waschmaschine? Ja, war die Antwort. Einen Tiefkühlschrank? Ja, war die Antwort. Ein Auto, ja, war die Antwort. „Siehst Du", meinte er zum Kind, „das habt ihr alles von mir."

„Mutti, Mutti", rief das Kind, „komm doch mal schnell her: Der Onkel von GENEX ist hier!!"

Nun hielt ich also einen Katalog in der Hand und blätterte darin rum, ohne überhaupt etwas zu realisieren.

Einen Zweiten gab er meinem Sohn: „Kannst dir ja schon mal etwas aussuchen", meinte er. „Ach so", lachte er dabei, „ich habe ja überhaupt noch nicht über die Summe gesprochen. Dazu muss ich Ihnen erst einmal sagen, dass eine ziemliche Belastung anfällt. Erbschaftssteuer, Anwaltskosten für ein Büro in Baden-Baden und für das in der DDR."

„Das macht fast 50 % der Gesamtsumme, die sich aus Bargeld und Aktien zusammensetzt. Die Aktien wurden zu einem bestimmten Zeitpunkt verkauft." „Oh", meinte ich, „das ist doch mein Eigentum, habe ich kein Mitspracherecht? Vielleicht wären sie ja in 5 Jahren das Doppelte wert?"

„Nein, das wird durch Bestimmungen der DDR geregelt."

„Ist ja klar", schimpfte ich, „Entmündigung erster Klasse, da hat wohl der Herr Mielke Angst, dass ihm etwas verlorengeht und hofft, dass ich gleich in den Intershop renne und das Geld ausgebe, damit der Staat die hässliche Westmark schnell verschwinden lassen kann, natürlich in die geheimen Kassen zur Freude der profitierenden Genossen. Ich habe schon verstanden", sagte ich resignierend.

Es war immerhin doch noch eine Summe im fünfstelligen Bereich. Da kannst du mal sehen, wie viel man sparen kann, wenn man nur einen Rock trägt und Reissuppe mit Speckschwarten kocht!

„Schauen Sie in den Katalog", antwortete er ernst blickend, „natürlich verdient die DDR da auch mit, aber Sie können sich etwas leisten, und so wie es aussieht, können Sie das Geld gut gebrauchen. Es freut mich, jemanden etwas zu bringen, dem es nicht so gut geht. Ich kenne auch die Geschichte ihres Bruders. Hut ab, er war wirklich bereit, etwas zu ändern. Dass auch Sie dafür bezahlen mussten, ist mir klar. Daher, schön, dass Sie eine kleine Entschädigung für alles bekommen."

„Wissen Sie", entgegnete ich, „ich würde gern auf das Geld verzichten, wenn mein Bruder dafür leben würde." Er wurde mit ein paar D-Mark entschädigt und auch als Regimekritiker, oder so ähnlich, in der BRD, in Deutschland, anerkannt, aber es hat ihm nichts geholfen.

Da waren sie wieder, die verfluchten Tränen, sie standen bis zu den Augen, und der Druck in der Brust war massiv. Schnell musste ich das Thema ändern, um hier nicht in Tränen auszubrechen. Er sah mich lange an und erhob sich dann mit den Worten: „Freuen Sie sich über das Geld und gönnen Sie sich etwas. Aber denken Sie daran, Sie werden jetzt noch ein paar Leute mehr kennenlernen. Ich meine nicht die sogenannten Freunde. Der Neid wird denen zusetzen und versuchen, Sie sich zurückzunehmen. Ihre Einstellung kann Ihnen zum Verhängnis werden. Neid ist ein schlechter Ratgeber, vergessen Sie das nicht. Über alles Weitere werden Sie von mir informiert." Dann war er weg.

Ich saß da mit dem Katalog in der Hand und konnte keinen klaren Gedanken fassen. Nun liefen sie doch noch, die Tränen.

„Papa kommt mit dem Großen", meinte mein Sohn. Ich rappelte mich hoch und ging mit meinen Krücken zur Garage. Der Wartburg wurde eingeparkt, und sie kamen auf mich zu.

„Mensch", sagte ich, „wer fährt denn heute noch Trabi und Wartburg, was soll es denn sein, ein Lada, Golf oder Mazda?" Beide sahen mich an, als ob ich geisteskrank wäre, und schüttelten mit dem Kopf.

„Nein, wirklich, was meint ihr, was sollten wir kaufen? Ich tendiere zum Golf!" Entgeistert guckten sie mich an. „Los rein mit euch", rief ich, „ich habe geerbt!"

Komisch, sie haben es sofort geglaubt. Bei Kaffee und Kuchen wurden Pläne gemacht. Schnell wurde mehrstimmig, ich enthielt mich, wohl wissend, dass ich nicht viel dagegen tun konnte, beschlossen, ein Auto zu kaufen. Es war ja überhaupt noch nicht klar, ob und wie ich über Bargeld verfügen konnte. Über Bargeld schlecht, hatte der Anwalt auf meine Frage danach gemeint.

Also, ein fünftüriger Golf C in Weinrot sollte es sein. Nach Abwicklung der Bezahlung war eine Wartezeit von ungefähr drei Monaten angegeben. Drei Monate? In Anbetracht der mehr als zehnjährigen Wartezeit auf einen Trabi eine unglaublich kurze Zeit.

„Bitte behaltet das alles noch für euch", bat ich inständig. „Vielleicht ist es doch nur ein Hut und wir freuen uns zu früh. Dann machen wir uns lächerlich. Vielleicht ist es wieder so eine Schikane und man will sehen, wie wir reagieren und was wir erzählen." Aber es entsprach alles der Richtigkeit. Es dauerte noch ein paar Wochen bis feststand, dass meine Mutter in Westberlin ein Konto für mich eröffnen konnte, auf das, ich glaube in verschiedenen Anweisungen, der Rest von dem Bargeld eingezahlt wurde. Zuerst durfte dort niemand etwas abheben. Nach einer gewissen Zeit und mit meiner Vollmacht, die der Ostberliner Anwalt weiterreichte, durfte meine Mutter 100,- D-Mark pro Monat abheben.

Nicht viel meinst du? Ja, aus der heutigen Sicht wirklich nicht viel. Aber du darfst nicht vergessen, für uns konnte ich daraus locker 500 Ostmark machen, und viel mehr habe ich im Monat nicht verdient, wenn ich voll gearbeitet habe. Außerdem war ich arbeitsunfähig und diese neue Sicherheit hat sich psychisch sehr gut auf mein Allgemeinbefinden ausgewirkt.

Mit oder ohne Westgeld, mein Rücken bereitete mir massive Probleme. Lange hielt der psychische Höhenflug auch nicht an, und ich konnte mich schlecht mit meiner Unbeweglichkeit abfinden. Mir fiel buchstäblich die Decke auf den Kopf. Oft bin ich in die an unserem Grundstück angrenzende Feldmark gelaufen. Es war schön, so mitten in der freien Natur, und ich konnte so etwas von dem Stress und der Unzufriedenheit abbauen. Du, ich dachte, da draußen kann mir nichts passieren. Aber weit geirrt.

Es war mal wieder so weit, dass ich die oder das Weite gesucht hatte, und ich befand mich ca. einen Kilometer von zu Hause entfernt, als ich mit Erschrecken feststellte, dass ich nicht allein war. Es war wohl Sommer, neben mir ein reifes Kornfeld. Alles war trocken und die Luft flimmerte so weit man sehen konnte. Es roch nach Ernte, und weit entfernt nahm ich einen Mähdrescher wahr. Eine dichte Staubwolke verhinderte den Blick bis zum Horizont. Neben mir nahm ich eine Bewegung wahr und sah dann erschrocken in die funkelnden Augen eines Schäferhundes. Er sah ungepflegt und nicht gerade freundlich aus. Ach du heilige Sch... dachte ich, ein herrenloser verwilderter Schäferhund.

Du, ich möchte denjenigen sehen, der da nicht nervös wird.

Panische Angst befiel mich, ich wusste ja, wenn ich hinfiele, komm ich nicht so schnell wieder hoch. Er fixierte mich und rechnete sich wahrscheinlich große Chancen aus. Wahrscheinlich recht gute, stellte ich ironisch fest. So circa hundert Meter hinter mir war eine Herde Schafe in einem Gatter eingepfercht. Da musst du hin, dachte ich und bewegte mich rückwärts Schritt für Schritt in diese Richtung, ohne den Hund aus den Augen zu lassen. Verzweifelt sah ich kurz in alle Richtungen, aber weit und breit war kein Mensch zu sehen. Also ging ich kontinuierlich rückwärts und im selben Tempo verfolgte mich der Hund. Knurrend, mit gefletschten Zähnen und mit dem Kopf nach unten schlich er mir nach. Ha, wird er sich gedacht haben, die fällt bestimmt hin und dann drauf mit Gebrüll. Im Rücken spürte ich, wie die Schafe unruhig wurden, auch sie hatten den Feind ausgemacht. Ihre vierbeinigen Bewacher waren nicht da, sie waren ja im Gatter. Eine gefühlte Stunde dauerte es, bis ich das Gatter hinter mir spürte. Nein, wo denkst du hin, ich konnte da nicht einfach rüberklettern. Erstens ging es aufgrund der Verletzung nicht und zweitens hätte ich dem hungrigen Hund den Rücken zukehren müssen. Am Gatter festhaltend suchte ich eine Lücke, irgendetwas wo ich durchkonnte, ohne mein Gegenüber zum Angriff zu motivieren. Fand ich auch und dann befand ich mich inmitten einer dicht gedrängten Herde Schafe. Sie würden mich nicht beschützen, das war mir schon klar, aber sie gaben eine Mauer zwischen dem räudigen Hund und mir. Er wagte es nicht, mitten in die Herde zu springen. Ich denke, er hatte es vor unserer Begegnung schon versucht, sich dort sein Mittagessen zu suchen, aber es nicht gewagt. Da stand ich nun wie ein Schaf zwischen den Schafen, und sie akzeptierten mich. Wie viel Zeit vergangen war, weiß ich nicht. Na ja, dachte ich mir, irgendwann wird dich schon jemand vermissen und suchen. Da hörte ich ein Moped knattern. Ein Nachbar tauchte in einer großen Staubwolke mit seinem alten Vehikel auf. Wild gestikulierend und laut rufend machte ich auf mich aufmerksam. Ja, er nahm mich wahr und kam an den Zaun. Ich zeigte nur auf den Schäferhund und er verstand.

„Los", meinte er, „steig hinten auf und dann nichts wie weg."

„Sie müssen langsam fahren, ich hab' einen kaputten Rücken und die Schlaglöcher hier auf dem Feldweg liebt der bestimmt nicht." Es gelang mir, mich auf das klapprige Etwas zu hieven, und er fuhr so vorsichtig wie möglich los. Knurrend lief der Hund nebenher und versuchte, nach meinen Beinen zu schnappen. Aber irgendwann gab er auf und ich war wieder heil unter Menschen. Nein, bei aller Unzufriedenheit, solche Ausflüge habe ich mir danach verkniffen.

Nun wieder zu dem unerwarteten Geldregen. Eine ganze Weile konnten wir das geheim halten, aber spätestens, als der fünftürige nagelneue Golf vor der Tür stand, konnten die Leute eins und eins zusammenzählen. Sicher haben auch die Jungs etwas aus lauter Freude erzählt, ohne zu bedenken, dass das auch Neid hervorrufen würde.

Meine Mutter hob immer pro Monat die hundert Mark ab und regelmäßig trafen wir uns an der Friedrichstraße in Berlin. Unser Lebensstandard verbesserte sich, und mein Mann und die Jungs bauten das Bad um, wo bis dahin eine Badewanne für die körperliche Reinheit sorgte. Nur, diese konnte ich nicht nutzen. Rein kam ich ja noch, aber nicht wieder raus. Nachdem ich im warmen Bad mal abgeklappt war und gerade noch den Stöpsel ziehen konnte, traute ich mich nicht mehr.

Nein, allein war ich in dieser Situation nicht. Habe immer Bescheid gesagt, wenn ich ins Bad ging, und an dem betreffenden Tag guckte mein Mann Fußball. Ich rief ihn, die Türen waren immer offen, aber nichts geschah. Er war eingeschlafen! Und das bei Fußball, nein, das konnte ich nicht ahnen, das passiert in hundert Jahren sicher nur einmal.

Also wurde umgebaut, eine Dusche und Griffe an die Wand, auch am WC. Wie immer waren auch die Kumpels unserer Söhne mit dabei. Bei Musik und mit guter Laune ging es recht lustig zu. Gleichzeitig hatten meine Männer, nachdem mein Mann wusste, dass er für Westgeld die richtige Folie bekommen konnte, geplant, einen Swimmingpool zu bauen. Das war eine Gaudi, täglich waren zwei bis vier Jugendliche da und schachteten aus. Der Umgang mit den Jungs, die dann auch den Rest der Clique, auch die Mädels mitbrachten, machte mir sehr viel Spaß und gemeinsam wurde dann Kuchen gegessen oder am Abend gegrillt. Sie übernahmen die ganze Arbeit und am Abend war auch die Küche sauber.

Der Pool sollte ja auch mehr für mich sein, damit ich im Wasser die Bewegungsübungen machen konnte.

Inzwischen war ich ab und zu in dem Betrieb, wo ich im Sozialwesen verantwortlich für die Kinderbetreuung war und traf auch mal meinen Fachdirektor. Als er sah, dass ich noch ziemliche Schwierigkeiten hatte, wies er an, dass mich ein betrieblicher Krankenwagen abholen und zurückbringen sollte, um die Physiotherapie im Betrieb zu nutzen.

Das war eine Erleichterung; und wenn ich nach den Behandlungen auf einer Bank beim Pförtner saß und geduldig wartete, bis der Krankenwagen zur Verfügung stand, brachte mich oft der Fachdirektor oder andere Kollegen, die mich kannten und mit dem Auto gekommen waren, nach Hause. Ob ich dafür etwas zahlen musste? Nein, das erwartete man keineswegs von mir. Aber es gab viel Anlass für Tuscheleien. Die Neider, die kamen jetzt auf den Plan.

Ich saß mal wieder auf der Bank, da kam der Gewerkschaftsboss vorbei, sah mich sitzen und meinte nur: „Komm mal gleich zu mir hoch." Es war ein unscheinbarer, seriös auftretender alter Herr. Gepflegte graue Haare und immer freundlich. Ein alter Gewerkschaftler eben. Er gehörte vielleicht zu denen, die sich nach dem verlorenen Krieg eine andere, eine freiere Gesellschaft vorgestellt hatten. Sie hatten es eben auch nicht verhindern können, dass aus den vielen kleinen Nazis viele kleine Kommunisten wurden. Macht kann man ja eintauschen, genau wie die Gesinnung, wenn man seine Ideale verrät oder überhaupt keine hat. Auf jeden Fall war er einer von den Guten. Mit dem Fahrstuhl fuhr ich nach oben zu den Gemächern des FDGB.

„Mädchen", begrüßte er mich, „Mädchen was hast du denn für Nachbarn? Hier lies das in Ruhe, das hat eine Nachbarin von dir geschrieben!" Aufgeregt hielt ich einen handgeschriebenen Brief in der Hand. Da stand wörtlich: „Man möchte doch mal überprüfen, ob ich tatsächlich eine solche Operation hatte, da ich immer mit einem so fröhlichen Gesicht in meinen Westwagen steige. Auch hätten sie festgestellt, dass ich nicht immer wie von der SVK (Sozialversicherungskasse) vorgeschrieben, nach 18:00 Uhr zu Hause wäre. Im Garten hüpfe ich wie ein junges Reh und bei Partystimmung renoviere ich die Wohnung." Entsetzt fiel mir die Hand mit dem Brief runter und ich muss ziemlich verstört ausgesehen haben.

„Also", meinte ich, in der Annahme ich müsste mich rechtfertigen: „nach 18:00 Uhr, da habe ich Sondergenehmigung. Kann ja nur weg, wenn mein Mann Feierabend hat und mit dem Auto zu Hause ist, und schließlich muss er arbeiten. Im Garten mach ich meine

Bewegungsübungen und renovieren? Da muss ich mal lachen, bei drei Männern im Haus werde ich das weder gesund noch krank übernehmen."

„Beruhige dich, ich will dir nur zeigen, was passiert, wenn man mal auf der Sonnenseite des Lebens steht. Das hast du ja wohl nicht oft erlebt. Desto größer ist die Missgunst der Menschen."

„Mein Gott", flüsterte ich, noch immer schockiert von diesem, vor Neid triefenden, Brief, „dann hätte ich ja mein Leben lang neidisch sein müssen, auf Rosen war ich wirklich nicht gebettet, eher auf Dornen."

Aber das liegt mir nicht, ich kann mich wirklich mit anderen Menschen mitfreuen, wenn es den Anlass dazu gibt und ich kann auch mitleiden, wenn etwas Schlimmes passiert. Aber es war wohl naiv zu glauben, dass man sich mit MIR freuen würde. Nein, wenn schon krank, dann bitte mit einem leidenden Gesicht im Rollstuhl und nicht mit einem fröhlichen im Westwagen.

„Sieh dich vor", meinte der FDGB-Boss noch, „Deine Art, so direkt zu sein, bringt dir nicht nur Freunde und man ist schon neidisch auf deine Art und deinen Mut, sich zu wehren. Du bewegst dich oft im Grenzbereich. Viele würden ja gern auch so sein, aber sie trauen sich nicht, immer bedacht auf die eigenen Vorteile."

„Was mach ich denn schon?", wollte ich von ihm wissen, „ich wehre mich doch nur spontan und habe nicht das große Ganze im Sinn. Wenn es gegen meinen Strich geht, dann kann ich nicht anders, aber das bringt doch alles nicht viel. Schade, man trifft zu wenige Leute, denen man vertrauen kann. Ich könnte mir schon vorstellen, mehr zu tun, mehr für die hochgepriesene und missbrauchte Demokratie."

„Ja, sei froh, dass du in keiner Gruppierung bist, man ist über alle deine Schritte bestens informiert."

„Wirklich? Dann kann mir ja nichts passieren. Ich werde bewacht?"

„Ja", meinte er schmunzelnd, „aber ob die den Mumm haben, zu deinen Gunsten einzugreifen, darauf würde ich mich nicht verlassen"!

„Verstehe", entgegnete ich, „die haben größere Probleme, sich zu outen als ein Schwuler! Dabei erkennt man sie an ihrem Karma, genauso schnell, wie man die Homosexuellen an ihrer Art, sich zu bewegen, erkennt. Aber die sind wenigstens besser angezogen und viel ehrlicher, oder?"

„Nun ist aber genug, machen Sie, dass Sie hier rauskommen, es ist schon viel zu viel gesagt."

„Ist ja gut, ich war heute nicht hier, ist schon klar und ich kann, wenn ich will, meine Klappe halten!"

„Auch das ist bekannt, sonst hätte ich Sie nicht informiert."

Nachdenklich, wütend und traurig zugleich verließ ich sein Büro. Du, wenn du so von angeblich netten Nachbarn beurteilt wirst, dann hast du erst einmal einen Kloß im Hals, der schmerzhaft alles abdrückt. Du ziehst dich erst einmal zurück, wie eine Schnecke in ihr Haus. Da kommen schon Hemmungen auf, überhaupt vor die Tür zu gehen oder sich frei im Garten zu bewegen, in dem ich ja hüpfte wie ein junges Reh! Die sollten mal die Brille aufsetzen, meine Bewegungen glichen mit Sicherheit dem Tier mit dem Rüssel. Nach einer Phase der Verletzlichkeit wuchs wieder die Mauer um mein Inneres, und eine von den vielen Masken wurde hervorgekramt. Betont fröhlich stieg ich in unseren Golf, winkte in Richtung der sich leicht bewegenden Gardinen und sollte jemand im Vorgarten sein, hatte ich die Frechheit zu fragen, ob wir etwas mitbringen sollten, mitbringen aus dem Intershop. „Dann sieht man euch da nicht", setzte ich noch nach.

Nun glaub bloß nicht, dass es mir Spaß gemacht hat, nein, das war ein purer Überlebensinstinkt. Immerhin wohnten wir, als einzige Anwohner mit unrühmlichem Lebensstil, mit einem neuen Auto aus dem Westen in einer vor roter Gesinnung triefender Siedlung. Das kam in den Augen der Genossen einem Kapitalverbrechen gleich. Die hatten ja nichts von dem über GENEX erschlichenem Westgeld. Da galt nicht der Spruch: „Die Ente wird nach hinten fett", nein „den Letzten beißen die Hunde" passte da wohl eher. Sie waren doppelt neidisch, zuerst auf die, die sie beobachten sollten, wenn die etwas hatten, was sie nicht hatten, und auf ihre Genossen in den oberen Rängen, die das Sahnehäubchen bekamen und sie, sie konnten lediglich am Kaffeesatz schnuppern!

Nach einiger Zeit ließ ich mein Arbeitsverhältnis aus gesundheitlichen Gründen aufheben, was von meinem Fachdirektor und dem Gewerkschaftsboss stillschweigend genehmigt wurde. Sollten sie doch reden, ich hatte keine Angst, als asozial abgestempelt zu werden. Das weißt du sicher: Frauen, die in der DDR nicht arbeiteten, hatten sofort diesen Status weg. Der Neid traf natürlich auch unsere Söhne, nur manchmal erzählten sie mir etwas. Schon ein normales Sweatshirt oder eine Jeans riefen den hervor. Für dich heute wohl unverständlich bei dem Massenangebot des Handels. Auch sie mussten sich ein hartes Fell zulegen. Da bei uns oft der Treffpunkt war, sahen ihre Freunde, dass wir ganz normal geblieben waren und sie erzählten mir alles, was die Eltern oder andere Leute über uns tuschelten. Irgendwann prallte das an mir ab, wie ein Ball von einer Mauer.

Dann kam das Jahr 1989. Mein gefährlicher Trip nach Berlin zur Stasi. Die unterschwellige und halb offene Auflehnung gegen das DDR-Regime, die Flucht über die offenen Grenzen in Ungarn, die Montagsdemos, die Besetzung der Botschaften, die flächendeckende Bespitzelung, die abgebrochenen Gespräche auf der Straße, wenn jemand vorbeiging, und der Auftritt Genschers und Kohls in den Medien. Was für ein Aufschrei der Erleichterung bei uns, bei den Genossen sicher der Empörung, nach Genschers Auftritt in der Prager Botschaft. Entsetzt waren wir über die vorherigen Ausweisungen von Bürgerrechtlern, die sich in den Kirchen von Berlin, Dresden und Leipzig für die Freiheit, für eine andere Demokratie, für Reisefreiheit und andere Ideale eingesetzt hatten. Sie hatten den Mut, flammende Reden zu halten, zweifelnde Menschen zu überzeugen und das auszusprechen, was andere noch nicht einmal gewagt haben zu denken. Wir spürten alle etwas, je nach Gesinnung. Wir spürten Hoffnung und auch Angst, wohl wissend, dass unsere Genossen ihre ach so geliebte und ausgekostete, manchmal winzige Macht nicht so einfach hergeben würden. Da war etwas in Gang geraten, was nicht, noch nicht, greifbar war. Wir verfolgten die Entwicklung angespannt vor dem Fernseher, wir konnten ja ZDF und ARD empfangen. Wir spürten auch die Angst der Genossen, Denunzianten, der kleineren Mitläufer. Ihr mühsam aufgebautes Machtgefüge lief Gefahr zusammenzubrechen. Sie benahmen sich wie ein angeschlagener Boxer, Hauptsache zurückschlagen ohne Sinn und Verstand. So manche Leute wurden noch abgeholt und eingesperrt, weil sie endlich eine Meinung hatten und die auch laut äußerten. Niemand wusste, wo das alles hinführen würde, niemand konnte sagen, was als nächster Schritt kommt. Wir konnten uns nicht vorstellen, dass die Mauer fällt, nein, daran glaubten wir nicht. Wir erwarteten gnadenlose Härte gegen die Republikflüchtlinge, gegen die Demonstranten und gegen die Bürgerrechtler, egal ob aus Kirchenkreisen oder aus der Musik und Kunstszene. Erst recht gegen die Intelligenz, denn die tauchten aus ihrer verordneten Demutshaltung auf und machten nun endlich den

Mund auf. Jeder Tag konnte der sein, an dem sie aufmarschieren, die Genossen, die NVA, die Kampfgruppen, die Stasi und die Polizei und nicht zuletzt die Russen. Hinter vorgehaltener Hand sprach man schon von Lagern, die für uns Querulanten vorbereitet waren, für die vom Westen verblendeten Bürger. Aber die Bilder gingen bereits um die Welt, mutige Journalisten sorgten dafür. Man spürte ein öffentliches Interesse der Welt an den Ereignissen in der und um die DDR. Ein großer Hoffnungsträger, besser gesagt, der größte Hoffnungsträger war natürlich Gorbatschow. Auch vertrauten wir der Bundesrepublik, soweit wir das gefühlsmäßig überhaupt einschätzen konnten. Vertrauen ist vielleicht auch nicht das richtige Wort, der Begriff Hoffnung trifft das sicher eher. Da gab es schon Leute, Liedermacher und Studenten, die es sich wagten, offen zu kritisieren.

Stephan Krawczyk ist mir da sehr gut in Erinnerung. Wegen seiner kritischen Texte wurde ihm in der DDR die Zulassung als Berufsmusiker entzogen. Leute wie er zogen sich hinter die Kirchenmauern zurück. Seine Lieder waren das Rückgrat der wachsenden Opposition. Natürlich war er im Visier der Stasi und Ende der Achtzigerjahre forderten er und andere Kritiker die Menschenrechte ein. Darauf folgte wohl ein Mordversuch mit Nervengift, gelang aber nicht. Später wurde er verhaftet und hatte die Aufmerksamkeit der westlichen Medien. Wie schon nach 1968 mein Bruder, wurde auch er in Hohenschönhausen isoliert gefangen gehalten. Landesverräterische Beziehungen u. a. wurden ihm vorgeworfen. Ausgerechnet der Anwalt Wolfgang Schnur, der die evangelische Kirche vertrat und etwa 25 Jahre ein Stasi-Spitzel war, überredete ihn zur Ausreise. Eine lange Haftstrafe wäre sonst sein Schicksal gewesen. Am 2. Februar 1988 wurde er, wie vor vielen Jahren mein Bruder, abgeschoben. Nach Deutschland. Ob gegen Geld weiß ich nicht, aber in Anbetracht des bröckelnden Staates kann man ja schnell noch einmal die Hand aufhalten. Geld, Westgeld, stinkt ja nicht. Was ich später nicht verstehen konnte, war Krawczyks Unterstützung im Wahlkampf für die PDS. Ausgerechnet der PDS, die Nachfolgepartei der SED. Dass damals viel benutzte Zitat Rosa Luxemburgs „Freiheit ist immer die Freiheit der Andersdenkenden" hatte sich doch die damalige Friedensbewegung, genau wie die Unterstützer des Prager Frühlings von 1968, auf die Fahnen geschrieben. Was ist geschehen, dass jemand wie er die unterstützt, die das Andersdenken abgeschafft hatten?

Ja, du hast es richtig erkannt, ich bewunderte die Liedermacher, ich versuchte, es ihnen gleich zu tun. Ich glaube heute noch, dass ich, wenn ich in Berlin, Leipzig oder Dresden gelebt hätte, Zugang zu diesen Kreisen gesucht hätte. So tat ich es ihnen nur im kleinen Kreis nach, und das tat mir gut.

Gut, das soll jetzt nicht mein Thema sein. Die Geschichte der deutschen Einheit auch nicht, das kann man alles nachlesen. Auch ich habe in vielen History Sendungen gesehen und im Internet die Hintergründe durchforstet. Du, das musst du mal machen, es ist hochinteressant. Die halbe Welt hatte wohl ein bisschen Angst vor Großdeutschland. Ja, kann ich verstehen, wir Deutschen sind ja so blöde und arbeiten wie die Kesselflicker. Wer richtig hinguckt, wer die Welt vorher so begrenzt kannte wie wir, der sieht heute die blühenden Landschaften. Ich sehe sie! Der ewig Meckernde hat Scheuklappen vor den Augen, der würde nichts sehen, auch wenn er mittendrinsteht. Der Deutsche meckert nun mal auf hohem Niveau.

Die Mauer fällt

Dann kam er, der November 1989. Es war ein Donnerstag, wie immer lief auf unserem TV Fußball! Ich hatte keine Lust darauf, war sowieso müde und lag schon oben im Bett. Meinen Mann nahm ich daher nur im Unterbewusstsein wahr, er stand an meinem Bett und meinte, dass die Mauer fällt. Ja, was denn nun, muss er mich wach machen wegen so einer blöden Mauer bei einem Elfmeter? Ich drehte mich um und ... schlief weiter.

Mitten in der Nacht wachte ich auf und überlegte; seine Sätze hatten wohl doch mein Hirn erreicht. Vorsichtshalber stand ich auf, ging ins Wohnzimmer runter und schaltete den Fernseher ein.

Da saß ich nun leicht frierend auf dem Sofa und starrte fassungslos in die Röhre, Bildröhre selbstverständlich. Träumte ich nun noch, oder war das die reale Wirklichkeit? Denke, ich war mir minutenlang da nicht so sicher. Was ich gefühlt habe, willst du wissen, als ich dann begriffen habe – es IST wirklich? Ein ohnmächtiges Gefühl war es. Da sprangen Menschen auf der Mauer rum, tausende waren an den Grenzübergängen. DDR-Grenzer standen hilflos und ohne Farbe im Gesicht abseits. Sie wurden nicht mehr wahrgenommen. Ihre Macht lag zertrümmert im Dreck vor ihren Füßen. Noch greifbar, aber beschmutzt und beschädigt. Viele Leute weinten, lachten, lagen sich in den Armen. Später wurden stinkende Trabis laut johlend begrüßt. Die Nachrichten brachten einen brabbelnden Schabowski, der irritiert die Nachricht von der sofortigen Anwendung der gerade beschlossenen Reisefreiheit verkündete.

Was war denn da los, was soll das Ganze? Wollten sie den politischen Abschaum der Gesellschaft mit einem Ruck in den Westen befördern und dann mit den linientreuen Genossen ein zweites Nordkorea aufbauen? Es war alles so unrealistisch, dass ich nicht wusste, was ich davon halten sollte. Meine Gedanken gingen auch konstant in diese Richtung: Das geht für ein paar Stunden so, dann kommen die Panzer, und die Grenze ist wieder dicht. Vielleicht gibt es danach ein paar Erleichterungen im Reiseverkehr, aber mit Sicherheit nicht für das Fußvolk, überlegte ich. Ich wusste nicht, was ich fühlen sollte, Hoffnung, Angst, Freiheit oder Wachsamkeit? Der eiserne Ring, den ich ab und zu um meinen Brustkorb fühlte, zog sich für mich schmerzlich zusammen. Es war ein Gefühl, als ob mir die Luft ausgeht. Ich wollte ja so gern glauben, was ich sah, aber da hatte die gepeinigte Gefühlswelt in mir etwas dagegen. Später, niemand von uns fuhr zur Arbeit, es war ja eh Freitag und Freitag nach Eins macht sowieso bekanntlich jeder SEINS, es war zwar erst so gegen acht Uhr, aber was soll's. Diesen historischen Tag wollten wir so hautnah am TV erleben und genießen. Mischte sich da doch regelmäßig das Gefühl der Ungläubigkeit mit ein. Also wurden alle Nachrichten auf allen Sendern verfolgt. Unsere Augen und Ohren saugten sich am Bildschirm fest, um ja nicht zu verpassen, wenn etwas passierte. Das etwas passieren musste, das war für uns so gegenwärtig wie die Luft zum Atmen. Gegen neun Uhr war unser Wohnzimmer voll, Freunde und Bekannte belagerten es. Wir hatten kein Frühstück, aber Sekt bis zum Abwinken. Da wurden Theorien aufgestellt, da wurde gelacht und geweint. Unfassbar für alle. Nein, von den Genossen hat sich niemand auf der Straße sehen lassen. Es war mir klar, für die bricht eine Welt, ihre Welt, zusammen wie ein Kartenhäuschen. Mit der Freude schlich ein Zustand der Ungewissheit in Form von Kälte von den Füßen aufwärts. War es die Angst, die eine kaum auszuhaltende Spannung erzeugte? Ja, sie kam mit der mir gut bekannten inneren Kälte. Schießen sie oder schießen sie nicht? Schießt da Bruder auf Bruder oder gewinnt die

Vernunft? Gibt jemand vor lauter Panik den Schießbefehl oder verhindert Gorbatschow das? Wer klammert sich so verzweifelt an die Macht, dass er sie unter keinen Umständen verlieren will? Was geht in deren Köpfen vor? Und sie hätten geschossen, wenn es den Befehl gegeben hätte, das ist meine Überzeugung. Ein nicht auszudenkendes Blutbad wäre es geworden. Es ist aber nicht passiert. Einmalig für die Welt, eine Revolution ohne Blutvergießen. Das hätte ich nie für möglich gehalten.

Nun war er da, der langersehnte Westen, die Freiheit, aber auch eine Unsicherheit. Eines war klar: Das wird kein sanftes, von vielen Händen gehaltenes Hinübergleiten in eine andere Welt. Nein! Das wird ein Sprung oder Stoß ins kalte, ins eiskalte Wasser. Wer wird es schaffen, wer bleibt auf der Strecke? Du hättest jeden von den Menschen, die jetzt taumelnd vor Glück und Freude auf den Straßen waren, fragen können, was wird. Wenn du nie arbeitslos warst, und da waren die Genossen ja schlau, sie haben dir für die nebensächlichste Arbeit immer noch das Gefühl gegeben, ohne dich geht es nicht, hattest du immer das Gefühl, du wirst gebraucht. Das ist im Kopf. Jetzt, einen Tag nach dem Mauerfall zu denken, ich schaffe es nicht, ich bleibe auf der Strecke, nein, das hätte dir niemand geantwortet. Unangenehme, aber vielleicht doch voraussehbare Tatsachen schaffst du am sichersten mit angenehmen Hoffnungen aus deinem Bewusstsein. Dann war da ja noch das soziale System, es wurde ja so viel Arbeitslosengeld oder Sozialhilfe gezahlt, wie du hier in der DDR gerade mal verdient hast, und dann auch noch in WESTGELD. Das allmächtige Objekt der Begierde. Diese Relationen hat niemand so schnell im Griff gehabt. Was waren wir, wir die Masse an Menschen, denn für die Marktwirtschaft? Unerfahren, geradezu dumm, risikoarm, tiefbegabt und völlig ahnungslos. Was wird aus uns? Das war meine bange Frage nach dem ersten Tag. Die Euphorie wird bald verflogen sein. Sind wir dann Flüchtlinge, die eine neue Heimat suchen? Sind wir Eindringlinge in einem gut aufgestellten System? Nehmen wir den anderen Deutschen etwas weg und was bringen wir mit? Was wird sich ändern, was zum Guten und was zum Schlechten?

Sind wir das Volk, sind wir ein Volk? Vergisst man, dass Deutschland, ich meine das ganze Deutschland, den Krieg verloren hat? Wir hier im Osten hatten doch nur Pech, dass wir den Russen bekommen haben, so verloren wir ihn sehr lange. Was wäre, wenn sie sich Bayern einverleibt hätten? Ich ahnte wohl schon, es wird eine Familienzusammenführung im großen Stil und wider Willen. Jetzt fällt für die Westdeutschen das Bedauern unserer aufgezwungenen Lebensweise weg und man muss Farbe bekennen. Es ist einfach, jemanden einzuladen, von dem man weiß: Er kann nicht kommen. Aber jetzt, jetzt können diese Einladungen wahrgenommen werden. Und jetzt werden wir in Scharen kommen. Für manchen BRD-Bürger eine Horrorvorstellung. Jetzt waren die Trabis nicht mehr schick, jetzt verpesteten sie die Luft. Jetzt waren wir nicht mehr auf Almosen angewiesen, jetzt werden wir sehen können, was uns so huldvoll aus dem Westen geschickt worden ist. Jetzt hatten wir Geld, Westgeld, zur Verfügung.

Es gab nicht nur arme Leute in der DDR, und so mancher wird nur widerwillig in der Neuen Welt aufgenommen werden, ohne die Schichten der Bevölkerung von unten aufzurollen. Nein, das war klar, manche würden gleich in der Mitte oder oben schwimmen, zum Ärger derjenigen, die sich noch auf dem Weg zur Höhe befinden. Das Blatt wird sich wenden und es wird Zeit brauchen, uns kennenzulernen. Ja, dass alles war mir schon ungeordnet klar. Aber sie war da, die Freiheit. Endlich!

Fragen über Fragen

Wird alles bald nur noch eine Geschichte sein,
Die man erzählt bei Bier und Wein?
Eine Episode, zur Unterhaltung
Nicht interessant genug?
Doch in meinen Gedanken,
Verankert bis aufs Blut.

Wer hatte den Plan, dass wir uns begegnen?
Nicht schlecht, kann ich bestätigen.
Was war dann zu viel und was zu wenig?
Wer dachte zuerst, diese ausgestreckte Hand nehm ich?
Was geschah, dass wir sie verloren,
Wann wurde das Misstrauen geboren?

Wir sprechen dieselbe Sprache und versteh'n uns nicht?
Das Reden, einst gepflegt, nur noch lästige Pflicht?
Sind wir wirklich eine Generation,
Oder ist das nur eine Illusion?
Oder nur ein Kapitel, beendet bevor korrigiert,
Was macht das schon!

Waren manche Worte, die tief empfunden,
Nur ein Pflaster für zu tiefe Wunden?
War alles nur wie im Pokerspiel?
Aufs Ass muss man lange warten?
Ich kenn noch nicht mal meine
Eigenen Karten!

Unsere Verbundenheit ist tief,
Und nichts kann sie zerstören!
Worte wie Glockenklang,
Ich kann sie noch heute hören.
Sie drücken der Geschichte einen Stempel auf,
Doch die Weichen stellte die Zeit auf.

Jetzt wo kein Kampf mehr nötig ist,
Der Rückzug allgegenwärtig ist.
Es ist alles getan, Initiativen sind erloschen,
Wenn Kontakt, Phrasen werden gedroschen.
Ist es Taktik, braucht man Geduld,
Oder gibt es eine unausgesprochene Schuld?

Wird das jetzt alles nur Geschichte sein,
Visionen lebendig begraben?
Kein Bedauern, auch nicht zum Schein?
Die Karten längst wieder neu gemischt?
Nicht, wie gefordert, offen auf dem Tisch?
Auch diese Worte brannten sich tief in mir ein!

Ende 1. Teil

Nun bin ich mit einigen Anekdoten und Erlebnissen bis 1989 gekommen. Dass die DDR am Ende ist, ahnten wir schon, aber wir konnten uns nicht vorstellen, dass die Mauer mal fällt. Das ist sie nun doch und es ergaben sich so viele Möglichkeiten, etwas zu machen, wovon wir noch nicht einmal wussten, wie und das es geht. Eine Goldgräberstimmung war es. Aber dazu, und wie und was wir aus der neuen Freiheit gemacht haben im zweiten Teil. ‚Frei über Nacht' mit dem Untertitel ‚Nach der Mauer ist vor der Mauer', könnte er heißen, und er wird viele amüsante, kuriose und schöne Geschichten umfassen, auch solche, die nachdenklich machen sollten.

Auf jeden Fall können wir jetzt, 2018, sagen: „Wir leben noch!"

KLEINE AUSWAHL AN GEDICHTEN

Texte: Enni Wedekind

Ohne Maske

Ich habe versucht, mein Gesicht zu verschleiern,
Mich ganz zu tarnen.
Jetzt bin ich eine Kämpferin und schlage zurück,
Ich will euch nur warnen!

Sorry, ihr habt mich nicht erkannt!
Sorry, das war meine Absicht,
Ich seh jetzt anders aus – weil ich anders bin!
Ich fand eine Seite in mir,
Die ich nicht kannte – aber sie gefällt mir.
Ich fand auch mein Gesicht, unter meinem ICH,

Denn ich bin eine Siegerin, ich bin wundervoll,
In meiner Art und Weise.
Ganz egal, was ihr sagt, ich kann es ertragen, ohne Maske.
Worte treffen mich nicht, nein, nicht mehr so sehr.
Bin stark für Gefühle, ohne Maske,
Das bin ICH ... das bin ICH, eine Siegerin, ohne Maske.

Danke, ihr habt mich stark gemacht!
Danke, dass ihr mich verletzt habt,
Das brachte mich dazu, härter zu werden.
Ich wurde zur Kämpferin! Dafür danke ich dir,
Es gefällt mir, mit offenem Gesicht,
Zeig ich mein ICH ... mein ICH ohne Maske.

Menetekel

Ich seh' in den Sternen nur noch Illusionen,
Meine Träume sind dort nicht mehr daheim.
In Zeit und Raum verloren sich die Visionen,
die Sterne und ich sind viel zu oft allein.
Ich schreibe meine Ideale
Mit Feuerworten an die Wand,
Mene mene tekel
Die nur Daniel einst verstand.

Auch ich wurde gezählt, geteilt und gewogen,
Die Zeit für mich zähl ich nur noch in Sekunden.
Visionen haben sich im Nirwana längst verflogen,
Und mein Wirken wurde für zu leicht, befunden.

Vom Auge betrachtet mit nur einer Facette,
Verbaut der Blick in die bunte Wirklichkeit.
Gelöst die Kette aus Antrieb und Effekte,
Zum Misstrauen und für Zweifel gern bereit.

Ich nagl'e meine Ideale
Als Verluste an die Wand,
Mene mene tekel
Und meine Trauer als Unterpfand.

Die Forderung zu leben, sehen und zu schweigen,
Steht nicht an meinen Wänden und hat kein Gewicht.
Sollte man diese Worte so auch meinen,
Fordert man nichts anders als …zerbrich!

Alle Facetten meiner greifbaren Gefühle,
Wenn auch anscheinend für immer getrennt,
Drehen sich noch immer in der Gedankenmühle
Leben in mir – wie die Sterne am Firmament.

DU – MEIN LEBEN

Wir bleiben nicht für immer,
Und leben für DEN Moment.
Es bleibt ein Hoffnungsschimmer,
Wenn alles in uns brennt.

Du … mein Leben,
Du bist meine Liebe und mein Schmerz.
Du … mein Leben,
Du bist so schön und manchmal schwer,
Du… mein Leben,
Egal was ich auch tu, hör mir endlich einmal zu,
Du … mein Leben,
Du bist nicht ewig, aber für immer Kult
Und allein dafür leb ich, doch hab mit mir Geduld.

Ich kam nicht auf die Welt – um zu leben,
Sollte nie geboren sein,
Ich habe sie mir erobert
Und jetzt – mein liebes Leben,
Ist die Welt auch ein bisschen… mein.

Ich lernte bald kämpfen – um zu leben,
Und die Wölfe heulten ohne mich,
Ja anders als die Andern,
Genauso – mein liebes Leben,
Anders und stark willst du mich.

Mein Blick stets nach vorn,
Ein gerader Kurs
Und ich suche frei von Zorn,
Den Weg, den ich gehen muss.
Folge dir – mein liebes Leben,
Bis hinter den Horizont,
Wo es sich zu LEBEN lohnt.

Heimkehr

Ich geh durch die Stadt,
Die mich geboren hat.
Hier war ich mal zu Haus,
Schreit es aus mir heraus.
Die Stadt und ich sind in Eile,
Es fühlt sich doch gut an,
Wurde schneller und schneller,
Unsere rasante Reise.

Es ist doch so lange her,
Dass ich Teil dieser Stadt war.
Und jetzt steh ich hier,
Gefühle werfen mich um.
Es ist doch so lange her,
Und es ist mir nicht klar,
Woher der Schmerz kam,
Ganz tief in mir drin.
Es ist doch so lange her,
Dass ich Teil dieser Stadt war.

Ich geh auf alten Wegen,
Und bleib öfter stehen,
Spüre heißen Hunger,
Auf Erinnerungen,
Und Lust auf alte Gefühle.
Liefere mich ihnen völlig aus,
Ich laufe schneller und schneller,
Ich will wieder nach Haus.

Ich gehe durch die Stadt,
Die mich verloren hat,
Alle Sinne sind gespannt,
Hat man mich erkannt?
Suche in vielen Gesichtern,
Ein Zeichen oder Licht,
Das heller und heller wird,
Das Heimweh spricht.

Es ist eine gute Stadt – die mich geformt hat,
Ich bring gut zu Ende – was hier begann,
Es liegt in meinen Händen – hier wurde ich zum Mann,
Den Grundstein habe ich gefunden – in den Erinnerungen.

Hinter jeder Tür ein anderes Leben

Hinter jeder Tür – ein anderes Leben.
Hinter jedem Fenster, Wände die nicht reden.
Die Egomanie der Väter,
Vom Zeugen zum Täter.
Ohne Ausweg die Mütter,
Wo blieb die Liebe, fragen sie bitter.
Die Zeche zahlen die Schwachen,
Jeden Tag stirbt ein Kinderlachen.

Perfekt unsere Welt nach außen,
Fremde Augen bleiben draußen.
Nur heimlich die Kinder weinen,
Wenn Mama und Papa streiten.
Immer geht es ums große Geld,
Und wir spielen die heile Welt.
Mit der verdammten Liebeslüge,
Anspruch auf egomanische Triebe.

Auf kleinen weißen Särgen
Liegen einsam bunte Teddybären.

Briefe – wir werden dich nie vergessen!
Ihre Seelen hatten wir nie besessen.
Kleine Herzen wurden zu Asche,
Wir trauern, um uns rein zu waschen.
Hätten wir durch die Fenster gesehen
viele Kinder, könnten noch Leben.

Nackte Steine

Wir waren so stark – wir waren so jung,
Das Leben so leicht – wir waren die Zukunft.
Uns gehörte die Welt – wir wussten, wie es geht,
Dass sich die Welt um uns dreht.

Doch die Träume wurden
Nackte Steine – kalt und glatt
Rollte einer, rollten alle.
Nackte Steine – schwer und satt.
Wenn auch ganz geblieben,
Blieben sie unbeweglich liegen.

Wir sind, wie nackte Steine,
Noch stark, noch von der Sonne warm.
Und wir sind nicht alleine!
Noch gehört uns das Leben!
Noch gehört uns die Liebe!
Wir wissen, wie es geht,
Dass die Welt sich weiterdreht.
Wir sind noch hier – nicht genormt,
Vom Leben geprüft – in Tiefen geformt.
Kämpft mit uns um EUER Leben!